Innovativer Datenschutz

# Innovativer Datenschutz

Herausgegeben von

Falk Peters
Heinrich Kersten
Klaus-Dieter Wolfenstetter

Duncker & Humblot · Berlin

Bibliografische Information der Deutschen Nationalbibliothek

Die Deutsche Nationalbibliothek verzeichnet diese Publikation in
der Deutschen Nationalbibliografie; detaillierte bibliografische Daten
sind im Internet über http://dnb.d-nb.de abrufbar.

Umschlagbild: © iStockphoto.com/Spectral-Design

Alle Rechte, auch die des auszugsweisen Nachdrucks, der fotomechanischen
Wiedergabe und der Übersetzung, für sämtliche Beiträge vorbehalten
© 2012 Duncker & Humblot GmbH, Berlin
Fremddatenübernahme: Werksatz, Berlin
Druck: Berliner Buchdruckerei Union GmbH, Berlin
Printed in Germany

ISBN 978-3-428-13860-9 (Print)
ISBN 978-3-428-53860-7 (E-Book)
ISBN 978-3-428-83860-8 (Print & E-Book)

Gedruckt auf alterungsbeständigem (säurefreiem) Papier
entsprechend ISO 9706 ∞

Internet: http://www.duncker-humblot.de

# Geleitwort

„Innovativer Datenschutz" ist gefragter denn je! Als Vorsitzender der Projektgruppe Datenschutz der Enquete-Kommission Internet und digitale Gesellschaft im Deutschen Bundestag habe ich mich intensiv mit den Problemen des Datenschutzes in der digitalen Welt auseinander setzen können; denn zwischen Sachverständigen und Fachpolitikern wird eifrig diskutiert und gerungen, wie dieser Datenschutz aussehen könnte. In dem vorliegenden Buch ist eine Fülle derjenigen Themen behandelt, die die weitere Datenschutzdiskussion entscheidend beeinflussen können. Eine der großen Herausforderungen wird künftig darin bestehen, die evidenten Folgen des rasanten Technologiewandels datenschutzrechtlich so zu bewältigen, dass nicht bei jeder technischen Innovation sofort auch eine Novellierung des Gesetzes erforderlich wird.

Ohnehin sind Datenschutzgesetze allein den Herausforderungen des modernen Internet längst nicht mehr gewachsen. Deswegen ist es ein dankenswertes Anliegen des Buches, die so genannten MINT-Berufe für den Datenschutz gewinnen zu wollen; denn die Ziele des Datenschutzes sind keineswegs veraltet, sondern aktueller denn je, bedürfen aber zu ihrer Erreichung der technischen Unterstützung.

Ein weiteres Verdienst des Buches ist es, dass es auch das Problem des Interessenausgleichs zwischen dem Recht auf informationelle Selbstbestimmung und den wissenschaftlichen, technischen und wirtschaftlichen Innovationsinteressen angeht. Die „Personenbeziehbarkeit" von Daten ist sozusagen symbolischer Gegenstand einer intensiv geführten Diskussion, was Datenschutz noch umfasst und was nicht.

Kurzum: Wir müssen nach neuen Wegen suchen, wie Datenschutz tatsächlich gewährleistet werden kann. Dazu ist der interdisziplinäre Dialog vonnöten. Das vorliegende Buch ist ein wichtiger Beitrag zu diesem Dialog. Ich bin mir sicher, dass dieses Werk seine gebührende Aufmerksamkeit erhalten wird. Mir hat es beim Lesen große Freude bereitet.

Berlin, im Mai 2012 *Manuel Höferlin* MdB

# Vorwort

Dem sachkundigen Leser wird bekannt sein, dass die parlamentarische Federführung für den Datenschutz dem Innenausschuss des Deutschen Bundestages obliegt, seit der 17. Legislaturperiode erweitert um den Beschäftigtendatenschutz. Wohl deshalb ist von mir als Vorsitzendem des Innenausschusses ein Vorwort zu dieser verdienstvollen Zusammenstellung von Beiträgen zu einem „innovativen Datenschutz" erbeten worden.

Der Innenausschuss hat seit der Prägung des Begriffes Datenschutz Ende der 60er Jahre des vorigen Jahrhunderts diesem Thema in jeder Legislaturperiode fortwährend ansehnlichere Beratungszeit gewidmet. Es ging sehr oft darum, das Datenschutzrecht den rasanten technischen Fortschritten anzupassen. Oft waren auch Datenschutz und Terrorismusbekämpfung Komponenten dieser Beratungen. Das Gewicht des Datenschutzes auch in der 17. Legislaturperiode wird daran deutlich, dass das Plenum dem Innenausschuss bereits in der ersten Hälfte dieser Legislaturperiode annähernd 20 Vorlagen, d. h. Gesetzentwürfe, Anträge, Berichte und EU-Dokumente, zur federführenden Beratung mit dem Begehren um Beschlussempfehlungen überwiesen hat. Eine öffentliche Anhörung zum Beschäftigtendatenschutzgesetzentwurf der Bundesregierung (BT-Drs 17/4230) hat der Innenausschuss schon durchgeführt (InnenA-Prot. Nr. 17/40).

Der Datenschutz damals ist einer breiteren Öffentlichkeit erst Anfang der achtziger Jahre durch die vorgesehene Volkszählung verstärkt ins Bewusstsein gerückt, obwohl es bereits in den 70er Jahren Debatten über die Missbrauchsgefahr durch die automatisierte Datenverarbeitung in den Behörden und demgemäß 1977 erstmalig ein Bundesdatenschutzgesetz (BGBl. I S. 201), begleitet durch die Gründung der Behörde des Bundesbeauftragten für den Datenschutz (seit 2006: für den Datenschutz und die Informationsfreiheit) zum 1. Januar 1978 und auch schon Landesdatenschutzgesetze, beginnend 1970 in Hessen, gab. Die avisierte Volkszählung wurde vom Bundesverfassungsgericht am 15. Dezember 1983 (BVerfGE 65, 1) teilweise für verfassungswidrig erklärt. Das „Recht auf informationelle Selbstbestimmung" war sofort in aller Munde. Die Datenschutzgesetze der Länder und des Bundes wurden grundlegend reformiert. Das Bundesdatenschutzgesetz aus dem Jahre 1990 (BGBl. I S. 2954) bildete den vorläufigen Schlusspunkt dieser Entwicklung. Auch das Stasi-Unterlagengesetz vom 20. Dezember 1991 (BGBl. I S. 2272) darf in der Historie des Datenschutzes nicht vergessen werden. Es betonte durch einen Anspruch auf Einsicht in die eigene Stasi-Akte das Recht zu wissen, wer sich welche persönlichen Daten aneignete und missbrauchte.

Wie insgesamt die Dokumente der europäischen Gremien zu den verschiedenen Feldern der Innenpolitik seit den 90er Jahren stetig einen größeren Stellenwert einnahmen, gilt dies auch für den Einfluss der Europäischen Union auf die nationale Datenschutzgesetzgebung. Die EG-Datenschutzrichtlinie von 1995 erlangte hier als erste besondere Beachtung. Am 18. Dezember 2000 wurde mit dem Europäischen Datenschutzbeauftragten eine unabhängige Kontrollinstanz eingerichtet und Ende des Jahres 2003 der erste Europäische Datenschutzbeauftragte gewählt. Zum 1. Dezember 2009 wurde der Datenschutz in die Charta der Grundrechte der Europäischen Union aufgenommen. Nationale Gesetzesanpassungen begleiteten diesen Prozess. Deshalb gewinnen die Beratungen für das neue Datenschutzpaket der EU-Kommission, aufgeteilt in eine Grundverordnung für den Binnenmarkt (Ratsdok. Nr. 5853/12) und eine Richtlinie für Polizei und Justiz (Ratsdok. Nr. 5833/12), hervorgehobene Bedeutung für die kontinuierlich geforderte Modernisierung des Datenschutzes sowohl auf nationaler als auch auf europäischer Ebene. Größere Sachverständigenanhörungen durch den Innenausschuss sind hierzu bereits geplant.

Wesentliche durch den Innenausschuss vorbereitete jüngere Datenschutzregelungen betrafen 2009 die Tätigkeit von Auskunfteien, das Scoring sowie die Bestimmungen zum Adresshandel. Den Entwurf eines Gesetzes zur Regelung von De-Mail-Diensten (BT-Drs. 17/3630) hat der Innenausschuss aufgrund der Anhörung (InnenAProt. 17/31), die vorwiegend wegen der technischen Datenschutzprobleme stattfand, in geänderter Fassung dem Plenum im Februar 2011 zur Annahme empfohlen (BT-Drs. 17/4893). Die Rechtsprechung des Bundesverfassungsgerichts sei für das heutige Bild ebenso skizziert: Das Urteil vom 27. Februar 2008 zur OnlineDurchsuchung und zur Aufklärung im Internet (BVerfGE 120, 274) zeigt deutlich, welche Relevanz der technische Datenschutz für den Schutz der Privatsphäre inzwischen erlangt hat, und mit Urteil vom 2. März 2010 erhöhte das Bundesverfassungsgericht (BVerfGE 125, 260) die gesetzlichen Anforderungen für die Zulässigkeit einer Regelung zur Vorratsdatenspeicherung.

Suchmaschinen, Geodienste, soziale Netzwerke und Auktionsplattformen im Netz, um nur einige aktuelle Stichworte zu nennen, lassen die rasante Entwicklung der technologischen Möglichkeiten erkennen und sie für die Integrität der Privatsphäre zunehmend bedrohlicher erscheinen. Die damit einhergehenden komplexen Fragestellungen sind gesetzgeberisch noch nicht vollständig beantwortet. Die beabsichtigte Stiftung Datenschutz für mehr Sicherheit im Internet weckt Erwartungen und eröffnet neue Perspektiven.

Die geltenden Datenschutzregelungen lassen hinsichtlich Verständlichkeit und Lesbarkeit durchaus zu wünschen übrig. Der Gesetzgeber ist hier gefordert, das Regelwerk so zu formulieren, dass auch ein Nicht-Fachmann den Regelungsgehalt eindeutig erkennen kann. Die Beiträge dieser Publikation liefern hierfür eine Fülle von Beispielen. Die technische Entwicklung berücksichtigende, präzise Gesetzesformulierungen einzufordern, ist demnach nicht nur für die Fachwelt einleuchtend. Der interdisziplinäre Ansatz, der dieses Fachbuch bestimmt, ist auch unter diesem Aspekt wichtig.

Die Geschichte des Datenschutzes zeigt: Für den Schutz personenbezogener Daten sind Gesetze zwar ein sehr wichtiger, aber immer nur der erste Schritt. Denn letztlich entscheidet die Umsetzung der Datenschutznormen darüber, ob die alltägliche Praxis den gesetzgeberischen Zielvorstellungen entspricht.

Dabei gefährdet die immer weiter fortschreitende automatisierte Verarbeitung in IT-Systemen personenbezogene Daten in besonderer Weise und verlangt signifikante Schutzmaßnahmen. Der beste und effektivste Schutz sind hier technische und organisatorische Maßnahmen, welche zu einem systemimmanenten Schutz personenbezogener Daten führen. Das Idealziel muss sein, eine rechtlich verbotene Datenverarbeitung unmöglich zu machen und im Rahmen eines IT-Systems nur eine solche Datenerfassung und -verarbeitung zuzulassen, die den Rechtsnormen entspricht.

Dieser sogenannte Systemdatenschutz ist von gesetzgeberischer Seite in § 9 BDSG bzw. früher in § 6 BDSG verankert worden. Diese notwendigerweise abstrakte Rechtsnorm gilt es im konkreten Einzelfall mit Leben zu füllen und so den Datenschutz sicherzustellen. Ich freue mich, dass sich der Sammelband dieser Aufgabe stellt, deren Lösung letztlich die Effektivität des Datenschutzes in der Praxis bestimmt.

Berlin, im Mai 2012

*Wolfgang Bosbach* MdB
Vorsitzender des Innenausschusses
des Deutschen Bundestages

# Editorial

## Die Realisierung modernen Datenschutzes als interdisziplinäre Aufgabe von Recht und Informationstechnik

Anlässlich der im November 2010 erfolgten Bereitstellung von 10 Millionen € durch den Haushaltsausschuss des Deutschen Bundestages als Anschubfinanzierung für die Errichtung der Stiftung Datenschutz verlautete aus einer Fraktion des Deutschen Bundestages u. a. (Zitat): „Moderner Datenschutz kann über Gesetze allein nicht realisiert werden."[1] Sodann wurde im Februar 2011 auf einer Veranstaltung der Initiative D 21, Deutschlands größter Partnerschaft von Politik und Wirtschaft für die Informationsgesellschaft, schon etwas genauer konstatiert (sinngemäße Wiedergabe): Zur Realisierung modernen Datenschutzes sind faktische Maßnahmen wie „privacy by design" und „privacy by default" notwendig.[2] Gleichzeitig forderte die Bundesverbraucherschutzministerin die IT-Industrie auf, technische Lösungen zwecks Verbesserung des Datenschutzes im Internet anzubieten.[3]

Endlich greift man nun auch in der Politik ein altes, auf § 9 (früher § 6) BDSG fußendes Postulat aus der Datenschutzszene auf, welches dahin geht, dass für einen wirksamen, insbesondere präventiven Datenschutz bereits Organisation und Funktionsweisen der personenbezogenen Datenverarbeitung selbst Ausdruck der Datenschutzbelange der Betroffenen sein müssen (built-in-privacy).[4] Endlich also gewinnt die Forderung nach technisch-organisatorischem (kurz: technischem) Datenschutz an Boden, überwindet der Datenschutz seinen

---

[1] Vgl. FDP im Deutschen Bundestag – Presseinformation Nr. 985 vom 12. November 2010 (Piltz MdB / Toncar MdB).

[2] Veranstaltung „Streetview, Facebook & Co. – schöne neue digitale Welt", vgl. http://www.initiatived21.de/category/veranstaltungen/veranstaltungsarchiv/Vorträge Gisela Piltz MdB und Dr. Thilo Weichert, LfD und Leiter des ULD in Schleswig-Holstein.

[3] Vgl. Behördenspiegel, Newsletter E-Government, Februar 2011, S. 2.

[4] Vgl. *Peters*: Arbeitnehmerdatenschutz, Diss. Frankfurt a. M. 1982, S. 249; *Peters*: Technischer Datenschutz, CR 12/1986, S. 790 ff; *Peters / Kersten*: Technisches Organisationsrecht im Datenschutz – Bedarf unter Möglichkeiten, CR 9/2001, S. 576 ff; www.datenschutzzentrum.de/interviews (Falk Peters); *Münch*: Technisch-organisatorischer Datenschutz – Leitfaden für Praktiker, 4. überarbeitete und erweiterte Auflage, Datakontext-Verlag 2010, S. 15 ff; *Peters*, Verfassungsgerechter Datenschutz in der digitalen Gesellschaft, LIFIS ONLINE (29.06.10), www.leibniz-institut.de ISSN 1864–6972, S. 8ff.

bislang bloß rechtsnormativen Charakter und wird nun auch zu einer erstrangigen Aufgabe für Informationstechniker, also für Informatiker und IT-Ingenieure.

Weil der Datenschutz einerseits eine – sogar mit Verfassungsrang ausgestattete – rechtliche Regelungsmaterie ist, weil er aber andererseits nicht nur rechtlich garantiert, sondern nun auch technisch abgesichert werden soll, ist für eine erfolgreiche Kooperation zwischen Juristen und Informationstechnikern interdisziplinäre Kompetenz und transdisziplinäres Denken vonnöten, wie in der Wissenschaft schon ganz allgemein die Forderung nach Inter- bzw. Transdisziplinarität immer häufiger und dringender gestellt wird, weil nur auf diesem Wege künftig wissenschaftlicher, technischer, ökonomischer und mithin gesellschaftlicher Fortschritt möglich sein wird.[5] Der in den Blick genommene technische Datenschutz ist ein solcher Fortschritt.

In diesem Buch geht es also nicht, jedenfalls nicht in der Hauptsache, um die Diskussion juristischer Standpunkte zum Datenschutz, nicht um Novellierungsvorschläge zum Datenschutzrecht und auch nicht um die letztliche Beantwortung der – vom jeweiligen politischen Standpunkt abhängigen – rechtspolitischen Frage, wie viel Datenschutz der Staat sich – angesichts der Bedrohungen etwa durch Cyberkriminalität oder Terrorismus – leisten kann bzw. wie viel Datenschutz opportun ist. Vielmehr wird anhand der behandelten Themen das Verständnis eines modernen, nämlich rechtlich legitimierten und technisch zu realisierenden Datenschutzes deutlich gemacht und gezeigt, welche Vorteile technischer Datenschutz hat und warum es höchste Zeit dafür ist.

Berlin, im Mai 2012                                                      Dr. *Falk Peters*
                                                                                    Rechtsanwalt

---

[5] Vgl. *Ropohl*, Jenseits der Disziplinen – Transdisziplinarität als neues Paradigma, LIFIS ONLINE (21.03.10) www.leibniz-institut.de ISSN 1864–6972; *Fleischer*, Komplexität, Inter- und Trans- disziplinarität, LIFIS ONLINE (15.04.10) www.leibniz-institut.de ISSN 1864–6972; *Junghans*, Inter- und Transdisziplinarität als Voraussetzungen für den wissenschaftlichen und technischen Fortschritt, LIFIS ONLINE (11.07.10) www.leibniz-institut.de ISSN 1864–6972.

# Inhaltsverzeichnis

Faire, beherrschbare und sichere Verfahren
  Von *Martin Rost* .................................................... 17

Arbeitnehmerdatenschutz im Unternehmen
  Von *Frank Braun* .................................................... 39

Informationelle Selbstbestimmung mit dem elektronischen Identitätsnachweis
  Von *Jan Möller* ..................................................... 77

Nachhaltiges GeoBusiness nur mit Datenschutz
  Von *Wolfgang Naujokat* .............................................. 91

Privacy by Design und Privacy by Default – Wege zu einem funktionierenden Datenschutz in Sozialen Netzwerken
  Von *Fabian Niemann* und *Philip Scholz* ............................. 109

Datenschutz-Engineering am Beispiel der De-Mail. Entwicklung einer interdisziplinären Projektidee
  Von *Falk Peters* .................................................... 147

Datenschutzmanagement in multi-zellularen Systemen
  Von *Michael Schiffers* .............................................. 179

Datenschutz in Connected Homes
  Von *Frank Wagner* ................................................... 205

Datenschutz im Internet der Energie
  Von *Alexander Duisberg* ............................................. 243

Verfassungs- und datenschutzrechtliche Anforderungen an die technische Gestaltung von sogenannten Staatstrojanern
  Von *Jan Dirk Roggenkamp* ............................................ 267

Computational Law und Datenschutz. Informatische Ontologien als formales Werkzeug zur Präzisierung rechtlicher Vorschriften, demonstriert an Teilen des Bundesdatenschutzgesetzes
  Von *Siegfried Knöpfler* ............................................. 281

Autoren- und Herausgeberverzeichnis ................................... 333

# Abkürzungsverzeichnis

| | |
|---|---|
| ABl. | Amtsblatt |
| ABox | assertional box (Ontologieteil für konkrete Fakten) |
| ADV | Automationsunterstützte Datenverarbeitung |
| AEUV | Vertrag über die Arbeitsweise der Europäischen Union |
| AfP | Archiv für Presserecht (Zeitschrift) |
| AnwZert ITR | AnwaltZertifikatOnline IT- und Medienrecht (Online-Zeitschrift) |
| AöR | Archiv für öffentliches Recht (Zeitschrift) |
| AUP | Acceptable Use Policy |
| BB | Betriebs-Berater (Zeitschrift) |
| BDSG | Bundesdatenschutzgesetz |
| BfDI | Der Bundesbeauftragte für den Datenschutz und die Informationsfreiheit |
| BGBl | Bundesgesetzblatt |
| BMBF | Bundesministerium für Bildung und Forschung |
| BMI | Bundesministerium des Innern |
| BMJ | Bundesministerium der Justiz |
| BNetzA | Bundesnetzagentur |
| BRAK | Bundesrechtsanwaltskammer |
| BSI | Bundesamt für Sicherheit in der Informationstechnik |
| BVerfG | Bundesverfassungsgericht |
| CIO | Chief Information Officer |
| CL | Computational Law |
| CORBA | Common Object Request Broker Architecture |
| CR | Computer und Recht (Zeitschrift) |
| DL | Description Logic / Beschreibungslogik |
| DMA | Direct Marketing Association |
| DSB | Datenschutzberater (Zeitschrift) |
| DuD | Datenschutz und Datensicherung (Zeitschrift) |
| EG | Europäische Gemeinschaft |
| EU | Europäische Union |
| FOL | First Order Logic / Prädikatenlogik erster Stufe |
| G10 | Gesetz zur Neuregelung von Beschränkungen des Brief-, Post- und Fernmeldegeheimnisses |
| GG | Grundgesetz |

| | |
|---|---|
| HIPAA | Health Insurance Portability and Accountability Act |
| IaaS | Infrastructure as a Service |
| INSM | Initiative Neue Soziale Marktwirtschaft |
| ITRB | Der IT-Rechts-Berater (Zeitschrift) |
| IT | Informationstechnologie |
| jurisPR-ITR | juris PraxisReport IT-Recht (Online-Zeitschrift) |
| juristPR-WettbR | juris PraxisReport Wettbewerbs-Recht (Online-Zeitschrift) |
| K&R | Kommunikation und Recht (Zeitschrift) |
| KI | „Künstliche Intelligenz" (Name der Forschungsrichtung) |
| LG | Landgericht |
| LIFIS | Leibniz Institut für interdisziplinäre Studien |
| LP | Logic Programming |
| MDA | Model Driven Architecture |
| MEP | Message Exchange Pattern |
| MIB | Management Information Base |
| MINT | Mathematik, Informatik, Naturwissenschaften, Technik |
| MMR | MultiMedia und Recht (Zeitschrift) |
| MO | Managed Object |
| NJW | Neue Juristische Wochenschrift (Zeitschrift) |
| NVwZ | Neue Zeitschrift für Verwaltungsrecht |
| NZA | Neue Zeitschrift für Arbeitsrecht |
| OECD | Organisation for Economic Co-operation and Development |
| OO | objektorientiert |
| OOP | objektorientierte Programmierung |
| OSI | Open Systems Interconnection |
| OWL | Web Ontology Language |
| P3P | Platform for Privacy Preferences |
| PaaS | Platform as a Service |
| PAP | Policy Administration Point |
| PDP | Policy Decision Point |
| PEP | Policy Enforcement Point |
| PIP | Policy Information Point |
| Prolog | „Programming in Logic" (Programmiersprache) |
| QED | quod erat demonstrandum (= was zu zeigen war) |
| RDBMS | Relationales Datenbanksystem |
| RDF | Resource Description Framework |
| Rdnr. | Randnummer |
| RDV | Recht der Datenverarbeitung (RDV) |
| RM | Rechtsmodellierung |
| SaaS | Software as a Service |
| TBox | terminological box (Terminologieteil der Ontologie) |

| | |
|---|---|
| TKG | Telekommunikationsgesetz |
| TMG | Telemediengesetz |
| UML | Unified Modeling Language |
| VO | Virtuelle Organisation |
| WSDM | Web Services Distributed Management |
| XACML | eXtensible Access Control Markup Language |
| ZD | Zeitschrift für Datenschutz |

# Faire, beherrschbare und sichere Verfahren

Von *Martin Rost*

**Abstract**

Datenschutz sichert vornehmlich die Integrität einer Person, Datensicherheit sichert vornehmlich die Integrität einer Organisation. Beide Aktivitäten müssen zusammenkommen als Voraussetzung dafür, dass Personen und Organisationen bereit sind, einander zu vertrauen. Organisationen, also: Behörden, Unternehmen, Wissenschaftsinstitute und Kommunikationsdienstleister, sind dabei in der Regel weitaus mächtiger, die Inhalte und Umstände einer Kommunikation zu bestimmen als die Personen, die auf Dienstleistungen und Produkte der Organisationen angewiesen sind. Aus Sicht des Datenschutzes gilt deshalb *jede* Organisation latent als Angreifer auf die Integrität einer Person. Für die Datensicherheit gilt das Umgekehrte, hier werden vornehmlich Personen als Angreifer aufgefasst. Beide Sichten eint das Interesse, dass eine Organisation ihre Prozesse beherrscht.

Als best practice zur Operationalisierung von Vertrauenswürdigkeit hat sich in den 90er Jahren das Konzept der Schutzziele etabliert. Schutzziele bieten Kritierien, mit denen unspezifische Gefahren in kalkulierbare Risiken gewandelt werden können, die sich anhand von Schutzmaßnahmen auf ein verallgemeinerungsfähig akzeptables Maß verringern lassen. Anhand des Nachweises der Wirksamkeit von Schutzmaßnahmen können sich die agierenden Organisationen, sowie deren externe Klientel, internen Mitarbeiter und die Aufsichtsbehörden davon überzeugen, dass Organisationen ihre Verfahren, die aus Daten, IT-Systemen und Prozessen bestehen, von Anfang bis Ende beherrschen und ihre Modellierungen von „Personen" sowie Kommunikationen an Gesetzeskonformität und Fairness ausgerichtet sind.

Mit diesem Zuschnitt, der Halt sowohl bei den soziologischen Theorien von Habermas und Luhmann findet, gibt sich der Datenschutz eine theoretische Fundierung, die kein privates Bedürfnis nach Privatheit voraussetzen muss, sondern Datenschutz als eine Konstruktion einer modernen Gesellschaft erkennbar macht. Individuelle Freiheit und Selbstbestimmung muss nicht von Bürgern und Kunden sozusagen erst gewollt werden, damit die Gesellschaft entsprechende Schutzmechanismen ausbildet. Vielmehr werden diese sozial abgefordert, wenn

Markt, Gewaltenteilung, Rechtstaatlichkeit und Demokratie, freie ästhetische und wissenschaftliche Diskurse die tatsächlich vorherrschenden Formen und Risiko-Strukturen einer Gesellschaft sind. Organisationen unterlaufen diese Strukturen latent – durch Monopolisierungstendenzen, Dominanz der Exekutive, extramundane Stellung des Expertenwissens – wofür die Verletzung von Privatssphäre und persönliche Freiheit bzw. die Nichterfüllung der durch Schutzziele formulierten Anforderungen an vernünftige technisch-organisatorische Infrastrukturen sensible Indikatoren sind. An diesen Indikatoren, die eine Verletzung von Privatheit signalisieren, thematisiert Datenschutz strukturelle gesellschaftliche Defekte.

## I. Zur Integrität von Technik und Personenmodellen

Wenn Menschen zusammen sind und einander zuhören, dann zweifeln sie normalerweise nicht daran, dass das, was der Sender mitteilt und der Empfänger daraufhin versteht identisch ist. In einem alltäglichen Gespräch wird die Identität von Gesprochenem und Gehörtem unterstellt. Informatiker bezeichnen diese Identität als *Integrität einer Kommunikation*. Die Integrität einer Kommunikation zu sichern ist eine konstruktive Herausforderung, wenn ein Gespräch technisch vermittelt wird.

Integritätssicherung gilt als eines der elementaren Schutzziele beim Entwurf und Betrieb eines Kommunikationssystems. Eine Mitteilung soll den Empfänger nicht in einer unkalkulierbaren, sondern in einer für alle Beteiligten abschätzbaren Qualität erreichen. Jede Instanz, die Einfluss auf diese Qualität nehmen kann, wird methodisch als ein Angreifer aufgefasst. Es sind Schutzmaßnahmen gegen verschiedene Angreifer vorzusehen. Der Zahn der Zeit ist ein Angreifer, wenn beispielsweise ein Telefongespräch zusammenbricht, weil ein Kabel in Jahrzehnten porös geworden ist. Ein Zusammenbruch der Verfügbarkeit einer Verbindung kann aber auch aufgrund des Ausbleibens von Strom erfolgen, weil die Telefongesellschaft ihre Stromrechnung nicht bezahlt hat. Dann ist die Telefongesellschaft selber der Angreifer. Das laufende Telefongespräch kann unbeabsichtigt verstümmelt oder in Echtzeit beabsichtigt von Dritten verfälscht sein. Letzteres ist beim Telefongespräch vermutlich noch immer mit hohem Aufwand verbunden. Dagegen ist eine E-Mail unerkannt zu fälschen für viele Instanzen auf dem Weg zwischen Sender und Empfänger trivial möglich. Auch besteht das grundsätzlich gegebene Risiko, dass Gesprächspartner nicht sicher sein können, tatsächlich mit demjenigen zu telefonieren, mit dem sie zu sprechen glauben, selbst dann wenn sie einander am Bildschirm sehen. Die Sicherstellung der Integrität sowohl der Form einer Nachricht als auch der Infrastruktur zur Übertragung einer Nachricht sowie der Identität der Beteiligten ist deshalb eine der wesentlichen Anforderungen, die beim Betrieb einer jeden Kommunikationsinfrastruktur zu erfüllen sind. Es ist insbesondere die Aufgabe von Experten des Datenschutzes und der Datensicherheit, sich um die Beachtung und (den Nachweis der) Umsetzung der Integritätsanforderungen in komplexen Systemen, die viele Organisationen und Informationstechniken umfassen können, zu kümmern.

Die Sicherung der Integrität einer technisch vermittelten Kommunikation ist eines der elementaren Schutzziele. Zu den sechs *elementaren Schutzzielen* zählen, neben der Sicherung der Integrität, Verfügbarkeit und Vertraulichkeit sowie Transparenz, Nichtverkettbarkeit und Intervenierbarkeit.[1] Wir kommen auf die Schutzziele gleich im Einzelnen zu sprechen. Vorher soll die Rede davon sein, dass diese elementaren Schutzziele eine verallgemeinerungsfähige Geltung als Operationalisierung von vernünftigerweise zu stellenden Anforderungen an technisch-organisatorische Infrastrukturen beanspruchen. Die Schutzziele beanspruchen eine gesellschaftliche Verallgemeinerungsfähigkeit in dem Sinne, dass sie für alle Menschen im gleichen Maße als geltend unterstellt werden müssen und auch von Organisationen, die die Schutzziele in konkrete Anforderungen umformuliert und als Maßnahmen umzusetzen haben, vernünftigerweise nicht aussichtsreich negiert werden können, sofern ein Interesse an in jeder Hinsicht gelingender Kommunikation besteht. Der allgemeine Geltungsanspruch der Schutzziele für technisch-organisatorische Systeme rückt diese in die Nähe von Bürger- und Menschenrechte. Zumindest lässt sich behaupten, dass die Schutzziele technisch-organisatorische Anforderungen thematisieren, die vorausgesetzt zu erfüllen sind, damit Bürger- oder Menschenrechten wirksam in Anspruch genommen werden können. Schutzziele können deshalb keine Angelegenheit nur für IT-Experten sein, sie müssen auch für Laien verständlich sein. Es bedarf der Kopplung der Schutzziele an das Verständnis des „normalen" Bürgers, weil der Bürger politisch darüber befinden können muss, welchen Anforderungen eine technische Infrastruktur genügen muss, die seinem Interesse als Staatsbür-

---

[1] Während des Schreibens an einem ersten Entwurf dieses Textes starb im September 2010 viel zu jung Prof. *Andreas Pfitzmann*. Andreas Pfitzmann hatte den hier dargelegten konzeptionellen Ansatz der „Neuen Schutzziele" 2008 in einem Forschungsgruppen-internen Diskussionspapier erstmals angedeutet. Er hatte einige der Schutzziele der Datensicherheit in einer Dimension angeordnet und abzubilden versucht. Die sich daran anschließende Ausarbeitung geschah in zunehmender Emanzipation von den technischen Maßnahmen der Datensicherheit. Neben Andreas habe ich einer ganzen Reihe an Kolleginnen und Kollegen zu danken, insbesondere *Marit Hansen*, die zur damaligen Arbeitsgruppe um Prof. Pfitzmann gehörte, sowie *Kirsten Bock*. Ihre Spuren hinterlassen haben ebenso Dr. *Michael Schack*, *Sven Thomsen* und *Wolfgang Zimmermann*, mit denen es immer wieder gelingt, das big picture des Datenschutzes in den Blick zu nehmen. Mein Dank gilt zudem den Kollegen des Magdeburger Treffens von 2009: Herrn *Eiermann*, Herrn *Ernestu*s, Herrn *Heibey*, Herrn *Raugust*, Herrn *Robra* und Herrn *Wehrmann* aus dem Arbeitskreis Technik der Datenschutzbeauftragten der Länder und des Bundes, mit denen zusammen eine erste Version eines Normentextes zu den Schutzzielen formuliert wurde, aus dem heraus der Normentext des Landesdatenschutzgesetzes von Schleswig-Holstein vom Januar 2012 entstand, der die „Neuen Schutzziele" enthält.

ger tatsächlich entgegenkommt. Und ein Kunde sollte verstehen können, wenn Schutzvorkehrungen den Komfort bei der Nutzung von Geräten schmälern oder erhöhte Kosten durch Umsetzung dieser Ziele in Kauf zu nehmen sind. Das Konzept der Schutzziele muss aber auch für Fachleute hinreichend instruktiv sein, so dass diese die kommunikationstechnischen Komponenten und Infrastrukturen planen, kalkulieren, umsetzen, betreiben, reparieren, weiterentwickeln und nicht zuletzt effektiv überprüfbar machen können.

## 1. Technische Infrastrukturen und generische Personenmodelle

Die elementaren Schutzziele formulieren nicht nur Anforderungen für kommunikationstechnische Infrastrukturen. Vielmehr sind Schutzziele auch auf Daten und Prozesse, mit denen Organisationen Personen eine innerorganisatorische Form geben, anwendbar. Damit ist das klassische Kernthema des Datenschutzes angesprochen. Die weitgehend standardisierte Kommunikation zwischen Organisationen und Personen – also bspw. zwischen einer staatlichen Verwaltung und einem Bürger oder zwischen einem Unternehmen und einem Kunden – erfüllen jeweils eng zugeschnittene Funktionen: Es soll ein Antrag beschieden, eine Ware eingekauft oder eine Hilfe- bzw. Dienstleistung für eine Person erbracht werden. Wie den beteiligten Personen während der Kommunikation mit einer Organisation zumute ist und was sie über die Abwicklung von Anträgen oder dem Kauf einer Ware hinaus beschäftigt, ist dabei nicht relevant. Beteiligte müssen in ihrer Kommunikation gegenüber Organisationen all das Nebensächliche, und in der Regel auch die Motivation für ihr Tun, ausblenden. Das gleiche gilt für Organisationen. Die Unterdrückung der Kommunikation aller Besonderheiten einer Situation, bei Übernahme einer allgemeinen stereotypen Rolle in der Kommunikation, wie die des Bürgers oder des Kunden oder des Patienten, gilt prinzipiell als weltweit verstanden und in der Regel erwünscht. Es handelt sich insofern um eine Realabstraktion (vgl. *Sohn-Rethel* 1978) bzw. um eine De-Kontextualisierung der Kommunikation von den konkreten Umständen der Situation und beliebigen Motiven. Diese Dekontextualisierung wird jedoch umgehend kompensiert durch eine systemeigene Kontextualisierung, gemäß einer übernommenen generischen Rolle in Abgrenzung zu anderen Rollen (Beispiel: Auftreten als Kunde aber nicht als Patient, Vereinsmitglied oder Mitarbeiter, der man auch noch ist). Gesprächspartner reichern die zunächst dekontextualisierte, standardisierte Kommunikationen mit eigenem Wissen, mit Erfahrungen und Vermutungen oder mit Informationen aus dritter Quelle über den Kommunikationspartner wieder an. Über dieses Anreichern entstehen Konstruktionen von Personenmodellen. Das machen Menschen genauso wie Organisationen. Bei Personen spräche man von Vorurteilen. Im Verhältnis von Unternehmen und Personen – wenn man von den speziellen Verhältnissen, die durch das Internet entstanden sind, erst einmal absieht, spräche man von einem Kundenbindungssystem bzw. vom „Customer-Relationship-Management" (CRM). Und auch der Staat nutzt Personenmodelle, welche Pflichtkommunikation dieser von einem Bürger mit der Verwaltung erwartet und zumuten darf.

Anpassungsfähige, dynamische Personenmodelle werden von Unternehmen zunehmend automatisiert erstellt, insbesondere wenn die gesamte Kommunikation zwischen Personen und Organisationen über Internet erfolgt. Diese Modelle werden typischerweise mit wissenschaftlichem Anspruch erstellt, analysiert und genutzt und weiterentwickelt. Banken treffen Entscheidungen bspw. anhand von Scoring-Modellen, wonach Menschen mit unterschiedlichen Eigenschaften in unterschiedliche Kredit-Risikotypen unterteilt werden. Dies geschieht zunehmend automatisiert. Derartige Personenmodelle sind sofort ersichtlich riskante Konstruktionen zur Verminderung von Risiken und insofern prinzipiell unzulänglich. Aber sie können trotzdem für den von den Organisationen verfolgten Zweck hinreichend sein. weil sie nur vergleichbar leistungsfähig zu denen der Konkurrenz sein müssen. Und Verwaltungen verfügen, zumindest ist das die rechtstaatliche Fiktion, grundsätzlich nur über Personenmodelle, für die es gesetzliche Grundlagen gibt. Diese Modelle bilden die Grundlagen ihres Kommunikationshandelns gegenüber Personen.

Auf die Spitze der Automation der Profilierung von Personenmodellen treiben es derzeit insbesondere Amazon, Google, Facebook und Apple, sowie die Geheimdienste dieser Welt, die sich insbesondere aus diesen Quellen mit Daten versorgen (vgl. Der SPIEGEL 2011, Nr. 49: 70ff). Facebook formt darüber hinaus gehend jede Kommunikation, Kommunikation findet nicht einfach unbehandelt zwischen Sender und Empfänger statt: „Facebook zeigt standardmäßig jedem Nutzer eine andere, von Algorithmen berechnete Auswahl der Ereignisse in ihrem sozialen Umfeld an. Meldungen von jenen Menschen und Quellen nämlich, mit denen die Nutzer „am häufigsten interagieren" – so die vage Facebook-Formulierung. (...) Es ist erstaunlich, wie wenigen Internetnutzern bewusst ist, dass Software auf Basis ihres Surfverhaltens, ihres Orts, ihrer Kontakte die Onlinewirklichkeit für sie vorsortiert" (vgl. *Lischka* 2011).

Aus Datenschutzsicht ist es selbstverständlich keine Option zu fordern, dass die Personenmodelle der Organisationen perfekt ausgestaltet sein müssen oder im Gegenteil falsch sein sollten. Beides ist nicht nur aus Datenschutzsicht nicht wünschenswert. Wären diese Modelle dagegen in Umfang und Qualität perfekt, dann wäre eine besonders wirkungsvolle Machtausübung von Organisationen gegenüber ihrer Klientel möglich und beschränkte die Autonomieversprechen, die in den Menschenbildern vom Bürger, Kunden, Individuum enthalten sind und auf deren Umsetzung zu achten die wesentliche Aufgabe des Datenschutzes ist. Falsche Entscheidungen von Organisationen aufgrund falscher Personenmodelle sind für betroffene Bürger, Kunden und Patienten inakzeptabel, weil keine erwartungssichere Partizipation am gesellschaftlichen Leben möglich wäre. Organisationen handelten dann aus Unzulänglichkeit willkürlich. Man hat es in der Gesamtsicht also mit einem Optimierungsproblem zu tun, dessen Interpretationen und Bearbeitungen durch Organisationen der Datenschutz beobachtet und bewertet.[2] Aus Datenschutzperspektive gilt es deshalb, diese grundsätzlich immer gegebene Risikobehaftetheit eines jeden Personen- bzw. Entscheidungsmodells sowie der „Menschenbilder"[3] von Organisationen gegenüber Personen anhand der Schutzziele (auch den Organisationen selber) spezifiziert transparent zu machen.

Die rechtlichen Regelungen als Grundlage des institutionalisierten Datenschutzes werden nach überkommener Rechtslage flankiert von darauf abgestimmten technisch-organisatorischen Maßnahmen und Methoden, wie sie aktuell der Anlage zu § 9 des Bundesdatenschutzgesetzes (BDSG) zu entnehmen sind.[4] Sowohl die materiellen Rechtsgrundlagen, die das BDSG bietet, als auch dessen unmittelbare Kopplung an technisch-organisatorische Maßnahmen, die nicht über Schutzziele systematisiert vermittelt und abwägbar gemacht sind, gelten lange schon als nicht mehr hinreichend.[5] Anstatt pauschal Schutzmaßnahmen direkt normativ vorzugeben wäre es sinnvoller, den Maßnahmen systematisch zugängliche und juristisch abwägbare Ziele voranzustellen, über die vermittelt dann über Art und Ausmaß von zu treffenden Schutzmaßnahmen zu entscheiden ist.

## 2. Zur Funktion des Datenschutzes

Datenschutz hat die Funktion darauf hinzuwirken, dass die Kommunikationen und die Personenmodelle von Organisationen unter angemessenen Bedingungen

---

[2] Das ist logisch unbefriedigend, aber soziologisch folgerichtig. Die Konstruktion von Kommunikation thematisiert die Soziologie unter dem Thema der „Doppelten Kontingenz": Jede Kommunikation schließt an Kommunikation an, Erwartungen schließen über Erwartungen an, die als selbsttragende Konstruktionen durchaus perfekt scheitern können und sich aufgrund genau dieses hohen Scheiterrisikos als System stabilisieren (vgl. *Luhmann* 1999).

[3] Der Mensch wird, in der typischen Rechtssprechung des Bundesverfassungsgerichts, als „gemeinschaftsbezogen" aufgefasst (vgl. *Becker* 1996: 123 ff.). Soziologisch ist Gemeinschaftsbezogenheit jedoch nur eine Interaktionskategorie, die weder der Komplexität von Organisation noch Gesellschaft gerecht wird, die ihren spezifischen Teil an der Konstitution von „Mensch" (und Person) beitragen.

[4] Die Neuen Schutzziele sind vollständig im §5 des Landesdatenschutzgesetzes von Schleswig-Holstein verankert, nicht jedoch im BDSG. Man findet eine Teilmenge der elementaren Schutzziele in den Datenschutzgesetzen der Neuen Bundesländer sowie Berlin, Hamburg und Rheinland-Pfalz. In einer Entschließung der Landesdatenschutzbeauftragten vom März 2010 zur latent anstehenden Novellierung des BDSG wird die Aufnahme der Neuen Schutzziele gefordert.

[5] Vgl. das Gutachten zur Modernisierung des Datenschutzrechts: *Garstka / Pfitzmann / Roßnagel* 2001.

stehen bzw. stellbar sind. Dabei ist zu berücksichtigen, dass Unternehmen, Verwaltung und Wissenschaft informationstechnisch in der Regel ungleich mächtiger als ihre Klientel sind, weshalb Organisationen gegenüber den betroffenen Personen und den Datenschutz-Aufsichtsbehörden nachweisen müssen, dass sie ihre Verfahren beherrschen und auf der Grundlage von auf Fairness bedachten Personenmodellen gesetzeskonform agieren. Nur dann können belastbare Vertrauensbeziehungen bestehen, die die Kommunikationen und Datenverarbeitungen effektiv machen.

Moderne Gesellschaften sind gekennzeichnet durch Märkte und Unternehmen, durch Gewaltenteilung und rechtlich gebundene Verwaltungen. durch unabhängige Gerichte, durch Demokratie und unabhängige Parteien, durch wissenschaftliche Diskurse verschiedener Paradigmen, durch eine im Grundsatz freie Presse und unabhängige Blogs, Religionsfreiheit und freie Kunstszenen. Diese versorgen eine moderne Gesellschaft mit produktiven Variationen an Formen und Differenzen, also auch: mit Risiken. Risiken sind, im Unterschied zu Gefahren, kalkulierbar. Datenschutz ist immer dann ein Thema, wenn Organisationen, mit ihrem IT-gestützten und modellierten Zugriff auf Personen, die Autonomie dieser Personen deformieren, weil sie versuchen, die Risiken der bestimmten Unbestimmtheit – der spezifischen Unruhe, die durch Märkte, Gewaltenteilung, freie Wahl und freie Rede entsteht – einseitig auf Personen abzuwälzen und sich selber in die Position des unbezweifelbaren blinden Flecks zu setzen, in dem sie ihre spezifischen Organisationsinteressen als die allgemeinen Interessen ausweisen.[6] Die gesellschaftliche Funktion des Datenschutzes besteht insofern darin, Märkte, Demokratie und Rechtsstaatlichkeit sowie freie Diskurse und die grundsätzliche Ergebnisoffenheit des durch sie getriebenen Wandels auch beim Einsatz von IT, die die Welt trivialisierend berechenbar zu machen verspricht, zu verteidigen, indem sie strukturelle Verwerfungen im Medium der latent „beunruhigenden" Autonomie des Bürgers, des Kunden, des Individuums thematisiert. In diesem Sinne agiert Datenschutz also konservativ, zumindest dann wenn man zu unterstellen geneigt ist, dass diese Strukturen tatsächlich etabliert sind.

Die durch den Datenschutz herausgearbeiteten, vernünftigerweise geltenden Schutzziele entfalten Wirkungen anhand von Schutzmaßnahmen, die Personen vor latent unfair agierenden Organisationen schützen sollen. Datenschutz schützt Organisationen insofern auch vor sich selbst, indem dieser diese daran hindert, in einer funktional-differenzierten Gesellschaft mit zu schlichten Modellen von Mitarbeitern und Bürgern, Kunden, Klientel zu scheitern. Trivialisierungsgewinne lassen sich nur kurzfristig einstreichen, sofern der Staat stark ist. Wenn Datenschutz misslingt, dann haben sich Monopolisierung, Vorherrschaft Weniger und Willkür sowie „letzte Worte", in welcher Gemengelange und welchem Ausmaß im Einzelnen auch immer, durchgesetzt. Datenschutz thematisiert per-

---

[6] Wie eine datenschutzferne Tyrannei in der Moderne aussähe illustriert *Zeh* 2009.

manent, meist zwar mit ermüdend alarmierender Katastrophensemantik, aber von der Sache berechtigt –, diese latenten Risiken eines Rückfalls einer Gesellschaft der „funktionalen Differenzierung" in vormoderne, stratifiziert-hierarchische Verhältnisse mit einigen wenigen vorherrschenden Organisationen, die die Gesellschaftsstruktur allzuständig-totalitär bestimmen und entsprechend kein Konzept der Privatsphäre oder der informationellen Selbstbestimmung kennen.[7] Das Niveau der Wirksamkeit von Datenschutz zur Sicherung der funktionalen Differenzierung ist deshalb ein sensibler Indikator für die „Modernität" einer Gesellschaft in Bezug auf Demokratie, Rechtsstaatlichkeit, soziale Marktwirtschaft und freie Diskurse.[8]

## II. Schutzziele

Gesellschaftsweit implementierte Infrastrukturtechnik, wie z. B. das Telefon, muss vorsätzlichen Angriffen auf Integrität und Vertraulichkeit – die insbesondere von Organisationen ausgehen, die die Infrastrukturtechnik betreiben –, robust widerstehen können. Bedrohlich kann aber auch die schiere Größe einer Infrastruktur werden, wenn Organisationen ihre Infrastruktur ohne Vorsatz nicht mehr beherrschen. Das ist strukturell insbesondere dann der Fall, wenn sich Systemgrenzen nicht mehr eindeutig ziehen lassen, etwa beim Vernetzen von PCs in lokalen Netzen mit den Netzwerken der Internetprovider, mit dem globalen Netzevernetzungsnetz Internet oder Netzinfrastrukturbetreibern wie facebook, google, Amazon oder Apple. Hinzu kommen die Programm-Hersteller, die über ihre Programme auf die Hardware ihrer Nutzer zugreifen und darüber Trojanische Pferde implementieren, die permanent alles Mögliche über das Internet an die Programmhersteller melden. Hier gibt Datenschutz zunächst einmal rechtlich verantwortbare Grenzen vor, an denen entlang Systeme nachgewiesenermaßen beherrschbar betrieben werden können. Kommunikationstechniker müssen dafür Techniken entwickeln, um vorsätzlich-aggressive Angriffe auf Daten und Systeme sowie unkontrollierbar gewordene Systeme zumindest erkennbar zu machen. Dieses Schutzziel hatten wir eingangs bereits als „Sicherung der Integrität" bezeichnet.

Bevor die Integrität von Gesprächen relevant wird, müssen Personen erst einmal ersichtlich füreinander verfügbar und gesprächsbereit sein. Sie müssen ihren Gesprächsinhalt aufeinander ausrichten können, entsprechend der Art und dem Maß der gewünschten Vertraulichkeit. Wollen sie unter sich sein, dann suchen

---

[7] Vgl. *Luhmann* 1999. Mit den begrifflichen Mitteln der soziologischen Systemtheorie Luhmannscher Prägung ließe sich Datenschutz wie folgt bestimmen: Datenschutz IST die Form der Beobachtung (bzw. Kommunikation) der Differenz von funktionaler Differenzierung und Organisation im Medium der Person.

[8] Vgl. *Rost* 2008.

sie eine entsprechend geschützte Umgebung auf. Schutzziele formulieren diese alltäglichen, in der Regel ebenfalls nicht-reflektierten operativen Anforderungen an Gesprächssituationen. So bezeichnet Verfügbarkeit die Anforderung, dass Informationen und Systeme zeitgerecht zur Verfügung stehen und ordnungsgemäß verwendet werden können. Vertraulichkeit bezeichnet die Anforderung, dass nur Befugte auf Informationen und Systeme zugreifen bzw. von Informationen Kenntnis nehmen können sollen, die ihnen zugedacht sind. Verfügbarkeit von technischen Infrastrukturen wird bspw. durch intelligente Reparaturstrategien und Redundanz bei technischen und organisatorischen Komponenten sichergestellt. Vertraulichkeit von Kommunikationen über große Netze wird z. B. durch Verschlüsselungsverfahren und differenzierte Rollen und Rechte in Organisationen durchgesetzt.

Eine Voraussetzung zur Auswahl von angemessenen Schutzmaßnahmen zur Umsetzung von Schutzzielen ist die Transparenz der Daten, der Prozesse, der Systeme. Deshalb ist Transparenz insbesondere von Organisationsprozessen ein unabdingbar anzustrebendes Schutzziel. Transparenz muss herstellbar sein, um die verschiedenen Ebenen einer Technik und einer Organisation für Überprüfungen zugänglich zu machen. Das Schutzziel Transparenz verpflichtet Organisationen dazu, dass die Erhebung, Verarbeitung, Weitergabe, Aufbewahrung und Löschung von Daten in personenbezogenen Verfahren geplant werden und mit zumutbarem Aufwand nachvollziehbar, kontrollierbar und bewertbar sind. Inhaltlich besteht das Ziel darin zu erkennen, ob die Strategien und Regeln einer Organisation bzgl. der Betriebssicherheit und der Kontextualisierungen zweckgemäß und fair sind. Informationsfreiheit ist insofern ein Bestandteil des Datenschutzes, und genau nicht das Gegenteil von Datenschutz. Konkret zählt zu den Transparenz-Maßnahmen das Anfertigen von Konzepten und der Zugriff auf zweckgebunden erzeugte Monitoring-, Log- und Protokoll-Daten, die Dokumentation von Datenflüssen, Prozessen und Systemen, Inventur- und Netzpläne, der Zugriff auf die Konfigurationen der Datenbanken der Data-Warehouses und des Data-Mining oder die Modellbildungen zum Scoring von Risiken, sowie die Vereinbarungen und Regeln einer Organisation oder die Rechtsgrundlagen und Verträge mit Dienstleistern im Rahmen einer Auftragsdatenverarbeitung. Intransparent bleiben notgedrungen die Bibliotheken von Programmiersprachen oder die Instruktionensets der Chips insbesondere auf der Ebene der Konstruktion von Mainboards oder Prozessoren, sowie die Betriebsgeheimnisse von Unternehmen. Die Grenzen des inhaltlichen Transparentmachens der Modellbildungen bestehen bei privaten Unternehmen in den Geschäftsgeheimnissen und bei staatlichen Verwaltungen in der Organisation der inneren Sicherheit.

Die „eigentliche" Schutzwirkung eines funktionierenden Datenschutzes geht von der Begrenzung des Zugriffs von Organisationen auf Personen aus. Anders als in früheren Zeiten kann eine Organisation keine Allzuständigkeit für Personen mehr legitim beanspruchen. Gleichwohl versuchen Organisationen latent, eine solche Allzuständigkeit herzustellen, wenn man als Beispiele an Komplettversorgungspakete von Versicherungen und Banken oder an Social-Web-Betreiber und insbesondere Apple denkt. Organisationen dürfen im Normalfall, zumindest gegenüber ihrer externen Klientel, nur mit einem schmalen, funktional begrenzten, zweckmäßigen Ausschnitt auf eine Person zugreifen. Eine nur punktuell zugespitzte Ankopplung von Personen an Organisationen entspricht der informationellen Gewaltenteilung bzw. der funktionalen Differenzierung, die mit dem Schutzziel der Nichtverkettbarkeit von Daten und Verfahren umgesetzt wird.[9] Eine technisch-organisatorische Festlegung des Zwecks eines Verfahrens muss alltagspraktisch in Kenntnis der Abgrenzung zu verwandten Verfahren und zu solchen Verfahren erfolgen, die die Daten zu Forschungszwecken oder zur klientelspezifischen Werbung nutzen wollen. Mit Zwecken lassen sich die Kontexte, in denen spezifisch kommuniziert wird, abgrenzen und bestimmen.[10] Das Maßnahmenbündel zur Umsetzung dieses Ziels umfasst organisatorisch vor allem Rollen-, Rechte- und Strukturkonzepte sowie die intelligente Nutzung von Pseudonymen, etwa im Rahmen des Identitätenmanagements und nicht verkettbarer Einmalausweise, sogenannter „anonymer Credentials".[11] Systeme können voneinander technisch gekapselt und Daten von „Schutzmänteln" oder Containern umgeben sein. Funktional ist auch der Einsatz von Programmen zur Durchsetzung von Zugriffsrechten bis tief in die Rechnerstruktur hinein.[12]

Das sechste elementare Schutzziel des Datenschutzes ist die Intervenierbarkeit. Intervenierbarkeit dient der operativen Umsetzung der Betroffenenrechte und damit der Einzelfallgerechtigkeit angesichts der zunehmenden Praxis massenhaft automatisierter Einzelfallentscheidungen. Dieses Schutzziel vereint solche Maßnahmen, die den Betreiber in die Lage versetzen, ein technisches System zu steuern, sowie den Betroffenen, die ihm zustehenden Rechte auch wirksam auszuüben. Dafür müssen Betroffenen integre Wirkungsanker in den Organisationen und deren IT zur Verfügung gestellt werden. Das kann im Extremfall heißen, dass beim Fehlen einer Einwilligung oder einem gesetzlichen Erhebungs-, Ver-

---

[9] Vgl. *Hansen/Meissner* 2007.

[10] Hier schließt das Konzept von „contextual integrity" an (vgl. *Nissenbaum* 2004). Die Idee ist, dass der Kontext, in der eine Kommunikation stattfindet und der technisch zugänglich ist, zusammen mit der eigentlichen „Nutznachricht" gespeichert und im Sinne einer „Kontextnachricht" zusätzlich übermittelt wird. Dies ist eine Inanspruchnahme solcher Techniken, die bei der absehbar allgegenwärtigen Überwachung durch Computer („ubiquitäres computing") eingesetzt werden, um diese Technik selber zumindest gegen eine beliebige Verwendung und Auswertung von Daten einzusetzen. Kontextuelle Integrität zu sichern könnte die nächste große Strategie im Rahmen von Privacy-Enhancing-Technology sein, als dritter Schritt nach Datenminimierung und Nutzerkontrolle (vgl. *Borcea-Pfitzmann/Pfitzmann/Berg* 2011).

[11] Vgl. PRIME/FIDIS sowie sowie die Entwicklungen unter den Stichworten „UProove" (Microsoft) oder „Idemix" (IBM), wie sie im EU-Projekt ABC4Trust angewendet werden (http://www.abc4trust.eu).

[12] Vgl. ReCoBS/RSBAC.

arbeitungs- oder Übermittlungsrecht der Betroffene auf die Datenverarbeitung der Organisation direkt zugreifen können muss, um die Daten zu seiner Person zu bearbeiten. Es sind schließlich seine Daten. Sie wurden von einer Organisation unberechtigt erhoben und angeeignet. Eine kontrollierte Steuerung der Prozesse des Erhebens, Nutzens, Weitergebens und Löschens von personenbezogenen Daten durch eine Organisation ist Voraussetzung für die Durchsetzung der gesetzlich festgelegten Betroffenenrechte. Sinnvoll ist auch die Einrichtung von Prozessen, mit denen sachlich und zeitlich beschränkte anstatt pauschale Einwilligungen möglich sind.

Diese sechs elementaren Schutzziele (Integrität, Verfügbarkeit, Vertraulichkeit sowie Transparenz, Nichtverkettbarkeit und Intervenierbarkeit) sind heranzuziehen, wenn Verfahren mit Personenbezug geplant oder betrieben werden und entsprechend auf Wirtschaftlichkeit, Umweltverträglichkeit sowie Rechtskonformität hin gesteuert und – intern wie extern – überprüft werden können müssen. Ein Verfahren umfasst dabei sowohl Daten (und Datenstrukturen), IT-Systeme (und Schnittstellen) sowie Prozesse (und Adressierungen von Organisationen und Rollen bzw. Personen).[13] Schutzziele bieten ein wirksames Instrument zur Umsetzung des „Rechts auf informationelle Selbstbestimmung" im Hinblick auf Beratung, Planbarkeit, Kontrollierbarkeit und Bewertung von Datenverarbeitungen. Es ist abzusehen, dass Schutzziele in den Kriterienkatalogen für Datenschutz-Gütesiegel und -Audits die zentrale Rolle spielen werden.

## 1. Informationssicherheit und Datenschutz

Die Schutzziele der Verfügbarkeit, der Integrität und der Vertraulichkeit dienen seit den 1980er Jahren der „Datensicherheit"[14], die heute als „Informationssicherheit" bezeichnet wird.[15] Sie beziehen sich vor allem auf die Sicherstellung der Geschäftsprozesse bzw. des IT-Betriebs von Organisationen. Informationssicherheit steht vor der Aufgabe sicherzustellen, dass Organisationen ihre Geschäftsprozesse primär aus der Sicht der Organisation sicher betreiben können. Die Prozesse, mit denen eine Organisation entweder Geld verdient oder Ordnung sichert oder mit denen unwahrscheinliche Kommunikationen ermutigt werden, müssen stabil verfügbar gemacht werden und vor etwaigen unerwünschten Nebenwirkungen gesichert werden. Als Risikofaktor Nummer eins gelten

---

[13] Am Beispiel von Ambient Assistet Living und der aktuell einsetzenden Industrialisierung der Pflege von hilfebedürftigen Menschen wurde exemplarisch die Nützlichkeit des Schutzzielekonzepts für die Modellbildung einer datenschutzgerechten Architektur vorgeführt (vgl. *Rost* 2011). Die Schutzziele spielen ebenso in der Forschungsagenda von Cyber Physical Systems eine Rolle (vgl. *Geisberger/Broy* 2012).

[14] Vgl. *Federrath/Pfitzmann* 2000.

[15] Vgl. BSI 2008.

dabei Menschen, inkarniert als Hacker oder Cracker, als Computerkriminelle, als Terroristen, Industriespione oder Innentäter.[16] Im Unterschied zur Datensicherheit nimmt Datenschutz den Betrieb von Organisationen zunächst aus der Perspektive der von diesem Betrieb betroffenen Personen wahr. Derart zugespitzt muss es zu Konflikten zwischen den Aktivitäten der Informationssicherheit und des Datenschutzes kommen. Die Informationssicherheit ist methodisch zu Recht gehalten, den Menschen als Angreifer auf die Organisation zu modellieren, während der Datenschutz umgekehrt die Organisation als Angreifer auf die Person zu modellieren hat. Eine perfekt gesicherte Kommunikationsinfrastruktur ohne Berücksichtigung von Datenschutzanforderungen führt sehr wahrscheinlich dazu, dass sich bspw. sämtliche Aktivitäten von Nutzern perfekt miteinander verketten lassen, weil sich jeder Nutzer ausweisen musste und anschließend jede Tätigkeit von ihm protokolliert wird, um ihn zu entmutigen, gegen die Interessen der Organisation zu handeln. Aber selbst eine derart perfekt abgesicherte Kommunikationsstruktur bietet keinen Schutz vor den Wirkungen von Kontextierungen insbesondere in Bezug zu Personenmodellen, die zwar perfekt sicher implementiert sind aber inhaltlich falsch sein können oder auf unrechtmäßig erhobenen Daten basieren. Personen und Organisationen haben ihre je eigenen Interessen der Risikominimierung gegeneinander. Aus diesem Grunde müssen die speziellen Datenschutz-Schutzziele der Transparenz, der Intervenierbarkeit und der Nichtverkettbarkeit zu den Schutzzielen der Informationssicherheit hinzugenommen werden.

Sowohl Datenschutz als auch Datensicherheit betrachten die gleichen sechs Schutzziele, weil sie eint, dass sie das Organisation-Personen-Verhältnis thematisieren, von allerdings unterschiedlichen Ausgangspositionen. Datenschutz und Datensicherheit müssen deshalb gegenseitig füreinander profiliert werden. Es kann genau nicht darum gehen, dass die eine Disziplin die andere ersetzt oder sie nur beiläufig mit abdeckt. Methodisch empfiehlt es sich, die Schutzziele der Datensicherheit zu Attributen des Datenschutzes zu machen, und umgekehrt. Konkret heisst das bspw. den Unterschied zwischen einer integren Transparenz und einer transparenten Integrität, oder einer vertraulichen Intervention von einer intervenierbaren Vertraulichkeit usw. usw. herauszuarbeiten.[17]

Die universelle Bedeutung der Schutzziele, auch über den rechtlichen und technisch-organisatorischen Rahmen hinaus, ist dabei kaum zu überschätzen. Denn erstens steht hinter jedem Schutzziel ein Katalog mit technischen und organisatorischen Maßnahmen, mit denen ein Schutzziel in unterschiedlichem Ausmaß wirkungsvoll umgesetzt werden kann. Aber genau so bedeutsam wie die

---

[16] Vgl. *Clipper* 2011: 47.

[17] Ich überlasse es gern dem Leser, nun sämtliche Permutationen der Schutzziele der Informationssicherheit mit denen des Datenschutzes in diesem Sinne durchzuprobieren. Was ich hier so großzügig zum Spielen freigebe, ist eine eigentlich von den Datenschützern und den IT-Sicherheitsexperten in den nächsten Jahren vorzulegende konzeptionelle Arbeit.

Kopplung der Ziele an technisch-organisatorische Schutzmaßnahmen ist zweitens die Möglichkeit, dass rechtliche Abwägungen auch innerhalb der Schutzziele vorgenommen werden können. Wohlgemerkt, es gilt die Schutzziele und deren Intensität der Gültigkeit rechtlich abzuwägen, und nicht kurzschlüssig Schutzmaßnahmen, die nach wie vor einem schnellen technischen Wandel ausgesetzt sind, unmittelbar normativen Regelungen zu entnehmen. Es bleibt den Datenschutztechnikern vorbehalten, die Kopplung von Schutzzielenn und Schutzmaßnahmen vorzunehmen. Die Schutzziele sind immer vollständig auf einen konkreten Sachverhalt zu beziehen, weil diese in einem systematischen Spannungsverhältnis zueinander stehen, das rechtlich abzuwägen und dann jeweils zu konditionieren ist. So geht eine rechtlich gebotene besonders herauszuhebende Bedeutung eines Schutzziels dann zumeist einher mit einer geringer einzuschätzenden Bedeutung eines oder auch mehrerer anderer Schutzziele. Und drittens lassen sich die Schutzziele, über automatisiert vermessbare Schutzmaßnahmen, als Stellgrößen zur Regulation von Prozessen, etwa für die Prozesse des nutzerkontrollierten Identitätenmanagements[18] oder des Datenschutzmanagements einer Organisation[19] verwenden. Schutzziele vermitteln die Logiken des Normativen, des technisch Faktischen und des organisierten Regelns, und sie richten diese Logiken in gleiche Richtung aus, ohne dass eine Logik die andere deshalb mit der eigenen Logizität dominieren muss.

Es gibt weitere Schutzziele, die sich aus den sechs elementaren Schutzzielen ableiten lassen. Diese weiteren Schutzziele werden bezeichnet als Verdecktheit, Findbarkeit, Abstreitbarkeit, Kontingenz, Authentizität, Zurechenbarkeit, Verbindlichkeit, Erreichbarkeit, Ermittelbarkeit, Anonymität und Unbeobachtbarkeit.[20] Diese Schutzziele lassen sich in eine systematisch kontrollierbare Beziehung zueinander bringen, wenn man zunächst von den drei konventionellen Schutzzielen der Datensicherheit ausgeht. So ergänzen sich in bestimmten Konstellationen Verfügbarkeit und Vertraulichkeit, in anderen schließen sie einander aus: Eine Information ist dann nicht mehr vertraulich, sobald sie verfügbar ist, und umgekehrt. Wenn man eine analog strukturierte widersprüchliche Komplementarität für das dritte Schutzziel Integrität sucht, dann gelangt man zum Schutzziel Intervenierbarkeit: In bestimmten Konstellationen sollen sowohl Nichtänderbarkeit wie Änderbarkeit von Daten, Prozessen und Systemen eine Eigenschaft sein. Ein einwandfrei funktionierender integrer Automatismus soll ebenso beständig funktionieren wie auch jederzeit durch Betroffene unterbrochen werden können. Es muss dabei auf Systeme und Daten transparent zugegriffen werden können, um deren Verfügbarkeit und Integrität feststellen zu können. Insofern ist Transparenz eine Voraussetzung für einen kontrollierbaren Betrieb.

---

[18] Vgl. *Meints/Zwingelberg* 2009.
[19] Vgl. *Meints* 2007.
[20] Vgl. grundlegend: Rost/Pfitzmann 2009; vgl. in Bezug zu den Grundsätzen des „Privacy By Design" und den „Global Privacy Standards": *Rost/Bock* 2011.

Sucht man wiederum nach einer Dualität zum Schutzziel Transparenz, dann ist diese mit dem Schutzziel Nichtverkettbarkeit ausdrückbar. Mit dem Schutzziel Nichtverkettbarkeit lassen sich Gewaltenteilungen und Funktionstrennungen operativ durchsetzen. Lässt man darüber hinaus methodisch Selbstbezüge von Schutzzielen zu – bspw. lassen sich Findbarkeit als verfügbare Verfügbarkeit oder Unbeobachtbarkeit als anonyme Anonymität auffassen – und unterscheidet Informationsinhalt (Nutzdaten) und Informationsumfeld (Kontextdaten), dann ergibt sich ein Tableau der Schutzziele (Abb. 1 im Anhang).

Diese Ausführungen sollen zeigen, dass zur Planung und Beurteilung technisch-organisatorischer Infrastrukturen immer diese sechs elementaren Schutzziele einzubeziehen und normativ gegeneinander abzuwägen sind, um Systemeigenschaften in Bezug auf Sicherheit und Datenschutz modellieren zu können und dadurch über die Auswahl der dafür angemessenen Maßnahmen zu entscheiden. Die Festsetzung bzw. Einigung auf den Zweck einer Informationsverarbeitung und Kommunikation regelt, welche Art und welches Ausmaß an Transparenz, Nichtverkettbarkeit und Intervenierbarkeit auf Seiten einer Organisation und ihrem Klientel für beide Seiten dann beherrschbar und fair und dadurch vertrauenswürdig sind.

## 2. Datenschutz-Modellierung: Schutzziele, Schutzbedarfe, Verfahrenskomponenten

Wir hatten eingangs von einem Personenmodell gesprochen, anhand dessen eine Organisation ihren Umgang mit personenbezogenen Verfahren einrichten und betreiben. Jede Organisation verfügt über ein solches Personenmodell, das mehr oder weniger explizit vorliegt. Wir wollen diesen Aspekt der Modellierung und den damit einhergehenden Risiken etwas genauer beleuchten.

Die Schutzziele haben eine methodisch wichtige Funktion: Sie erlauben ein methodisch kontrolliertes Prüfen von Technik und Organisation an gesetzlichen Vorgaben und die umgekehrte Richtung, die Umsetzung von gesetzeskonform geplanten und gewünschten Systemeigenschaften in reale Systeme. Abstrakt ausgedrückt vermitteln Schutzziele die gegenseitige Rekonstruktion von Sein und Sollen. Wenn Schutzziele für Prüfungen oder Planungen einem Normentext (Gesetz oder Vertrag, technische oder organisatorische Standardisierungsnorm) entnommen werden können, ist diese Transferleistung besonders leicht zu rechtfertigen. Aber auch ohne diesen Interpretationskomfort für Datenschutzprüfer und Datenschutzplaner verspricht die Beachtung der Schutzziele, dass die wesentlichen Aspekte des Normengehalts des Datenschutzes in einer technisch-organisatorisch operationalisierbaren Form berücksichtigt werden. Mit dem Abwägen zumindest der elementaren sechs Schutzziele ergibt sich dann ein abschließender Katalog mit Referenzschutzmaßnahmen. Löst man diese Schutzmaßnahmen höher auf, dann bekommt man viele Details in den Blick, die sich als Schutzmechanismen bezeichnen lassen. So gibt es für die Schutzmaßnahme Verschlüsselung bspw. verschiedene Mechanismen, Programme oder Algorithmen, mit denen sich Daten konkret, auch in unterschiedlichen Qualitäten der Sicherheit, verschlüsseln lassen.

Der Schutzziele-Ansatz ist dem Konzept der methodischen Sicherung von Datensicherheit entnommen. Neben der Komponente Schutzziele gehört dazu auch eine Vorgehensmethode. Diese Methode nutzt für die Prüfung oder die Planung eines IT-Systems bzw. eines IT-Verbundes eine Risikobetrachtung, in der neben anderem vor allem der Schutzbedarf der im Verfahren genutzten Daten festgestellt wird. Diesen Schutzbedarf von Daten erben dann die IT-Systeme und Prozesse des gesamten Verfahrens, die diese Daten prozessieren. Systematisch entscheidend ist deshalb der Zuschnitt, wo ein Prozess beginnt und wo er endet. Der Schutzbedarf selber wird in drei Abstufungen festgestellt bzw. festgelegt: Schutzbedarf normal, hoch und sehr hoch.[21]

Die Definition der Schutzbedarfe bzw. deren Differenzierung untereinander kann, wegen der unterschiedlichen Angreifermodelle von Datensicherheit und Datenschutz, nicht vom BSI-Vorbild übernommen werden.[22] Entsprechend muss die Definition der Schutzbedarfskategorien aus der Perspektive des Betroffenen erfolgen: Die Schutzbedarfskategorie normal bedeutet, dass die Schadensauswirkungen begrenzt und überschaubar sind und etwaig eingetretene Schäden für den Betroffenen relativ leicht zu heilen sind. Die Schutzbedarfskategorie hoch ist dann angemessen gewählt, wenn die Schadensauswirkungen von einer Person als beträchtlich eingeschätzt werden, z. B. weil bei Wegfall einer von einer Organisation zugesagten Leistung die Gestaltung des Alltags sich nachhaltig veränderte und der Betroffene auf zusätzliche Hilfe angewiesen ist. Die Schutzbedarfskategorie sehr hoch bleibt solchen Fällen vorbehalten, in denen Schadensauswirkungen ein existenziell bedrohliches, katastrophales Ausmaß erreichen können. Die Auswirkungen auf eine Person oder einen Haushalt mit mehreren Personen lassen sich dabei typischen Szenarien zuordnen, etwa: Verstoß gegen Normen (Gesetz/Vertrag), Beeinträchtigung der von einer Organisation bezogenen Funktionalität auf den Lebensalltag, Beeinträchtigung des Vertrauensverhältnisses zur Organisation, finanzielle Auswirkungen sowie unmittelbare Auswirkungen auf eine Person im Hinblick auf Folgen für ihre Selbstbestimmtheit im Sinne von Bürger- und Kundenrechten sowie für die körperliche Unversehrtheit.

---

[21] Siehe: BSI-Standard 100-2 – IT-Grundschutz-Vorgehensweise, ab S. 49, https://www.bsi.bund.de/cae/servlet/contentblob/471452/publicationFile/30748/standard_1002_pdf.pdf.

[22] Die Unsicherheit über das Angreifermodell führt bei einigen methodischen Risikobetrachtungen nach BSI-Grundschutz dazu, dass vornehmlich die Risiken behandelt werden, die für eine Organisation bestehen, wenn sie sich nicht compliant zum Datenschutzrecht verhält.

Am Beispiel der Schutzziele Integrität und Transparenz erläutert, würde die Feststellung eines normalen Schutzbedarfs bspw. bedeuten, dass Protokolldaten, deren Zusammensetzung zuvor sorgfältig konzipiert wurde und die die Anwendungsprogramme und Systeme automatisiert erstellen, regelmäßig geprüft werden. Stellte man einen sehr hohen Schutzbedarf für diese beiden Ziele fest, so bedeutete dies u. a., dass die Protokollierung von (auch lesenden, nicht nur ändernden) Aktivitäten von Mitarbeitern einer Organisation auf einem dedizierten Protollierungsserver erfolgen muss, der dem Zugriff der Administration auf dem Produktivsystem eines Fachverfahrens entzogen ist. Das wäre dann eine Referenzlösung zur Umsetzung des Schutzziels Transparenz eines IT-Systems bei sehr hohem Schutzbedarf. Wenn trotz eines sehr hohen Schutzbedarfs eine andere als diese Referenzlösung zur Sicherung insbesondere der Transparenz gewählt wurde, so muss der Nachweis der Datenschutz-funktionalen Äquivalenz durch die verantwortliche Stelle erfolgen.

Wenn man über die drei Schutzbedarfsstufen hinaus drei Typen an Objekten eines personenbezogenen Verfahrens unterscheidet – nämlich Datenstrukturen, Informationstechnik sowie Prozesse bzw. Datenflüsse –, die jeweils eigene Formen an Schutzmaßnahmen zur Sicherung von Systemeigenschaften benötigen, dann verfügt man – bei 6 elementaren Schutzzielen, 3 Schutzbedarfsstufen und 3 Verfahrensobjekten – über ein Referenz-Schutzmodell mit insgesamt 54 verschiedene Referenz- oder Standardschutzmaßnahmen des operativen Datenschutzes.[23] Datenschutz-Prüfungen oder Technikabfolgenschätzungen, die etwa im Rahmen eines Privacy-Impact-Assessments (PIA) erfolgen[24], geraten dann in eine ganz offensichtliche Begründungsnot, wenn sie keinen Bezug zu dieser generischen Modellierung auf der Grundlage der sechs elementaren Schutzziele des Datenschutzes nehmen. Auf der Grundlage dieses Modells bestehen die Prozesse des Prüfens und Planens darin, die Sollvorgaben der Schutzziele mit der Inventarisierung der technischen und organisatorischen Fakten in einem Maßnahmen-Modell zusammen zu bringen. Dazu müssen technische Prüfer unter Umständen mehrere Tausend Systemeigenschaften bzw. Fakten der Systeme sichten, dann auf wenige Hundert Eigenschaften mit Relevanz zu Schutzmechanismen typisieren. Das Modell klärt, welcher Mechanismus welcher Schutzmaßnahme zugehört und welche Schutzmaßnahme dabei welches Schutzziel umsetzt.

---

[23] Vgl. *Rost* 2012.

[24] BSI 2011: Privacy Impact Assessment Guideline, https://www.bsi.bund.de /SharedDocs/Downloads/DE/BSI/ElekAusweise/PIA/Privacy_Impact_Assessment _Guideline.pdf;jsessionid=512F81DA8518E81D1F31073A55FE8ACA.2_cid241?_ _blob=publicationFile.

## III. Vernünftige Infrastrukturen für vernünftige Kommunikationen

Bürger, Kunden und Patienten erwarten, dass Organisationen ihre Prozesse beherrschen und im Grundsatz an einem fairen Umgang miteinander orientiert sind. Prozessbeherrschung und Fairness-Orientierung sind die Voraussetzungen für gewährtes, aber auch abgefordertes Vertrauen. Ein Arzt ist zunächst vor allem ein Arzt, dem man in dieser Funktion vertrauen kann. Dem Arzt ist wie dem Patienten daran gelegen, dessen Gesundheit wieder herzustellen, obwohl Gesundheit effektiv herzustellen dem ökonomischen Interesse eines Arztes zuwiderlaufen muss. Trotz dieses Interessenskonflikts muss der Arzt kein Freund des Patienten sein, damit klar ist, dass er erst in zweiter Linie Kaufmann sein darf. Wenn der Arzt eine anerkannte Approbation vorweisen kann und seine Behandlungskriterien ausweist, kann der Patient anstatt in die Integrität einer konkreten Person in gesellschaftsweit gültige Prinzipien der Integritätssicherung des Arztberufs vertrauen. Diese Art des funktionalen, nicht-personalisierten Vertrauens zu gewähren und zu beanspruchen, macht moderne Gesellschaften effektiv. Entgegen dem ersten Anschein sind gerade moderne Gesellschaften in einem ganz besonders hohen Maße auf nicht-personalisierte Vertrauensbeziehungen angewiesen.[25] Aber dieses Angewiesensein auf Vertrauen macht moderne Gesellschaften auch katastrophenanfällig, insbesondere dann, wenn sich die strukturell mächtigere Seite nicht an die Regeln hält. Dann implodieren Märkte, entsteht Korruption der Verwaltung und es sind keine an Wahrheit orientierte Diskurse oder Hilfeleistungen mehr erwartbar. Und man erkennt soziale Strukturkatastrophen am Implodieren der Freiheitsgrade für Bürger, Kunden und Patienten.

Die im Alltag bestehenden Ansprüche an eine verläßlich-vernünftige technische Infrastruktur lassen sich, dies sei zum Schluß noch kurz angesprochen, zu den „Geltungsansprüchen an eine vernünftige Rede", gemäß der Theorie des kommunikativen Handelns, in Beziehung setzen.[26] Gemäß dieser Theorie müssen Menschen, die miteinander sprechen, immer schon bestimmte Ansprüche als vernünftigerweise für beide Seiten im gleichen Maße geltend voraussetzen, soll ihr Miteinander funktionieren. Bei der Nutzung moderner Kommunikationstechniken, ob Telefon oder Internet, werden diese verallgemeinerbaren Anforderungen an eine vernünftige Rede und deren Inhalte weiterhin schlicht als

---

[25] Zum Begriff des Vertrauens: *Luhmann* 1975.
[26] *Habermas* 1981. Durch das Einpassen des Datenschutzes in die soziologische Theorie der funktionalen Differenzierung (Luhmann) sowie die Analogiebildung der Schutzziele zu den Anforderungen an eine vernünftige Kommunikation (Habermas) oder auch zu den symbolisch generalisierten Kommunikationsmedien (Luhmann) wird ein Begründungszusammenhang für Datenschutz freigelegt, der sich nicht mit einem postulierten privaten Bedürfnis nach Schutz von Privatheit als Ausgangspunkt bescheidet, sondern dieses Bedürfnis selber noch theoretisch zugänglich macht.

erfüllbar bzw. erfüllt vorausgesetzt. Doch diese Unterstellung ist bei technischer Vermittlung von Kommunikation riskant. Vor diesen Vernunft-Unterstellungen der Rede müssen die latenten Anforderungen an ein vernünftiges Funktionieren der technisch-organisatorischen Infrastrukturen erfüllt sein, die eine vernünftige Rede technisch vermittelt möglich machen! In diesen Bezugsrahmen eingespannt, können die Schutzziele als vernünftige Anforderungen bzgl. der Beherrschbarkeit von Prozessen und Fairness in Interaktionen gelten. Umgesetzte Schutzziele sind die Basis für gewährtes und beanspruchtes Vertrauen in die technischen Infrastrukturen moderner Gesellschaften. Datenschutz macht diese Anforderungen in Form der Schutzziele zunächst sichtbar, dann wandelt er sie in normative Anforderungen, die für Akteure konstruktiv zugänglich und für die Gesellschaft bewertbar sind. Datenschutz kann es deshalb nicht akzeptieren, wenn Organisationen Anforderungen an Integrität und Vertraulichkeit, an Transparenz, Nichtverkettbarkeit und Intervenierbarkeit als falsch oder historisch überholt diskreditieren, um sie dann ignorieren und vorsätzlich verletzen zu können.

## Literatur

*Becker*, Ulrich (1996): Das ‚Menschenbild des Grundgesetzes' in der Rechtsprechung des Bundesverfassungsgerichts, Berlin, Duncker und Humblot

*Borcea-Pfitzmann*, Katrin / *Pfitzmann*, Andreas / *Berg*, Manuela (2011): Privacy 3.0:= Data Minimization + User Control + Contextual Integrity; in: Information Technology, Nr. 53, Oldenbour Verlag, München: 34–40

BSI 2008: IT-Grundschutz, https://www.bsi.bund.de/cln_165/ContentBSI/Publikationen/BSI_Standard/it_grundschutzstandards.html

*Clipper*, Sebastian, 2011: Information Security Risk Management – Risikomanagement mit ISO/IEC27001, 27005 und 31010, 1. Auflage, Vieweg+Teubner

*Federrath*, Hannes / *Pfitzmann*, Andreas, 2000: Gliederung und Systematisierung von Schutzzielen in IT-Systemen; in: DuD – Datenschutz und Datensicherheit, Heft 12, Dezember 2000: 704–710

*Geisberger*, Eva / *Broy*, Manfred, 2012: >agendaCPS – Integrierte Forschungsagenda Cyber-Physical Systems, acatech STUDIE, März 2012, http://www.acatech.de/fileadmin/user_upload/Baumstruktur_nach_Website/Acatech/root/de/Publikationen/Projektberichte/acatech_STUDIE_agendaCPS_Web_20120306_Vorfinal.pdf

*Habermas*, Jürgen, 1981: Theorie des kommunikativen Handelns (Band 1: Handlungsrationalität und gesellschaftliche Rationalisierung, Bd. 2: Zur Kritik der funktionalistischen Vernunft), Frankfurt am Main, Suhrkamp

*Hansen*, Marit/*Meinser*, Sebastian (Hrsg.), 2007: Verkettung digitaler Identitäten, https://www.datenschutzzentrum.de/projekte/verkettung/

*Lischka*, Konrad, 2011: Die ganze Welt ist meiner Meinung, Vorgefiltertes Web, Spiegel Online vom 11.03.2011, http://www.spiegel.de/netzwelt/web/0,1518,750111,00.html)

*Luhmann*, Niklas, 1975: Vertrauen, Frankfurt am Main, Suhrkamp

*Luhmann*, Niklas, 1999: Gesellschaft der Gesellschaft, Frankfurt am Main, Suhrkamp

*Meints*, Martin, 2007: Datenschutz durch Prozesse, Musterprozesse für das Datenschutzmanagement; in: DuD – Datenschutz und Datensicherheit, 31. Jahrgang, Heft 2: 91–95

*Meints*, Martin / *Zwingelberg*, Harald, 2009: Identity Management Systems – recent developments; http://www.fidis.net/fileadmin/fidis/deliverables/new_deliverables3/fidis-wp3-del3.17_Identity_Management_Systems-recent_developments-final.pdf

*Nissenbaum*, Helen, 2004: Privacy as contextual integrity; in: Washington Law Review, http://crypto.stanford.edu/portia/papers/RevnissenbaumDTP31.pdf

*Pfitzmann*, Andreas / *Garstka*, Jürgen / *Roßnagel*, Alexander, 2001: Modernisierung des Datenschutzrechts (Gutachten im Auftrag des Bundesministerium des Innern, http://www.lda.brandenburg.de/sixcms/media.php/2473/dsmodern.pdf

PRIME / FIDIS, Privacy and Identity Management for Europe, https://www.datenschutzzentrum.de/projekte/idmanage/

ReCoBS / RSBAC, http://www.rsbac.org, sowie: https://www.bsi.bund.de/ContentBSI/Themen/Internet_Sicherheit/Gefaehrdungen/AktiveInhalte/schutzmoeglichkeiten/recobs/loesungsansatz.html

*Sohn-Rethel*, Alfred, 1978: Warenform und Denkform, 1. Auflage, Frankfurt am Main, Suhrkamp

*Rost*, Martin, 2008: Gegen große Feuer helfen große Gegenfeuer, Datenschutz als Wächter funktionaler Differenzierung; in: Vorgänge, Heft 4/2008, Nr. 184: 15–25, http://www.maroki.de/pub/privacy/Vorgaenge0804_cla.pdf

*Rost*, Martin, 2011: Datenschutz in 3D – Daten, Prozesse und Schutzziele in einem Modell; in: DuD – Datenschutz und Datensicherheit, 35. Jahrgang, Heft 5: 351–355

*Rost*, Martin, 2011a: Das facebook-Problem, in: „Mitteilungen" der Humanistischen Union e. V., vereinigt mit der Gustav Heinemann-Initiative, Nr. 214, siehe: http://www.maroki.de/pub/privacy/HU-Mitteilungen-facebook.pdf

*Rost*, Martin, 2012: Standardisierte Datenschutzmodellierung; in: DuD – Datenschutz und Datensicherheit, 36. Jahrgang, Heft 6: 47–52

*Rost*, Martin / *Bock*, Kirsten, 2011 Privacy By Design und die Neuen Schutzziele – Grundsätze, Ziele und Anforderungen; in: DuD – Datenschutz und Datensicherheit, 35. Jahrgang, Heft 1: 30–34

*Rost*, Martin / *Pfitzmann*, Andreas, 2009: Datenschutz-Schutzziele – revisited; in: DuD – Datenschutz und Datensicherheit, 33. Jahrgang, Heft 6: 353–358

*Zeh*, Juli, 2009: Corpus Delicti, Frankfurt am Main, Schöffling & Co

# Anhang

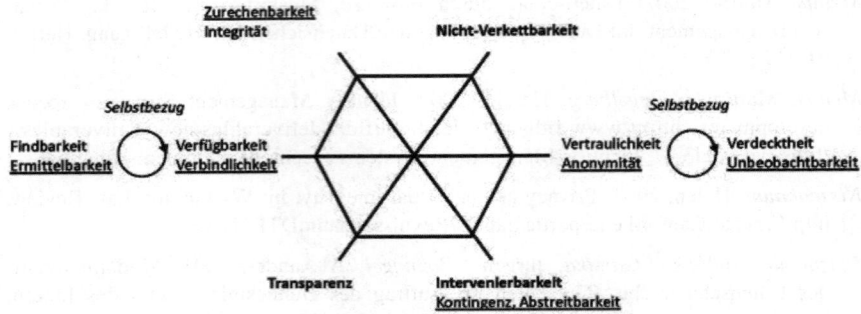

Abbildung 1: Die Systematik der Datenschutzziele
(angelehnt an: *Rost/Pfitzmann* 2009)

## Glossar

**ADSL**
Asymmetric Digital Subscriber Line (ADSL, englisch für asymmetrischer, digitaler Teilnehmer-Anschluss) ist eine DSL-Technik, die hohe Datenübertragungsraten (bis 24 MBit/s empfangen; bis 3,5 MBit/s senden) über gebräuchliche Telefonleitungen ermöglicht.

**Datenschutz**
Datenschutz hat die Funktion darauf hinzuwirken, dass die Kommunikationen und die Personenmodelle von Organisationen unter angemessenen Bedingungen stehen bzw. unter angemessene Bedingungen stellbar sind. Unternehmen, Verwaltungen und wissenschaftlich legitimierte Institutionen handeln operativ in der Regel ungleich mächtiger als ihre Klientel, weshalb diese gegenüber den betroffenen Personen und den Datenschutz-Aufsichtsbehörden nachweisen müssen, dass sie ihre Verfahren beherrschen und auf der Grundlage von auf Fairness bedachten Personenmodellen gesetzeskonform agieren.

**Datensicherheit**
Mit Datensicherheit wird der Schutz von Daten hinsichtlich gegebener Anforderungen an deren Vertraulichkeit, Verfügbarkeit und Integrität bezeichnet. Ein modernerer Begriff dafür ist „Informationssicherheit".

**Informationssicherheit**
„Informationssicherheit hat den Schutz von Informationen als Ziel. Dabei können Informationen sowohl auf Papier, in Rechnern oder auch in Köpfen gespeichert sein. IT-Sicherheit beschäftigt sich an erster Stelle mit dem Schutz elektronisch gespeicher-

ter Informationen und deren Verarbeitung. Der Begriff „Informationssicherheit" statt IT-Sicherheit ist daher umfassender und wird zunehmend verwendet."[27]

**Schutzbedarfsfeststellung**, aus Datenschutzsicht

Bei der Schutzbedarfsfeststellung wird der Schutzbedarf einer betroffenen Person bestimmt, die von einem Verfahren einer Organisation betroffen ist. Hierzu werden für jede Anwendung und die verarbeiteten Informationen die zu erwartenden Schäden und Rechtsverstöße betrachtet, die bei einer Beeinträchtigung zumindest der sechs elementaren Schutzziele entstehen können. Bewährt hat sich eine Einteilung in die drei Schutzbedarfskategorien „normal", „hoch" und „sehr hoch".

**Schutzmaßnahme**

Eine Schutzmaßnahme bezeichnet eine organisationsweit gültige Regel oder eine technische Vorrichtung, die Risiken vermindern soll, die anhand eines Schutzmodells festgestellt wurden.

**Schutzmodell**

Das Schutzmodell (auch Referenz-Schutzmodell) dient sowohl der Operationalisierung von Normen und deren Prüfung im Medium zumindest der sechs elementaren Schutzziele als auch der Herstellung von Prüfbarkeit durch Abstraktionen technisch-organisatorischer Eigenschaften auf die von den Schutzzielen dirigierten Schutzmaßnahmen hin. Das Standard-Schutzmodell umfasst dabei die Dimensionen „Schutzziele", „Verfahrenskomponenten" sowie „Schutzbedarfsfeststellungen".

**Schutzziel**, aus Datenschutzsicht

Die Funktion von Schutzzielen besteht darin, gesetzliche Normen, organisatorische Regeln und technische Maßnahmen aufeinander beziehbar zu machen und mit gleicher Zielrichtung auszurichten, ohne die jeweiligen Logik der spezifischen Regelungsdomäne (Gesetzesnorm, Organisationsregelung, Technik) aufzugeben oder zu dominieren. Die elementaren Schutzziele sind Verfügbarkeit, Integrität und Vertraulichkeit, sowie Transparenz, Nichtverkettbarkeit und Intervenierbarkeit.

**Verfahren**

Zielgerichtete und organisierte Aktivität, die aus den Komponenten Daten (und definierten Formaten), Informationstechnik (und definierten Schittstellen zwischen IT-Systemen) sowie Prozessen (und definierten Adressierungen zwischen anderen Prozessen und Rollen, die durch Personen besetzt sind) besteht. Anstatt Datenschutz nur an *personenbezogene Daten* zu koppeln ist es zielführender, *Verfahren mit Personenbezug* als Ausgangspunkt zu nehmen.

---

[27] https://www.bsi.bund.de/DE/Themen/weitereThemen/ITGrundschutzKataloge/Inhalt/Glossar/glossar_node.html.

# Arbeitnehmerdatenschutz im Unternehmen

Von *Frank Braun*

## Abstract

Bislang richtet sich die Zulässigkeit der Erhebung und Verarbeitung personenbezogener Daten im Arbeitsverhältnis nach den allgemeinen gesetzlichen Regelungen des Bundesdatenschutzgesetzes, die nach einhelliger Meinung hierfür unzureichend sind. Ein spezielles Gesetz zum Beschäftigtendatenschutz existiert nicht (obwohl seit 30 Jahren von der Rechtspraxis gefordert) und lässt weiter auf sich warten. Vor dem Hintergrund der defizitären Gesetzeslage werden die wesentlichen Rechtsfragen beispielhaft aufgeworfen. Teils kann Datenschutz im Unternehmen durch technisch-organisatorische Maßnahmen effektuiert werden. Im Übrigen kann auf Basis der bestehenden gesetzlichen Regelungen kein zeitgemäßer Beschäftigtendatenschutz gewährleistet werden. Ein Datenschutzkonzept, das den Belangen der betroffenen Arbeitnehmer ebenso wie den Anforderungen der Unternehmenspraxis gerecht wird, enthält auch der regelungstechnisch „altbackene" Gesetzesentwurf der Bundesregierung zu einem Beschäftigtendatenschutzgesetz nicht. Vielmehr muss spezifischen Gefährdungen, die aus dem Technikeinsatz hervorgehen, seinerseits mit Technikeinsatz begegnet werden. Es wird insoweit ein Paradigma aufgegriffen, das mit der Formel „Datenschutz durch technische Verfahren" auf den Begriff gebracht werden kann. Durch Systemdatenschutz, durch gezielte Steuerung der eingesetzten technischen Systeme, durch die Organisation des IT-Einsatzes und die Funktionen der Technik müssen die Datenschutzbelange der betroffenen Arbeitnehmer verstärkt berücksichtigt werden.

## I. Stand und Entwicklung des Arbeitnehmerdatenschutzes

### 1. Die Interessenlage

Unter Arbeitnehmerdatenschutz versteht man den Schutz des Arbeitnehmers in seinem Grundrecht auf informationelle Selbstbestimmung[1]: Der Arbeitgeber hat bei der Verarbeitung von personenbezogenen Daten seiner Beschäftigten deren Persönlichkeitsrechte zu achten.

Diese Verpflichtung sicherzustellen, ist nicht einfach. Zwischen Arbeitnehmer und Arbeitgeber besteht ein besonderes, durch eine Vielzahl gesetzlicher Regelungen gesteuertes Beziehungsgeflecht, das umfangreiche Informationspflichten beinhaltet und zu einem Anfall zahlreicher personenbezogener Daten führt, etwa zu Zwecken der Gehaltsabrechnung, der Sozialversicherung, der Personalplanung oder des Arbeitseinsatzes. So errechnet *Kilian*, dass aufgrund gesetzlicher Vorschriften mindestens 70 personenbezogene Datenelemente als Stammdaten über jeden Arbeitnehmer im Unternehmen verfügbar sein müssen[2]. Diese Daten können untereinander und mit weiteren im Betrieb anfallenden personenbezogenen Informationen mittels elektronischer Personalinformationssysteme[3] verknüpft und zur Erstellung eines Persönlichkeitsprofils verwendet werden, das über administrative Notwendigkeiten, wie Lohn- und Gehaltsabrechnung oder Bedarfs- und Einsatzplanung hinaus *umfassend* Auskunft über Eigenschaften, Fähigkeiten, Leistung oder Gesundheitszustand des Beschäftigten gibt.

Der Arbeitgeber hat ein legitimes Interesse daran, dass die Arbeitnehmer ihre arbeitsvertraglichen Pflichten ordnungsgemäß erfüllen, die von ihm zur Verfügung gestellten Betriebsmittel ordnungsgemäß nutzen und nicht beschädigen; hierfür muss er Kontrollmaßnahmen treffen können, die einem Missbrauch vorbeugen. Dass hierbei – insbesondere auch vor dem Hintergrund der heutigen technischen Möglichkeiten (Einsatz von RFID-Technik, Key-Loggern, Videoüberwachung, E-Mail und Internetkontrolle, Handy-Ortung usw.) – unzulässige überschießende Maßnahmen zu befürchten sind, liegt auf der Hand. Insoweit müssen die Beschäftigten davor geschützt werden, dass sie fortlaufend überwacht und kontrolliert werden und ihr Handeln umfassend und ohne Anlass dokumentiert wird. Auch vor dem grundsätzlich anerkennenswerten Kontrollinteresse des Arbeitgebers sind die Persönlichkeitsrechte der Arbeitnehmer und ihr Wunsch nach Privatheit und informationeller Selbstbestimmung im Arbeitsleben zu respektieren.

Schließlich unterliegen Arbeitgeber umfassenden gesetzlichen Compliance-Verpflichtungen[4], etwa zur Korruptionsbekämpfung[4]. Hierfür müssen auch personenbezogene Daten von Arbeitnehmern (ohne deren Kenntnis) verarbeitet werden können. Freilich nur unter maßgeblicher Berücksichtigung der betroffenen datenschutzrechtlichen Belange der Arbeitnehmer, was bislang nicht sicherge-

---

[1] Hierzu BVerfGE 65, 1.

[2] *Kilian*, in: Kilian/Heussen, Computerrechts-Handbuch, 2008, Teil 7 Rn. 163 ff.

[3] Zur Unterscheidung von administrativen und dispositiven Personalinformationssystemen *Linck*, in: Schaub, Arbeitsrechts-Handbuch, 14. Aufl., 2011, § 148 Rn. 20.

[4] Vgl. aus dem umfassenden Schrifttum *Wybitul*, BB 2009, 1582.

stellt ist. Man denke an die öffentlichkeitswirksame Affäre um die „Rasterfahndung bei der Deutschen Bahn" aus dem Jahre 2009[5].

Um die angedeutete Interessenlage – Informationsbedürfnis des Arbeitgebers einerseits und Schutz der Persönlichkeitsrechte der Arbeitnehmer andererseits – in Ausgleich bringen zu können, bedarf es staatlicher Regulierung. Da der Arbeitnehmer gegenüber dem Arbeitgeber weisungsgebunden ist und in einem ökonomischen Abhängigkeitsverhältnis steht[6], zugleich aber Anspruch auf Achtung seines Persönlichkeits- und Selbstbestimmungsrechtes hat, besteht ein besonderer und differenzierter Schutzbedarf[7], den das Recht zu sichern hat, damit sich Selbstbestimmung nicht in Fremdbestimmung verkehrt[8]. Der Gesetzgeber ist diesem verfassungsrechtlichen Schutzauftrag bislang nur auf unzureichende Art und Weise nachgekommen. Nämlich im Wesentlichen durch allgemeine generalklauselartige Regelungen, wonach unter Berücksichtigung der unterschiedlichen Interessen nach Maßgabe einer Verhältnismäßigkeitsprüfung unterschiedslos für alle Formen der Verarbeitung personenbezogener Daten im Unternehmen Lösungen zu finden sind.

## 2. Der derzeitige rechtliche Rahmen

Die Zulässigkeit der Erhebung und Verarbeitung personenbezogener Daten im Arbeitsverhältnis richtet sich nach den allgemeinen gesetzlichen Regelungen.[9] Ein spezielles Gesetz zum Arbeitnehmerdatenschutz (bzw. Beschäftigtendatenschutz) existiert bislang nicht. Soweit keine speziellen Normen (etwa §§ 88, 91 ff. TKG oder Regelungen des BetrVG[10]) einschlägig sind (was selten der Fall ist), findet das Bundesdatenschutzgesetz (BDSG) Anwendung (§§ 1 Abs. 3, 4 Abs. 1 BDSG). Nachdem eine privatwirtschaftliche Datenverarbeitung vorliegt, sind insbesondere die Abschnitte 1 und 3 des BDSG von Relevanz, vor allem § 32 BDSG, der die Datenerhebung und -verarbeitung für Zwecke des Beschäftigungsverhältnisses regelt.

---

[5] http://www.handelsblatt.com/unternehmen/handel-dienstleister/mehdorn-in-der-kritik-rasterfahndung-bei-der-bahn/3099866.html.
[6] BVerfG, DB 1992, 378.
[7] *Weichert*, in: Kilian/Heussen, Computerrechts-Handbuch, 2008, Teil 13 Rn. 1.
[8] BVerfG NJIW 2007, 3707; *Weichert*, DANA 2010, 140 (141).
[9] Das sind Vorschriften des TKG, des BDSG, Normen des Individualarbeitsrechts und – was die Kontrolle durch technische Überwachungseinrichtungen betrifft – die im BetrVG festgeschriebenen Mitspracherechte und Mitbestimmungsrechte des Betriebsrates.
[10] Hierzu *Kilian*, in: Kilian/Heussen, Computerrechts-Handbuch, 2008, Teil 7 Rn. 162 ff.

### a) Die Rechtspraxis bis zum 01. 09. 2009

Gesonderte arbeitsrechtliche Bestimmungen enthielt das BDSG – trotz vielfacher früher Forderungen[11] – lange Zeit nicht. Die Zulässigkeit datenschutzrechtlich relevanter Handlungen richtete sich bis zum 01. 09. 2009 grundsätzlich nach § 28 Abs. 1 Satz 1 Nr. 1 Alt. 1 BDSG[12]. Im Rahmen von Bewerbungsverfahren und nach Beendigung des Arbeitsverhältnisses wurde die Regelung des § 28 Abs. 1 Satz 2 Nr. 1 Alt. 2 BDSG zur Prüfung der Zulässigkeit datenschutzrechtlich relevanter Handlungen herangezogen; ergänzend wurden § 28 Abs. 1 Satz 2 Nr. 2 und Nr. 3 BDSG zur Rechtfertigung von Arbeitgebermaßnahmen angewandt. Daher musste § 28 BDSG – eine allgemeine Erlaubnisnorm, die für die verschiedensten Vertragsverhältnisse gilt – im Wege der Auslegung an die Besonderheiten der Arbeitsverhältnisse angepasst werden[13]. Die Gerichte, insbesondere das Bundesarbeitsgericht (BAG) haben dabei aufgrund des unpassenden Rechtsrahmens auf eine konsequente Anwendung der spezifischen Vorschriften des BDSG teils gänzlich verzichtet. Das BAG ging dazu über, das einfachgesetzliche Datenschutzrecht als Ausprägung des allgemeinen Persönlichkeitsrechts bei der Prüfung von Datenverarbeitungsmaßnahmen durch den Arbeitgeber außen vor zu lassen und stellte bei der Rechtsfindung unmittelbar auf den verfassungsrechtlichen Grundsatz der Verhältnismäßigkeit ab. Aus der Rechtsprechung des BAG wurden dann für die Praxis in Exegese grundlegender Entscheidungen[14] teils abstrakte Wertungskriterien für den Arbeitnehmerdatenschutz gewonnen. Im Grunde waren die Regelungen des BDSG also nicht von Interesse; Arbeitnehmerdatenschutz war im Wesentlichen Richterrecht.

### b) Die Regelung des Arbeitnehmerdatenschutzes in § 32 BDSG zum 01. 09. 2009

Nach zahlreichen Datenschutzskandalen im Jahre 2009 (Deutsche Bahn, Telekom, Aldi, Lidl und Co.)[15] sah sich der Gesetzgeber aufgrund des zunehmenden öffentlichen Drucks gezwungen, in einem hektischen und letztlich wenig durchdachten „Schnellschuss" den Arbeitnehmerdatenschutz zu effektuieren: Zum 01. 09. 2009 trat mit dem Gesetz zur Änderung datenschutzrechtlicher

---

[11] *Peters*, Arbeitnehmerdatenschutz, 1982; *ders.*, CR 1986, 790; dagegen *Zöllner*, Daten- und Informationsschutz im Arbeitsverhältnis, 1982.

[12] Hierzu *Mester*, Arbeitnehmerdatenschutz – Notwendigkeit und Inhalt einer gesetzlichen Regelung, 2008, S. 97.

[13] Vgl. *Erfurth*, NJOZ 2009, 2914 (2916).

[14] BAG, NZA 1984, 321; NZA 1985, 57; NZA 1987, 415; NZA 1996, 637; NZA 2003, 1193; NZA 2008, 1187.

[15] Hierzu *Peters*, Verfassungsrechtlicher Datenschutz in der digitalen Gesellschaft, LIFIS ONLINE [29. 06. 10], abrufbar unter www.leibnitz-institut.de.

Vorschriften[16] § 32 BDSG in Kraft. Ausweislich der Gesetzesbegründung war das vordringliche Ziel der Regelung nicht die Verschärfung datenschutzrechtlicher Restriktionen, sondern die Festschreibung der Rechtsprechung des BAG hinsichtlich der aus dem verfassungsrechtlich geschützten allgemeinen Persönlichkeitsrecht abgeleiteten Grundsätze des Datenschutzes im Beschäftigungsverhältnis[17]. Regelungsmotiv (neben einem symbolischen Gestus) war insoweit die Schaffung von Rechtssicherheit. Dieses bescheidene Ziel konnte indes nicht erreicht werden. Aufgrund der unglücklichen Fassung der Norm wurden alsbald Abgrenzungsschwierigkeiten zu anderen Regelungen des BDSG virulent[18] und bislang eingeübte, aus der Rechtsprechung gewonnene Grundsätze schienen durch den Gesetzgeber verunklart. Die erforderlichen praxisgerechten Kriterien zur Umsetzung der Vorgaben des verfassungsrechtlich gebotenen Arbeitnehmerdatenschutzes konnten ohnehin nicht aus § 32 BDSG abgeleitet werden. Bei der Anwendung der missglückten Norm behilft sich die Rechtspraxis teils mit einem „Kniff"[19]: Die Regelung wird, unabhängig von ihrem exakten Wortlaut, nach den bisherigen Vorgaben der Arbeitsgerichte zu Kontrollen im Arbeitsverhältnis angewandt[20]; schließlich soll die Norm ausweislich der Gesetzesbegründung die bisherige Rechtsprechung abbilden. Der Weisheit letzter Schluss kann dies für den Rechtsanwender nicht sein. Zum einen müsste man hierfür die gesamte einschlägige Rechtsprechung kennen, zum anderen sind die bisherigen Entscheidungen nicht eben als einheitlich zu bezeichnen[21]. Kurz: Mit Schaffung von § 32 BDSG blieb im Wesentlichen alles beim alten und damit bei einer veritablen Rechtsunsicherheit.

### 3. Auf dem Weg zu einem Beschäftigtendatenschutzgesetz

Die Vorschrift des § 32 BDSG sollte ein allenthalben für notwendig erachtetes Arbeitnehmerdatenschutzgesetz weder entbehrlich machen, noch ein solches präjudizieren[22]; von Beginn an war die Regelung als eine „vorläufige" gedacht. So wurde am 15. 12. 2010 ein von der Bundesregierung beschlossener „Entwurf eines Gesetzes zur Regelung des Beschäftigtendatenschutzes" in den Bundestag eingebracht[23]. Die Schaffung eines Arbeitnehmerdatenschutzgesetzes war Ziel aller Regierungsparteien seit der 15. Legislaturperiode und fand sich in allen

---

[16] BT-Drs. 16/13657.
[17] BT-Drs. 16/13657, S. 34 f.
[18] Dazu die Übersicht von *Albrecht*, jurisPR-ITR 20/2009 Anm. 2.
[19] *Wybitul*, ZD 2012, 1.
[20] Vgl. hierzu auch LAG Köln ZD 2011, 183.
[21] Treffend *Wybitul*, ZD 2012, 1.
[22] So auch der Gesetzgeber, vgl. BT-Drs. 16/13657.
[23] BT-Drs. 17/4230.

Koalitionsvereinbarungen wieder[24]. Aber weder Rot-Grün, noch die große Koalition haben die Kraft gefunden ein entsprechendes Gesetz auf den Weg zu bringen. Schwarz-Gelb versucht es nun und musste für die Umsetzung des Vorhabens nicht unerhebliche Kritik erfahren. Die Literatur hat sich ungewöhnlich früh und nahezu ausschließlich negativ zum Regierungsentwurf geäußert[25]. Am 23.05.2011 fand eine Sachverständigenanhörung vor dem Innenausschuss des Deutschen Bundestages zum Beschäftigtendatenschutz statt, in der die Regelungen äußerst kontrovers diskutiert wurden[26]. Danach haben Abgeordnete der SPD am 27.09.2011 in einem Änderungsantrag aufgefordert, einen neuen Gesetzesentwurf vorzulegen[27]. Der Gesetzesentwurf der Bundesregierung könnte also noch einige (weitere) Änderungen erfahren. Ursprünglich – so der Plan – sollte das Gesetz zum Jahresende 2011 in Kraft treten, nach letzten Meldungen wird jetzt Ende 2012/Anfang 2013 anvisiert[28].

### a) Der wesentliche Regelungsinhalt

Der Gesetzesentwurf sieht vor, dass in einem neuen Unterabschnitt des BDSG der Umgang mit Daten von Beschäftigten geregelt wird. Die Rechtsfragen, die sich durch die Regelungen der Bundesregierung stellen, sind vielfältig. Teilweise stellen sie die Praxis vor schwierigen Entscheidungen. Ein Beispiel: So ist in dem Entwurf eine Regelung zur Nutzung von Telekommunikationsdiensten vorgesehen, die den zulässigen Umfang von Kontrollen der dienstlichen Telefon-, E-Mail- und Internetnutzung durch den Arbeitgeber bestimmt. Allerdings gilt die Vorschrift nur für die Fälle, in denen den Beschäftigten *ausschließlich die berufliche bzw. dienstliche Nutzung von Telekommunikationsdiensten gestattet ist*. Für die Fälle, in denen eine Privatnutzung der dienstlichen Telekommunikationsanlagen (teilweise) erlaubt ist, sieht der Entwurf dagegen keine Regelung vor, was zu Recht stark kritisiert wurde[29]. Denn so bleibt es im Falle der gestatteten

---

[24] Hierzu *Mattl*, Die Kontrolle der Internet- und E-Mail-Nutzung am Arbeitsplatz, 2008, S. 209 ff.

[25] Vgl. *Wybitul*, Handbuch Datenschutz im Unternehmen, 2011, S. 411 ff.; *Heinson/Sörup/Wybitul*, CR 2010, 751; *Beckschulze/Natzel*, BB 2010, 2368; *Thüsing*, NZA, 2011, 16; *Tinnefeld/Petri/Brink*, MMR 2010, 727; *Rasmussen-Bonne/Raif*, GWR 2011, 80; *Kort*, MMR 2011, 294.

[26] Vgl. die schriftlichen Stellungnahmen der Sachverständigen, http://www.bundestag.de/bundestag/ausschuesse17/a04/Anhoerungen/Anhoerung08/Stellungnahmen_SV/index.html.

[27] BT-Drs. 17/7176.

[28] http://www.ftd.de/politik/deutschland/:spitzelattacken-koalition-schleift-datenschutz-fuer-arbeitnehmer/60166640.html.

[29] Siehe die Kritik von *Heinson/Sörup/Wybitul*, CR 2010, 751; *Beckschulze/Natzel*, BB 2010, 2368; *Thüsing*, NZA, 2011, 16; *Tinnefeld/Petri/Brink*, MMR 2010, 727; *Rasmussen-Bonne/Raif*, GWR 2011, 80; *Kort*, MMR 2011, 294.

Privatnutzung möglicherweise bei der – sehr umstrittenen[30] – Anwendung der Vorschriften des TKG und der daraus resultierenden Geltung des Fernmeldegeheimnisses, das weitgehende Pflichten des Arbeitgebers begründet. Im Ergebnis werden in diesen Fällen dem Arbeitgeber Kontrollen seiner Betriebsmittel nahezu unmöglich gemacht. Immerhin hat nun ein Landesarbeitsgericht die Anwendung des TKG verneint[31]. Trotzdem wird bei gestatteter Privatnutzung – sollte der Gesetzesentwurf wie vorliegend beschlossen werden – die Praxis weiter mit der bisher bestehenden Rechtsunsicherheit umzugehen haben, was weder im Sinne der Arbeitgeber noch der Arbeitnehmer sein kann.

Dafür schafft der Gesetzesentwurf zum Beschäftigtendatenschutz teils Klarheit, was bislang in der Praxis streitige Rechtsfragen betrifft. So wird in den Entwurfsregelungen das *Fragerecht des Arbeitgebers* vor allem in Bewerbungsverfahren entsprechend den Vorgaben der Rechtsprechung kodifiziert, die *Gesundheitsprüfung und Zulässigkeit ärztlicher Untersuchungen* sowie der *Einsatz von Ortungssystemen* (GPS) einer bereichsspezifischen Regelung zugeführt und klargestellt, dass die *Erhebung und Verwendung biometrischer Merkmale* (Fingerabdruck, Iris-Scan) eines Beschäftigten nur zu Authentifikationszwecken (etwa bei Zugangskontrollsystemen) zulässig ist.

Darüber hinaus wird im Entwurf das Verhältnis von klassischer Unternehmens-Compliance und Datenschutz – vor dem Hintergrund betrieblicher Kontrollmaßnahmen widerstreitende Interessen – justiert. *Automatisierte Datenabgleiche* von Beschäftigtendaten sind danach nur zur Aufdeckung von Straftaten und anderen schwerwiegenden Pflichtverletzungen zulässig. Die Daten müssen in anonymisierter oder pseudonymisierter Form verarbeitet werden und dürfen nur im konkreten Verdachtsfall personalisiert werden; der Arbeitgeber hat die näheren Umstände eines Datenabgleichs zu dokumentieren und die betroffenen Beschäftigten sind nach einem Datenabgleich darüber zu unterrichten.

*Ohne Kenntnis* der Betroffenen darf der Arbeitgeber Beschäftigtendaten nur erheben, wenn ein konkreter Verdacht besteht, dass der Beschäftigte im Beschäftigungsverhältnis eine Straftat oder andere schwerwiegende Pflichtverletzung begangen hat. Darüber hinaus ist der betriebliche Datenschutzbeauftragte vorab einzuschalten.

Stets unzulässig ist eine Datenerhebung ohne Kenntnis des Beschäftigten, wenn sie mit Hilfe einer planmäßig angelegten Beobachtung, die länger als 24 Stunden ohne Unterbrechung oder an mehr als 4 Tagen stattfinden soll, wenn technische Mittel zum Abhören oder Aufzeichnen des nicht öffentlich gespro-

---

[30] Dazu *de Wolf*, NZA 2010, 1206; *Thüsing*, Arbeitnehmerdatenschutz und Compliance, 2010 S. 99 ff.
[31] Siehe LAG Berlin-Brandenburg ZD 2011, 43 m. Anm. *Tiedemann*; zum ganzen instruktiv *Wybitul*, ZD 2011, 69.

chenen Wortes oder sonstige besondere technische Observationsmittel eingesetzt werden.

Eine *offene Videoüberwachung* von nicht öffentlich zugänglichen Betriebsstätten ist nur zu den im Gesetzentwurf aufgeführten Zwecken (Zutrittskontrollen, Wahrnehmung des Hausrechts, Schutz des Eigentums, Sicherheit des Beschäftigten, Sicherung von Anlagen, Abwehr von Gefahren für die Sicherheit des Betriebes, Qualitätskontrolle) zulässig. Eine offene Videoüberwachung von Betriebsräumen, die überwiegend zur privaten Lebensgestaltung des Beschäftigten dienen (z. B. Sanitär-, Umkleide- und Schlafräume), ist dagegen (selbstverständlich) untersagt. Eine *heimliche* Videoüberwachung eines Beschäftigten ist nach den Entwurfsregelungen stets unzulässig. Damit setzen sich die die Entwurfsverfasser bewusst in Widerspruch zur bisherigen Rechtsprechung des *BAG*[32], das unter bestimmten engen, an den Verhältnismäßigkeitsgrundsatz gekoppelten, Voraussetzungen eine örtlich beschränkte heimliche Videoüberwachung von Beschäftigten als rechtmäßig erachtet[33].

Eher symbolische Regelungen, die dem medialen Hype um google, facebook und Co. geschuldet sind, enthält der Entwurf zur Erhebung von Beschäftigtendaten aus dem Internet. Der Arbeitgeber darf sich weiterhin über einen Bewerber aus allen allgemein zugänglichen Quellen (z. B. Zeitung oder Internet) informieren[34]. Allerdings nurmehr, wenn er diesen vorher darüber in Kenntnis gesetzt hat. Eine Einschränkung der Informationsmöglichkeiten des Arbeitgebers sieht der Gesetzentwurf bei der Datenerhebung aus sozialen Netzwerken vor. Soweit soziale Netzwerke der „elektronischen Kommunikation" dienen (z. B. facebook, google+, schülerVZ, studiVZ oder StayFriends), darf sich der Arbeitgeber daraus nicht über einen Bewerber informieren. Genutzt werden dürfen nur solche soziale Netzwerke, die zur „Darstellung der beruflichen Qualifikation" ihrer Mitglieder bestimmt sind (z. B. Xing oder LinkedIn). Hält sich der Arbeitgeber nicht an die gesetzlichen Vorgaben, begeht er eine vorvertragliche Pflichtverletzung und macht sich ggf. Schadensersatzpflichtig. Es wäre dann der Zustand herzustellen, der bei rechtmäßigem Verhalten bestanden hätte; im Einzelfall könnte sich sogar ein Einstellungsanspruch ergeben. Allerdings nur in der Theorie. Zu Recht wurde in der Sachverständigenanhörung zum Gesetzesentwurf der Bundesregierung darauf hingewiesen, dass die Entwurfsregelungen „de facto unkontrollierbar" sind und deshalb „Placebo" bleiben werden[35]. Das „googeln"

---

[32] BAG, Urt. v. 27.03.2003, 2 AZR 51/02 – BAG NZA 2003, 1193 ff. BAG, Beschl. v. 29.06.2004, 1 ABR 21/03 – DuD 2004, 747, BAG, Beschl. v. 26.08.2008, 1 ABR 16/07 – DuD 2009, 115.

[33] Arbeitgeber würde ein solches generelles Verbot der heimlichen Videoüberwachung teils wesentlich in ihrer Rechtswahrnehmung beschränken. Gerade im Einzelhandel hat sich in vielen Fällen die heimliche Beobachtung von Mitarbeitern zur Aufdeckung von Eigentumsdelikten als unentbehrlich erwiesen.

[34] Umfassend zur Erhebung von Bewerberdaten *Gola*, RDV 2011, 109.

von Bewerberdaten soll weiterhin gestattet sein – vorausgesetzt der Betroffene wurde vorab auf diese Art der Informationsbeschaffung hingewiesen. Sollte das Gesetz in Kraft treten, wird man deshalb in Stellenausschreibungen häufiger juristisch abgesicherten Nonsens lesen müssen, wie: „Wir informieren uns auch aus allgemein zugänglichen Quellen".

### b) Besser ein schlechtes Arbeitnehmerdatenschutzgesetz als gar keines?

Trotz der angedeuteten Kritik an dem Gesetzesentwurf der Bundesregierung (im Tenor: „gut gemeint", aber gesetzestechnisch schlecht umgesetzt mit teils unklaren und widersprüchlich gefassten Regelungen) scheint sich doch die Praxis in weiten Teilen einig, dass es nicht nur eines solchen Gesetzes dringend bedarf, sondern dass ein mangelhaftes Beschäftigtendatenschutzgesetz besser sei als gar keines[36]. Die Hoffnung wird wieder einmal in die Rechtsprechung gelegt. So soll die „zulässige Auslegung der Neuregelungen durch die Gerichte bald verbindliche und praxisgerechte Grundsätze [hervorbringen], an denen sich Beschäftigte, deren Interessenvertretungen und Arbeitgeber orientieren können."[37] Allerdings dürfen die Erwartungen an die Rechtsprechung nicht zu hoch gestellt werden. Gesetzestechnische Unstimmigkeiten können zwar durch die Gerichte beseitigt werden. Sie sind aber nicht in der Lage aus einem längst überlebten Regelungsmodell, das mit dem Entwurf zum Beschäftigtendatenschutzgesetz verfolgt wird, ein dem modernen technischen Umfeld entsprechendes Datenschutzkonzept abzuleiten. Das deutsche Modell des „Verbots mit Erlaubnisvorbehalt", das mit einem scharfen Verbot der Datenverarbeitung, gefolgt von generalklauselartigen Erlaubnistatbeständen, umschrieben werden kann, ist generell in Frage zu stellen und um „neue"[38] Konzepte eines technischen Datenschutzes (dazu unten IV.) zu erweitern.

---

[35] *Hornung*, Ausschuss-Drs. 17 (4) 252 D, S. 8; „Ein Effekt könnte höchstens insoweit eintreten, als entsprechende Informationen in gerichtlichen Verfahren nicht verwertet werden dürfen oder Mitarbeiter in Personalabteilungen sich unter Berufung auf die Vorschrift gegen Anweisungen zur Erhebung von Daten aus privaten sozialen Netzwerken zur Wehr setzen können".
[36] So etwa *Wybitul*, ZD 2012, 1 und *Gola*, in: Stober/Braun, Sicherheitsgewerbe und Datenschutzrecht, 2012 [im Erscheinen].
[37] So explizit *Wybitul*, ZD 2012, 1; pointiert *Gola*, in: Stober/Braun, Sicherheitsgewerbe und Datenschutzrecht, 2012, [im Erscheinen] „Die Rechtsprechung wird's schon richten".
[38] Die diesbezüglichen Forderungen sind im Grunde so alt wie der Datenschutz selbst, vgl. grundlegend *Peters*, Arbeitnehmerdatenschutz, 1982; *ders.*, CR 1986, 790.

## II. Drei aktuelle Fragen des Arbeitnehmerdatenschutzes

### 1. Mitarbeiterscreenings

Jedes Unternehmen hat die Pflicht, im Rahmen einer sog. *Compliance-Organisation* durch geeignete Kontroll- und Überwachungsinstrumente Vorsorge dafür zu treffen, dass innerhalb des Unternehmens alle relevanten Gesetze und sonstigen Vorschriften eingehalten werden (vgl. § 130 OWiG, § 33 Abs. 1 WpHG, § 25a KWG und die Regelungen zur persönlichen Haftung von Geschäftsführungsorganen gemäß § 93 Abs. 2 S. 1 AktG oder § 43 Abs. 2 GmbHG). Wird dies unterlassen, droht eine Haftung aus Organisationsverschulden für alle jene Schäden und sonstigen Nachteile für das Unternehmen, die aus einzelnen Rechtsverstößen der Mitarbeiter oder Organe des Unternehmens erwachsen[39]. Ein effektives Mittel (und in weiten Bereichen der deutschen Wirtschaft Standardverfahren[40]) v. a. zur Korruptionsbekämpfung ist der präventive systematische Abgleich personenbezogener Daten mittels entsprechender Audit-Software (z. B. Abgleich von Mitarbeiterdaten mit einer Kundendatenbank). Diese Methode berührt datenschutzrechtliche Belange der betroffenen Mitarbeiter in besonderem Maße, da persönliche Daten unmittelbar verwertet werden. Nachdem der Einsatz von Screening-Tools[41] nur erfolgversprechend ist, wenn möglichst viele Daten verglichen werden und man systematisch nach Parallelen sucht, die auf Unstimmigkeiten hindeuten[42], wird auch der Vorwurf laut, die Belegschaft werde durch ein Massenscreening insgesamt unter „Generalverdacht" gestellt[43].

Abgesehen von den praktisch unbedeutenden Fällen, in denen die betroffenen Mitarbeiter in das Screening eingewilligt haben oder eine Betriebsvereinbarung dies gestattet[44], richtet sich dessen Zulässigkeit nach der allgemeinen Regelung des § 32 BDSG. Dabei ist zwischen dem sog. präventiven und repressiven Screening zu unterscheiden. Beim präventiven Screenings bestehen keine Hinweise auf konkrete Verstöße, es kann aber auf Grund allgemeiner Erfahrungswerte davon ausgegangen werden, dass mit Regelverstößen (z. B. im Rahmen der Auftragsvergabe) zu rechnen ist. Ziel des Präventivscreenings ist es, solche „Problembereiche" im Unternehmen zu lokalisieren und dort durch strukturelle Maßnahmen oder durch den Einsatz der Innenrevision für regelkonforme Zustände

---

[39] Zur Garantenstellung des Compliance-Officers vgl. BGH NJW 2009, 3173.
[40] *Brink/Schmidt*, MMR 2010, 592.
[41] Z. B. IDEA, SAS, SiRON und FRAUD-SCAN.
[42] *Kock/Francke*, ArbRB 2009, 110; *Brink/Schmidt*, MMR 2010, 592.
[43] So etwa beim Skandal um die Massenscreenings bei der Deutschen Bahn im Jahr 2009.
[44] Hierzu *Wybitul*, BB 2009, 1582; *Kock/Francke*, ArbRB 2009, 110; *Brink/Schmidt*, MMR 2010, 592.

zu sorgen⁴⁵. Beim repressiven Screening bestehen bereits konkrete Hinweise auf Rechtsverstöße, die durch den Datenabgleich aufgedeckt werden sollen.

### a) „Repressives" Screening, § 32 Abs. 1 Satz 2 BDSG

Sollen im Betrieb begangene Straftaten aufgedeckt werden, ist § 32 Abs. 1 Satz 2 BDSG richtige Rechtsgrundlage. Die Zulässigkeit präventiver Maßnahmen sowie die Verfolgung von Ordnungswidrigkeiten⁴⁶ und Vertragsverletzungen⁴⁷ richtet sich hingegen nach § 32 Abs. 1 Satz 1 BDSG⁴⁸. Diese (auf den ersten Blick) schwer verständliche Differenzierung⁴⁹ findet ihre Grundlage in den arbeitsrechtlichen Konsequenzen, die der einer Straftat überführte Arbeitnehmer zu fürchten hat (Zulässigkeit der fristlosen Kündigung bei Straftaten von besonderem Gewicht⁵⁰).

Die Vorschrift setzt hinsichtlich der Zulässigkeit datenschutzrechtlicher Maßnahmen zunächst voraus, dass tatsächliche Anhaltspunkte für eine Straftat sprechen, die der Unternehmer aufklären möchte. Die Tat muss also bereits begangen worden sein. Ein bloßer Verdacht, wie er beispielsweise durch unsubstantiierte Beschuldigungen in der Teeküche oder mittels einer Whistleblower-Hotline begründet werden kann, genügt diesem Erfordernis nicht⁵¹. Allgemeine Maßnahmen zur Straftatenaufdeckung wie verdachtsunabhängige Massenscreenings und der Einsatz bestimmter Revisionstools sind danach nicht zu rechtfertigen. Solche präventive Maßnahmen fallen unter § 32 Abs. 1 Satz 1 BDSG. Die seitens des Unternehmers beabsichtigte Datenerhebung oder -verwendung muss für die Aufdeckung der Straftaten erforderlich und mit den schutzwürdigen Belangen des Betroffenen zu vereinbaren sein. Schließlich dürfen Art und Ausmaß der Erhebung, Verarbeitung und Nutzung der Daten im Hinblick auf den Anlass (Art und Schwere der Straftat, Intensität des Verdachts) nicht unverhältnismäßig sein.⁵² Zudem besteht ausweislich § 32 Abs. 1 Satz 2 BDSG eine Dokumentationspflicht. Soweit sich der Anfangsverdacht des Arbeitgebers nicht erhärten lässt, sind die diesbezüglichen Dokumentationen unverzüglich zu löschen bzw. zu ver-

---

⁴⁵ *Brink/Schmidt*, MMR 2010, 592.
⁴⁶ *Hanloser*, MMR 2009, 594 (597).
⁴⁷ *Thüsing*, NZA 2009, 865 (868).
⁴⁸ *Braun*, in: Heckmann, jurisPK-Internetrecht, 3. Aufl. 2011, Kap. 7 Rn. 65; *Erfurth*, NJOZ 2009, 2914 (2922); für eine analoge Anwendung von § 32 Abs. 1 Satz 2 oder von § 28 Abs. 1 Satz 1 Nr. 1 BDSG hingegen *Grentzenberg/Schreibauer/Schuppert*, K&R 2009, 535 (539).
⁴⁹ Vgl. *Steinau-Steinrück/Mosch*, NJW-Spezial 2009, 450 (451).
⁵⁰ *Braun*, in: Heckmann, jurisPK-Internetrecht, 3. Aufl. 2011, Kap. 7 Rn. 67 f.
⁵¹ *Albrecht*, AnwZert-ITR 19/2009, Anm. 3; a. A. *Hanloser*, MMR 2009, 594 (597).
⁵² BT-Drs. 16/13657, 36.

nichten⁵³. Obwohl die zahlreichen Tatbestandsvoraussetzungen des § 32 Abs. 1 Satz 2 BDSG anderes suggerieren, geben sie nichts anderes als den seitens der Rechtsprechung angewandten Grundsatz der Verhältnismäßigkeit wieder.⁵⁴

Für das typische Mitarbeiterscreening ist die Ermächtigung in § 32 Abs. 1 Satz 2 BDSG ohne Bedeutung. Denn ohne einen konkreten Straftatverdacht dürfen Aufklärungsmaßnahmen auf Basis personenbezogener Daten nicht durchgeführt werden – es sei denn, jeder betroffene Mitarbeiter stünde unter einem konkreten Straftatenverdacht⁵⁵.

### b) Präventives Screening, § 32 Abs. 1 Satz 1 BDSG

Gem. § 32 Abs. 1 Satz 1 BDSG dürfen personenbezogene Daten eines Arbeitnehmers für Zwecke des Beschäftigungsverhältnisses nur dann erhoben, verarbeitet oder genutzt werden, wenn dies zur Begründung, Durchführung oder Beendigung eines Arbeitsverhältnisses erforderlich ist. Unter Beschäftigungsverhältnis ist das Rechtsverhältnis eines der in § 3 Abs. 1 BDSG legal definierten Beschäftigen zu verstehen. Erforderlich im Sinne der Vorschrift ist eine datenschutzrechtlich relevante Maßnahme dann, wenn berechtigte Interessen des Arbeitgebers vorliegen, die unter Absehung von der jeweiligen Maßnahme nicht in angemessener Weise gewahrt werden können⁵⁶. Dies zu beurteilen bedarf einer die mittelbare Drittwirkung der betroffenen Grundrechte berücksichtigenden Interessenabwägung im Einzelfall⁵⁷. Eine subjektive Einschätzung der Maßnahme als erforderlich durch den Arbeitgeber wird dem Kriterium ebenso wenig gerecht⁵⁸ wie eine objektiv festzustellende Notwendigkeit der Maßnahme⁵⁹. Ginge man wie Teile der Literatur⁶⁰ von Letzterem aus, wäre ein Mitarbeiterscreening mehr oder weniger stets unzulässig: Denn für die Durchführung von Beschäftigungsverhältnissen ist der Einsatz von Screening-Maßnahmen nie in diesem Sinne „erforderlich"; denn auch ohne die Datenverarbeitung könnte das Beschäftigungsverhältnis durchgeführt werden. Raum bliebe dann nur für datenschutzneutrale Varianten des Screenings, bei denen nur auf Geschäftsdaten des Unternehmens selbst, nicht aber auf Mitarbeiterdaten zugegriffen wird (z. B. die

---

⁵³ *Erfurth*, NJOZ 2009, 2914 (2920); problematisierend *Deutsch/Diller*, DB 2009, 1462 (1464).
⁵⁴ Vgl. BGH, NZA 2008, 1187.
⁵⁵ *Brink/Schmidt*, MMR 2010, 592 (594).
⁵⁶ *Albrecht*, AnwZert ITR 19/2009, Anm. 3; *Wybitul*, BB 2009, 1582 (1583); *Steinkühler*, BB 2009, 1294.
⁵⁷ *Erfurth*, NJOZ 2009, 2914 (2919).
⁵⁸ A. A. *Deutsch/Diller*, DB 2009, 1462 (1463).
⁵⁹ So *Brink/Schmidt*, MMR 2010, 592 (594).
⁶⁰ *Brink/Schmidt*, MMR 2010, 592 (594).

Benford-Analyse zur Aufdeckung von Manipulationsmustern über mathematische Unregelmäßigkeiten in unternehmensinternen Datenbeständen) oder Screening-Formen, bei denen die benutzten personenbezogenen Daten anonymisiert und pseudonymisiert sind und nach Durchführung des Verfahrens ein Rückbezug auf einzelne Personen ausgeschlossen ist[61].

Dagegen bedarf es nach hier vertretener Ansicht[62] einer differenzierteren Betrachtungsweise. Mit der Regelung des § 32 Abs. 2 Satz 1 BDSG hat der Gesetzgeber keine neuen Wege einschlagen wollen; es sollen die Grundsätze gelten, die die Rechtsprechung bereits im Umgang mit dem vom Wortlaut her ähnlich gefassten § 28 BDSG a.F. entwickelt hat[63]. Erforderlich ist die Verwendung von personenbezogenen Daten danach dann, wenn keine objektiv zumutbare Alternative existiert.[64] Von der Erforderlichkeit ist auszugehen, wenn die berechtigten Interessen des Arbeitgebers auf andere Weise nicht oder nicht angemessen gewahrt werden können.[65] Insbesondere die nach altem Recht unter gewissen Umständen zulässige Durchführung von stichprobenartigen Kontrollen muss auch unter den Voraussetzungen des § 32 Abs. 1 Satz 1 BDSG möglich sein[66]. Dazu zählen auch die Kontrolle der Leistung oder des Verhaltens eines Beschäftigten sowie präventive Maßnahmen, die Straftaten oder Rechtsverstöße verhindern sollen. In welchem Umfang die Nutzung von personenbezogenen Daten zu diesen Zwecken zulässig ist, kann aber nur in einer einzelfallbezogenen, abwägenden Betrachtung ermittelt werden.

Vorstehendem könnte aber mit Blick auf § 32 Abs. 1 Satz 2 BDSG entgegnet werden: Der Arbeitgeber kann auch zu präventiven Maßnahmen (etwa verdachtsunabhängigen Stichpunktkontrollen) allenfalls unter den Voraussetzungen des § 32 Abs. 1 Satz 2 BDSG (also bei „konkreter Gefahr") berechtigt sein, weil aus dem Gesichtspunkt der Eingriffsintensität von Überwachungsmaßnahmen nicht einzusehen sei, dass der Arbeitgeber für Präventionszwecke (unabhängig davon, wie hier eine genaue Abgrenzung zwischen Prävention und Repression zu ziehen ist) einem geringeren Rechtfertigungsdruck ausgesetzt sei.[67] Vor dem Hintergrund einer verfassungskonformen Interpretation der Vorschrift des § 32 BDSG verfangen indes diese auf den ersten Blick einleuchtenden Argumentationsansätze. Der Gesetzgeber wollte sich bei der inhaltlichen Fassung des

---

[61] So *Brink/Schmidt*, MMR 2010, 592 (595). Dadurch lassen sich kritische Bereiche in Unternehmen beschreiben, in denen es mit erhöhter Wahrscheinlichkeit zu Compliance-Verstößen kommt.
[62] *Braun*, in: Heckmann, jurisPK-Internetrecht, 3. Aufl. 2011, Kap. 7 Rn. 65.
[63] BT-Drs. 16/13657, S. 36; ArbG Berlin v. 18.02.2010 – 38 Ca 12879/09.
[64] *Däubler/Klebe/Wedde/Weichert*, BDSG, 2. Aufl. 2007, § 28 Rn. 65.
[65] *Gola/Schomerus*, BDSG, 10. Aufl. 2010, § 28 Rn. 24; *Wybitul*, BB 2009, 1582 (1583).
[66] Insoweit zweifelnd: *Wybitul*, BB 2009, 1582 (1583).
[67] In diese Richtung *v. Steinau-Steinbrück/Mosch*, NJW-Spezial 2009, 450 (451).

§ 32 Abs. 1 Satz 2 BDSG an den Anforderungen der Rechtsprechung zur „verdeckten Überwachung von Beschäftigten" orientieren[68] und hat sich insoweit an spezifischen Äußerungen des BAG angelehnt. Dabei ist offensichtlich aus dem Blick geraten, dass sich das Gericht so nur bei der Beurteilung der heimlichen Videoüberwachung von Beschäftigten geäußert hat, also zur eingriffsintensivsten Überwachungsmaßnahe, die – als grundsätzlich unzulässige „Totalüberwachung"[69] – nur ausnahmsweise bei einem konkreten hinreichend begründeten Straftatenverdacht als „ultima ratio" zulässig ist.[70] Dass nun der Gesetzgeber diese strikten Anforderungen unterschiedslos bei *allen* Maßnahmen anlegen will, ist wenig nachvollziehbar. Eine pauschale Übertragung dieser Grundsätze für präventiv intendierte Überwachungsmaßnahmen oder Maßnahmen zur Aufdeckung von Ordnungswidrigkeiten oder Vertragsbruchverletzungen usw. wäre mit Verfassungsrecht nicht mehr vereinbar. Zwar mögen bei eingriffsintensiven Maßnahmen entsprechende „Erst-Recht-Schlüsse"[71] greifen. Für weniger eingriffsintensive Maßnahmen würde aber der Arbeitgeber unzulässig in seinen verfassungsrechtlich verbrieften Rechten aus Art. 12 und Art. 14 GG beeinträchtigt. Dies leuchtet unmittelbar ein, wenn man sich vergegenwärtigt, dass bei einer entsprechenden Auslegung bei einer verbotenen Nutzung von E-Mail und Internet am Arbeitsplatz dem Arbeitgeber keine ausreichenden Mittel mehr zur Verfügung stünden, die Einhaltung dieses (dann hinfälligen und wirkungslosen) Verbots zu kontrollieren. Hinsichtlich der Zulässigkeit von Kontrollmaßnahmen bei Nicht-Straftatenverdacht muss stets die Eingriffsintensität der konkreten Maßnahme in das Grundrecht auf informationelle Selbstbestimmung den Anknüpfungspunkt für eine Abwägung mit Grundrechtspositionen der Arbeitgeber bilden. Zutreffend und exemplarisch führt diesbezüglich das BAG zur Ermittlung der Eingriffsintensität von Überwachungsmaßnahmen aus: Wie viele Personen sind wie intensiv von der Überwachungsmaßnahme betroffen? Ob und wie viele Betroffene bleiben als Person anonym? Welche Umstände und Inhalte der Kommunikation werden erfasst? Welche Nachteile drohen den Grundrechtsträgern aus der Überwachungsmaßnahme oder welche Nachteile werden von ihnen nicht grundlos befürchtet?[72] Bei einer entsprechend niedrigen Eingriffsintensität der Kontrollmaßnahmen sind diese – um Arbeitgebergrundrechte wirksam werden zu lassen – zuzulassen[73].

Für das Screening bedeutet dies: Grundsätzlich kann ein solches i. S. d. § 32 Abs. 1 Satz 1 BDSG „erforderlich" sein, nämlich dann wenn ein milderes Mittel zur präventiven Korruptionsbekämpfung oder zur Verfolgung anderer gewich-

---

[68] BT-Drs. 16/13657, S. 36.
[69] BAG NZA 2004, 1278.
[70] BAG NZA 2008, 187, BAG NZA 2004, 1278.
[71] Vgl. *Thüsing*, Arbeitnehmerdatenschutz und Compliance, 2010, Rn. 67.
[72] BAG NZA 2008, 1187; BAG NZA 2004, 1278.
[73] *Thüsing*, Arbeitnehmerdatenschutz und Compliance, 2010, Rn. 67.

tiger Compliance-Ziele dem Arbeitgeber nicht zur Verfügung steht[74]. Ob ein Massenscreening auch im Einzelfall verhältnismäßig ist, ist nach strengen Kriterien zu beurteilen. Es ist stets zu beachten, dass anlass- und verdachtsunabhängige (Massen-)Mitarbeiterscreenings in Anlehnung an die Rechtsprechung des BVerfG einen erheblichen Eingriff in das Grundrecht auf informationelle Selbstbestimmung darstellen[75]. Entsprechende Maßnahmen dürften nur zulässig sein, wenn *grundrechtssichernde technische und organisatorische Schutzmaßnahmen getroffen werden und die Maßnahme eine gebotene funktionale und zeitliche Begrenzung erfährt.* Hierauf ist unter IV. 2. noch zurückzukommen.

### 2. Überwachung der E-Mail-Nutzung

#### a) Bei verbotener Privatnutzung

Soweit die Arbeitnehmer die Telekommunikationsanlagen ausschließlich für dienstliche Zwecke nutzen dürfen, richtet sich die Zulässigkeit der Überwachung nach § 32 BDSG.

*Kontrolle der Verbindungs-/Verkehrsdaten:* Das Erfassen, Speichern und Nutzen der Verbindungsdaten der E-Mail-Kommunikation betrifft nicht das Recht des Arbeitnehmers am eigenen Wort, da keine Kommunikationsinhalte erfasst werden.[76] Es werden aber das Recht auf informationelle Selbstbestimmung und ggf. das Fernmeldegeheimnis berührt. Jedoch ist ein Zugriff auf Verkehrsdaten zu Compliance-Zwecken unter Abwägung der Compliance-Interessen des Arbeitgebers regelmäßig gerechtfertigt, soweit sich die Datensammlung und Auswertung auf Stichproben beschränkt und die Nutzung der erhobenen Daten einer strengen Zweckbindung unterliegt.[77] Allerdings ergeben sich im Hinblick auf die Erfassung der E-Mail-Adresse des Korrespondenzpartners Streitpunkte. Nach überwiegender Ansicht soll deren vollständige Erfassung, Speicherung und Nutzung zulässig sein.[78] Soweit die E-Mail-Adresse des Empfängers – wie weit verbreitet – den vollen Namen und bei dienstlichen Adressen den Arbeitgeber

---

[74] Ausreichend ist, dass unter Berücksichtigung der Gesamtumstände ein anderes Mittel zur Zweckerreichung nicht sinnvoll oder unzumutbar wäre und eine das Recht des betroffenen Arbeitnehmers auf informationelle Selbstbestimmung weniger beeinträchtigende Alternative nicht zur Verfügung steht, vgl. *Albrecht*, AnwZert ITR 19/2009, Anm. 3; *Braun*, in: Heckmann, jurisPK-Internetrecht, Kap. 7 Rn. 63.

[75] BVerfGE 120, 378 (385); 100, 313 (376, 392); 107, 299 (320 f.); 109, 279 (353); 113, 29 (46, 53); 113, 348 (383); 115, 320 (354); 65, 1 (42).

[76] *Beckschulze/Henkel*, DB 2001, 1491, der von einer größeren Nähe der E-Mail-Nutzung zum Briefverkehr ausgeht; ebenso *Grosjean*, DB 2003, 2650 m.w. N.; *Lindemann/Simon*, BB 2001, 1950 m.w. N.

[77] Hierzu u. a. *Thüsing*, Arbeitnehmerdatenschutz und Compliance, 2010, Rn. 56 ff. und 254 ff.; *Beckschulze/Henkel*, DB 2001, 1491; *Kliemt*, AuA 2001, 532; *Vehslage*, AnwBl. 2001, 145 f.

ausweist, ist der Eingriff allerdings weitgehender als etwa bei einer Zielrufnummernerfassung. Die vollständige Erfassung der E-Mail-Adresse wird daher teilweise zum Schutz des Korrespondenzpartners für unzulässig gehalten.[79] Wollte man sich dem anschließen, wäre der Arbeitgeber verpflichtet, durch eine spezifische Software dafür Sorge zu tragen, dass der Korrespondenzpartner nicht identifizierbar ist.[80]

*Inhaltskontrolle:* Das Erfassen, Speichern und Nutzen des Inhalts einer E-Mail ist ein tiefgreifender Eingriff in die Rechte des Arbeitnehmers am eigenen Wort (allgemeines Persönlichkeitsrecht) und auf informationelle Selbstbestimmung, der im Rahmen der erforderlichen Abwägung nach § 32 Abs. 1 Satz 1 BDSG regelmäßig gegenüber dem Interesse des Arbeitnehmers an einer Einsichtnahme überwiegen wird[81]. Allerdings nur bei einer personalisierten E-Mail-Adresse. Bei einer allgemeinen Firmenadresse (info@...) oder Abteilungsadresse (personalabteilung@...) ist die gesamte über diese Adresse abgewickelte Post als genuin betriebliche Korrespondenz zu bewerten, die vollumfänglich dem Zugriff des Arbeitnehmers unterliegt.[82] Auch muss das Interesse der Privatheit der E-Mail-Kommunikation gegenüber dringenden betrieblichen Gründen zurücktreten, beispielsweise, wenn ein Angestellter im Urlaub oder erkrankt ist und auf seiner E-Mail-Adresse wichtige Post einlaufen kann. Dabei kann aber im Einzelfall die Einrichtung einer Autoresponse-Funktion, die den Sender informiert, dass die E-Mail an eine andere (z. B. allgemeine) Firmenadresse für eine baldige Kenntnisnahme zu schicken ist, ein milderes, gleich wirksames Mittel darstellen. Eine Einsichtnahme „privater" E-Mails (also solcher, die erkennbar an keine Firmenadresse verschickt werden) ist regelmäßig rechtsmissbräuchlich. Denn zur Prüfung, ob der Arbeitnehmer sich an das Verbot der privaten Nutzung hält, ist die Kontrolle der Verkehrsdaten ausreichend.[83]

Im Übrigen kann eine Inhaltskontrolle nur in Ausnahmefällen wie bei begründetem Verdacht des Verrats von Geschäftsgeheimnissen, Mobbing, sonstigen Straftaten, wie unerlaubtem Nutzen und Kopieren von Software usw. nach § 32

---

[78] *Mattl*, Die Kontrolle der Internet- und E-Mail-Nutzung am Arbeitsplatz, 2008, S. 132 ff.; *Hanau/Hoeren*, Private Internetnutzung durch Arbeitnehmer, 2003, S. 53 f., 64; *Däubler*, Internet und Arbeitsrecht, 3. Aufl. 2004, Rn. 252; *Lindemann/Simon*, BB 2001, 1950; *Vehslage*, AnwBl. 2001, 145 f.; *Beckschulze/Henkel*, DB 2001, 1491; *Kliemt*, AuA 2001, 532; wohl auch *Hilber/Frik*, RdA 2002, 89 f. (ohne Differenzierung nach Verbindungs- und Inhaltsdaten).

[79] So wohl *Gola*, MMR 1999, 322 m. w. N.; tendenziell auch *Ernst*, NZA 2002, 585.

[80] *Andres*, Die Integration moderner Technologien in den Betrieb, 2000, S. 208.

[81] *Däubler*, Internet und Arbeitsrecht, 3. Aufl. 2004, Rn. 249; *Ernst*, NZA 2002, 585 f. (mit Differenzierung nach Art der E-Mail-Adresse); *Raffler/Hellich*, NZA 1997, 862 f.; *Vehslage*, AnwBl. 2001, 145 ff.

[82] *Ernst*, NZA 2002, 585 (589).

[83] *Grosjean*, DB 2003, 2650 (2653).

Abs. 1 Satz 2 BDSG zulässig sein.[84] Unter strenger Anwendung des Verhältnismäßigkeitsgrundsatzes können danach etwa die über die betrieblichen E-Mail-Accounts an externe Empfänger gesendeten und von externen Empfängern erhaltenen E-Mails, d. h. im Unternehmen (z. B. in „*.pst"-Dateien) gespeicherte Daten bestimmter Mitarbeiter, anhand für die konkrete aufzuklärende Pflichtverletzung typischer Suchbegriffe daraufhin untersucht werden („E-Mail-Screening"). Ein solches E-Mail-Screening ist nach Maßgabe des Verhältnismäßigkeitsgrundsatzes, wie *Schmidl* herausarbeitet, zulässig[85],

– wenn es zur Aufklärung eines in einem konkreten Einzelfall bestehenden Verdachts einer Pflichtverletzung oder Sicherheitslücke erfolgt,

– es anhand von wenigen, für die Pflichtverletzung oder Sicherheitslücke relevanten Stichworten durchgeführt wird, die die Betroffenheit privater E-Mails als unwahrscheinlich erscheinen lassen,

– es nur bestimmte, nach für die gesuchte Pflichtverletzung relevanten Kriterien ausgewählte Mitarbeiter betrifft,

– es nicht mit einer Totalüberwachung einhergeht,

– es mit dem Datenschutzbeauftragten des Unternehmens und dem Betriebsrat abgestimmt ist und die das E-Mail-Screening durchführenden Mitarbeiter, falls nicht bereits zu einem früheren Zeitpunkt geschehen, gemäß § 5 BDSG auf das Datengeheimnis und zum sofortigen Schließen und Nicht-Ausdrucken versehentlich geöffneter privater E-Mails verpflichtet werden.

### b) Bei gestatteter Privatnutzung

Gestattet der Arbeitgeber die private Nutzung des Internet-/E-Mail-Zugangs, ist er – nach umstrittener, aber doch überwiegender Ansicht in der Literatur[86] (die Rechtsprechung hat sich bislang nur spärlich dazu geäußert[87]) – geschäfts-

---

[84] *Grobys*, NJW-Spezial 2004, 273.

[85] *Schmidl*, in: Hauschka, Corporate Compliance, 2. Aufl. 2010, Rn. 295 ff.

[86] Vgl. *Gola/Schomerus*, BDSG, 10. Aufl. 2010, § 32 Rn. 17; *Däubler*, Gläserne Belegschaften?, 5. Aufl. 2010, Rn. 338;; *Ernst*, NZA 2002, 585, 587; *Vogel/Glas*, DB 2009, 1747; *Wolf/Mulert*, BB 2008, 442; *Koch*, NZA 2008, 911; *Kort*, MMR 2011, 294; *Rath/Karner*, K&R 2007, 446, 450; *Schmidl*, MMR 2005, 343; *Schmidt*, BB 2009, 1295; *Thüsing*, Arbeitnehmerdatenschutz und Compliance, 2010, S. 99 ff.; *Mengel*, BB 2004, 2014.

[87] Erstmals gegen eine Anwendung des TKG: LAG Berlin-Brandenburg ZD 2011, 43; für eine Anwendung des TKG sprechen teils die Ausführungen des OLG Karlsruhe v. 10.1.2005 – 1 Ws 152/04; ausdrücklich offen gelassen wurde die Frage vom VG Frankfurt/Main v. 6.11.2008 – 1 K 628/08.F (3) und dem VGH Kassel v. 19.05.2009 – 6 A 2672/08.Z; *Thüsing*, Arbeitnehmerdatenschutz und Compliance, 2010, S. 102 ff. analysiert diese Entscheidungen ausführlich.

mäßiger Anbieter von Telekommunikationsdiensten (§ 3 Nr. 6 lit. a TKG), da er den Internetzugang für fremde Zwecke zur Verfügung stellt[88]. Der Arbeitnehmer ist dann „Dritter" i. S. d. § 3 Nr. 5 TKG. Damit unterliegt der Arbeitgeber, wenn er den Arbeitnehmern die private E-Mail-Nutzung gestattet, den Verpflichtungen des TKG zum Schutze des Fernmeldegeheimnisses: § 88 TKG bestimmt, dass „der Inhalt der Telekommunikation und ihre näheren Umstände, insbesondere die Tatsache, ob jemand an einem Telekommunikationsvorgang beteiligt ist oder war" dem Fernmeldegeheimnis unterliegen. Es werden alle Inhalts- und Verbindungsdaten, die Auskunft über die am E-Mail-Austausch Beteiligten geben könnten, vor einer Preisgabe geschützt. Daher ist die Überwachung der Inhalte und Verbindungsdaten der Internet-/E-Mail-Nutzung grundsätzlich unzulässig, soweit kein Rechtfertigungstatbestand des TKG für diesen Eingriff vorliegt, was regelmäßig der Fall ist. Trennt der Arbeitgeber erlaubte private Kommunikation nicht von der dienstlichen (was praktisch kaum möglich ist), erstreckt sich die Geheimhaltungspflicht auch auf dienstliche E-Mails. Zwar erstreckt sich die Verpflichtung zur Wahrung des Fernmeldegeheimnisses nur auf E-Mails, für die der Arbeitgeber als Diensteanbieter gilt, also nur auf die privaten E-Mails. Wenn sich aber private E-Mails im E-Mail-System nicht klar von dienstlichen E-Mails unterscheiden lassen, müssen auch dienstliche E-Mails wie private behandelt werden.[89] Der Arbeitgeber kann keine Kontrolle der gesamten E-Mails mit der Begründung durchführen, diese richte sich nur auf dienstliche E-Mails.[90] Vielmehr müsste der Arbeitgeber vor jeder Kontrollmaßnahme entscheiden, ob eine dienstliche E-Mail vorliegt. Dies kann allenfalls anhand der Adresse und/oder des Betreffs, oft aber erst durch Prüfung des Inhalts ermittelt werden. Dieses Vorgehen ist indes ohne Einwilligung grundsätzlich unzulässig, so dass bei einer Mischnutzung keine zulässige Differenzierung möglich ist.

Ob der Arbeitgeber wenigstens bei einem *konkreten Missbrauchsverdacht* Verkehrs- und ggf. Inhaltsdaten einsehen darf, ist ungeklärt. Die Rechtsprechung hat sich damit bislang kaum auseinandergesetzt.[91] Die überwiegende Literatur nimmt eine Kontrollbefugnis an, wenn der konkrete Verdacht einer Straftat oder des Verrats von Geschäftsgeheimnissen besteht.[92] Allerdings ist dieses

---

[88] *Rath/Karner*; K&R 2007, 446, (450); *Schmidl*, MMR 2005, 343; *Ernst*, NZA 2002, 585 (587); *Mengel*, BB 2004, 2014.

[89] *Koch*, NZA 2008, 911 (913).

[90] *Kutzki/Hackemann*, ZTR 2003, 375; zu Problemen dieser Mischnutzung *Kliemt*, AuA 2001, 532 f., der zur Unterscheidung für eine Nutzungsvereinbarung plädiert.

[91] Keine Geltung des Fernmedlegeheimnis: LAG Berlin-Brandenburg ZD 2011, 43 m. Anm. *Tiedemann*; offen gelassen wurde das Problem in der Entscheidung des VG Frankfurt a. M. v. 06.11.2008 – 1 K 628/08.F – K&R 2009, 71 (72), vgl. *Schöttler*, jurisPR-ITR 4/2009, Anm. 2.

[92] *Vietmeyer/Byers*, MMR 2010, 807, 808; *Wolf/Mulert*, BB 2008, 442 (446); *Beckschulze*, DB 2007, 1526 (1528); *Mengel*, BB 2004, 2014 (2019); *Mengel/Ullrich*, NZA 2006, 240 (242); *Braun/Spiegl*, AiB 2008, 393.

(interessengerechte) Ergebnis nach gegenwärtiger Rechtslage nicht schlüssig begründbar.[93] Es fehlt an einem Erlaubnistatbestand i. S. d. § 88 Abs. 3 TKG: § 100 Abs. 3 TKG greift nicht, denn die Verwendung von „Verkehrsdaten zur Aufklärung der Verletzung geschäftlicher Interessen" des Arbeitgebers als Diensteanbieter ist gem. § 100 Abs. 3 TKG auf telekommunikationsspezifische Missbräuche beschränkt. Nicht erfasst ist eine Verletzung betrieblicher Interessen durch die Übermittlung bestimmter Telekommunikationsinhalte[94]; auch sprechen systematische Gründe gegen eine Anwendung von § 103 Abs. 3 TKG[95]. Am ehesten ließe sich noch eine entsprechende Kontrollbefugnis aus Gewohnheitsrecht ableiten.[96]

Die vorgenannten massiven Beschränkungen des Arbeitgebers (im Ergebnis ist keine Kontrolle durch Auswertung der Verbindungsdaten oder Einsichtnahme in E-Mails statthaft) gelten nur solange, wie das Fernmeldegeheimnis Schutz gewährt. Endet der Schutz des Fernmeldegeheimnisses, finden nicht mehr die Regelungen des TKG, sondern die allgemeinen Bestimmungen des BDSG Anwendung, wonach – wie im Falle verbotener Privatnutzung – angemessene Kontrollbefugnisse nach § 32 Abs. 1 BDSG bestehen (vgl. II. 2 a)). Zur Reichweite des Schutzes des Fernmeldegeheimnisses hat das BVerfG dezidiert Stellung genommen: Danach schützt das Fernmeldegeheimnis die private Fernkommunikation und gewährleistet deren Vertraulichkeit, wenn die Beteiligten wegen der räumlichen Distanz auf eine Übermittlung durch andere angewiesen sind und deshalb in besonderer Weise einem Zugriff Dritter ausgesetzt sein können. Das Fernmeldegeheimnis schützt insoweit in erster Linie die Vertraulichkeit der ausgetauschten Informationen und damit den Kommunikationsinhalt gegen unbefugte Kenntniserlangung durch Dritte. Allerdings endet der Schutz des Fernmeldegeheimnisses in dem Moment, in dem die Nachricht bei dem Empfänger angekommen und der Übertragungsvorgang beendet ist.[97] Denn die spezifischen Gefahren der räumlich distanzierten Kommunikation bestehen im Herrschaftsbereich des Empfängers, der eigene Schutzvorkehrungen gegen einen ungewollten Datenzugriff treffen kann, nicht mehr.[98] Die Nachricht ist mit dem Zugang bei dem Empfänger regelmäßig nicht mehr den erleichterten Zugriffsmöglichkeiten Dritter ausgesetzt, die sich aus der fehlenden Beherrschbarkeit und Überwachungsmöglichkeit des Übertragungsvorgangs durch die Kommunikationsteilnehmer ergeben. Die anschließend gespeicherten Inhalte und Verbindungsdaten unterscheiden sich dann nicht mehr von Dateien, die der Nutzer selbst angelegt hat.

---

[93] Dies arbeitet *Mattl*, Die Kontrolle der Internet- und E-Mail-Nutzung am Arbeitsplatz, 2008, S. 81 ff. klar heraus.

[94] *Elschner* in: Hoeren / Sieber, Handbuch Multimedia-Recht, Teil 22.1 Rn. 108; *Hoppe / Braun*, MMR 2010, 80 (81).

[95] *Mattl*, Die Kontrolle der Internet- und E-Mail-Nutzung am Arbeitsplatz, 2008, S. 85.

[96] *Büchner* in: Beck'scher TKG Kommentar, § 85 TKG a.F.

[97] BVerfG v. 02. 03. 2006 – 2 BvR 2099/04 – *Heckmann*, jurisPR-ITR 4/2006 Anm. 5.

[98] BVerfG v. 02. 03. 2006 – 2 BvR 2099/04 – juris Rn. 73.

Aus diesen Feststellungen des BVerfG kann nicht gefolgert werden, dass eine an einen Arbeitnehmer adressierte E-Mail, die auf dem Server des Arbeitgebers eingeht, nicht mehr dem Schutz des Fernmeldegeheimnisses unterliegt. Zwar ist der Übertragungsvorgang dann bereits abgeschlossen. Doch darauf kommt es, wie das Gericht zuletzt klargestellt hat, nicht ausschließlich an[99]. Solange sich die gespeicherten E-Mails auf dem Mailserver des Providers befinden, fehlt es dem Nutzer an technischen Möglichkeiten, einen Zugriff, die Vervielfältigung oder Weitergabe durch den Provider zu verhindern. Gerade dieser technisch bedingte Mangel an Beherrschbarkeit begründet aber die Schutzbedürftigkeit durch das Fernmeldegeheimnis[100]. Dabei macht es keinen Unterschied, ob eine E-Mail auf dem Mailserver des Providers zwischen- oder endgespeichert ist, da der Nutzer in beiden Fällen auf Grund faktisch nicht zu unterscheidender Herrschaftsverhältnisse gleichermaßen schutzbedürftig ist. Damit hat das BVerfG der Rechtsprechung des Bundesgerichtshofs (BGH)[101] eine klare Absage erteilt: Dem Schutz der auf dem Mailserver des Providers gespeicherten E-Mails durch das Fernmeldegeheimnis steht nicht entgegen, dass in der Zeitspanne, während derer die E-Mails auf dem Mailserver des Providers „ruhen", ein TK-Vorgang in einem dynamischen Sinne nicht stattfindet[102]. Anders als vom *BGH* angenommen, knüpft Art. 10 GG nicht an den technischen TK-Begriff des TKG an, sondern an den Grundrechtsträger und dessen Schutzbedürftigkeit auf Grund der Einbeziehung Dritter in den Kommunikationsvorgang. Dies gilt auch für identische Gefährdungslagen im Arbeitsverhältnis, sodass Arbeitnehmer-E-Mails solange vom Fernmeldegeheimnis als geschützt anzusehen sind, wie der Arbeitgeber darauf einen nicht zu verhindernden Zugriff hat.

Demnach greift das Fernmeldegeheimnis nur dann nicht, wenn der Mitarbeiter von einer eingehenden E-Mail tatsächlich Kenntnis genommen hat und er einen Zugriff des Arbeitnehmers verhindern kann. Nach der Rechtsprechung des VG Frankfurt endet der Schutz des Fernmeldegeheimnisses, wenn ein Mitarbeiter empfangene E-Mails an einer selbst gewählten Stelle im betrieblichen Telekommunikationssystem archiviert oder speichert.[103] Dem ist dem Grunde nach zuzustimmen: Wenn es der Betroffene mit dem Eingang der E-Mail selbst in der Hand hat, Dritte von einer Kenntnisnahme auszuschließen[104], ist es folge-

---

[99] BVerfG v. 16. 06. 2009 – 2 BvR 902/06; *Hoppe/Braun*, MMR 2010, 80, 81.

[100] BVerfG v. 16. 06. 2009 – 2 BvR 902/06; *Hoppe/Braun*, MMR 2010, 80, 81.

[101] BGH NStZ 2009, 399; vgl. hierzu die berechtigte Kritik von *Sankol*, K&R 2009, 397.

[102] BVerfG v. 16. 06. 2009 – 2 BvR 902/06.

[103] VG Frankfurt a. M. v. 06. 11. 2008 – 1 K 628/08.F – *Schöttler*, jurisPR-ITR 4/2009 Anm. 2; *Nolte/Becker*, CR 2009, 126.

[104] VG Frankfurt a. M. v. 06. 11. 2008 – 1 K 628/08.F. „Wenn der Berechtigte jedenfalls die eigene Entscheidung trifft, das Mail-Dokument an einer selbst gewählten Stelle im betrieblichen Telekommunikationssystem verbleiben zu lassen, steht ihm dafür ein unbefristeter Schutz durch das Fernmeldegeheimnis nicht mehr zur Seite."

richtig, ihm den Schutz des Fernmeldegeheimnisses zu verweigern. Allerdings ist dann nach den eingesetzten E-Mail-Systemen zu differenzieren[105]:

Beim Einsatz des *POP3-Verfahrens* werden die E-Mails vom E-Mail-Server des Unternehmens (oder eines Dienstleisters) zunächst empfangen und für den Arbeitnehmer zum „endgültigen" Abruf vorgehalten. Bei Verwendung von POP3 für ein E-Mail-Postfach werden beim Abruf die E-Mails vom Server gelöscht und lokal auf den Rechner des Arbeitnehmers gespeichert. Da in diesen Fällen der Arbeitgeber mit dem Abruf keinen zentralen Zugriff auf die E-Mails mehr hat, endet mit der Abfrage der Schutz des Fernmeldegeheimnisses; der E-Mail-Verkehr ist nicht mehr erleichterten Zugriffsmöglichkeiten Dritter ausgesetzt.[106] Eine Einsichtnahme von auf dem Dienstrechner des Arbeitnehmers gespeicherten E-Mails kann dann – unter Beachtung der Vorgaben des § 32 Abs. 1 BDSG – statthaft sein.

Bei der (in der Praxis überwiegenden) Verwendung des *IMAP-Verfahrens* werden indes E-Mails mit ihrer Abfrage nicht vom Server gelöscht, sondern verbleiben darauf. Ähnlich wie beim Aufrufen von Webseiten werden die E-Mails nur zur Ansicht in das E-Mail-Programm geladen. Allerdings hat (in der Regeleinstellung des Systems) der Empfänger der E-Mail auch die Möglichkeit, eine Löschung auf dem zentralen Server zu bewirken. Durch das Verschieben von E-Mails in den „Papierkorb" und dessen Leerung werden die betreffenden E-Mails regelmäßig auch auf dem Server gelöscht. Nach einem Teil der Literatur soll nun auch in diesen Fällen mit der bloßen Kenntnisnahme (genauer: dem Öffnen) eingehender E-Mails der Schutz des Fernmeldegeheimnisses enden: Wenn ein Arbeitnehmer nach der Kenntnisnahme einer E-Mail nichts unternimmt und sie auf dem zentralen E-Mail-Server belässt, müsse man dies als „bewusste und freiwillige Entscheidung auffassen, die E-Mail im Herrschaftsbereich des Arbeitgebers zu belassen"[107]. Diese Auffassung überzeugt allerdings wenig und wirkt konstruiert. Vielmehr ist – so etwas uneindeutig das VG Frankfurt a. M.[108] – eine „Aktivität des Arbeitnehmers" zu fordern (etwa ein „Verschieben", d. h. eine Speicherung der E-Mail auf dem Arbeitsplatzrechner). Selbst dann ist aber noch zu hinterfragen, ob dem Arbeitgeber ein Zugriff auf den E-Mail-Verkehr mittels etwaiger Sicherungskopien offen steht. Denn regelmäßig werden in der Praxis täglich *Sicherungskopien* des gesamten E-Mail-Verkehrs angefertigt. Die Sicherungsdateien beinhalten alle E-Mails, die sich zum Zeitpunkt der Sicherung auf dem Server befanden; auch für diese Daten besteht ein besonderes Schutzbedürfnis. Richtigerweise wird man von einem Schutz durch Art. 10 GG ausgehen

---

[105] So *Nolte/Becker*, CR 2009, 126 und *Hoppe/Braun*, MMR 2010, 80, allerdings dann mit anderem Ergebnis.
[106] Ebenso *Nolte/Becker*, CR 2009, 126; daran anknüpfend *Hoppe/Braun*, MMR 2010, 80 (81 ff.).
[107] So *Schöttler*, jurisPR-ITR 4/2009 Anm. 2 und *Nolte/Becker*, CR 2009,126 (127).
[108] VG Frankfurt a. M. v. 06. 11. 2008 – 1 K 628/08.F – K&R 2009, 71–72.

müssen, solange der Arbeitgeber Zugriff auf den auf seinen Servern gespeicherten E-Mail-Verkehr hat, und sei es als „bloße" Sicherungskopie.

### III. Das Dilemma des gesetzlichen Arbeitnehmerdatenschutzes

*1. Die Problematik überkommener Regelungsstrukuren*

Nach den bisherigen Ausführungen liegt die Problematik des gesetzlichen Arbeitnehmerdatenschutzes offen: Das BDSG stammt in seiner Konzeption aus den 60er und 70er Jahren. Durch zahlreiche Novellen ist das Gesetz nicht besser geworden. Im Gegenteil; es gleicht einem Flickenteppich[109], der Modernisierungsbedarf ist unbestritten[110]. Mittlerweile ist das Gesetz so „unübersichtlich, unlesbar, unsystematisch und widersprüchlich"[111], dass es außer ausgewiesenen Fachleuten niemandem mehr vermittelbar ist. Allein die „Grundnorm" des privaten Datenschutzrechts, § 28 BDSG, ist in seinen 11 Absätzen so unübersichtlich, unverständlich und teils wirr gefasst, dass die arbeitsgerichtliche Rechtsprechung losgelöst vom exakten Wortlaut der Norm entscheidet. Mit Einführung der spezialgesetzlichen Regelung des § 32 BDSG zum Arbeitnehmerdatenschutz war, wie gezeigt, keine Verbesserung verbunden.

Schon die Grundstruktur des gesetzlichen Datenschutzes – striktes Verbot der Verarbeitung personenbezogener Daten mit zumeist generalklauselartigen Erlaubnisvorbehalten – ist verfehlt. Das „Schwarz-Weiß-Prinzip"[112] (unbedingter Schutz personenbezogener Daten) des § 4 BDSG scheint vor dem Hintergrund ubiquitärer Datenspuren im Netz nicht mehr zeitgemäß[113].

Für den Arbeitnehmerdatenschutz stellen die generalklauselartigen Erlaubnistatbestände in §§ 28, 32 BDSG das zentrale Problem dar. Gegen eine solche „allgemeine" Form der Regulierung spricht, dass das Ergebnis der allseits erforderlichen Verhältnismäßigkeitsprüfung und Interessenabwägung nicht sicher

---

[109] *Simitis*, in: ders., BDSG, 7. Aufl. 2011, Einleitung Rn. 83.

[110] *Schneider/Härting*, ZD 2011, 63 (64) m.w.N.

[111] So *Roßnagel*, am 28.01.2011 auf dem 5. Europäischen Datenschutztag „Datenschutz in Europa – Quo vadis?" in Berlin, in seinem Vortrag „Modernes Datenschutzrecht in Europa", Redemanuskript abrufbar unter http://www.baden-wuerttemberg.datenschutz.de/aktuell/vortrag_ar.pdf.

[112] *Schneider/Härting*, ZD 2011, 63 (64).

[113] Man denke etwa an den Streit um den Personenbezug von IP-Adressen (hierzu *Meyerdierks*, MMR 2009, 8); nach dem EuGH ist von einem personenbezug auszugehen; mit Urt. v. 24.11.2001 – C70/10; hat das Gericht festgestellt, dass IP-Adressen personenbezogene Daten sind, weil sie die genaue Identifizierung der Nutzer ermöglichen. Folgt man dem, wäre auch bei reinen IT-Sicherheitsmaßnahmen, wie dem Mitschneiden von DDos-Attacken eine datenschutzrechtliche Rechtfertigung erforderlich.

prognostiziert werden kann. *Rechtssicherheit und Vorhersehbarkeit rechtlicher Anforderungen* können damit nicht gewährleistet werden[114]. Das Ganze wird dadurch erschwert, dass die jeweiligen Abwägungsprozesse einheitlich und mehr oder weniger unterschiedslos für alle Formen der betrieblichen Datenverarbeitung geregelt sind und die unterschiedlichen Interessenlagen sowie die Gefährdungen des Datenschutzes durch die jeweils eingesetzten technischen Instrumente nicht abgebildet werden. So unterschiedliche Maßnahmen des Arbeitgebers wie Massenscreening, Überwachung von E-Mail und Internet, Einsatz von Ortungssystemen, Erheben von Daten aus sozialen Netzwerken oder das „Googeln" von Mitarbeitern sind nach derselben Regelung zu beurteilen. Dass dies unter Vorgabe weiter und leerformelartiger Zweckvorgaben („Zwecke des Beschäftigungsverhältnisses", § 32 Abs. 1 BDSG) nicht zielführend sein kann, liegt auf der Hand.

Nach der derzeitigen Rechtslage können schon die absoluten Grundfragen nicht rechtssicher beantwortet werden. So ist es, wie gezeigt wurde, schon streitig, ob ein Mitarbeiter-Screening zu „präventiven" Zwecken überhaupt gerechtfertigt werden kann oder ob eine Kontrolle der Verbindungsdaten bei gestatteter Privatnutzung der E-Mail und Internetkommunikation generell in Betracht kommt. Die Beantwortung dieser Grundfragen füllt dann auch ganze Bibliotheken im juristischen Schrifttum, führt aber im Ergebnis nicht viel weiter. Denn geht man mit der wohl überwiegenden Ansicht im Schrifttum aus, dass solche Kontrollen „grundsätzlich" möglich sein sollen, bleiben die für die Praxis maßgeblichen Fragen unbeantwortet, etwa *wie* ein Mitarbeiterscreening durchzuführen ist. Diese Frage wiederum lässt sich nur durch Heranziehung allgemeiner datenschutzrechtlicher Grundsätze (Datensparsamkeit usw.) und einer Verhältnismäßigkeitsprüfung beantworten. So wäre etwa im Falle eines beabsichtigten Screenings aus dem Verhältnismäßigkeitsgrundsatz abzuleiten: Das Screening sollte nicht flächendeckend, sondern stichprobenartig durchgeführt werden, die Häufigkeit der Kontrolle ist durch abstrakt ermittelte Fehlentwicklungen (z. B. Inventur) zu bestimmen; bei regelmäßigen Screenings ist der Kreis der einbezogenen Personen vorab genau zu definieren und so klein wie möglich zu wählen; Dauer und Intensität des Screenings sind so gering wie möglich zu halten (Vermeidung von Überwachungsdruck); das Screening-Verfahren ist möglichst transparent zu gestalten, um effektiven Rechtsschutz der Betroffenen zu gewährleisten; der Datenschutzbeauftragte ist in das Verfahren einzubinden; personenbezogene Daten sind so weit wie möglich zu anonymisieren und pseudonymisieren, bei einer Fremdvergabe der Durchführung von Screening-Aufgaben ist auf die Auswahl eines seriösen und verlässlichen Partners zu achten, der mit den datenschutzrechtlichen Vorgaben vertraut ist. Aber auch dann bleiben noch grundsätzliche Fragen offen, die in der Praxis beantwortet werden müssen, nämlich auf welche Datensätze darf zu Zwecken des Screening zugegriffen werden, welche

---

[114] *Franzen*, RdA 2010, 257 (261).

technischen Systeme und Methoden sind vor dem Hintergrund eines effektiven Datenschutzes für ein Screening einzusetzen oder wann und unter welchen Voraussetzungen dürfen personenbezogene Daten im „Trefferfall" deanonymisiert und zum Anlass weiterer (Folge-)Maßnahmen genommen werden, usw.?

Die immer wieder geäußerte[115] Erwartung, dass die Fragen, die der Gesetzgeber offen gelassen hat, durch die Rechtsprechung geklärt werden würden, hat sich nicht erfüllt. Die (bewusste) Verschiebung der Rationalitätsverantwortung des Gesetzgebers auf die Einzelfallebene der Gerichte[116] im Bereich des Arbeitnehmerdatenschutzes ist grandios gescheitert. Einerseits sind aus allgemein bekannten Gründen Datenschutzverstöße im Arbeitsverhältnis nur in den seltensten Fällen von den Gerichten zu entscheiden (abhelfen könnte vielleicht ein Verbandsklagerecht des Datenschutzbeauftragten[117]), so dass die Gerichte schon nicht die Gelegenheit haben, für Rechtsklarheit zu sorgen. Andererseits sind gerade die Arbeitsgerichte (wohl in erster Linie aufgrund der Komplexität und Undurchsichtigkeit der Materie, als auch teils aufgrund mangelnden technischen Verständnisses) augenscheinlich nicht sonderlich an der Beantwortung datenschutzrechtlicher Fragestellungen interessiert, auch wenn dazu in Verfahren Anlass oder Gelegenheit bestand. So hatten sich die Arbeitsgerichte früh und seit dem regelmäßig mit der Frage zu befassen, wann und unter welchen Voraussetzungen die private Nutzung von E-Mail und Internet im Betrieb einen Grund für eine (außerordentliche) Kündigung des betroffenen Arbeitnehmers darstellen kann[118]. Minutiös können mittlerweile aufgrund dieser Rechtsprechung kündigungsrelevante Verfehlungen des Arbeitnehmers aufgelistet werden[119]. Insoweit

---

[115] So zuletzt *Wybitul*, ZD, 2012, 1.

[116] So die treffende Formulierung von *Peters*, Verfassungsrechtlicher Datenschutz in der digitalen Gesellschaft, LIFIS ONLINE [29.06.10], abrufbar unter www.leibnitz-institut.de.

[117] *Roßnagel*, am 28.01.2011 auf dem 5. Europäischen Datenschutztag „Datenschutz in Europa – Quo vadis?" in Berlin, in seinem Vortrag „Modernes Datenschutzrecht in Europa", Redemanuskript abrufbar unter http://www.baden-wuerttemberg.datenschutz.de/aktuell/vortrag_ar.pdf.

[118] Hierzu *Braun*, in: Heckmann, juris Praxiskommentar Internetrecht, 3. Aufl. 2011, Kap. 7 Rn. 193 ff.

[119] Das BAG bestätigte eine außerordentliche Kündigung (keine Abmahnung erforderlich) etwa bei täglichem Surfen zwischen 15 Minuten und drei Stunden über drei Monate hinweg, oder bei regelmäßigen Ausflügen in das Internet von einer Dauer bis zu 134 Minuten und dem Download pornographischen Materials, BAG v. 27.04.2006 – 2 AZR 386/05 – BAGE 118, 104; aus der untergerichtlichen Rechtsprechung: Surfzeiten von insgesamt 7 Stunden und 28 Minuten über 10 Monate hinweg (außerordentliche Kündigung!), LAG Hamm v. 18.01.2007 – 15 Sa 558/06; mehrere Stunden täglich (außerordentliche Kündigung eines Betriebsratsmitgliedes) ArbG Düsseldorf v. 29.10.2007 – 3 Ca 1455/07; 6 Stunden und 45 Minuten über drei Tage hinweg (außerordentliche Kündigung) LAG Schleswig-Holstein v. 27.06.2007 – 5 Sa 49/06; Nutzung des Internets für 420 Minuten innerhalb einer Woche bei einer Gesamtpausenzeit von 225 Minuten (außerordentliche Kündigung) LAG Hamm v. 03.05.2007 – 15 Sa 1880/06; Schreiben privater E-Mails

besteht eine Art von „Rechtssicherheit". Allerding hatten die Gerichte bislang nur selten die Kraft, der Frage nachzugehen, wie der Arbeitgeber die Informationen erlangt hat, mit denen er im Prozess die Verfehlungen des Arbeitnehmers nachzuweisen versucht. Die Frage der zulässigen Kontrolle der E-Mail und Internetnutzung durch den Arbeitgeber und ob bei etwaigen unzulässigen Kontrollen ein Beweisverwertungsverbot im Kündigungsprozess besteht, ist weithin von der Rechtsprechung ungeklärt. Zur seit jeher umstrittenen Frage, ob bei gestatteter Privatnutzung von E-Mail und Internet das Fernmeldegeheimnis zu beachten ist, mit der Folge, dass Kontrollen des Arbeitgebers unzulässig sind, gibt es gerade eine (!) Entscheidung aus dem Jahr 2011[120]; zwar mit einer im Wesentlichen apodiktischen und argumentativ schwachen Stellungnahme, aber – mittlerweile muss man das so sagen – immerhin.

Das geplante Beschäftigtendatenschutzgesetz wird im Vergleich zur bisherigen Rechtslage nur wenige Verbesserungen bringen. Auch der Entwurf der Bundesregierung kann auf offene Rechtsbegriffe wie Erforderlichkeit und Verhältnismäßigkeit nicht verzichten. Das Regelungskonzept bleibt insoweit das gleiche, wie bisher. Allerdings – und das kann für etwas mehr Klarheit sorgen – werden zumindest die widerstreitenden Interessen von Arbeitgeber und Arbeitnehmer, die in Ausgleich zu bringen sind, nicht mehr allgemein gefasst, sondern knüpfen nun differenzierend an die unterschiedlichen Stadien der Vertragsdurchführung an (Vertragsanbahnung, Begründung und Durchführung des Beschäftigungsverhältnisses) und unterscheiden zwischen verschiedenen technischen Vorgängen und Instrumenten[121] (Videoüberwachung, Ortungssysteme, biometrische Verfahren, Nutzung von Telekommunikationsdiensten usw.). Die Regelungen bilden aber, was die Modi der Datenverarbeitung betrifft, nicht einmal den status quo ab und sind wenig zukunftsoffen gestaltet. Wesentliche inhaltliche Neuerungen sieht der Entwurf nicht vor. Es wird zwar für etwas mehr Transparenz und Ordnung gesorgt. Probleme werden indes kaum gelöst; überwiegend sind die Entwurfsvorschriften rein symbolischen Inhalts.

Insoweit nimmt es nicht Wunder, dass der Arbeitnehmerdatenschutz aufgrund des Mangels an klaren auf den Einzelfall bezogenen Normbefehlen, wenn überhaupt, nur noch von ausgewiesenen Experten (überwiegend als externe Berater) im Unternehmen rechtssicher umgesetzt und sichergestellt werden kann. Nach derzeitigem Stand ist der gesetzliche Arbeitnehmerdatenschutz, um mit *Hoeren* zu sprechen, ein „großes schwarzes Loch, das nur noch Energie frisst."[122]

---

über einen Zeitraum von mehr als 7 Wochen – arbeitstäglich mehrere Stunden, LAG Niedersachsen v. 31. 05. 2010 – 12 Sa 875/09 m. Anm. *Tiedmann*, MMR 2010, 641.
[120] LAG Berlin-Brandenburg ZD 2011, 43.
[121] *Franzen*, RdA 2010, 257 (261).
[122] ZD 2011, 145 in einem etwas anderen Kontext.

## 2. Mangelnde gesetzliche Anreize für ein datenschutzkonformes Verhalten

Rechtsverstöße gegen den Arbeitnehmerdatenschutz haben nur selten negative Wirkung für den Arbeitgeber. Das Recht auf Berichtigung, Sperrung bzw. Löschung bei falscher, rechtswidriger oder nicht mehr erforderlicher Datenspeicherung spielt im Arbeitsverhältnis keine praktische Rolle. Von Schadensersatz- und Schmerzensgeldansprüchen, die als materielle Kompensation von Persönlichkeitsrechtsverletzungen im Arbeitsverhältnis geltend gemacht worden wären, ist dem Autor kein Fall bekannt (abgesehen davon, dass hierbei ein Betrag in nennenswerter Höhe kaum jemals in Betracht käme)[123].

Die Frage, inwieweit die auf illegaler Datenerhebung und -auswertung basierende Begründung einer Kündigung ein Verwertungsverbot und damit faktisch einen Kündigungsausschluss zur Folge haben könnte, ist in Rechtsprechung und Literatur bisher unzureichend geklärt[124] und wird in einem Rechtsstreit, wie bereits angesprochen (IV. 1.) nur selten thematisiert. Ordnungswidrigkeitenverfahren nach § 43 BDSG oder gar Strafverfahren nach § 44 BDSG werden in der Praxis kaum durchgeführt; Zwangsgelder und Unterlassungsverfügungen aufgrund materiellrechtlicher Verstöße ebenfalls.

Einzig Wirkung hat in Einzelfällen bislang die einfachste und aus rechtlicher Sicht folgenloseste Sanktion gezeigt, die Beanstandung nach § 38 Abs. 1 BDSG durch die Aufsichtsbehörde. Insbesondere in den Datenschutzskandalen aus den Jahren 2008/2009 konnte durch Veröffentlichung von Beanstandungen eine Öffentlichkeitswirkung erreicht werden, die die jeweiligen Unternehmen derart unter medialen Druck setzte, dass zumindest in Großunternehmen nachhaltige Verbesserung im Arbeitnehmerschutz zu beobachten waren und die Thematik auch in den Vorstandsetagen ankam.

## IV. Anregungen für einen besseren Arbeitnehmerdatenschutz

### 1. Prozedurale Lösungen und technisches Organisationsrecht

Als Alternative zu dem generalklauselartigen Regelungsmodell des Gesetzgebers kommt eine detaillierte, techniknah ausgestaltete Normierung *nicht* in Betracht. Bereichsspezifische Regelungen, die an konkrete Datenverarbeitungs-

---

[123] So auch *Hoeren*, ZD 2011, 145 (146).
[124] *Weichert*, DANA 2010, 140 (145); *Braun*, in: Heckmann, juris Praxiskommentar Internetrecht, 3. Aufl. 2011, Kap. 7 Rn. 155.

methoden anknüpfen und sie einer detailierten Regulierung unterwerfen, sind vor dem Hintergrund rasant fortschreitender technischer Entwicklung und träger sowie langwieriger Gesetzgebungsverfahren, in denen eine Vielzahl von Interessen gegeneinander abgewogen werden müssen, nicht machbar. Wenn man diese Utopie umzusetzen versuchte, wäre in der Praxis eine Überregulierung und eine zu kurze Halbwertszeit der Regelungen die Folge[125]; neuere technische Entwicklungen wären aufgrund veralteter Regelungen nicht fassbar. Die Maxime, ein Gesetz sollte möglichst techniknah ausgestaltet sein und mit der technischen Entwicklung Schritt halten können, ist zum Scheitern verurteilt[126].

Eine zufriedenstellende materielle Regelung des Arbeitnehmerdatenschutzes ist also nicht möglich, was im Bereich des „Technikrechts" nicht gerade eine neue Erkenntnis darstellt. Als Alternative verbleibt in solchen Fällen ein Ausweichen auf *prozedurale und organisatorische* Regelungen. Dazu gehört unter anderem eine frühzeitige Beteiligung des betrieblichen Datenschutzbeauftragten bei allen relevanten Datenverarbeitungsvorgängen, die untergesetzliche technikadäquate Einrichtung handhabbarer betriebsorganisatorischer Verfahren zum Schutz personenbezogener Daten der Mitarbeiter, die Förderung von Transparenz und Selbstschutz durch umfassende Informationspflichten des von Datenverarbeitungsmaßnahmen betroffenen Arbeitnehmers oder die Ermöglichung einer erweiterten Selbstregulierung durch neue – digital, mittels Mausklick zu verwirklichende – Einwilligungskonzepte. Insbesondere sind als verfahrensrechtliche Sicherungsinstrumente erweiterte Informationskonzepte – abhängig von der Sensibilität der verarbeiteten Daten – zu implementieren. Im digitalen Zeitalter, in der Informationen eine geldwerte Währung darstellen, sollte derjenige, dessen personenbezogene Daten fremdverwaltet werden, auch das Recht auf einen „Kontoauszug" haben. Warum also nicht den Arbeitgeber verpflichten, den Arbeitgeber monatlich über alle ihn betreffende Datenverarbeitungsvorgänge und dessen Zwecke (falls sie über Datenverarbeitungsvorgänge zur Lohn und Gehaltsabrechnung oder Erfüllung sozialversicherungsrechtlicher und steuerrechtlicher Verpflichtungen hinausgehen) mittels kurzer, standardisierter E-Mail zu informieren? Der Aufwand wäre gering; der Informationsverpflichtung könnte automatisiert nachgekommen werden. Oder: Warum die Zulässigkeit einer *Handy-Ortung*[127] nicht davon abhängig machen, dass technisch sichergestellt ist, dass

---

[125] *Franzen*, RdA 2010, 257 (261).
[126] *Schneider/Härting*, ZD 2011, 63 (64). Schon früh *Peters*, CR 1986, 790.
[127] Zum Einsatz von Ortungssystemen (Handy-Ortung, GPS, RFID-Technik) vgl. *Oberwetter*, NZA 2008, 609. Insbesondere an der Überwachung von Außendienstmitarbeitern oder Fernfahrern besteht aus Arbeitgebersicht Interesse. Die rechtliche Zulässigkeit entsprechender Maßnahmen hat in Rechtsprechung und Literatur bislang nur unzureichende Aufarbeitung gefunden. Ohne Einwilligung (nach § 4 Abs. 3 BDSG) des Arbeitgebers können entsprechende Datenerhebungs- und verarbeitungsmaßnahmen nur zulässig sein, soweit nach einer Abwägung nach § 32 BDSG ein überwiegendes Interesse des Arbeitgebers an den Kontrollen begründbar ist. Dies kann bei Kontrollen der Fall sein, die

dem Betroffenen jeder Ortungsversuch sofort auf dem Endgerät angezeigt wird? Entsprechende „Apps" sind jedenfalls für alle Mobiltelefone erhältlich. Der Transparenz und Nachvollziehbarkeit der personenbezogenen Informationsverarbeitung könnte durch derartige Maßnahmen jedenfalls reale Geltung verschafft werden.

Schließlich müssen nachhaltige organisatorische und organisatorisch-technische Schutzvorkehrungen geschaffen werden. Darauf näher einzugehen würde den vorgegebenen Rahmen sprengen. Die maßgeblichen Grundsätze, Verfahrensweisen und Umsetzungsmöglichkeiten werden schon seit 30 Jahren, insbesondere von *Peters*, veranschaulicht[128], der erste Vorschläge, wie technischer Datenschutz im Rahmen einer verfassungsgerechten Informationsordnung aussehen könnte, zur Diskussion gestellt hat.

Jedenfalls müssten organisatorische Leitlinien in Form von Geschäftsprozessen modelliert werden (vielleicht ähnlich dem IT-Grundschutz des BSI), die die zulässige Verarbeitung von Daten typenbezogen (z. B. Cloud-Computing, Formen des „Bring your own device"[129] (BYOD) usw.) dirigieren, Möglichkeiten anonymen und pseudonymen Handels wo notwendig einfordern und dabei technische Mindeststandards festlegen, so dass im Ergebnis für typische Datenverarbeitungsvorgänge eine technische Grund-Infrastruktur beschrieben ist, die den Anforderungen an Datenschutz und Datensicherheit gerecht wird. In Einzelbereichen könnte auch eine Normung und Zertifizierung von Anwendungen in Betracht gezogen werden. Übergeordnetes Ziel müsste es sein, „technischen Datenschutz" zu gewährleisten; schließlich kann gegen Verhaltensregelungen verstoßen werden, nicht indes gegen technische Begrenzungen.

---

überwiegend der Sicherheit der Betriebsmittel des Arbeitgebers und des Arbeitnehmers selbst oder der Sicherung der betrieblichen Arbeitsabläufe dienen, wie etwa entsprechende Überwachungsmaßnahmen in der Fernfahrbranche oder an besonders gefährdeten bzw. gefährlichen Betrieben, wie etwa Atomkraftwerken, *Däubler*, Gläserne Belegschaften?, 5. Aufl. 2010, Rn. 318 f. Soweit die Kontrollen dagegen in erster Linie der bloßen Leistungs- und Verhaltenskontrolle dienen, wird nur in seltenen Ausnahmefällen ein überwiegendes Interesse des Arbeitgebers feststellbar sein. Denn regelmäßig sind hier weniger in die Rechte der Arbeitnehmer eingreifende Maßnahmen denkbar. So kann der im Außendienst tätige Vertreter zur Kontrolle seiner Tätigkeit und seines Aufenthalts am Dienst-Handy angerufen werden; eine umfassende Erhebung seiner Standortdaten wäre demgegenüber unverhältnismäßig, *Däubler*, Gläserne Belegschaften?, 5. Aufl. 2010, Rn. 318 f.; *Oberwetter*, NZA 2008, 609 (612). Im Falle einer zulässigen Überwachung muss die Überwachung des privaten Lebensbereichs des Arbeitnehmers ausgeschlossen sein. Im Übrigen ist das Mitbestimmungsrecht nach § 87 Abs. 1 Nr. 6 BetrVG zu beachten. Stets unzulässig (und damit auch nicht einwilligungsfähig) ist eine sogenannte „Totalüberwachung", etwa durch Erstellung eines umfassenden lückenlosen Bewegungsprofils mittels Handy-Daten, da ansonsten der Arbeitnehmer in grober Missachtung seiner Persönlichkeitsrechte zum Beobachtungsobjekt degradiert würde.

[128] Vgl. etwa *Peters*, CR 1986, 790; *ders.*/Kersten, CR 2001, 576 ff.
[129] Hierzu *Conrad/Schneider*, ZD 2011, 153.

## 2. Auflösung des vermeintlichen Konflikts von Compliance und Datenschutz

Das Verständnis von Compliance als Umschreibung der Einhaltung börsenrechtlicher Vorgaben hat sich hin zur Aufgabe fortentwickelt, allgemeine Übereinstimmung des Unternehmenshandelns mit allen gesetzlichen Regelungen herzustellen und zu sichern[130]. Insoweit möchte man meinen, dass auch das Arbeitnehmerdatenschutzrecht eine wichtige Rolle in den Compliance-Systemen der Unternehmen einnehmen würde. Allerdings ist dies noch nicht in dem erforderlichen Umfang der Fall, wenn auch die Bedeutung des Arbeitnehmerdatenschutzes nach den medienwirksamen Datenskandalen um deutsche Großunternehmen aus dem Jahre 2009 gestiegen ist. Teils wird Arbeitnehmerdatenschutz in Unternehmen noch als hinderlich zur Durchsetzung von Compliance-Belangen angesehen. Tatsächlich waren als Ausfluss von Compliance Maßnahmen in Unternehmen bislang eher fragwürdige Massen-Screenings zur Korruptionsverbesserung und eine (datenschutzrechtlich bedenkliche[131]) Institutionalisierung des Denunziantentums im Mitarbeiterkreis („Whistleblowing-Systeme"[132]) zu beobachten, als Maßnahmen zur Verbesserung des Arbeitnehmerdatenschutzes. Die Gründe dafür liegen in dem (überholten) vom US-amerikanischen Unternehmenskulturkreis geprägten Compliance-Verständnis. Compliance-Regeln kommt traditionell vor allem eine Schutzfunktion für die Führungskräfte, insbesondere für die Vorstände, und für das Unternehmen selbst zu[133], nicht in für die Angestellten. Dabei spielen neben den besonders wichtigen Pflichten des Bilanzrechts, des Bank-/Börsenrechts und der Korruptionsbekämpfung auch das Kartellrecht (wegen der Höhe der drohenden Bußgelder) eine zentrale Rolle[134]. Insbesondere auf die Einhaltung dieser Verpflichtungen sind dann unternehmensinterne Organisations- und Überwachungssysteme eingerichtet worden. Dass unter diesen Voraussetzungen datenschutzrechtliche Belange der Unternehmensmitarbeiter, etwa bei der Korruptionsbekämpfung als zentrales Ziel von Compliance-Strukturen als hinderlich angesehen werden, liegt auf der Hand. Allerdings: Nach deutschem

---

[130] *Mengel*, Compliance und Arbeitsrecht, 2009, Einleitung: Dazu beigetragen hat vor allem der US-amerikanische Sarbanes Oxley Act (SOX). Dieses für alle an US-amerikanischen Börsen notierten Unternehmen anwendbare US-Bundesgesetz aus dem Jahr 2002 enthält detaillierte Regelungen zur Unternehmensorganisation und zur Einrichtung des internen Berichts- und Informationswesens, insbesondere zu Berichtspflichten und Feststellungen von Gesetzesverstößen, der Position eines „Compliance Officer" in der Rechtsabteilung, zur Verpflichtung ausgewählter Führungskräfte auf einen „Code of Ethics" und der Behandlung von Mitarbeitern, die auf Missstände aufmerksam machen.

[131] *Wank*, Erfurter Kommentar zum Arbeitsrecht, 12. Aufl. 2012, § 28 BDSG Rn. 9.

[132] Hierzu *Barthel/Huppertz* AuA 2006, 179; *Wisskirchen/Körber/Bissels* BB 2006, 1570.

[133] *Mengel*, Compliance und Arbeitsrecht, 2009; *Lösler*, NZG 2005, 104 (105); *Schneider*, ZIP 2003, 645 (647 ff.); *von Werder*, ZIP 2009, 500 ff.

[134] *Mengel*, Compliance und Arbeitsrecht, 2009.

Recht bleibt für Investigations, etwa zur (vorbeugende) Korruptionsbekämpfung, nur der Raum, den ihm andere Rechtsbereiche, wie der Datenschutz, einräumen. Datenschutz ist also kein „entgegenstehender Belang" oder „Interesse", das bei Untersuchungen im Unternehmen zu beachten ist, sondern Zulässigkeitsschranke. Dieses Bewusstsein muss (auch bei international agierenden) Unternehmen weiter geschärft werden und Arbeitnehmerdatenschutz selbst zu einem *zentralen* Compliance-Belang heranwachsen. Gelingen kann dies auf mehrerlei Art und Weise. Entweder werden Verstöße gegen den Arbeitnehmerdatenschutz mit drakonischen Geldbußen bewehrt und wirksam überwacht oder Führungspersonal wird effektiv mit in die Haftung genommen. Ebenso wirksam tragen aufgedeckte Datenschutzskandale zur Zielerreichung bei, da der damit verbundene Ansehensverlust des Unternehmens sich direkt wirtschaftlich auswirkt und für Abschreckung sorgt. Und die Politik müsste sich dafür einsetzen, dass der Arbeitnehmerdatenschutz verstärkt Eingang in die Ethik-Kodizes (z. B. im Deutschen Corporate Governance Kodex) findet, die sich die Unternehmen selbstverpflichtend auferlegen.

### 3. Übergeordnetes Ziel: Datenschutz durch Technik

Schon mitte der 80er Jahre hat *Peters* aus dem Volkszählungsurteil[135] abgeleitet, dass „ein Weitermachen im alten Stile verwehrt ist und der Datenschutz mehr und mehr eine Aufgabe der Technik selbst werden muss"[136]. Leider fand dieses Paradigma vom *„Grundrechtsschutz durch technische Verfahren"* in der Literatur wenig[137] und beim Gesetzgeber überhaupt keine Beachtung. Obwohl die Sachlage klar erscheint: Durch gesetzliche Regelungen, die sich, wie bislang, ausschließlich an die Datenverarbeiter richten, können viele Gestaltungsziele nicht erreicht werden, nachdem die Normadressaten den zur Verfügung stehenden technischen Mitteln unterworfen sind. Folglich müssen in weitem Umfang auch die Technikhersteller und Programmierer mit dem Ziel einer datenschutzkonformen Gestaltung ihrer Produkte angesprochen werden. Langsam nehmen diese Gedanken auch Formen an. So wurde in den letzten Jahren insbesondere die „juristische Modellierung von E-Government-Anwendungen" thematisiert. *Rossnagel* fordert Prüfpflichten für die Entwickler hinsichtlich der datenschutzkonformen Gestaltung ihrer Produkte mit den Zielen der Datensparsamkeit und Anonymität, damit einhergehend eine Dokumentationspflicht und etwaige Hinweispflichten für verbleibende Risiken sowie Weiteres mehr[138]; im Zusammenhang mit einer positiven Vermarktung, (freiwilliger) Auditierung von Anwen-

---

[135] BVerfGE 65, 1.

[136] *Peters*, CR 1986, 790 ff.

[137] So dezidiert *Heckmann*, IT-Einsatz und Gefahrenabwehr, in: KommunalpraxisSpezial 2005 S. 52 ff.

dungen, Produktzertifizierung und Berücksichtigung von Datenschutzbelangen bei der öffentlichen Auftragsvergabe solle so ein Wettbewerb entstehen, der die Belange des Datenschutzes flächendeckend stärkt. Inwieweit diese Vorstellungen realisierbar sind, kann dahingestellt bleiben. Jedenfalls muss Datenschutz künftig in massiven Umfang auch durch technische Systeme erfolgen. Datenschutz ist eine Variante der IT-Sicherheit, Datenschutz und Datensicherheit sind untrennbar miteinander verwoben. Während aber im Bereich der IT-Sicherheit niemand auf die Idee käme, diese ließe sich durch abstrakte Normbefehle erreichen (sondern vorrangig und in heutigen Zeiten nahezu ausschließlich durch technische Schutzvorkehrungen), ist technischer Datenschutz und Datenschutz durch Technik nach wie vor eher zu wenig präsentes Thema.

Allerdings besteht Hoffnung, dass sich dies ändern wird. Denn in neueren Entscheidungen hat das BVerfG bereits mehrfach und unmissverständlich darauf hingewiesen, dass eine *grundrechtliche Verpflichtung* zum Datenschutz durch Technik besteht, sodass insoweit die Politik in die Pflicht genommen ist. Die bemerkenswertesten Ausführungen des Gerichts finden sich in den Entscheidungen zum Kreditkartenabgleich[139], zur KfZ-Kennzeichenerfassung[140] und zur sog. Online-Durchsuchung[141] aus den Jahren 2008–2009. Das Gericht stellte fest, dass der Staat spezifische Gefährdungen, die aus dem Technikeinsatz hervorgehen, seinerseits mit Technikeinsatz begegnen muss. Es wird insoweit das eingangs erwähnte Paradigma vom „Grundrechtsschutz durch technische Verfahren" aufgegriffen. Durch Systemdatenschutz und durch gezielte Steuerung der eingesetzten technischen Systeme kann (im Optimalfall) erreicht werden, dass Daten unbeteiligter Dritter zwar verarbeitet, aber nicht gespeichert werden, sodass keine Grundrechtseingriffe geschehen. Das BVerfG arbeitete in der „Kreditkartendatenentscheidung" heraus, dass die Einstellung von Daten in einen maschinellen Suchlauf nicht in das Grundrecht auf informationelle Selbstbestimmung eingreift[142]: Die Kreditkartendaten der Beschwerdeführer sind bei den Unternehmen, die von den Ermittlungsbehörden angefragt wurden, nur maschinell geprüft worden, mangels Übereinstimmung mit den Suchkriterien aber nicht als Treffer angezeigt und der Staatsanwaltschaft daher auch nicht übermittelt worden. Für die Annahme eines Eingriffs genügt es nicht, dass die Daten bei den Unternehmen in einen maschinellen Suchlauf eingestellt werden. Denn im Fall der Beschwerdeführer sind die Daten anonym und spurenlos aus diesem Suchlauf

---

[138] *Roßnagel*, am 28.01.2011 auf dem 5. Europäischen Datenschutztag „Datenschutz in Europa – Quo vadis?" in Berlin, in seinem Vortrag „Modernes Datenschutzrecht in Europa", Redemanuskript abrufbar unter http://www.baden-wuerttemberg.datenschutz.de/aktuell/vortrag_ar.pdf.
[139] BVerfG, Beschl. v. 17.02.2009 – 2 BvR 1372/07.
[140] BVerfG, Beschl. v. 17.02.2009 – 2 BvR 1372/07.
[141] BVerfG, Urt. v. 11.03.2008 – 1 BvR 2074/05.
[142] BVerfG, Beschl. v. 17.02.2009 – 2 BvR 1372/07.

ausgeschieden und nicht im Zusammenhang mit dieser Ermittlungsmaßnahme behördlich zur Kenntnis genommen worden. Gleiches hat das Gericht bereits in seiner Entscheidung zur sog. automatisierten Kfz-Kennzeichenerfassung festgestellt[143]. Soweit die bei einem Kfz-Kennzeichen-Screening erhobenen Daten *technisch spurenlos, anonym und sofort ohne die Möglichkeit einen Personenbezug herzustellen automatisiert gelöscht werden*, liegt kein Grundrechtseingriff vor. In diesen Fällen wird für die sog. „Nichttrefferfälle" der gesamte Vorgang der Datenerfassung entpersonifiziert [gleiches gilt dann natürlich auch für ähnliche Datenabgleiche im Arbeitsverhältnis, etwa einem Mitarbeiter-Screening].

In der Entscheidung zur Online-Durchsuchung, ging das Gericht noch einen Schritt weiter. Es verpflichtete Polizei und Ermittlungsbehörden für den Fall eines heimlichen Zugriffs auf informationstechnische Systeme dazu, Maßnahmen für einen „automatisierten Persönlichkeitsschutz" zu treffen. „Technische Such- oder Ausschlussmechanismen zur Bestimmung der Kernbereichsrelevanz persönlicher Daten arbeiten nach einhelliger Auffassung der vom Senat angehörten sachkundigen Auskunftspersonen [zwar] nicht so zuverlässig, dass mit ihrer Hilfe ein wirkungsvoller Kernbereichsschutz erreicht werden könnte.[144] Dies bedeutet allerdings nicht, dass entsprechende Schutzvorkehrungen nicht erforderlich wären. Denn nur zwei Absätze später stellt das Gericht in seiner Entscheidung fest: „Die gesetzliche Regelung hat darauf hinzuwirken, dass die Erhebung kernbereichsrelevanter Daten *soweit wie informationstechnisch* und ermittlungstechnisch *möglich* unterbleibt. Insbesondere sind *verfügbare informationstechnische Sicherungen einzusetzen.*" Die staatlichen Ermittler haben also im Falle einer Online-Durchsuchung nicht nur dafür Sorge zu tragen, dass die eingesetzte Software nicht durch Dritte (Hacker) zweckentfremdet werden kann, sondern in gleichem Maße auch, dass durch die eingesetzte Software – im Sinne eines effektiven Grundrechtsschutzes durch technische Verfahren – Eingriffe in das Grundrecht auf Integrität und Vertraulichkeit informationstechnischer Systeme sowie in den Kernbereich privater Lebensgestaltung minimiert werden.

Für den Fall einer sog. *Quellen-Telekommunikationsüberwachung (Quellen-TKÜ)* macht das Gericht in derselben Entscheidung dann sogar die Zulässigkeit der Maßnahme selbst von geeigneten technischen Sicherungsmechanismen abhängig. Eine Quellen-TKÜ ist aufgrund der massiven Gefährdung der Persönlichkeit des Betroffenen, die die heimliche Infiltration seines Rechners beinhaltet, nur dann zulässig, wenn sich die Überwachung „ausschließlich auf Daten aus einem laufenden Telekommunikationsvorgang" beschränkt, was *„durch technische Vorkehrungen und rechtliche Vorgaben sichergestellt"* werden muss[145]. Dies hat zur Folge, dass eine Quellen-TKÜ solange unzulässig ist, wie keine rechts-

---

[143] BVerfG, Urt. v. 11.03.2008 – 1 BvR 2074/05 Absatz-Nr. 68.
[144] BVerfG, Urt. v. 27.02.2008 – 1 BvR 370/07 Absatz-Nr. 278.
[145] BVerfG, 27.2.2008 – 1 BvR 370/07, 1 BvR 595/07 – Abs. 189 f.

konforme Software besteht[146]. Bislang existiert keine Software, die den Anforderungen des Gerichts genügt (näher hierzu *Roggenkamp*, unten S. 267–280). Bei bis Ende 2011 durchgeführten Überwachungsmaßnahmen wurde Software verwandt, die eindeutig den Vorgaben des Gerichts widersprach, wie im Laufe der „Staatstrojaner-Affäre" festzustellen war[147].

Welchen Einfluss das „neue" Grundrecht auf Gewährleistung der Vertraulichkeit und Integrität informationstechnischer Systeme[148] auf die Nutzung betrieblicher Informations- und Kommunikationsmittel hat, ist bisher noch nicht eindeutig geklärt. Unzweifelhaft können sich daraus explizite Schutzpflichten des Gesetzgebers ergeben[149]. Auch besitzt das neue Grundrecht Ausstrahlungswirkung auf den Privatrechtsverkehr (mittelbare Drittwirkung).[150] Über die generalklauselartig gefassten datenschutzrechtlichen Vorschriften (etwa § 32 BDSG) und allgemeine arbeitsrechtliche Regelungen kann das Grundrecht auf Vertraulichkeit und Integrität informationstechnischer Systeme dann auch – restriktive – Wirkungen für die Kontrolle von E-Mail und Internet am Arbeitsplatz oder Mitarbeiterscreenings zeitigen.[151] Ebenso dürften die Anforderungen zur Gewährleistung von IT-Sicherheit und IT-Compliance im Betrieb mit dem Urteil des BVerfG steigen.[152] Bei der Gewährleistung von IT-Sicherheit im Unternehmen sind nicht mehr nur Vorkehrungen gegen wirtschaftliche Schäden und Risiken (insbesondere Datenverluste) zu treffen, sondern verstärkt auch Maßnahmen zur Gewährleistung der (auch innerbetrieblichen) Vertraulichkeit und Integrität der IT-Systeme, insbesondere durch technische Maßnahmen im Sinne eines Grundrechtsschutzes durch technische Verfahren.

## Literatur

*Albrecht*, Florian: Die Neuregelung des Arbeitnehmerdatenschutzes in § 32 Abs. 1 BDSG, AnwZert-ITR 19/2009, Anm. 3

*Albrecht*, Florian: Datenschutz im Arbeitsverhältnis, jurisPR-ITR 20/2009 Anm. 2

*Andres*, Dirk: Die Integration moderner Technologien in den Betrieb, Berlin 2000

*Barthel*, Thomas / *Huppertz*, Christiane: Arbeitsrecht und Datenschutz bei „Whistleblower-Klauseln", AuA 2006, 204

---

[146] *Braun / Roggenkamp*, K&R 2011, 681 ff.
[147] Hierzu *Braun / Roggenkamp*, K&R 2011, 681 ff.; *Popp*, ZD 2012, 51 ff.
[148] BVerfG v. 27.02.2008 – 1 BvR 370/07 – BverfGE 120, 274.
[149] Hierzu *Heckmann*, Staatliche Schutz- und Förderpflichten zur Gewährleistung von IT-Sicherheit in: Rüssmann, Festschrift für Gerhard Käfer, 2009. Darauf weisen auch *Tinnefeld / Petri / Brink*, MMR 2010, 727 zutreffend hin.
[150] *Stögmüller*, CR 2008, 435.
[151] *Stögmüller*, CR 2008, 435 (437 ff.).
[152] *Stögmüller*, CR 2008, 435.

*Beckschulze*, Martin / *Henkel*, Wolfram: Der Einfluss des Internets auf das Arbeitsrecht, DB 2001, 1491

*Beckschulze*, Martin / *Natzel*, Ivo: Das neue Beschäftigtendatenschiutzgesetz, BB 2010, 2368

*Braun*, Frank: Kap. 7 Telekommunikation am Arbeitsplatz, in: Heckmann, Dirk (Hrsg.) jurisPK-Internetrecht, 3. Aufl. 2011, Saarbrücken

*Braun*, Frank / *Roggenkamp*, Dirk: 0zapftis – (Un)Zulässigkeit von „Staatstrojanern", K&R 2011, 681 ff.

*Braun*, Frank / *Spiegl*, Katarina: Die Kontrolle von E-Mail und Internet am Arbeitsplatz, AiB 2008, 393

*Brink*, Stefan / *Schmidt*, Stephan: Die rechtliche (Un-)Zulässigkeit von Mitarbeiterscreenings – Vom schmalen Pfad der Legalität, MMR 2010, 592

*Conrad*, Isabell / *Schneider*, Jochen: Einsatz von „privater IT" im Unternehmen, ZD 2011, 153

*Däubler*, Wolfgang: Gläserne Belegschaften? Das Handbuch zum Arbeitnehmerdatenschutz, 5. Aufl. 2010, Frankfurt a. M.

*Däubler*, Wolfgang / *Klebe*, Thomas / *Wedde*, Peter / *Weichert*, Thilo: Bundesdatenschutzgesetz (BDSG), 3. Aufl. 2010, Frankfurt a. M.

*de Wolf*, Abraham: Kollidierende Pflichten: zwischen Schutz von E-Mails und „Compliance" im Unternehmen, NZA 2010, 1206

*Deutsch*, Markus / *Diller*, Martin: Die geplante Neuregelung des Arbeitnehmerdatenschutzes in § 32 BDSG, DB 2009, 1462

*Elschner*, Günther: Teil 22.1 Elektronische Arbeitnehmerüberwachung, in: Hoeren, Thomas / Sieber, Ulrich (Hrsg.): Handbuch Multimedia-Recht, München 2011 [Loseblatt, 29. Ergänzungslieferung 2011]

*Erfurth*, Rene: Der „neue" Arbeitnehmerdatenschutz im BDSG, NJOZ 2009, 2914

*Ernst*, Stefan: Der Arbeitgeber, die E-Mail und das Internet, NZA 2002, 585

*Franzen*, Martin: Arbeitnehmerdatenschutz – rechtspolitische Perspektiven, RdA 2010, 257

*Gola*, Peter: Neuer Tele-Datenschutz für Arbeitnehmer? – Die Anwendung von TKG und TDDSG im Arbeitsverhältnis, MMR 1999, 322

*Gola*, Peter: Die Erhebung von Bewerberdaten – ein Vergleich der geltenden Rechtslage mit (eventuellem) künftigen Recht, RDV 2011, 109

*Gola*, Peter / *Schomerus*, Rudolf: BDSG Bundesdatenschutzgesetz, 10. Aufl. 2010, München

*Grentzenberg*, Verena / *Schreibauer*, Marcus / *Schuppert*, Stefan: Die Datenschutznovelle (Teil II), K&R 2009, 535

*Grobys*, Marcel: Nutzung von E-Mail / Internet am Arbeitsplatz, NJW-Spezial 2004, 273

*Grosjean*, Sascha R.: Überwachung von Arbeitnehmern – Befugnisse des Arbeitgebers und mögliche Beweisverwertungsverbote, DB 2003, 2650

*Hanau*, Peter / *Hoeren*, Thomas: Private Internetnutzung durch Arbeitnehmer, 2003, München

*Hanloser*, Stefan: Die BDSG-Novelle II: Neuregelungen zum Kunden- und Arbeitnehmerdatenschutz, MMR 2009, 594

*Heckmann*, Dirk: IT-Einsatz und Gefahrenabwehr, in: KommunalpraxisSpezial 2005, 52

*Heckmann*, Dirk: Staatliche Schutz- und Förderpflichten zur Gewährleistung von IT-Sicherheit in: Rüssmann, Helmut (Hrsg.), Festschrift für Gerhard Käfer, 2009, Saarbrücken

*Heinson*, Dennis / *Sörup*, Thorsten / *Wybitul*, Tim: Der Regierungsentwurf zur Neuregelung des Beschäftigtendatenschutzes, CR 2010, 751

*Hilber*, Marc D. / *Frik*, Roman: Rechtliche Aspekte der Nutzung von Netzwerken durch Arbeitnehmer und den Betriebsrat, RdA 2002, 89

*Hoeren*, Thomas: Wenn Sterne kollabieren, entsteht ein schwarzes Loch – Gedanken zum Ende des Datenschutzes [Editorial], ZD 2011, 145 (146)

*Hoppe*, Rene / *Braun*, Frank: Arbeitnehmer-E-Mails: Vertrauen ist gut – Kontrolle ist schlecht Auswirkungen der neuesten Rechtsprechung des BVerfG auf das Arbeitsverhältnis, MMR 2010, 80, 81

*Kilian*, Wolfgang: 1. Abschnitt Teil 7 Arbeitsrecht, in: Kilian, Wolfgang / Heussen, Benno (Hrsg.), Computerrechts-Handbuch, 2008, München [Loseblatt 26. Ergänzungslieferung 2008]

*Kliemt*, Michael: Vertrauen ist gut, Kontrolle ist besser? – Internet- und E-Mail-Nutzung von Mitarbeitern, AuA 2001, 532

*Koch*, Frank A.: Rechtsprobleme privater Nutzung betrieblicher elektronischer Kommunikationsmittel, NZA 2008, 911

*Kock*, Martin / *Francke*, Julia: „Mitarbeiter-Screenings" zur internen Korruptionsbekämpfung, ArbRB 2009, 110

*Kort*, Michael: Lückenhafte Reform des Beschäftigtendatenschutzes, MMR 2011, 294

*Linck*, Rüdiger: XVI. Buch. Zeugnis, Arbeitspapiere und Beschäftigtendatenschutz, in: Schaub, Günther (Hrsg.), Arbeitsrechts-Handbuch, 14. Aufl. 2011, München

*Lindemann*, Achim / *Simon*, Oliver: Betriebsvereinbarungen zur E-Mail-, Internet- und Intranet-Nutzung, BB 2001, 1950

*Mattl*, Tina: Die Kontrolle der Internet- und E-Mail-Nutzung am Arbeitsplatz, 2008, Hamburg

*Mengel*, Anja: Compliance und Arbeitsrecht – Imlementierung, Durchsetzung, Organisation, 2009, München

*Mester*, Britta A.: Arbeitnehmerdatenschutz – Notwendigkeit und Inhalt einer gesetzlichen Regelung, 2008, Oldenburg

*Nolte*, Norbert / *Becker*, Philipp: Zur Frage der Reichweite des Fernmeldegeheimnisses bei Abspeichern dienstlicher E-Mails auf lokalen Speichermedien, CR 2009, 126

*Oberwetter*, Christian: Arbeitnehmerrechte bei Lidl, Aldi & Co., NZA 2008, 609

*Peters*, Falk: Arbeitnehmerdatenschutz, 1982, Frankfurt a. M.

*Peters*, Falk: Technischer Datenschutz, CR 1986, 790

*Peters*, Falk: Verfassungsrechtlicher Datenschutz in der digitalen Gesellschaft, LIFIS ONLINE [29.06.10], abrufbar unter www.leibnitz-institut.de

*Peters*, Falk /*Kersten*, Heinrich: Technisches Organisationsrecht im Datenschutz – Bedarf und Möglichkeiten, CR 2001, 576

*Raffler*, Andrea / *Hellich*, Peter: Unter welchen Voraussetzungen ist die Überwachung von Arbeitnehmer-e-mails zulässig?, NZA 1997, 862

*Rasmussen-Bonne*, Hans-Eric /*Raif*, Alexander: Neues beim Beschäftigtendatenschutz – Worauf sich Unternehmen einstellen müssen, GWR 2011, 80

*Rath*, Michael / *Karner*, Sophia: Private Internetnutzung am Arbeitsplatz – rechtliche Zulässigkeit und Kontrollmöglichkeiten des Arbeitgebers, K&R 2007, 446

*Sankol*, Barry: Anmerkung zum Beschluss des BGH vom 31.3.2009, Az.: 1 StR 76/09 (Rechtsgrundlage bei Beschlagnahme von E-Mails beim E-Mail-Provider). K&R 2009, 397

*Schmidl*, Michael: § 29 Recht der IT-Sicherheit, in: Hauschka, Christoph E. (Hrsg.) Corporate Compliance, 2. Aufl. 2010, München

*Schmidl*, Michael: E-Mail-Filterung am Arbeitsplatz, MMR 2005, 343

*Schneider*, Jochen /*Härting*, Nico: Warum wir ein neues BDSG brauchen, ZD 2011, 63

*Schöttler*, Ingo: Schutz von E-Mail-Daten durch das Fernmeldegeheimnis, jurisPR-ITR 4/2009 Anm. 2

*Simitis*, Spiros: Bundesdatenschutzgesetz, 7. Aufl. 2011, Baden-Baden

*von Steinau-Steinrück*, Robert /*Mosch*, Ulrich: Datenschutz für Arbeitnehmer – Bestandsaufnahme und Ausblick, NJW-Spezial 2009, 450

*Steinkühler*, Bernhard: Kein Datenproblem bei der Deutschen Bahn AG? Mitnichten!, BB 2009, 1294

*Stögmüller*, Thomas: Vertraulichkeit und Integrität informationstechnischer Systeme in Unternehmen, CR 2008, 435

*Thüsing*, Gregor: Arbeitnehmerdatenschutz und Compliance, 2010, München

*Thüsing*, Gregor: Datenschutz im Arbeitsverhältnis – Kritische Gedanken zum neuen § 32 BDSG, NZA 2009, 865

*Thüsing*, Gregor: Verbesserungsbedarf beim Beschäftigtendatenschutz, NZA, 2011, 16;

*Tinnefeld*, Marie-Theres /*Petri*, Thomas /*Brink*, Stefan: Aktuelle Fragen um ein Beschäftigtendatenschutzgesetz, MMR 2010, 727

*Vehslage*, Thorsten: Privates Surfen am Arbeitsplatz, AnwBl. 2001, 145

*Vietmeyer*, Katja / *Byers*, Philipp: Der Arbeitgeber als TK-Anbieter im Arbeitsverhältnis – Geplante BDSG-Novelle lässt Anwendbarkeit des TKG im Arbeitsverhältnis unangetastet, MMR 2010, 807

*Wank*, Rolf: 160. BDSG § 28, in: Schaub, Günther / Koch, Ulrich / Wank, Rolf et al., Erfurter Kommentar zum Arbeitsrecht, 12. Aufl. 2012, München

*Weichert*, Thilo: 1. Abschnitt Teil 13 Datenschutz, in: Kilian, Wolfgang /Heussen, Benno (Hrsg.), Computerrechts-Handbuch, 2008, München [Loseblatt 26. Ergänzungslieferung 2008]

*Weichert*, Thilo: Datenschutz und Beschäftigungsverhältnisse, DANA 2010, 140

*Wisskirchen*, Gerlind /*Körber*, Anke /*Bissels*, Alexander: „Whistleblowing" und „Ethikhotlines", BB 2006, 1570

*Wybitul*, Tim: Das neue Bundesdatenschutzgesetz: Verschärfte Regeln für Compliance und interne Ermittlungen, BB 2009, 1582

*Wybitul*, Tim: Handbuch Datenschutz im Unternehmen, 2011, Frankfurt a. M.

*Wybitul*, Tim: Neue Spielregeln bei E-Mail-Kontrollen durch den Arbeitgeber, ZD 2011, 69

*Wybitul*, Tim: Beschäftigtendatenschutz: Warum wir dringend eine gesetzliche Neuregelung brauchen [Editorial], ZD 2012, 1

*Zöllner*, Wolfgang: Daten- und Informationsschutz im Arbeitsverhältnis, 1982, Köln

# Informationelle Selbstbestimmung mit dem elektronischen Identitätsnachweis

Von *Jan Möller*[1]

## Abstract

Der Beitrag beschreibt technische, organisatorische und rechtliche Merkmale der Online-Ausweisfunktion des neuen Personalausweises, die die Nutzer bei der Ausübung ihrer informationellen Selbstbestimmung unterstützen. Er zeigt, wie sich diese neue Infrastrukturkomponente für die Informationsgesellschaft in den bestehenden deutschen und europäischen Datenschutzrahmen einfügt und wie sie von Anbietern im E-Government und E-Business effizient genutzt werden kann.

## I. Einleitung

Identitäten von Personen und Maschinen sind ein wesentliches Steuerungs- und Ordnungskriterium der modernen Informationsgesellschaft. Sie verschaffen oder verhindern Zugang zur Nutzung von Daten, Netzen oder Diensten und sind damit in der elektronischen Welt ähnlich wichtig, wie der physische Zugriff auf eine Sache oder der Schlüssel zu einem Raum in der realen Welt. In der aktuellen Entwicklungsstufe einer produkt-, anwendungs- oder netzübergreifenden Nutzung elektronischer Identitäten (Identity Federation)[2], kommen komplexe technische Architekturen zum Einsatz, die für ihre Nutzer zunächst wenig transparent sind. Zugleich sind elektronische Identitäten Grundlage des Geschäftsmodells sog. Identitätsprovider[3]. Die Regulierung dieser technischen und ökonomischen Rahmenbedingungen stellt eine Herausforderung für den Da-

---

[1] Referent im Bundesministerium des Innern. Die hier vertretenen Ansichten sind ausschließlich die des Autors.

[2] Zum elektronischen Identitätsmanagement: *Fischer-Hübner* et al. (2011): Privacy and Identity Management for Life. Heidelberg/Dordrecht/London/New York.

[3] Vgl. zu den aktuellen Bestrebungen Googles Identitätsprovider zu werden: *Fischermann*, Thomas (2011): Klarnamen. Pseudonymitat ist ein digitales Menschenrecht. In: zeit.de, 2.10.2011. URL: http://www.zeit.de/digital/datenschutz/2011-10/ennomane-google-klarnamen (19.1.2012). *Kleinz*, Torsten (2012): Google+ führt nur bedingt

tenschutz dar, soweit Identitäten und ihre Attribute personenbezogene Daten enthalten oder eine personenbezogene Profilbildung ermöglichen.

Seit dem 01.11.2010 wird ein neuer elektronischer Personalausweis[4], sowie seit dem 01.09.2011 ein elektronischer Aufenthaltstitel[5] ausgegeben. Beide hoheitlichen Dokumente sind nunmehr als Chipkarte gestaltet und sind mit der Funktion des elektronischen Identitätsnachweises[6] ausgestattet. Dieser ermöglicht den Inhabern der Dokumente, sich zusätzlich zu den bisherigen Funktionen auch online auszuweisen. Diese so genannte Authentisierungs- oder auch Online-Ausweisfunktion eröffnet die Möglichkeit, solche Dienstleistungen[7], die aus Nachweis- oder Sicherheitsgründen eine sichere Identitätsfeststellung der bürgerlichen Identität erfordern und bis dahin nicht online bereitgestellt werden konnten, nunmehr auch auf elektronischem Wege anzubieten.

Dies erweitert die Palette möglicher Angebote in E-Government[8] und E-Business, die komfortabel und medienbruchfrei in Anspruch genommen werden können. Voraussetzung für das Entstehen solcher Angebote ist aber neben einem tatsächlichen Mehrwert der Nutzer durch die elektronische Inanspruchnahme insbesondere deren Vertrauen in die Sicherheit der Angebote. Insofern ist die möglichst frühzeitige Einbeziehung von Anforderungen des Datenschutzes und der Datensicherheit bereits in den Design-Prozess[9] eine notwendige Voraussetzung für den Produkterfolg. Dies galt auch und besonders für die Infrastrukturkomponente „Identitätsnachweis": Anbieter setzen die neuen Möglichkeiten des elektronischen Identitätsnachweises mit Hilfe des Personalausweises oder des elektronischen Aufenthaltstitels nur dann ein, wenn sie diese für sicher halten und die Rechte der Nutzer – ihrer Kunden – beim Einsatz gewahrt werden.

---

Pseudonyme ein. URL: http://www.zeit.de/digital/datenschutz/2012-01/google-plus-erlaubt-pseudonyme (21.03.2012).

[4] Gesetz über Personalausweise und den elektronischen Identitätsnachweis sowie zur Änderung weiterer Vorschriften vom 18.06.2009 (BGBl. I S. 1346 ff.).

[5] Gesetz zur Anpassung des deutschen Rechts an die Verordnung (EG) Nr. 380/2008 des Rates vom 18. April 2008 zur Änderung der Verordnung (EG) Nr. 1030/2002 zur einheitlichen Gestaltung des Aufenthaltstitels für Drittstaatenangehörige vom 12.04.2011 (BGBl. I S. 610ff).

[6] Umfassend zur Funktion des elektronischen Identitätsnachweises: *Möller*, in: Hornung, Gerrit / Möller, Jan, Passgesetz Personalausweisgesetz Kommentar, München 2011, § 18 PAuswG Rn. 3 bis 18.

[7] Zu den Anwendungen des elektronischen Identitätsnachweises: http://www.personalausweisportal.de/.

[8] Zum E-Government in Deutschland: http://www.cio.bund.de/DE/Strategische-Themen/E-Government/egovernment_node.html (18.03.2012).

[9] Zum „Privacy by Design"-Ansatz vgl. auch die *EU-Kommission* (2010): A digital Agenda for Europe, Fußnote 21. COM (2010) 245 final/2 und *Rost*, Martin / *Bock*, Kirsten (2011): Privacy by Design und die neuen Schutzziele. In: DuD, Datenschutz und Sicherheit 2011 (1), S. 30–35. URL: http://www.maroki.de/pub/privacy/DuD2011-01_RostBock_PbD_NSZ.pdf (19.1.2011).

Hier war insbesondere das Recht auf informationelle Selbstbestimmung zu berücksichtigen, da die Authentisierung eine Übermittlung staatlich überprüfter personenbezogener Daten aus dem Personalausweis darstellt.

Die nachfolgende Darstellung erläutert technische, organisatorische und rechtliche Maßnahmen, die dazu beitragen, dass die Nutzer ihre informationelle Selbstbestimmung beim Einsatz der Authentisierungsfunktion des Personalausweises aktiv ausüben und Anbieter den elektronischen Identitätsnachweis als datenschutzfreundliche Infrastrukturkomponente in ihre Dienste integrieren können.

## II. Informationelle Selbstbestimmung als Designziel

Im deutschen Recht bezeichnet die informationelle Selbstbestimmung das Recht des Einzelnen, grundsätzlich selbst über die Preisgabe und Verwendung seiner personenbezogenen Daten zu bestimmen. Es wurde vom Bundesverfassungsgericht im so genannten Volkszählungsurteil[10] 1983 als Grundrecht anerkannt und wurde aus dem allgemeinen Persönlichkeitsrecht (Art. 2 Abs. 1 GG i. V. m. Art. 1 Abs. 1 GG) mit Blick auf die zunehmende elektronische Datenverarbeitung im Umfeld der Menschen hergeleitet. Als einfachgesetzliche Konkretisierungen des Rechts auf informationelle Selbstbestimmung sehen für die öffentlichen Stellen der Länder die Landesdatenschutzgesetze und für die öffentlichen Stellen des Bundes und die nicht öffentlichen Stellen (Unternehmen, Vereine, etc.) das Bundesdatenschutzgesetz Regelungen vor. Darüber hinaus existiert eine Vielzahl spezialgesetzlicher Vorgaben zum Datenschutz in bestimmten Bereichen (z. B. im Personalausweisgesetz und Telemediengesetz). Daraus ergaben sich die folgenden Anforderungen, die für ein rechts- und verfassungskonformes Design einer universell, d. h. sowohl im öffentlichen als auch im nichtöffentlichen Bereich einsetzbaren technischen Infrastrukturkomponente zu berücksichtigen waren.

### 1. Bewusste zielgerichtete Handlung

Für eine Authentisierungsfunktion, deren Einsatzfelder der Rechtsverkehr mit Behörden (E-Government) und der Geschäftsverkehr mit Unternehmen (E-Business) sein soll, ergibt sich die Notwendigkeit, die Personalausweisinhaber selbst in einer bewussten und zielgerichteten Handlung[11] über den Einsatz des Identitätsnachweises, also der Übermittlung personenbezogener Daten an Dritte entscheiden zu lassen. Dies wurde bei der Konzeption der Authentisierungsfunktion berücksichtigt, indem für die Übermittlung von personenbezogenen Daten an Dritte

---

[10] BVerfGE 65, S. 1.
[11] Vgl. § 13 Abs. 6 TMG.

immer der Personalausweis oder der elektronische Aufenthaltstitel in physischer Form vorliegen und eine Geheimzahl, die nur dem Inhaber des Dokuments bekannt ist, eingegeben werden muss. Eine Nutzung der Authentisierung ohne eine aktive Handlung des Inhabers ist damit grundsätzlich nicht möglich. Diese Gestaltung hat auch wesentliche Bedeutung für die zivilrechtliche Zurechnung einer Authentisierung oder – unter bestimmten Umständen – damit in Zusammenhang stehender Handlungen zum Inhaber des hoheitlichen Dokuments.[12]

## 2. Information

Eine Entscheidung über die Weitergabe personenbezogener Daten ist nur sinnvoll zu treffen, wenn der Inhaber des Dokuments über den Inhalt und die Rahmenbedingungen der Weitergabe hinreichend informiert ist. Dazu gehören insbesondere verbindliche Informationen darüber, wem Daten übermittelt werden sollen, welche personenbezogenen Daten übermittelt werden sollen und zu welchem Zweck dies geschehen soll.

### a) Verantwortliche Stelle

Die Frage, wer online Daten bei den Nutzern abfragt (die für die personenbezogene Datenverarbeitung verantwortliche Stelle) ist bei Internetangeboten nicht ohne weiteres zu beantworten. Zwar existiert z. B. für Webseiten eine Impressumspflicht[13], dort können aber grundsätzlich (in rechtswidriger Weise) beliebige Angaben gemacht werden. Bei Websites im Ausland sind – soweit überhaupt eine Impressumspflicht besteht – solche Fälle oft nicht zu verfolgen. Eine Vielzahl so genannter Phishing-Fälle, bei denen den Nutzern ein falscher „Datenabfrager" vorgegaukelt wird, unterstreichen die Praxisrelevanz dieser Problematik. Die Authentisierungsfunktion soll hier Abhilfe schaffen, indem staatlich bestätigte personenbezogene Daten aus den hoheitlichen Dokumenten nur abgefragt werden können, wenn die anfragende verantwortliche Stelle ein elektronisches Berechtigungszertifikat[14] gegenüber dem Dokument vorweist. Dieses Zertifikat,

---

[12] Zu Zurechnungs- und Haftungsfragen des elektronischen Identitätsnachweises: *Borges*, G. Rechtsfragen der Haftung im Zusammenhang mit dem elektronischen Identitätsnachweis. Ein Gutachten für das Bundesministerium des Innern, 2010 URL: http://www.personalausweisportal.de/SharedDocs/Downloads/DE/Begleitstudien/Studie_Recht _Volltext.html?nn=1937362 und *Möller*, in: Hornung, Gerrit/Möller, Jan, Passgesetz Personalausweisgesetz Kommentar, München 2011, § 18 PAuswG Rn. 37 bis 48.

[13] § 5 TMG.

[14] Umfassend zu den Berechtigungszertifikaten für Anbieter: *Möller*, in: Hornung, Gerrit/Möller, Jan, Passgesetz Personalausweisgesetz Kommentar, München 2011, § 21 PAuswG Rn. 6 bis 41.

das dem Dokumenteninhaber angezeigt wird, enthält staatlich geprüfte Informationen über seinen Inhaber. Eine Übermittlung personenbezogener Daten an eine Stelle mit vorgetäuschter Identität wird damit erheblich erschwert.

Die Frage der datenschutzrechtlich verantwortlichen Stelle hat eine hohe Praxisrelevanz, da nur dieser die Berechtigung bzw. zugehörige Berechtigungszertifikate ausgestellt werden dürfen, um die oben dargestellte Transparenz für die Nutzer zu gewährleisten. Da die Bereitstellung von Berechtigungszertifikaten Kosten verursacht, werden stark gegliederte Institutionen wie z. B. Länder und Kommunen bestrebt sein, möglichst wenige rechtlich verantwortliche Stellen für die Datenverarbeitung mit dem elektronischen Identitätsnachweis zu unterhalten. Es ist daher damit zu rechnen, dass eine Zentralisierung der Verantwortung für personenbezogene Datenverarbeitung eintritt. Dies erscheint angesichts der steigenden Komplexität der Informationstechnik und der daher notwendigen Professionalisierung ihres Betriebes durchaus sachgerecht.

### b) Zweck der Übermittlung

Für eine informierte Entscheidung über die Weitergabe personenbezogener Daten ist die Kenntnis zu welchem Zweck die Daten übermittelt werden sollen von zentraler Bedeutung. Daher enthält das Berechtigungszertifikat eine kurze prägnante Darstellung des Verarbeitungszwecks. Auf dieser Basis kann der Dokumenteninhaber entscheiden, ob er die angefragten Daten an die genannte verantwortliche Stelle zum genannten Zweck übermitteln möchte. Ist dies der Fall, kann er sie mittels seiner Geheimnummer (PIN) freigeben. Möchte er dies nicht, kann er einfach per Mausklick weitere Informationen z. B. über die Datenschutzerklärung der verantwortlichen Stelle abrufen oder aber, wenn er einen Eingriff in sein informationelles Selbstbestimmungsrecht vermutet, sich an den betrieblichen oder behördlichen Datenschutzbeauftragten des Anbieters oder die für den Anbieter zuständige Datenschutzaufsichtsbehörde wenden. Die Kontaktdaten der Aufsichtsbehörde sind deshalb ebenfalls im Zertifikat hinterlegt.

### c) Datenkategorien

Das genannte Berechtigungszertifikat enthält darüber hinaus Informationen, welche Datenfelder (z. B. Name, Anschrift, Geburtsdatum, etc.) von der verantwortlichen Stelle angefragt sind und vom Dokumenteninhaber übermittelt werden sollen. Diese können im Rahmen der AusweisApp vom Nutzer ausgewählt werden, wobei eine Auswahl von Datenkategorien, die der Anbieter mit dem Berechtigungszertifikat nicht anfragt, nicht möglich ist.

## 3. Datensparsamkeit

### a) Datenfelder

Im Sinne einer datensparsamen[15] Konzeption der Authentisierungsfunktion werden nur für solche Datenkategorien Berechtigungszertifikate ausgestellt[16], für die es in den angestrebten Nutzungsszenarien in E-Government und E-Business regelmäßig eine sinnvolle und rechtlich zulässige Nutzungsmöglichkeit gibt. Dazu gehören die Felder Name, Vorname, Anschrift und Geburtsdatum und zur Überprüfung der Gültigkeit des Dokuments das Ablaufdatum. Nicht dazu gehören die für hoheitliche Zwecke auch im Dokument enthaltenen biometrischen Daten[17] Lichtbild, ggfls. Fingerabdruck sowie Größe und Augenfarbe, da diese nur der sicheren Zuordnung des Dokuments zu seinem Inhaber in der realen Welt dienen. Diese Zuordnung wird bei der elektronischen Authentisierung durch Vorweisen des Original-Dokuments und die Eingabe der Geheimnummer (PIN) sichergestellt.

### b) Altersnachweis

Der Personalausweis wird bereits lange in vielfältigen Lebenssachverhalten zur Altersverifikation z. B. zu Jugendschutz- und Suchtpräventionszwecken eingesetzt. Dieses Einsatzfeld deckt auch die elektronische Authentisierung in besonderer Weise ab. In diesem Sachzusammenhang ist aber oft kein vollständiger Identitätsnachweis erforderlich oder gewünscht, sondern lediglich der Nachweis eines gewissen Mindest- oder Höchstalters. Zu diesem Zweck ist im Rahmen der Authentisierungsfunktion nicht die Abfrage des vollständigen Geburtsdatums erforderlich. Stattdessen wird im Berechtigungszertifikat ein hinreichend aktuelles Datum übermittelt anhand dessen der Chip des Dokuments das Erreichen der angefragten Altersgrenze mit Hilfe des Geburtsdatums errechnen kann. Ist dies erfolgt wird lediglich ein positiver oder negativer Wert an den Anbieter zurückgesendet. Diese Funktion ist hinreichend flexibel um beliebige Altershöchstgrenzen oder Altersmindestgrenzen ab dem 16. Lebensjahr zu unterstützen. Durch jüngere Nutzer darf der elektronische Identitätsnachweis nicht genutzt werden, da ein hinreichend sorgfältiger Umgang mit der Geheimzahl, der einen wesentlichen Sicherheitsanker darstellt, nicht gewährleistet ist.[18]

---

[15] § 3a BDSG.

[16] Von der Vergabestelle für Berechtigungszertifikate: http://www.bva.bund.de/cln_092/DE/Aufgaben/Abt__III/nPA/Vergabestelle/node.html?__nnn=true (15.03.20129.

[17] Zur Biometrie im neuen Personalausweis: *Hornung*, in: Hornung, Gerrit/Möller, Jan, Passgesetz Personalausweisgesetz Kommentar, München 2011, Einf. Rn. 34 ff., 50, 55.

### c) Wohnortnachweis

Insbesondere in E-Government-Szenarien kann die Feststellung des Wohnorts Voraussetzung für eine Leistungsbereitstellung sein, ohne dass der Anbieter wissen muss, wer genau das Angebot in Anspruch nimmt. Denkbar ist etwa eine digitale Bibliothek. Für die Inhalte wird möglicherweise die lizenzrechtliche Begrenzung bestehen, sie nur Bürgerinnen und Bürgern einer bestimmten Stadt zugänglich zu machen. Gleichzeitig muss der Anbieter nicht wissen, was welcher Nutzer liest, da dies zu umfassenden Profilbildungen führen könnte. Für diesen Fall kann der Anbieter den Wohnortnachweis der Online-Ausweisfunktion nutzen. Hier wird im Rahmen des Berechtigungszertifikats vom Anbieter eine bestimmte Region mit übermittelt. Der Chip des Dokuments überprüft, ob der Inhaber des Dokuments in dieser Region wohnt und gibt einen positiven oder negativen Wert an den Anbieter zurück. Als Regionen können Bundesländer, Kreise oder Städte abgefragt werden.

### 4. *Erforderlichkeit*

Die Frage, ob die Übermittlung bestimmter Daten für einen bestimmten Zweck überhaupt erforderlich ist, ist für viele Menschen nicht einfach zu beantworten, da dafür oft Kenntnisse der weiteren Verarbeitungsvorgänge und Geschäftsprozesse notwendig sind. Ist die Übermittlung einer Adresse zur Zusendung von Waren noch jedermann einsichtig ist, so ist z. B. die Prüfung einer Altersgrenze beim Betreten der Webseite eines Zigarettenherstellers schon weniger selbstverständlich. In dieser Frage soll die Authentisierungsfunktion die Nutzer unterstützen, indem bei der Vergabe der Berechtigungszertifikate an die verantwortliche Stelle eine Plausibilitätsprüfung der angeforderten Datenfelder und des benannten Verarbeitungszwecks durchgeführt wird. Diese wenngleich auch nur kursorisch mögliche Vorprüfung durch die staatliche Vergabestelle für Berechtigungszertifikate gibt den Nutzern die Sicherheit, das sich die Übermittlung der geprüften Dokumentendaten im Rahmen dessen bewegt, was für den Geschäftszweck im Regelfall auch erforderlich ist.

### 5. *Angebotspezifisches Pseudonym*

Mit dem Aufstieg des Online-Handels hat sich das Paradigma des Einkaufs als grundsätzlich anonymem Akt im Kaufhaus verändert. In der elektronischen Welt

---

[18] Zur Diskussion um die Altersgrenze vgl. die Gesetzesbegründung BT-Drs. 16/10489 S. 37 f. und *Möller* in: Hornung, Gerrit/Möller, Jan, Passgesetz Personalausweisgesetz Kommentar, München 2011, § 18 PAusG Rn. 12 m. w. N.

ist in aller Regel zunächst die Einrichtung eines Online-Kontos erforderlich, das auch die Hinterlegung einer Reihe von personenbezogenen Daten erfordert. Kehren die Nutzer zu dem Angebot zu einem späteren Zeitpunkt zurück, melden sie sich mit einem Namen und einem Passwort erneut an. Eine solche Anmeldung kann sicherer gestaltet und der Missbrauch von Nutzerkonten verringert werden, wenn darüber hinaus noch das hoheitliche Dokument in physischer Form benutzt wird (2-Faktor-Authentisierung). Gleichzeitig ermöglicht es den Nutzern komfortabel mit nur noch einer Geheimzahl und ihrem hoheitlichen Dokument auf eine Vielzahl von Online-Angebote zuzugreifen.

Zur technischen Umsetzung einer solchen wiederkehrenden Anmeldung ist ein eindeutiges Erkennungsmerkmal erforderlich. Personenbezogene Daten von Online-Konten dürfen nur den Inhabern zugänglich gemacht werden. Eine eindeutige Identifizierung, die eine Verwechselung mit Personen, die eine Anzahl von gleichen Datenfeldern (z. B. Name, Vorname, Anschrift) besitzen, ausschließt, ist daher erforderlich. Gleichzeitig ist es unter Profilbildungsgesichtspunkten nicht wünschenswert, die Nutzer bereichsübergreifend ein einheitliches Erkennungsmerkmal online nutzen und mittels Authentisierungsfunktion an die Anbieter übertragen zu lassen. Mit Hilfe eines solchen Merkmals ließen sich einfach und automatisiert große, angebotsübergreifende personenbezogene Datensammlungen durchführen. Deshalb bietet die Authentisierungsfunktion die Möglichkeit, bei der Eröffnung eines Online-Kontos ein aus einem Kennzeichen des Angebots und dem hoheitlichen Dokument generiertes, nicht zurückrechenbares karten- und angebotsspezifisches Erkennungsmerkmal an die verantwortliche Stelle zu schicken, das einerseits eine eindeutige Wiedererkennung für die Kontenanmeldung ermöglicht, dass aber andererseits nicht zur Nachverfolgung von Nutzern im Netz und zur Profilbildung über das Angebot hinaus genutzt werden kann.[19] Das Kennzeichen kann, wenn es nicht mit weiteren personenbezogenen Daten verknüpft wird, auch als Pseudonym genutzt werden.

Das Vorhalten eines solchen angebotsspezifischen Kennzeichens trägt dazu bei, bestehende Identitätsbedarfe im Zugangsmanagement abzudecken, ohne dass dazu auf unrechtmäßige Lösungen wie z. B. die Nutzung der Seriennummer der Dokumente oder des Schlüsselzertifikats zurückgegriffen werden muss. Das angebotsspezifische Pseudonym unterstützt so die Einhaltung der gesetzlich verankerten Verbote der Seriennummernutzung bzw. des Verbots der Nutzung des technisch erforderlichen Schlüsselzertifikats in der Praxis.

---

[19] Zu angebots- und kartenspezifischem Kennzeichen und Pseudonym im Einzelnen: *Roßnagel/Hornung*, DÖV 2009, 301, 202 f. und *Schallbruch*, in: Klumpp/Kubicek/Roßnagel/Schulz/Schäpe, Netzwelt – Wege, Werte, Wandel, Heidelberg 2010, S. 211.

## 6. Rechtliches Verbot der Erhebung zur Übermittlung

Das Gesetz über Personalausweise und den elektronischen Identitätsnachweis sieht ein Verbot[20] der Berechtigungserteilung für Anbieter vor, die die staatlich geprüften Identitätsdaten ausschließlich zur Weiterübermittlung im Rahmen eigener Geschäftsmodelle verwenden wollen. Das Verbot knüpft an die Regelung des besonderen Verarbeiterkreises in § 29 BDSG an und soll verhindern, dass der elektronische Identitätsnachweis zum automatisierten Datenerhebungswerkzeug von Addressbrokern und Auskunfteien wird. Die Norm schließt nicht aus, dass solche Anbieter die Online-Ausweisfunktion z. B. für eine medienbruchfreie datenschutzrechtliche Auskunft an die Betroffenen nutzen, wohl aber, dass dabei erhobene Daten zur Erweiterung oder Aktualisierung der Auskunftsdatenbestände benutzt werden. Identitätsprovider im Netz können die Authentisierungsfunktion nutzen, um dem Nutzer einen eigenen ID-Token auszustellen, dürfen die Daten aber nicht unmittelbar ohne eine weitere bewußte zielgerichtete Handlung des Nutzers an eigene Kunden weiterleiten.[21]

### III. Kontrolle und Rechtsdurchsetzung

Neben den bisher beschriebenen technischen und organisatorischen Lösungen zum Schutz des informationellen Selbstbestimmungsrechts der Nutzer der Authentisierungsfunktion werden auch weiterhin rechtliche Regelungen einen flankierenden Schutz bilden müssen. Rechtliche Rahmenbedingungen werden erfahrungsgemäß nur dann praktisch wirksam, wenn die Normen auch effektiv durchsetzbar sind.[22] An einer solchen Durchsetzbarkeit mangelt es aber oft in internationalen Sachverhalten. Eine Durchsetzung von datenschutzrechtlichen Vorgaben kann entweder durch den Betroffenen selbst oder aber durch die dafür zuständige Aufsichtsbehörde erfolgen.

### 1. Kontrolle durch die Dokumenteninhaber

Die oben dargestellten Transparenzfunktionen ermöglichen es den Nutzern aktiv zu kontrollieren, wer wie mit welchen ihrer personenbezogenen Daten

---

[20] § 21 Abs. 2 Nr. 2 PAuswG.

[21] *Möller*, in: Hornung, Gerrit/Möller, Jan, Passgesetz Personalausweisgesetz Kommentar, München 2011, § 21 PAusG Rn. 14 bis 17.

[22] Hoeren bezeichnet das Vollstreckungsrecht als „den archimedischen Punkt der Internetdiskussion", *Hoeren*,Thomas (2011): Skript zum Internetrecht, Oktober 2011. Münster. URL: http://www.uni-muenster.de/Jura.itm/hoeren/materialien/Skript/Skript _Internetrecht_ Okto- ber_ 2011.pdf (19. 1. 2012).

umgeht. Dies hilft, die Datenschutzaufsichtsbehörden auf der Kontrollseite zu entlasten und ihnen mehr Möglichkeiten einzuräumen, bei der Rechtsdurchsetzung behilflich zu sein. Aus diesem Grund sind u. a. in den Berechtigungszertifikaten die Kontaktdaten des betrieblichen Datenschutzbeauftragten und der zuständigen Datenschutzaufsichtsbehörde angegeben. Durch eine nutzerfreundliche Gestaltung der AusweisApp mit entsprechenden Vorlagen der Kontaktaufnahme könnten die Nutzer weiter bei der Geltendmachung ihrer Rechte oder Nachfragen unterstützt werden.

## 2. Rechtsdurchsetzung durch Datenschutzaufsichtsbehörden

Für die Kontrolle personenbezogener Datenverarbeitungen und die Ahndung von Verstößen gegen die datenschutzrechtlichen Vorgaben sind der Bundesbeauftragte für den Datenschutz und die Informationsfreiheit, die 16 Landesdatenschutzbeauftragten und die 16 Datenschutzaufsichtsbehörden im nicht-öffentlichen Bereich zuständig. Bei Anbietern in anderen Mitgliedsstaaten der Europäischen Union oder des Europäischen Wirtschaftsraums gegebenenfalls die nach den nationalen Umsetzungsvorschriften der Datenschutzrichtlinie berufenen Stellen. Durch die Angabe der zuständigen Aufsichtsbehörde im Berechtigungszertifikat wird es den Nutzern, die einen Eingriff in ihr informationelles Selbstbestimmungsrecht vermuten, ermöglicht, auf einfachem unbürokratischen Wege Hilfe von der zuständigen Datenschutzaufsicht zu erhalten. Diese wiederum erhält wertvolle anlassbezogene Hinweise darauf, wo eine aufsichtsbehördliches Tätigwerden sachlich geboten sein könnte.

## 3. Rechtsdurchsetzung durch Zertifikatsentzug

Im Fall größerer nicht abzustellender Datenschutzverstöße können sich die Datenschutzaufsichtsbehörden auch an die Vergabestelle für Berechtigungszertifikate beim Bundesverwaltungsamt wenden. Diese kann durch eine Aufhebung des zum Zertifikatsbezug berechtigenden Verwaltungsakts[23], die weitere Ausstellung von Berechtigungszertifikaten durch entsprechende Provider an diese Anbieter unterbinden. Materiellrechtlich müssen dabei die Voraussetzungen für die Rücknahme oder den Widerruf des Verwaltungsaktes vorliegen. Damit besteht ein effektives Rechtsdurchsetzungsmittel, um fortgesetzten Missbrauch der Online-Ausweisfunktion durch einzelne Anbieter zu unterbinden.

---

[23] *Möller*, in: Hornung, Gerrit/Möller, Jan, Passgesetz Personalausweisgesetz Kommentar, München 2011, § 21 PAusG Rn. 34 bis 40.

## IV. Identitätsnachweis im internationalen Kontext

Es ist zu vermuten, dass mit dem Zusammenwachsen des gemeinsamen Marktes in der Europäischen Union auch verantwortliche Stellen, die ihren Sitz im europäischen Ausland oder in Drittstaaten haben, verstärkt an der Nutzung des elektronischen Identitätsnachweises Interesse zeigen werden. Insbesondere für innerhalb der Europäischen Union ansässige Unternehmen musste daher aus Gleichbehandlungsgründen ein Zugang zur Authentisierungsfunktion ermöglicht werden. Hier ist aufgrund der Vorgaben der europäischen Datenschutzrichtlinie und in Zukunft möglicherweise einer gemeinsamen unmittelbar anwendbaren europäischen Datenschutzverordnung von einem vergleichbaren Datenschutzniveau wie in Deutschland auszugehen. Auch Datenschutzaufsichtsbehörden sind nach der Richtlinie vorgesehen, die eine vergleichbare Kontroll- und Rechtsdurchsetzungsfunktion wahrnehmen können.

Die Möglichkeit der Nutzung der Authentisierungsfunktion im außereuropäischen Ausland ist an das Anerkennungsinstrumentarium für hinreichende mit der europäischen Datenschutzrichtlinie vergleichbare Datenschutzstandards in den entsprechenden Ländern oder Unternehmen (z. B. Mitglied des Safe Harbor-Abkommens) der Art. 29-Gruppe geknüpft worden. Der elektronische Identitätsnachweis ist mithin eine auf europäischer Basis verwendbare und in die geltenden europäischen Datenschutzregelungen integrierte Infrastrukturkomponente für E-Government und E-Business.

Diese ist über den so genannten STORK-Layer[24] auch mit den Identitätsnachweissystemen anderer Mitliedsstaaten der Europäischen Union interoperabel, so dass sie in Zukunft auch als nationaler Bestandteil in eine grenzüberschreitende elektronische Identitätsinfrastruktur in Europa eingebunden werden kann.

## V. Zusammenfassung

Die Authentisierungsfunktion des neuen Personalausweises und des elektronischen Aufenthaltstitels orientiert sich in ihrer Ausgestaltung an der Einhaltung und Durchsetzung des informationellen Selbstbestimmungsrechts ihrer Nutzer. Ein Schwerpunkt wurde dabei auf die Information und Handlungsmöglichkeiten der Nutzer gelegt. Rechtliche Regelungen, die vom Nutzer kontrolliert werden können und in bestehende – auch internationale – datenschutzrechtliche Kontroll- und Durchsetzungsmechanismen eingebettet sind, tragen dazu bei, mögliche Schutzlücken zu schließen.

---

[24] Siehe http://www.eid-stork.eu/.

Die Nutzer sind durch die technische Gestaltung einerseits angehalten, sich über die Weitergabe und Verwendung ihrer personenbezogenen Daten online Gedanken zu machen und aktiv darüber zu entscheiden. Damit verbundene Einbußen in der Usability wurden in Kauf genommen. Die Nutzer können sich im Gegenzug sicher sein, die Effizienz- und Komfort-Vorteile eines elektronischen Identitätsmanagements nicht mit der eigenen informationellen Selbstbestimmung bezahlen zu müssen.

Ob das Grundmodell der aktiven informationellen Selbstbestimmung angesichts der wirtschaftlichen Erfolge gerader solcher Angebote im Netz, die Komfort vor Transparenz und Aktivität der Nutzer stellen, das Modell der Zukunft sein wird, bleibt abzuwarten. Die Allgegenwärtigkeit von Datenverarbeitung in unserem Alltag könnte schon aus zeitökonomischen Gesichtspunkten[25] dazu führen, dass „Selbstbestimmung" nur noch maschinell unterstützt – zum Beispiel auf der Basis von Voreinstellungen und Policies – auch praktisch umsetzbar ist. Eine Aufgabe des Grundrechts auf informationelle Selbstbestimmung, wie zum Teil von PostPrivacy-Anhängern[26] postuliert, muss damit aber nicht einhergehen.

## Literatur

*BMBF, Bundesministerium für Bildung und Forschung* (Hrsg. 2005): Studie zur Technikfolgenabschätzung Ubiquitäres Computing und informationelle Selbstbestimmung, TAUCIS. Kiel/Berlin 2005. URL: http://www.taucis.hu-berlin.de/ (19.1.2012)

*EU-Kommission* (2010): A digital Agenda for Europe, Fußnote 21. COM (2010) 245 final/2

*Fischer-Hübner*, Simone et al. (2011): Privacy and Identity Management for Life. Heidelberg/Dordrecht/London/New York

*Fischermann*, Thomas (2011): Klarnamen. Pseudonymität ist ein digitales Menschenrecht. In: zeit.de, 2.10.2011. URL: http://www.zeit.de/digital/datenschutz/2011-10/ennomane-google- klarnamen (19.1.2012)

*Heller*, Christian (2011): Post-Privacy Prima leben ohne Privatsphäre. München

*Hoeren*,Thomas (2011): Skript zum Internetrecht, Oktober 2011. Münster. URL: http://www.uni-muenster.de/Jura.itm/hoeren/materialien/Skript/Skript_Internetrecht_Oktober_ 2011.pdf (19.1.2012)

---

[25] Zur Frage der Ökonomie der Aufmerksamkeit vgl. *BMBF, Bundesministerium für Bildung und Forschung* (Hrsg. 2005): Studie zur Technikfolgenabschätzung Ubiquitäres Computing und informationelle Selbstbestimmung, TAUCIS. Kiel/Berlin 2005. URL: http://www.taucis.hu-berlin.de/ (19.1.2012).

[26] *Heller* (2011): Post-Privacy Prima leben ohne Privatsphäre. München. Vgl. auch die differenziertere Darstellung bei *Kruse*, Peter (2010): Kontrollverlust als Voraussetzung für die digitale Teilhabe. In: Burda et al. (Hrsg.): 2020 – Gedanken zur Zukunft des Internets. Essen.

*Hornung*, Gerrit / *Möller*, Jan: Passgesetz Personalausweisgesetz Kommentar, München 2011

*Hornung*, Gerrit / *Roßnagel*, Alexander: DÖV 2009, 301

*Kleinz*, Torsten (2012): Google+ führt nur bedingt Pseudonyme ein. URL: http://www.zeit.de/digital/datenschutz/2012-01/google-plus-erlaubt-pseudonyme (21. 03. 2012)

*Kruse*, Peter (2010): Kontrollverlust als Voraussetzung für die digitale Teilhabe. In: Burda et al. (Hrsg.): 2020 – Gedanken zur Zukunft des Internets. Essen

*Rost*, Martin / *Bock*, Kirsten (2011): Privacy by Design und die neuen Schutzziele. In: DuD, Datenschutz und Sicherheit 2011 (1), S. 30–35. URL: http://www.maroki.de/pub/privacy/DuD2011-01_RostBock_PbD_NSZ.pdf (19. 1. 2011)

*Schallbruch*, Martin: Elektronische Identitäten im Internet und die Einführung des elektronischen Personalausweises in: Klumpp / Kubicek / Roßnagel / Schulz / Schäpe, Netzwelt – Wege, Werte, Wandel, Heidelberg 2010, S. 211

# Nachhaltiges GeoBusiness
# nur mit Datenschutz

Von *Wolfgang Naujokat*

## Abstract

Die Öffentliche Verwaltung sitzt auch nach Auffassung der Europäischen Kommission[1] auf einer Goldmine von Informationen, die ein riesiges, bisher unerschlossenes Potenzial für die Wirtschaft birgt. Ein Großteil dieses Potenzials hat einen Raumbezug und ist somit dem GeoBusiness zuzuordnen. Um hier nachhaltige Geschäftsmodelle zu entwickeln, sind die Rahmenbedingungen für die Abgabe aber auch die Nutzung von Geoinformationen klar zu definieren. Spätestens seit den Diskussionen um Google StreetView sind gerade auch die Fragen des Datenschutzes in den Fokus von Juristen und der Öffentlichkeit geraten. Dieser Beitrag versucht aufzuzeigen, dass eine Nachhaltigkeit der Umsetzung von Geschäftsmodellen mit Öffentlichen Daten gerade unter strikter Berücksichtigung des Datenschutzes verstärkt werden kann.

## I. GeoBusiness als Beispiel für gelebtes OpenGovernment

Mehr als 80% der in staatlichen Einrichtungen existierenden Informationen haben über Lage- und Höhen-Koordinaten einen Raumbezug. Zu denken ist hier beispielsweise an Daten über Straßen und Trassen, Schutzgebiete, Raumordnung, demographische Gegebenheiten, Liegenschaften, Landwirtschaft, Ver- und Entsorgung, Standortinformationen oder über Statistiken. In einer vom BMWi beauftragten Studie wurde 2003 das Wirtschaftspotenzial allein staatlicher Geoinformationen in Deutschland mittelfristig auf acht Milliarden Euro geschätzt, wovon heute erst etwa 15% erschlossen sind. Allein in den ersten Jahren nach Aktivierung eines deregulierten Geoinformationsmarktes könnten nach vorherrschender Meinung der Experten bis zu 13.000 neue Arbeitsplätze in den unterschiedlichsten Branchen entstehen[2]. Dies macht deutlich, dass bereits existente Unternehmen von einem aktivierten Geoinformationsmarkt profitieren und neue

---

[1] EU-Pressemitteilung vom 12.12.2011, IP/11/1524.

Geschäftsmodelle entstehen können. Die Marktposition des Wirtschaftsstandortes Deutschland kann durch das Nutzen öffentlicher, raumbezogener Daten erheblich gestärkt werden.[3]

Außerdem wird immer deutlicher, dass das Zusammenführen und Verschneiden unterschiedlichster Daten sehr häufig nur über den Raumbezug darstell- und vermittelbar ist. Außerdem entstehen die wirklichen Mehrwerte tatsächlich erst durch die Verschneidung.

### *1. Erfolgsfaktoren für erfolgreiches GeoBusiness*

Unter GeoBusiness versteht man nun Geschäftsmodelle auf Basis ortsbezogener Informationen, vorwiegend der öffentlichen Hand. Die Kommission für Geoinformationswirtschaft des Bundesministeriums für Wirtschaft und Technologie (GIW-Kommission[4]) arbeitet seit 2004 daran, die Rahmenbedingungen zur Bereitstellung dieser Daten an die Wirtschaft zu optimieren. Leitprojekte zeigen auf, wie die Zusammenarbeit zwischen Wirtschaft und Verwaltung funktionieren kann und müsste. Mit Hilfe von Studien werden gesetzliche Grundlagen und Marktpotenziale (auch international) herausgearbeitet. TaskForces entwickeln Lösungsmodelle zur Umsetzung der Vielfalt an Bereitstellungsbedingungen für staatliche Geoinformationen. Fazit aller bisherigen Erkenntnisse ist, dass tragfähige und nachhaltige Geschäftsmodelle nur dann entstehen können, wenn die Rahmenbedingungen, hier vor allem die Lizenz- und Preismodelle, Datenschutzbedingungen und technische Standards der öffentlichen Hand bundesweit Verwaltungsebenen übergreifend einheitlich sind. Dies ist aber in unserer föderalen Struktur außerordentlich schwierig umzusetzen. Initiativen wie die „open data policy" von Obama in den USA, marktorientiertes Handeln[5] oder „free data release" wie in Großbritannien sind aber in Deutschland nur schwer flächendeckend umsetzbar.

Dennoch entwickelt sich – stark befördert durch die Open-Data-Bewegung (siehe später) auch in Deutschland – so eine Art nationaler Konsens im Umgang mit Geoinformationen. Dabei bilden sich folgende Grundprinzipien heraus:

---

[2] Z. B. In der Zeitschrift GeoBit 11/2004 werden durch das Projekt Galileo bis zum Jahr 2020 rund 150.000 Arbeitsplätze erwartet.

[3] Vgl. hierzu Memorandum I der GIW-Kommission, http://www.geobusiness.org /Geobusiness/Navigation/publikationen,did=79952.html.

[4] GIW-Kommission (Kommission der GeoInformationsWirtschaft) ist eine Einrichtung des BMWi, die einen Großteil der Bundesverbände der deutschen Wirtschaft als Mitglieder hat, siehe auch http://www.geobusiness.org/.

[5] So führte eine Preissenkungen für öffentliche Geoinformationen um mehr als 90% in unserem Nachbarland Österreich zu gleich bleibendem Umsatz.

- Geoinformationen (öffentliche Informationen) sind im Sinne einer volkswirtschaftlich positiv wirksamen Nutzung in Form einer kostenlosen Grundversorgung oder transparenter und nachvollziehbarer Gebührenmodelle zugänglich zu machen. Hierbei sind branchenspezifische Bedürfnisse zu berücksichtigen.
- Preismodelle sind marktorientiert zu vereinfachen, nutzerorientiert, internetfähig, flexibel und dynamisch darzustellen. Die enge Verknüpfung mit einer wirtschaftsorientierten Handhabung von Nutzungsrechten und Lizenzen ist offenbar.
- Datenschutzrechtliche Aspekte sind möglichst bundeseinheitlich, pragmatisch, wirtschaftsorientiert und angemessen zu klären.

Zu ähnlichen Erkenntnissen kommt das im Mai 2010 entstandene zweite Memorandum der GIW-Kommission[6]. Die Eckpfeiler aus dem ersten Memorandum[7] sind immer noch identisch. Allerdings haben sich in den vergangenen 5 Jahren insbesondere die Werkzeuge herauskristallisiert, mit denen nun die notwendigen Rahmenbedingungen zur wirtschaftlichen Nutzung der Geoinformationen geschaffen werden können. Hierzu haben moderierte thematische TaskForces zu Lizenzen, Preisen, Datenschutz etc. nebst einer zentralen Informationsdrehscheibe über Web-Dienste im Internet beigetragen.

## 2. Open Data als Motor für das GeoBusiness

In ihrer Digitalen Agenda für Europa nannte die Kommission die Weiterverwendung von Informationen des öffentlichen Sektors neben dem schnellen und ultraschnellen Internetzugang als Schlüsselvoraussetzungen für die Schaffung eines digitalen Binnenmarkts.

Mit der Richtlinie 2003/98/EG über die Weiterverwendung von Informationen des öffentlichen Sektors wurde eine Reihe von Maßnahmen eingeführt, um Unternehmen den Zugang zu behördlichen Informationen und die Erlangung entsprechender Genehmigungen zu ihrer Weiterverwendung zu erleichtern.

Außerdem setzte die Richtlinie der EU einen Prozess in Gang, in dessen Verlauf viele öffentliche Stellen die Gebühren für die Abfrage solcher Informationen gesenkt haben.

Leider hat die Umsetzung dieser EU-Richtlinien in Deutschland durch das IFG (Informationsfreiheitsgesetz) und das IWG (Informationsweiterverwendungsge-

---

[6] Vgl. hierzu Memorandum II der GIW-Kommission, http://www.geobusiness.org /Geobusiness/Redaktion/PDF/giwk-memorandum,property=pdf,bereich=geobusiness ,sprache=de,rwb=true.pdf.

[7] Siehe Fußnote 2.

setz) nicht die Durchschlagskraft gehabt, um das Thema der Nutzung Öffentlicher Daten in Deutschland voranzutreiben.

Dies hat auch die EU-Kommission erkannt und Ende Dezember 2011 einen neuen Vorstoß zum Thema PSI (Public Sector Information) angekündigt. Allerdings wurde hier die aktuelle Open-Data-Bewegung bemüht. Dieser Hype, der ein großes Medieninteresse findet, bewirkt doch eine recht große Bereitschaft der Verwaltung, eigene Daten der Wirtschaft und dem Bürger zur Verfügung zu stellen. Unter Offene Daten werden allgemeine Informationen verstanden, die frei verwendet, weiterverwendet und weiterverbreitet werden dürfen, entweder kostenlos oder nur zu den anfallenden Zusatzkosten.

Hier setzt ein Vorschlag der Europäischen Kommission an[8]. Wie im Auftrag der Europäischen Kommission durchgeführte Studien belegen, konnten fast 80 % der in den Studie Befragten Informationen im Besitz öffentlicher Stellen nicht voll für sich nutzen. Gründe dafür sind hohe Gebühren, undurchsichtige Weiterverwendungsvorschriften und -praktiken, mangelnde Transparenz in Bezug darauf, wer welche Daten besitzt, wie auch exklusive Lizenzvereinbarungen, die den Wettbewerb untergraben[9].

Während Open Data in Deutschland noch in den Kinderschuhen steckt, sind die angelsächsischen Länder weit voraus. „Regierungsdaten sollten eine öffentliche Ressource sein", forderte so der Brite Tim Berners-Lee, Erfinder des World Wide Web. In den USA hat der internetaffine Präsident Barack Obama einen offeneren Umgang mit Behördendaten und mehr Transparenz versprochen. Gleich zu Beginn seiner Amtszeit ließ er zahlreiche Regierungsdaten auf einer eigenen Website namens data.gov zur Verfügung stellen. Die britische Regierung folgte dem US-Vorbild 2010 mit der Website data.gov.uk.

Für die Anhänger des Open-Data-Prinzips heißt das: Behörden sollten ihre Daten nicht nur auf ihrer eigenen Homepage anbieten, wie es viele Institutionen mit einzelnen Daten bereits tun, sondern möglichst viele Daten in maschinenlesbaren Standardformaten zur Verfügung stellen. Das soll es nicht nur jedem Bürger ermöglichen, die Daten nach eigenen Kriterien auszuwerten – Programmierer sollten die Daten auch gleich beliebig miteinander verknüpfen und weiterverwerten können.[10]

Noch einmal zurück zu den Ankündigungen der Europäischen Kommission. Die Vizepräsidentin der Kommission, Neelie Kroes, sagte hierzu:[11] „Wir senden heute ein deutliches Signal an alle öffentlichen Verwaltungen. Ihre Daten sind viel mehr wert, wenn Sie sie weggeben. Geben Sie Ihre Daten jetzt frei.

---

[8] EU-Pressemitteilung vom 12.12.2011, IP/11/1524.
[9] EU-Pressemitteilung vom 12.12.2011, IP/11/1524.
[10] Internet von Fiete Stegers, tagesschau.de, 2011.
[11] EU-Pressemitteilung vom 12.12.2011, IP/11/1524.

Nutzen Sie diesen Rahmen, um zu den intelligenten Vorreitern aufzuschließen, die bereits von den Vorteilen offener Daten profitieren. Für diese Informationen haben die Steuerzahler ohnehin schon bezahlt. Nun sollten wir sie wenigstens all jenen zurückgeben, die sie auf neue Art verwenden wollen, um den Menschen zu helfen und um Arbeitsplätze und Wachstum zu schaffen."

Die Kommission schlägt vor, die Richtlinie von 2003 (siehe oben) über die Weiterverwendung von Informationen des öffentlichen Sektors wie folgt zu ändern:

– Grundsätzlich sollen alle Dokumente, die von öffentlichen Stellen zugänglich gemacht werden, auch zu beliebigen – gewerblichen wie nicht-gewerblichen – Zwecken weiterverwendet werden können, soweit sie nicht durch Urheberrechte Dritter oder sonstige Rechtsverordnungen geschützt sind.

– Festlegung des Grundsatzes, dass öffentliche Stellen dafür keine Gebühren verlangen dürfen, die über den durch die jeweilige Einzelanforderung verursachten Mehrkosten („Zusatzkosten") liegen. In der Praxis bedeutet dies, dass die meisten Daten kostenlos oder so gut wie kostenlos bereitgestellt werden, soweit die Erhebung von Gebühren nicht ordnungsgemäß begründet wird.

– Einführung einer Verpflichtung zur Bereitstellung der Daten in üblichen, maschinenlesbaren Formaten, damit die Daten effektiv weiterverwendet werden können.

– Schaffung einer behördlichen Aufsicht zur Durchsetzung dieser Grundsätze.

– Massive Ausdehnung des Anwendungsbereichs der Richtlinie, nämlich zum ersten Mal auch auf Bibliotheken, Museen und Archive; die bestehenden Vorschriften von 2003 werden dann auch für Daten aus solchen Einrichtungen gelten.[12]

## II. Datenschutzrechtliche Rahmenbedingungen

Schon seit Jahren ist sich die Geo-Community einig, welche Rahmenbedingungen für ein erfolgreiches GeoBusiness geschaffen werden müssen. Dies wurde sicherlich am deutlichsten im ersten Memorandum der GIW-Kommission formuliert[13]:

„Die Kommission für Geoinformationswirtschaft setzt neue, verstärkte und fokussierte Impulse in der Geoinformationswirtschaft. Neue Kooperationsmodelle, Werkzeuge und Methoden zur Umsetzung sollen dem Wirtschaftsstandort Deutschland eine dauerhafte Attraktivität verleihen. Dies kann nur in engem Schulterschluss der Kommissionsmit-

---

[12] EU-Pressemitteilung vom 12.12.2011, IP/11/1524.

[13] Vgl. hierzu Memorandum I der GIW-Kommission von 2005, http://www.geobusiness.org/Geobusiness/Navigation/publikationen,did=79952.html.

glieder aus der Wirtschaft und dem Lenkungsgremium GDI-DE gelingen. Über die Projektarbeit der GIW-Kommission hinaus müssen Vorstellungen der Wirtschaft über Rahmenbedingungen und Anforderungen in die Politik und die Behördenlandschaft hineingetragen und umgesetzt werden.

1. Je nach Thematik und Komplexität der Anforderungen ist von stark unterschiedlichen, angemessenen und angepassten Lösungen auszugehen. Um diese Lösungen innerhalb kürzester Zeit herbeiführen zu können, sind folgende Maßnahmen zu ergreifen: Geoinformationen sind im Sinne einer volkswirtschaftlich positiv wirksamen Nutzung in Form einer kostenlosen Grundversorgung oder transparenter und nachvollziehbarer Gebührenmodelle zugänglich zu machen. Hierbei sind branchenspezifische Anforderungen insbesondere hinsichtlich

- Flächendeckung,
- Aktualität,
- Qualität,
- Sicherheit,
- Vollständigkeit,
- Verlässlichkeit,
- Dateninhalten,
- Einheitlichkeit in Format und Maßstab,
- Abkehr vom Freiwilligkeitsprinzip sowie
- rechtlicher Verbindlichkeit zu berücksichtigen.

2. Gebührenmodelle sind marktorientiert zu vereinheitlichen und zu vereinfachen, nutzerorientiert, internetfähig, flexibel und dynamisch darzustellen. Die enge Verknüpfung mit einer wirtschaftsorientierten Handhabung von Nutzungsrechten ist offenbar."[14]

Im zweiten Memorandum der GIW-Kommission[15] wurde über diesen Anforderungskatalog hinaus die rechtlichen Rahmenbedingungen in den Fordergrund gestellt, die einen Anspruch auf die Zurverfügungstellung von Daten für die Wirtschaft zum Inhalt haben.

Hier haben insbesondere die durch die EU indizierten Normenbereiche die Landschaft des GeoBusiness auf Bundes- und Landesebene entscheidend verändert. Wesentlich zu nennen ist hier:

- Die bereits erwähnte PSI-Richtlinie aus dem Jahr 2003 (Public Sector Information) mit der entsprechenden nationalen Umsetzung IWG (Informationsweiterverwendungsgesetz) aus dem Jahre 2006. Sie enthält Regeln für die Wei-

---

[14] Vgl. hierzu Memorandum I der GIW-Kommission, http://www.geobusiness.org/Geobusiness/Navigation/publikationen,did=79952.html.

[15] Vgl. hierzu Memorandum II der GIW-Kommission, http://www.geobusiness.org/Geobusiness/Redaktion/PDF/giwk-memorandum,property=pdf,bereich=geobusiness,sprache=de,rwb=true.pdf.

terverwendung und die praktischen Mittel zur Nutzung von Informationsquellen öffentlicher Stellen.

- Die INSPIRE-Richtlinie aus dem Jahr 2007[16] mit den entsprechenden Geodatenzugangs- bzw. Geodateninfrastrukturgesetzen des Bundes und der Länder[17]. Sie schafft den Rahmen, den Zugang zu und die Nutzung von amtlichen Geodaten zu verbessern.

Während INSPIRE entsprechend einem vorgegebenen Datenkatalog die Weitergabe öffentlicher Daten vorwiegend innerhalb der Verwaltungen, insbesondere in Richtung der EU, vorantreibt, soll mit der PSI-Richtlinie durch Freigabe öffentlicher Daten die Wirtschaft aktiviert werden. Beide Richtlinien fördern die Nutzung von Geoinformationen für wirtschaftsbezogene Aktivitäten und die Schaffung von Mehrwerten auf Basis staatlicher Daten und unterstützen so in entscheidendem Maße die Aktivierung der deutschen Wirtschaft.

Weitere wichtige Impulse zur Stabilisierung privatwirtschaftlicher Geschäftsmodelle stammen aus Diskussionen über die Auswirkungen des Datenschutzes auf GeoBusiness-Geschäftsmodelle. In bisher drei durch die GIW-Kommission initiierten Studien wurden entscheidende Wege in Richtung Rechtssicherheit aufgezeigt. Dadurch ist es gelungen, alle Seiten für das Thema „Datenschutz und Geoinformation" zu sensibilisieren. Hier gilt das Prinzip „Verantwortungsbewusstes Datenmanagement verlangt angemessenen Datenschutz".

### III. Moderner Datenschutz für das GeoBusiness

Die bisher gemachten Ausführungen haben aufgezeigt, dass neben den rechtlichen Voraussetzungen zum Anspruch auf den Zugang zu GeoDaten der Datenschutz eine besondere Rolle spielt. Dies insbesondere, da oft erst durch die Verschneidung von unterschiedliche Datenbeständen datenschutzrelevante Problematiken entstehen.

Die Befahrung von Google zur Erfassung der Daten für GoogleStreetView[18] hat die Datenschützer und die Bevölkerung erstmals richtig auf den Plan gebracht. Erstmals kamen GeoDaten in das Visier der Öffentlichkeit.

---

[16] Vgl. Aufsatz von Henning Fischer, http://www.geobusiness.org/Geobusiness /Navigation/publikationen,did=349956.html.

[17] Ergänzende Informationen hierzu unter http://www.geobusiness.org/Geobusiness /Redaktion/PDF/Publikationen/studie-europaeische-gesetzgebung-kurzbericht,property =pdf,bereich=geobusiness,sprache=de,rwb=true.pdf.

[18] Ein Angebot von Google zur Rundumsicht verschiedener Lokationen (durch Befahrung von Straßen aufgenommene Bilder).

Was war das Problem? Die Öffentlichkeit hatte Angst, bei den Aufnahmen als Person in einer ungünstigen Situation erfasst zu werden, aber auch Angst, dass die eigenen Immobilien jetzt weltweit zu bestaunen sind.

Die Datenschützer waren stark involviert, weil diese Aktion von Google die Problematik aufzeigte, dass international der Datenschutz eine andere Bedeutung (nämlich eine geringere) hat und international agierende Unternehmen sich wenig am deutschen Datenschutz orientieren. Dennoch waren die Datenschützer mit Unterstützung der Medien und der Öffentlichkeit erfolgreich: Google schuf die Möglichkeit des Einspruchs, so dass man seine eigenen Daten durch „Weißen" ausblenden konnte.

Interessanterweise hat die ähnliche Aktion von Microsoft, die deutlich später stattfand, weder in der Öffentlichkeit noch bei den Datenschützern nennenswerten Widerstand hervorgerufen.

Für den nachhaltigen Einsatz von GeoDaten durch die Wirtschaft, also für ein nachhaltiges GeoBusiness, spielen aber verlässliche Regeln zur Einhaltung des Datenschutzes eine existenzielle Rolle[19].

### 1. Grundsätze

Die Bereitstellung von Geoinformationen durch öffentliche Stellen für die Wirtschaft kann zum Konflikt zwischen öffentlichen und privaten Interessen führen. Grund ist primär ein derzeit noch unübersichtlicher Flickenteppich gesetzlicher Regelungen[20]. Ein zentraler Aspekt für den Zugang zu Geoinformationen ist die Informationsfreiheit. Deren Ziel ist aber weniger die wirtschaftliche als die allgemeine gesellschaftliche Nutzung der bereitzustellenden Informationen. Ein zentraler Aspekt, der der Bereitstellung dieser Daten im Weg stehen kann, ist der Schutz des Rechtes auf informationelle Selbstbestimmung – der Datenschutz.

In welcher Weise aber das Datenschutzrecht Anwendung findet, ist derzeit weder in der juristischen Literatur, noch in der Rechtsprechung und auch nicht in der Praxis der Datenschutzbehörden eindeutig geklärt. Unbestreitbar ist, dass Geoinformationen selbst, aber vor allem bei Verschneidung mit anderen Daten von persönlichkeitsrechtlicher Relevanz sein können. Ebenso eindeutig ist, dass gerade die Geoinformationen insbesondere für die Wirtschaft trotz des berechtigten Anliegens eines angemessenen Schutzes informationeller Selbstbestimmung von großer Relevanz sind.

---

[19] Siehe auch Rede von Frau Rogall-Grothe am 4. 10. 2011 beim Symposium „Moderner Datenschutz im 21. Jahrhundert" (www.bmi.bund.de).

[20] Siehe hierzu Datenschutzstudie des ULD von Dr. Moritz Karg und Dr. Thilo Weichert, http://www.geobusiness.org/Geobusiness/Navigation/publikationen,did=228060.html.

Es existiert eine Grauzone, wo die Grenze zwischen reinen Geo-Basis- und Geo-Sachdaten, für die das Datenschutzrecht nicht anwendbar ist, und personenbeziehbaren Daten zu ziehen ist. Eine Präzisierung kann hier wahrscheinlich nur durch die behördliche Praxis erfolgen. Insofern besteht, nicht erst seit der Diskussion um StreetView, bei den Datenschutzbeauftragten des Bundes und der Länder sowie bei den Beauftragten für Datenschutz in der Privatwirtschaft inzwischen das notwendige Problembewusstsein.

Einer bundesweiten und fachübergreifenden Bereitstellung von Geoinformationen steht derzeit eine noch unübersichtliche Rechtssituation entgegen mit allgemeinen und speziellen Datenschutz- und Informationsfreiheitsregelungen des Bundes und der Länder. Die bisherigen Regelungen orientieren sich vor allem am persönlichkeitsrechtlichen Schutzbedarf bzgl. bestimmter Fachdaten, nicht aber am hieran eventuell bestehenden wirtschaftlichen Interesse. Trotz derzeit fehlender einheitlicher materieller und verfahrensrechtlicher Rahmenbedingungen für die Freigabe von Daten lassen sich Kriterien festlegen, die für bzw. gegen eine solche Freigabe sprechen. Anhand dieser Kriterien lassen sich kurzfristig Datenkategorien identifizieren, die für wirtschaftlich Interessierte zur Verfügung gestellt werden können. Hierbei ist von Bedeutung, inwieweit nach derzeitigem Recht diese Daten Jedermann zugänglich gemacht werden können bzw. allgemein zugänglich sind. Im Rahmen einer pauschalierten Bewertung müssen jedoch regelmäßig beim Bestehen eines gewissen datenschutzrechtlich relevanten Personenbezugs schutzwürdige Betroffeneninteressen abgewogen werden.

Soweit ein Personenbezug besteht und eine gesetzliche Legitimation zur Freigabe der Geoinformationen nicht ersichtlich ist, besteht allerdings generell die Möglichkeit, Daten in aggregierter, nicht mehr personenbeziehbarer Form bereitzustellen. Durch Zusammenfassung von z. B. vier Liegenschaften und Bildung von Mittelwerten ist eine Anonymisierung von z. B. Liegenschaftsdaten erreichbar. Nach entsprechender Anonymisierung können so aggregierte Daten öffentlich zur Verfügung gestellt werden.

Es wird zukünftig sinnvoll sein, einen einheitlichen Regelungsrahmen für die Preisgabe von Geoinformationen durch den Gesetzgeber festzulegen. Doch auch in diesem Fall bedarf es der Klärung des Spannungsverhältnisses zwischen einem künftigem Geoinformationsrecht zu geltenden Datenschutzregelungen. Hierfür bedarf es eines einheitlichen Vorgehensmodells zur nachhaltigen Erfüllung der Informationsbedarfe der Wirtschaft.

## 2. Kategorisierung von GeoDaten

Die besondere Problematik von Geodaten liegt in der Tatsache, dass diese in der Regel keine Aussage über die Person, sondern über einen Gegenstand treffen. Dieser kann aber über eine rechtliche oder faktische Beziehung einer Person zuordenbar werden (Verschneidung)[21]. Damit würde der Begriff des personenbezogenen Datums derart ausgeweitet, dass eine annähernd klare Abgrenzung zwischen Sachdaten und personenbezogenen Daten unmöglich wird. Gerade in einer sich stetig vernetzenden Welt würde daher eine weite Auslegung zu einer Allzuständigkeit des Datenschutzes für Sachdaten führen und kontraproduktiv zu den berechtigten Nutzungsinteressen der Wirtschaft sein. Das Korrektiv wird über die Bestimmung des Inhaltsbezuges der Information im Hinblick auf die dahinter stehende natürliche Person eingeführt. Nur Angaben, die einen Inhalts-, Zweck- oder Ergebnisbezug besitzen, sind als personenbezogene Daten zu definieren[22]. Hier hilft eine Kategorisierung der Geodaten, die in der zweiten Datenschutzstudie der GIW-Kommission entwickelt wurde[23]. Dieser Studie (Ampelstudie) liegt folgendes Prinzip zugrunde[24]: Je intensiver die Informationen in die Lebenssphären der betroffenen Person eingreifen und deren Leben und die Interaktion mit der Umwelt determinieren, desto höher ist die Gefährdung einzustufen. Die entwickelte Ampeldarstellung entspricht dieser Systematik.

Im Fall eines direkten Personenbezugs kann eine hinreichende Aggregierung bzw. Anonymisierung erreicht werden, indem z. B. Einzelangaben zusammengefasst werden oder Maßstäbe heraufgesetzt werden. Es muss für die nutzende Wirtschaft tatsächlich ausgeschlossen sein, durch Zusatzinformationen aus diesen aggregierten bzw. anonymisierten Daten wieder die Ursprungsdaten zurückzugenerieren. Flächenangaben, die sich auf einen kleineren Maßstab als 1:10.000 beziehen, kommt in der Regel kein Personenbezug zu[25].

Die Frage, unter welchen Bedingungen bei Geodaten eine Personenbeziehbarkeit angenommen werden soll, kann im Rahmen des verfassungsrechtlichen Rahmens normativ festgelegt werden. Geeignete Ansatzpunkte für die Regelung dieser Problematik sind die im Rahmen des INSPIRE-Prozesses entstandenen Geodatenzugangsgesetze des Bundes und der Länder[26]. Aus Gründen der Rechtssicherheit, die allen Beteiligten zugute kommen würde, wäre es erforderlich, eine

---

[21] Siehe hierzu Datenschutzstudie des ULD von Dr. Moritz Karg, http://www.geobusiness.org/Geobusiness/Navigation/publikationen,did=272442.html.

[22] Dto.

[23] Siehe Ampelliste, http://www.geobusiness.org/Geobusiness/Redaktion/PDF/Publikationen/ampelstudie-datenschutzrechtliche-rahmenbedingungen-bereitstellung-geodaten-ampelliste,property=pdf,bereich=geobusiness,sprache=de,rwb=true.pdf.

[24] Siehe hierzu Datenschutzstudie des ULD von Dr. Moritz Karg, http://www.geobusiness.org/Geobusiness/Navigation/publikationen,did=272442.html.

[25] Siehe hierzu Datenschutzstudie des ULD von Dr. Moritz Karg, http://www.geobusiness.org/Geobusiness/Navigation/publikationen,did=272442.html.

[26] Siehe auch ergänzende Informationen hierzu unter http://www.geobusiness.org/Geobusiness/Redaktion/PDF/Publikationen/studie-europaeische-gesetzgebung-kurzbericht,property=pdf,bereich=geobusiness,sprache=de,rwb=true.pdf.

gesetzgeberische Entscheidung im Hinblick auf den Schutz der Betroffenen bei der Erhebung, Verarbeitung und Nutzung von Geodaten zu treffen.

Die im Rahmen der Ampelstudie entwickelte Übersicht basiert auf einer Einschätzung der jeweils durch die Wirtschaft als relevant bezeichneten Datensätze im Hinblick auf die beschriebenen Gefährdungskategorien für die jeweilige Einzelinformation. Mögliche Gefährdungen, die durch eine Anreicherung der Information für die Persönlichkeit der Betroffenen entstehen können, werden dabei nicht erfasst. Soweit die Natur des Datensatzes es zulässt, wird von Punktinformationen bzw. Einzelangaben ausgegangen. In einigen Fällen führt bereits die Natur des Datensatzes (z. B. Topographische Karte 1: 500.000) zu einer Generalisierung der Information. Soweit bei einzelnen Angaben unklar bleibt, ob hier aggregierte bzw. statistische Angaben gemeint sind, wird auf eventuell unterschiedliche Bewertungen hingewiesen[27].

*Grün*
„Grün" eingestufte Geoinformationen sind aus datenschutzrechtlicher Sicht unproblematisch. Es handelt sich einerseits um reine Sachdaten, denen kein Personenbezug zukommt. Erfasst werden in dieser Kategorie aber auch personenbeziehbare Daten, die als Einzelinformation allgemein zugänglich sind und auf die Persönlichkeitsrechte der/des Einzelnen nur einen vernachlässigbaren oder geringen Einfluss haben.

*Gelb*
Die Kategorie „Gelb" erfasst Daten, denen ein Personenbezug innewohnt. Die in den Daten enthaltenen Informationen können sich auf die Persönlichkeitsrechte der Betroffenen auswirken. Der Einfluss der Informationen auf die Persönlichkeit des Einzelnen kann dabei jedoch von Datum zu Datum stark variieren. Eine Gefährdungsanalyse ist bei diesen Informationen nur in Abhängigkeit mit dem jeweiligen bei der Verwendung der Daten verfolgten Zweck möglich.

*Rot*
Daten, die Aussagen über den Kernbereich der Persönlichkeit des Einzelnen enthalten oder deren Inhalt einen Einfluss auf diesen Bereich haben können, unterfallen einem besonderen Schutz. Zu diesen Daten zählen vor allem die in § 3 Abs. 9 BDSG genannten Daten, also Angaben über rassische und ethnische Herkunft, politische Meinung, religiöse oder philosophische Überzeugungen, Gewerkschaftszugehörigkeit, Gesundheit oder Sexualleben. Auch Daten die einem besonderen Schutz aufgrund anderer bereichsspezifischer Regelungen unterliegen, z. B. Sozialdaten, gehören zu der Kategorie „Rot". Die Erhebung, Verarbeitung und Nutzung dieser Daten unterliegt besonderen datenschutzrechtlichen Anforderungen insbesondere im Bereich der Zweckbindung. So muss sich im Fall der einwilligungsbasierten Erhebung, Verarbeitung oder Nutzung besonderer personenbezogener Daten die Einwilligung gemäß § 4a Abs. 3 BDSG ausdrücklich auf diese Daten beziehen"[28].

---

[27] Siehe Ampelliste, http://www.geobusiness.org/Geobusiness/Redaktion/PDF /Publikationen/ampelstudie-datenschutzrechtliche-rahmenbedingungen-bereitstellung -geodaten-ampelliste,property=pdf,bereich=geobusiness,sprache=de,rwb=true.pdf.

## 3. GeoBusiness im Kontext von Geschäftsprozessen

Die bisherigen Sichten des Datenschutzes gingen von einer statischen Betrachtung des Datenbestandes aus. Die dritte von der GIW-Kommission in Auftrag gegebene Studie basierte auf der Erkenntnis, dass datenschutzrelevante Aussagen lediglich im Kontext von geplanten oder realen Geschäftsprozessen rechtssicher gestaltet werden können. Die Grundproblematik, dass die Daten in der Regel nicht an sich, sondern erst in der Verschneidung mit anderen Daten den Personenbezug beinhalten könnten, kann nur auf Basis einer Selbstverpflichtung der Wirtschaft gelöst werden.

Die Schaffung einer Selbstverpflichtung i. S. d. §38a BDSG würde zur Vereinfachung des Verfahrens, der Förderung der Rechtssicherheit und Entlastung der aufsichtsbehördlichen Kontrolle führen.[29]

Gemäß §38a Abs. 1 BDSG könnten Berufsverbände oder Vereinigungen, die bestimmte Gruppen von verantwortlichen Stellen vertreten, derartige Regelungen erlassen.

Gegenstand der Regelungen müssten datenschutzrechtliche Verhaltensregeln sein, die für die vertretenen verantwortlichen Stellen bindend sind und deren Verletzung Sanktionen auslöst. Die Verhaltensnormen dürfen jedoch nicht hinter den Schutzstandard des BDSG zurückfallen.[30] Sie können zur Präzisierung und Konkretisierung der Erlaubnistatbestände eingesetzt werden. Dies gilt vor allem für die generalklauselartig gefassten Abwägungsentscheidungen. Auch weitergehende Maßnahmen der Beeinflussung des Abwägungsvorganges, zur Wahrung der Rechte der Betroffenen, sowie einheitliche Standards bei der Datensicherheit würden vom möglichen Regelungsumfang erfasst.[31]

Durch die Schaffung eigener Verhaltensregeln ist es möglich, die Besonderheiten der Erhebung, Verarbeitung und Nutzung georeferenzierter Daten innerhalb von Geoinformationssystemen datenschutzkonform und rechtssicher zu regeln. Vor allem die notwendigen Abwägungsentscheidungen können für die teilnehmenden Daten verarbeitenden Stellen bestimmter und rechtssicherer ausgestaltet und formuliert werden.

Verfahrenstechnisch müssten die geschaffenen Verhaltensregeln durch die jeweils zuständige Aufsichtsbehörde in einem förmlichen Verwaltungsverfahren

---

[28] Siehe hierzu Datenschutzstudie des ULD von Dr. Moritz Karg http://www.geobusiness.org/Geobusiness/Navigation/publikationen,did=272442.html.

[29] *Bizer*, in: Simitis, Bundesdatenschutzgesetz, § 38a, Rdn. 3.

[30] Ebda. Rdn. 40.

[31] *Roßnagel*, Konzepte der Selbstregulierung in: ders., HdB Datenschutzrecht, Kap. 3.6, Rdn. 111.

gemäß §38a Abs. 2 BDSG genehmigt werden. Zuständig wäre die Aufsichtsbehörde des Bundeslandes, in dem die jeweilige Vereinigung ihren Sitz hat.

Auf Basis dieser Überlegungen wurde in einer dritten Studie der GIW-Kommission am Beispiel des Denkmalschutzes ein pragmatisches Prozessschema entwickelt, das es Datenanbietern wie auch der nutzenden Wirtschaft ermöglicht, die Datenschutzproblematik entsprechend des jeweiligen Geschäftsmodells abzuarbeiten.[32]

Auch wenn die anzuwendenden datenschutzrechtlichen Zulässigkeitstatbestände auf die spezifische Situation von Geoinformationssystemen nur schlecht Antworten geben, sind Lösungswege denkbar, die zu datenschutzrechtlich akzeptablen Ergebnissen führen können. Im Sinne der Rechtssicherheit und Nachhaltigkeit des entwickelten Ablaufschemas sollte zusätzlich der Abschluss von generellen Verhaltensregeln angestrebt werden. Mit diesen kann effizienter mit der datenschutzrechtlichen Gefährdungslagen umgegangen werden.

### IV. Lösungsansätze für GeoBusiness und Datenschutz

*1. Verhaltenskodex für den Datenschutz*

Wie bereits aufgezeigt, liegt wohl die Lösung der Schere zwischen datenschutzrechtlichen Schutzkriterien und der Notwendigkeit der breiten Nutzung der Geoinformationen für die Wirtschaft in der Erstellung von Verhaltensregeln zur Bereitstellung und Nutzung von Geodaten öffentlicher Stellen durch nichtöffentliche Stellen, insbesondere Wirtschaftsunternehmen.

Einen Vorschlag allerdings nur zu Panoramadiensten hat der BITKOM auf der CeBIT 2011 vor dem Hintergrund der Diskussionen um Google StreetView unterbreitet. Kernpunkte dieses Selbstregulierungskodex waren u. a. (Zitat):

„1. Zentrale Plattform: Es wird ein zentrales Internetportal für Informationen und Widersprüche geben – als einheitliche Anlaufstelle. Dort erfahren Bürger, wie die Dienste funktionieren, ob ihre Stadt schon erfasst ist und welche Rechte sie haben.

2. Widerspruch mit wenigen Klicks: Im zentralen Webportal gibt es Links, die direkt auf die Widerspruchsseiten aller beteiligten Anbieter verweisen. Auf den Seiten der Anbieter kann dann mit einer direkten Markierung der Gebäude beantragt werden, Fassaden unkenntlich zu machen.

[...]

---

[32] Abwägungsprozess: http://www.geobusiness.org/Geobusiness/Redaktion/PDF/datenschutzstudie-3-prozess-abwaegung-interessen,property=pdf,bereich=geobusiness,sprache=de,rwb=true.pdf.

Rechtmäßigkeitsprüfung: http://www.geobusiness.org/Geobusiness/Redaktion/PDF/datenschutzstudie-3-prozess-rechtmaessigkeitspruefung,property=pdf,bereich=geobusiness,sprache=de,rwb=true.pdf.

10. Kontrollen und Sanktionen: Für die Unterzeichner ist der Kodex verbindlich. Es werden Kontrollen und Sanktionen eingeführt, um die Einhaltung der Vorgaben sicherzustellen."

Ein Jahr später wurde dieser Ansatz vom Bundesdatenschutzbeauftragten Peter Schaar wie folg kommentiert:

„Der BITKOM-Datenschutzkodex zeigt jedoch, dass freiwillige Selbstverpflichtungen der Wirtschaft, die den gesetzlichen Rahmen (etwa *§ 38a BDSG*) bewusst ignorieren, häufig nicht nur inhaltlich unzureichende Regelungen enthalten, sondern auch in ihrer Umsetzung verschleppt werden. Der an sich begrüßenswerte Gedanke der (ergänzenden) Selbstregulierung wird auf diese Weise zu einer Luftnummer."[33]

Einen kooperierenden und partizipierenden Weg zeigt die Bundesregierung mit ihrer GIW-Wirtschaftskommission gemeinsam mit den Aufsichtsbehörden des Bundes und der Länder für den Datenschutz auf. Auch hier soll durch allgemeine Verhaltensregeln aber bei gemeinsamer Entwicklung mit den Datenschutzbehörden ein bundesweit einheitliches und pragmatisches Vorgehensmodell zur Einhaltung des Datenschutzes bei größtmöglicher Vielfalt der Datenfreigabe entwickelt werden.

Zielsetzung dieser Verhaltensregel ist es, durch materiellrechtliche, organisatorische und technische Normen die Voraussetzungen und das Verfahren festzulegen, um Geodaten von Behörden und sonstigen öffentlichen Stellen nicht-öffentlichen Stellen für wirtschaftliche und nicht-wirtschaftliche Zwecke zur Verfügung zu stellen und hierbei gleichzeitig den Schutz des Rechts auf informationelle Selbstbestimmung sicherzustellen.

Hiermit soll ein Rahmen geschaffen werden, um die Einheitlichkeit einer datenschutzkonformen Bereitstellung von Geodaten zu gewährleisten und dadurch Rechtssicherheit für öffentliche und nicht-öffentliche Stellen, für Betroffene sowie für die Nutzer und auch die Datenschutzbehörden herzustellen.

Weitergehende Regelungen, etwa vertragliche Vereinbarungen, z. B. Lizenzverträge zwischen der datenabgebenden Stelle, Geodatendiensten und Nutzern, bleiben von diesen Verhaltensregeln unberührt.

Wesentliche Kernpunkte dieser Überlegungen sind:

1. Möglichst klare Definition von Daten und Verschneidung dieser Daten, die nicht dem Datenschutz unterliegen. Dazu dienen Festlegungen, wie z. B.:

Die Übermittlung von Geodaten mit Personenbezug durch geodatenhaltende Stellen an Nutzer ist unbeschadet weitergehender Übermittlungsbefugnisse ohne Verwendungsbeschränkung zulässig, wenn diese

---

[33] Peter Schaar, www.bfdi.bund.de, Blog vom 5.3.2012.

a) wegen eines öffentlichen Interesses veröffentlicht werden dürfen,
b) allgemein zugänglich sind,
c) mit einem Maßstab kleiner als 1:5.000 (Karten),
d) mit einer Auflösung größer als 20 cm pro Bildpunkt (Satelliten- bzw. Luftbildinformation),
e) mit einer größer als auf 100 m x 100 m gerasterten Fläche,
f) mit mindestens auf acht Haushalte aggregierte Informationen

bereitgestellt werden und dem kein schutzwürdiges Interesse der Betroffenen entgegensteht[34].

2. Akkreditierung der Nutzer von GeoDaten

Nutzer von Geodaten und Geodatendiensten haben die Möglichkeit, sich zum Nachweis eines datenschutzkonformen Umgangs mit Geodaten bei einer geeigneten Clearingstelle zu akkreditieren. Die Akkreditierung wird erteilt, wenn der Nutzer das Vorliegen eines Datenschutzmanagementsystems mit einem betrieblichen Datenschutzbeauftragten, geeignete technisch-organisatorischen Maßnahmen nach § 9 BDSG, geeigneten Transparenzmaßnahmen, einer regelmäßigen Auditierung und einem Beschwerdemanagement nachweist.

Die Details zu diesem Modell werden derzeit ausgearbeitet und sollen gemeinsam mit den Datenschutzbehörden Ende 2012 verabschiedet werden.

## 2. *Lizenzmodell unter Berücksichtigung des Datenschutzes*[35]

Ein ergänzender interessanter Ansatz zur pragmatischen Einbindung des Datenschutzes bei der Nutzung öffentlicher Daten ist das Lizenzmodell www.GeoLizenz.org der GIW-Kommission, welches zur Zeit bei einem Modellvorhaben des IMAGI[36] erprobt wird. Das Lizenzmodell löst das Datenschutzmodell nicht juristisch, bietet jedoch einen pragmatischen Managementprozess an, mit dem auch im Thema Datenschutz Rechtssicherheit hergestellt werden kann. Der Trick dabei ist, dass die Datenschutzrelevanz, ebenso wie die Kosten, eines Produktes als spezielles zusätzliches Attribut ausgewiesen wird und der eigentliche Lizenztext unberührt und auf diese Weise überall anwendbar bleibt.

Bei der Gestaltung einfacher, bundesweit einheitliche und Verwaltungseinheiten übergreifenden Standard-Lizenzmodellen für Geoinformationen wurden folgende Leitprinzipien zugrunde gelegt:[37]

---

[34] Arbeitsbericht aus der TaskForce „Datenschutz" der GIW-Kommission.
[35] Vollständiges Konzept nachzulesen unter http://www.GeoLizenz.org/.
[36] Interministerieller Ausschuss für Geoinformationswesen (IMAGI). Weiterführende Informationen unter http://www.imagi.de/start.html.

- Die „OpenData"-Philosophie, sowie Erfahrungen mit zahlreichen Lizenzmodellen aus dem nationalen und internationalen Bereich,
- Einfache, schnelle und umfassende Gewährung von Nutzungsrechten zu Geodaten, Geodatendiensten und Metadaten (kommerziell, nicht-kommerziell, öffentliche / nicht-öffentliche Netzwerke, mit / ohne Weiterverarbeitung),
- Umsetzung auf Basis des elektronischen Geschäftsverkehrs (Klick-Lizenz),
- Unabhängigkeit des Lizenzmodells von Preismodellen,
- Zusätzlicher Regelungsbedarf (z. B. zu Datenschutz, Datenqualität etc.) wird außerhalb der Lizenz – aber mit entsprechendem Hinweis – über spezifische Attributierungen des jeweiligen Produktes geregelt.

Vor diesem Hintergrund hat die TaskForce „GeoLizenz" der GIW-Kommission eine einfache und klickfähige Lizenz in 8 Varianten entwickelt, die bei www.GeoLizenz.org als Webanwendung angeboten wird.

## V. Zusammenfassung

In den Daten der Öffentlichen Verwaltung steckt ein riesiges Potenzial für die Wirtschaft, für die Verbesserung von Geschäftsprozessen und die Entwicklung ganz neuer Geschäftsmodelle. Dieses gilt es nachhaltig und damit u. a. auch rechtssicher zu erschließen.

Einen wesentlichen Beitrag zur Erschließung dieser Potenziale leisten die Geoinformationen. Studien sprechen hier von einem Anteil von 70–80 % an den öffentlichen Daten. Das GeoBusiness nun versucht, Geschäftsmodelle der Wirtschaft unter Nutzung ortsgebundener Informationen der öffentlichen Hand voranzutreiben und die entsprechenden Rahmenbedingungen flächendeckend und einheitlich zu konzipieren.

Eine wesentliche Rolle spielt hier, um die Nachhaltigkeit zu gewährleisten, die konstruktive Auseinandersetzung mit dem Datenschutz. Aufgrund unserer föderalen Struktur ist nicht so schnell mit einer einheitlichen gesetzlichen Regelung in Deutschland zu rechnen, auch wenn die Europäische Kommission an entsprechenden Regelungen arbeitet[38].

Aus vorgenannten Gründen und wegen der aufgezeigten Komplexität der Berücksichtigung des Datenschutzes bei der Abgabe und Nutzung von Geoinformationen, ist hier nur ein mit den Datenschützern von Bund und Ländern abgestimmtes einheitliches und pragmatisches Prüfverfahren denkbar. Dieses baut im Wesentlichen auf folgenden Säulen auf:

---

[37] Siehe Fußnote 34.
[38] Siehe dazu http://ec.europa.eu/justice/data-protection/index_de.htm.

1. Definition unkritischer Bereiche, die ca. 80–90% der Daten als datenschutzrechtlich unkritisch durch Verrauschung, Anonymisierung und entsprechende Abbildungsmaßstäbe erfasst.
2. Akkreditierung von Nutzern bei Anwendung datenschutzrechtlich kritischer Geoinformationen an einer noch zu definierenden zentralen Stelle in Abstimmung mit den Datenschutzbehörden (In der Diskussion: Geschäftsstelle der Geoinformationswirtschaft)
3. Transparenz der Geschäftsmodelle und der Datennutzung bei akkreditierten Nutzern.
4. Eigenverantwortliche Sicherstellung des Datenschutzes beim Endnutzer durch die betriebseigenen Datenschutzbeauftragten.
5. Verabschiedung dieses Modells von allen Datenschutzbehörden.

Ein solches pragmatisches, klares und mit den Aufsichtsbehörden abgestimmtes Verfahren könnte sich dann aufgrund der Klarheit und Stringenz mittelfristig auch in unserer föderal strukturierten Verwaltung flächendeckend durchsetzen.

Damit ist ein nachhaltiges und erfolgreiches GeoBusiness gerade bei aktiver Berücksichtigung des Datenschutzes sichergestellt.

# Privacy by Design und Privacy by Default – Wege zu einem funktionierenden Datenschutz in Sozialen Netzwerken

Von *Fabian Niemann* und *Philip Scholz*[*]

## Abstract

Die Begriffe „Privacy by Design" und „Privacy by Default" sind zu zentralen Schlagworten in der aktuellen Datenschutzdebatte geworden. Die damit verbundenen Grundsätze zählen zu den Kernelementen der anstehenden Datenschutzreform auf europäischer Ebene. Die Forderung nach eingebautem Datenschutz und datenschutzfreundlichen Grundeinstellungen wird derzeit vor allem mit Blick auf die Nutzung Sozialer Netzwerke erhoben.

Vor diesem Hintergrund zeigt der Beitrag zunächst die Grenzen des rein normativen Datenschutzes auf (I.). Daran anknüpfend werden die Begriffe „Privacy by Design" und „Privacy by Default" näher erläutert und in einen konzeptionellen Zusammenhang gestellt (II.). Am Beispiel Sozialer Netzwerke wird dieses Konzept konkretisiert und einzelne datenschutzkonforme Gestaltungsmöglichkeiten vorgestellt (III.). Der Beitrag schließt mit einem Ausblick auf den künftigen europäischen Rechtsrahmen und beleuchtet, inwieweit die Idee eines technikgestützten Datenschutzes Eingang in den jüngst von der Europäischen Kommission vorgelegten Vorschlag für eine Datenschutz-Grundverordnung gefunden hat (IV.).

## I. Grenzen des normativen Datenschutzes

Das geltende europäische und deutsche Datenschutzrecht beruht weitgehend auf der Vorstellung, dass normativ abgesicherte Verhaltensvorgaben ebenso notwendig wie ausreichend sind. Ganz in diesem Sinne enthalten sowohl die allgemeine EG-Datenschutzrichtlinie von 1995[1] als auch die nationalen Datenschutzgesetze vornehmlich Regelungen, die Rechtmäßigkeitsvoraussetzungen für den

---

[*] Der Beitrag gibt ausschließlich die persönlichen Auffassungen der Autoren wieder, die naturgemäß auch nicht in jedem Punkt deckungsgleich sind. *Fabian Niemann* verantwortet die Abschnitte III. 2. bis III. 6., *Philip Scholz* die Abschnitte I., II., III. 1, III. 7 und IV.

Umgang mit personenbezogenen Daten definieren, die Rechte der Betroffenen und die Kontrollbedingungen festlegen sowie Sanktionen bei Verstößen vorsehen. Abwehrrechte gegen übermäßige Datenverarbeitung dominieren. Seinen stärksten Ausdruck findet dieses bis heute prägende, am klassischen Ordnungsrecht orientierte Regelungsmodell im datenschutzrechtlichen Verbot mit Erlaubnisvorbehalt[2] für gesetzlich zugelassene oder vereinbarte Zwecke und dessen nachträglicher Kontrolle.

So berechtigt und notwendig es für einen angemessenen Schutz der informationellen Selbstbestimmung ist, Rechte der Betroffenen sowie Verarbeitungsbefugnisse und -restriktionen der verantwortlichen Stellen möglichst umfassend und eindeutig gesetzlich zu definieren, so evident ist es auch, dass ausschließlich normativ orientierte Schutzkonzepte allein heute nicht mehr ausreichend sind.[3] Die Grenzen des klassischen Datenschutzrechts lassen sich dabei im Wesentlichen an zwei Merkmalen festmachen, der dynamischen technologischen Entwicklung, insbesondere bei Diensten im Internet, und der Globalisierung der Datenverarbeitung.[4] Soziale Netzwerke belegen diese These in geradezu exemplarischer Weise.

Nicht nur die Nutzerzahlen, sondern auch die Vielfalt der durch soziale Netzwerke bereitgestellten Angebote zur Selbstpräsentation, zur Kontaktaufnahme sowie zur Verbreitung und zum Austausch von Informationen nehmen rasant zu.[5] Die Nutzer können selbstgenerierte Inhalte, wie zum Beispiel digitale Fotos, Blog-Einträge, Notizen, Musik- oder Videoclips in ihre Profilseite integrieren

---

[1] Richtlinie 95/46/EG des Europäischen Parlamentes und des Rates vom 24. Oktober 1995 zum Schutz natürlicher Personen bei der Verarbeitung personenbezogener Daten und zum freien Datenverkehr (ABl. Nr. L 281 S. 31).

[2] Vgl. § 4 Absatz 1 Bundesdatenschutzgesetz (BDSG) und Artikel 7 EG-Datenschutzrichtlinie. Dazu *Sokol*, in: Simitis (Hrsg.), BDSG, § 4 Rdnr. 3 und *Brühann*, in: Grabitz/Hilf/Nettesheim, A 30, Art. 7 EG-Datenschutzrichtlinie Rdnr. 1. Kritisch zum Verbotsprinzip im nicht-öffentlichen Bereich *Schneider*, AnwBl. 2011, 233 ff.; *Schneider/Härting*, ZD 2011, 63 ff.

[3] Zur Kritik am gegenwärtigen Datenschutzkonzept bereits umfassend *Roßnagel/Pfitzmann/Garstka*, Modernisierung des allgemeinen Datenschutzrechts, Gutachten 2001, S. 22 ff. m. w. N.; *Simitis*, in: ders. (Hrsg.), BDSG, Einl Rdnr. 89 ff., 103 ff.

[4] Vgl. z. B. *Europäische Kommission*, Mitteilung „Gesamtkonzept für den Datenschutz in der Europäischen Union", KOM(2010) 609 endgültig; dies., Mitteilung „Der Schutz der Privatsphäre in einer vernetzten Welt – Ein europäischer Datenschutzrahmen für das 21. Jahrhundert", KOM(2012) 9 endgültig; *Europäischer Datenschutzbeauftragter*, Stellungnahme zur Mitteilung der Kommission „Gesamtkonzept für den Datenschutz in der Europäischen Union" (14.01.2011), abrufbar unter http://www.edps.europa.eu; *LRDP Kantor Ltd.*, Vergleichende Studie im Auftrag der Europäischen Kommission über „Verschiedene Ansätze zur Bewältigung neuer Herausforderungen für den Schutz der Privatsphäre, insbesondere aufgrund technologischer Entwicklungen", Schlussbericht (20.01.2010), abrufbar unter http://www.ec.europa.eu/justice/policies/privacy.

[5] Zur Kommunikation in Sozialen Netzwerken *Ohly*, AfP 2011, 428 (429 f.).

und veröffentlichen, anderen Mitgliedern des Netzwerks persönliche Nachrichten schicken oder sich in interessengeleiteten Gruppen zusammenschließen. Darüber hinaus bieten alle sozialen Netzwerke auch Funktionen, wie zum Beispiel Kontaktlisten oder Adressbücher, mit denen Verweise zu anderen Mitgliedern des Netzwerkes verwaltet und zu Interaktionen mit diesen genutzt werden können. Mittels Programmierschnittstellen sind die Netzwerke auch für die Anwendungen von Drittanbietern geöffnet. Durch die Integration von redaktionellen Angeboten, Spielen oder E-Commerce-Marktplätzen entwickeln sich einige soziale Netzwerke so zu umfassenden Netzen im Netz, die auch auf anderen Webseiten durch Interaktionsmöglichkeiten präsent sind, zum Beispiel durch so genannte Social Plugins[6].

Die weltweiten Kommunikationsmöglichkeiten in sozialen Netzwerken symbolisieren aber gleichwohl auch den Abschied von allen räumlichen, zeitlichen und quantitativen Schranken der Verarbeitung personenbezogener Daten. Der Bedeutungszuwachs der neuen Internet-Dienste geht regelmäßig mit dem Sammeln, Speichern und Veröffentlichen persönlicher – teils äußerst sensibler – Informationen in einem erheblichen Ausmaß einher.[7] Dabei dienen soziale Netzwerke nicht nur dazu, sich selbst darzustellen, sondern werden auch genutzt, um über andere Personen Informationen zu verbreiten. Niemand überprüft die Richtigkeit oder den Wahrheitsgehalt dieser Inhalte. Ihre Veröffentlichung kann zu erheblichen Persönlichkeitsverletzungen führen. Die einmal veröffentlichten Informationen sind kaum mehr erfolgreich zu löschen. Sie sind unter Umständen nicht nur auf einer Profilseite im Netzwerk vorhanden, sondern können zugleich auf den Profilseiten anderer Nutzer oder an vielen weiteren Stellen im Internet gespeichert sein und sind über Suchmaschinen jederzeit auffindbar.

Hinzu kommt die Möglichkeit, dass sowohl die Daten, die aktiv von den Nutzern eingestellt werden, als auch das Gesamtverhalten der Nutzer auf der Plattform und im Internet mit Hilfe von Techniken der Beobachtung und der Analyse von Verkehrsdaten (z. B. Tracking-Cookies) systematisch ausgewertet werden.[8] Die so gewonnenen Informationen können zu den unterschiedlichsten Zwecken genutzt und mit anderen Daten zu Beziehungs-, Interessen- oder Verhaltensprofilen zusammengeführt werden. Allgemein bekannt ist bislang die Verwendung derartiger Daten für Zwecke der zielgruppenorientierten und personalisierten Werbung.[9] Aber auch für potentielle Arbeitgeber[10], Vermieter, Ver-

---

[6] Dazu *Piltz*, CR 2011, 657 ff.; *von Sonnleithner*, ITRB 2011, 238 f.; *Voigt/Alich*, NJW 2011, 3541 ff. und unter III. 4.

[7] Dazu *Heckmann*, K&R 2010, 1 ff.; *Karg/Fahl*, K&R 2011, 453; *Jandt/Roßnagel*, MMR 2011, 637 f.; *Berliner Beauftragter für Datenschutz und Informationsfreiheit*, Jahresbericht 2008, S. 33 ff., abrufbar unter http://www.datenschutz-berlin.de.

[8] *Unabhängiges Landeszentrum für Datenschutz Schleswig-Holstein*, Datenschutzrechtliche Bewertung der Reichweitenanalyse durch Facebook (Arbeitspapier vom 19. 08. 2011), abrufbar unter https://www.datenschutzzentrum.de/facebook/.

sicherungen, Vertragspartner, Kollegen, Konkurrenten oder Sicherheitsbehörden sind die allgemein zugänglichen Datenbestände zunehmend von Interesse.[11]

Oftmals sind zentrale Teile der bewirkten Datenverarbeitungsprozesse nur den Betreibern bekannt. Insbesondere bei der Integration von Drittanbietern oder der Profilerstellung können viele Nutzer selbst die komplexen Verarbeitungsstrukturen häufig nicht mehr oder jedenfalls nicht vollständig überblicken. Die fehlende Transparenz bedeutet einen Verlust an Kontrollmöglichkeiten der betroffenen Personen.[12] Vollständig selbstbestimmte Entscheidungen in Sozialen Netzwerken sind – selbst bei ausgeprägter Medienkompetenz – nicht immer möglich. Betrachtet man die wachsenden Mitgliederzahlen stört diese Kontrollverschiebung die Mehrzahl der Nutzer aber offensichtlich nicht; sie sind vielfach nur an einer einfachen und komfortablen Nutzung interessiert. Gesetzliche Verarbeitungsanforderungen laufen damit ins Leere. Die bisherigen Schutzkonzepte des Datenschutzrechts werden mehr und mehr in Frage gestellt.

Die Globalität des Internets führt schließlich dazu, dass die beschriebenen Prozesse grenzüberschreitend und weltweit ablaufen. Bei den Betreibern sozialer Netzwerke haben die marktführenden Unternehmen ihren Hauptgeschäftssitz in den USA. Die Datenverarbeitung erfolgt in Drittländern außerhalb der EU, obwohl sich die Angebote erkennbar an europäische Nutzer richten. Die damit verbundenen Probleme der Identifizierung der für die Datenverarbeitung Verantwortlichen, der Bestimmung des anwendbaren Rechts[13] und seines Inhalts überfordern sowohl die nationalstaatlichen Aufsichtsbehörden in ihrer hergebrachten Struktur als auch den durchschnittlichen Internet-Nutzer. Vollzugsdefizite sind die unabweisbare Folge.

Eines steht damit deutlicher denn je fest: Die hergebrachten Regelungsinstrumente sind den Herausforderungen für den Datenschutz im Internet allein nicht mehr gewachsen. Neue Datenschutzkonzepte, die das traditionelle Schutzprogramm ergänzen, sind notwendig. Neben vielfältigen anderen Maßnahmen kommt hierbei vor allem dem Konzept des Privacy by Design eine zentrale Rolle zu.

---

[9] Vgl. *Erd*, NVwZ 2011, 19 (19 f.).

[10] Zu Internetrecherchen von Arbeitgebern *Seifert*, in: Simitis (Hrsg.), BDSG, § 32 Rdnr. 50 ff.; *Forst*, NZA 2010, 427 ff.; *Oberwetter*, NJW 2011, 417 ff.

[11] Zu den Folgen der Datenauswertung siehe z. B. *Andrews*, „Rote Linien im Netz", Süddeutsche Zeitung vom 10. 02. 2012, S. 11. Zur staatlichen Datenerhebung in Sozialen Netzwerken *Schulz/Hoffmann*, DuD 2012, 7 ff.

[12] Zum Problem des Kontrollverlusts *Hoffmann-Riem*, AöR 2009, 513 (524 ff.).

[13] Vgl. *Jotzo*, MMR 2009, 232 ff.; *Stadler*, ZD 2011, 57 f.; *Hamburgischer Beauftragter für Datenschutz und Informationsfreiheit*, 23. Tätigkeitsbericht 2010/2011, S. 157 ff. (zu Facebook).

## II. Konzept des Privacy by Design

Unter Privacy by Design oder Datenschutz durch Technik(-Gestaltung) wird die Berücksichtigung von Datenschutzanforderungen bereits bei der Entwicklung und beim Einsatz von IT-Systemen und Anwendungen verstanden.[14] Dieser seit vielen Jahren[15] diskutierte Ansatz folgt der Erkenntnis, dass sich Datenschutz nicht mehr nur darauf beschränken kann, negative Technikfolgen zu mildern, sondern die Informations- und Kommunikationstechnologie selbst als Instrument nutzen muss, um die Schutzziele zu erreichen. Der Technik verbleibt damit nicht mehr allein die Rolle als Regelungsobjekt des Datenschutzrechts. Ihr kommt in einer zunehmend technisierten Welt vielmehr die Aufgabe zu, ihrerseits die Durchsetzung von Grundsätzen des Datenschutzes und der der Datensicherheit zu unterstützen.[16]

Werden bereits in der Phase der Planung und Entwicklung neuer Technologien etwaige Datenschutzrisiken identifiziert, kann rechtzeitig Einfluss auf die Ausgestaltung der Systemstrukturen genommen werden, in denen personenbezogene Daten verarbeitet werden sollen. Durch die frühzeitige Integration datenschutzfördernder Techniken (Privacy Enhancing Technologies, PETs)[17] in

---

[14] Vgl. *Europäischer Datenschutzbeauftragter* (o. Fußn. 4), Rdnr. 108 ff. („eingebauter Datenschutz"); *Rost/Bock*, DuD 2011, 30 ff.

[15] Das Konzept eines Privacy by Design wurde bereits in den 1990er Jahren von der Datenschutzbeauftragten der kanadischen Provinz Ontario erstmals vorgestellt und seitdem weiterentwickelt. Siehe dazu die Informationen unter http://privacybydesign.ca. Die 32. *Internationalen Datenschutzkonferenz* hat das Prinzip des Privacy by Design als wesentlichen Bestandteil des Datenschutzes anerkannt, vgl. Entschließung vom 27.–29. Oktober 2010, abrufbar unter http://www.bfdi.bund.de > Entschließungen.

[16] Zum Datenschutz durch Technik vgl. etwa *Roßnagel*, Freiheit durch Systemgestaltung, in: Nickel/Roßnagel/Schlink (Hrsg.), Die Freiheit und die Macht – Wissenschaft im Ernstfall, FS für Adalbert Podlech, 1994, S. 227 ff.; *ders.*, MMR 2005, 71 (74); *Hoffmann-Riem*, AöR 1998, 513 ff.; *Simitis*, Die Erosion des Datenschutzes, in: Sokol (Hrsg.), Neue Instrumente im Datenschutz, 1999, S. 5 ff.; *Bizer*, Datenschutz durch Technikgestaltung, in: Bäumler/v. Mutius, Datenschutzgesetze der dritten Generation, 1999, S. 28 ff.; *ders.*, DuD 2007, 725 ff.; *Roßnagel/Pfitzmann/Garstka* (o. Fußn. 3), S. 35 f., 39 f.; *Dix*, in: Roßnagel (Hrsg.), Hdb. Datenschutzrecht, Kap. 3.5 Rdnr. 28 ff.; *Albers*, Informationelle Selbstbestimmung, 2005, S. 544 ff.; *Scholz*, in: Simitis (Hrsg.), BDSG, § 3a Rdnr. 9 ff.; *ders.*, Datenschutz beim Internet-Einkauf, 2003, S. 341 ff.; *Konferenz der Datenschutzbeauftragten des Bundes und der Länder*, Ein modernes Datenschutzrecht für das 21. Jahrhundert, 2010, S. 7 f.

[17] Zu Privacy Enhancing Technologies vgl. *Borking*, DuD 2001, 607 ff.; *Hansen*, in: Roßnagel (Hrsg.), Hdb. Datenschutzrecht, Kap. 3.3 m.w.N.; *Europäische Kommission*, Mitteilung über die Verbesserung des Datenschutzes durch Technologien zum Schutz der Privatsphäre, KOM(2007) 228 endgültig. Zum wirtschaftlichen Nutzen vgl. *London Economics*, Study on the economic benefits of privacy-enhancing technologies, Juli 2010, abrufbar unter http://ec.europa.eu/justice/policies/privacy/docs/studies/final_report_pets _16_07_10_en.pdf.

die Gesamtkonzeption kann verhindert werden, dass vermeidbare und intransparente Datensammlungen entstehen, die sich „systembedingt" im Nachhinein nur schwer wieder beseitigen ließen. Privacy by Design ist daher von proaktiven statt reaktiven Maßnahmen geprägt. Der Datenschutz wird so zu einer wesentlichen Komponente bei der Architektur von IT-Systemen und wirkt sich im Ergebnis präventiv auf den Schutz der Betroffenen aus. Richtig angewendet kann er zugleich vertrauensfördernd wirken und ist damit auch aus Anbietersicht eine Möglichkeit, eine umfassende Nutzerakzeptanz für neue Dienste und Funktionalitäten zu erreichen.

Adressaten eines Konzepts des Datenschutzes durch Technik sind zum einen die Hersteller von IT-Produkten und Verfahren, die durch Konzeption, Erforschung und Entwicklung für die tatsächliche Verfügbarkeit von datenschutzfreundliche Lösungen am Markt sorgen können, und zum anderen die datenverarbeitenden Stellen, die diese Technologien in ihre Anwendungen implementieren oder datenschutzgerechte Produkte und Dienstleistungen einsetzen.[18]

Technische Mittel können zum Beispiel zur Erhöhung der Transparenz der Datenverarbeitung, zur technischen Ermöglichung und Unterstützung von Einwilligungen, zur Markierung und Prüfung von Verarbeitungszwecken, zum Zugriffsschutz durch Verschlüsselung, zur Datenvermeidung oder -sparsamkeit durch Verfahren der Anonymisierung und Pseudonymisierung[19] sowie zur frühzeitigen Datenlöschung eingesetzt werden.[20] Der Grundsatz des Privacy by Design verlangt es, Anwendungen und Verfahren in der Weise zu konzipieren, dass sie eine weitgehende Steuerung und Kontrolle der Datenverarbeitung durch den informierten Nutzer ermöglichen und unterstützen, ohne aber die Funktionalität der Systeme zu beeinträchtigen. Ziel ist es, über größere Transparenz und Wahlmöglichkeiten zugleich das Interesse der Anbieter und Nutzer an modernen Produkten und Diensten wie das allgemeine Interesse an einem funktionierenden Datenschutz zu bedienen. Dabei ist der gesamte Datenverarbeitungsprozess in einem Verarbeitungszusammenhang in den Blick zu nehmen. Eingebauter Datenschutz erstreckt sich auf gesamten Lebenszyklus einer Technologie.

Zu den zentralen Elementen des Privacy by Design Konzepts gehört auch der Datenschutz durch Standardeinstellungen (Privacy by Default). Danach haben die Auslieferung von Produkten und die Bereitstellung von Diensten im Internet auf der Grundlage von Standardeinstellungen zu erfolgen, die – wenn sie nicht

---

[18] Zu den Adressaten eines technikgestützten Datenschutzes *Hornung*, ZD 2011, 51 (52 f.). Zur Förderung datenschutzgerechter Technik durch das Datenschutzrecht *Roßnagel/Pfitzmann/Garstka* (o. Fußn. 3), S. 143 ff.

[19] Zu den Möglichkeiten der technischen und organisatorischen Umsetzung von Datenvermeidung und Datensparsamkeit *Scholz* (o. Fußn. 16), § 3a Rdnr. 32 ff.

[20] Zu Datenschutztechniken (am Beispiel von RFID-Anwendungen) siehe *Roßnagel*, Datenschutz in einem informatisierten Alltag, 2007, S. 158 ff.

von dem Nutzer im Bestell- oder Registrierungsprozess ausgesucht werden – sich auf das Mindestmaß der erforderlichen Datennutzung beschränken. Abweichungen von datenschutzrechtlichen Grundeinstellungen müssen jederzeit möglich sein und sind von den Nutzern mittels einer Opt-In-Lösung selbstverantwortlich zu wählen (entweder am Anfang oder – mit Wirkung für die Zukunft – zu einem späteren Zeitpunkt). Mit dem Grundsatz des Privacy by Default können somit auch Nutzer unterstützt werden, die nicht über die erforderlichen IT-Kenntnisse oder ausreichende (zeitlichen) Ressourcen verfügen, um – angesichts der Vielfalt von technischen Einstellungsmöglichkeiten und deren nicht immer leicht überschaubaren Konsequenzen – die einschlägigen Datenschutzmaßnahmen selbst zu ergreifen.[21] Gefahren für das informationelle Selbstbestimmungsrecht der Betroffenen können damit von Anfang an minimiert werden.

Technischer Datenschutz kann unter den genannten Bedingungen effektiver sein als nur rechtlicher Datenschutz, da Verarbeitungsvorgänge, die technisch verhindert werden können, nicht mehr verboten werden müssen und im Unterschied zu Rechtsregeln gegen technische Begrenzungen nicht verstoßen werden kann. Privacy by Design kann so zur einer Reduzierung des Kontroll- und Überwachungsaufwands beitragen und eine nachträgliche Sanktionierung überflüssig machen. Technische Schutzvorkehrungen sind zudem die potentiell effektivste Reaktion auf den streng begrenzten Anwendungsbereich nationaler Vorschriften, da sie universell verwendbar und weltweit wirksam sind.[22]

Die Strategie der präventiven Technikgestaltung kann die normative Datenschutzkonzeption zwar nicht vollständig ersetzen, aber sinnvoll ergänzen. Durch den Einbau von Datenschutzlösungen unmittelbar in Verarbeitungsprozesse kann das Regelungsziel doppelt abgesichert werden. Zwingende rechtliche Anforderungen werden in genauso verbindliche Erwartungen an die Adresse der Technik umgesetzt. Recht und Technik können folglich eine Allianz zum Schutz der informationellen Selbstbestimmung eingehen.[23] Technik muss Recht unterstützen, seine Schutzziele zu erreichen. Recht muss Technik unterstützen, damit Anreize und Vorgaben für Technikentwicklungen sowie deren Einsatz und Verbreitung geschaffen werden.[24] Auf diese Weise kann auch die Ungleichzeitigkeit der Entwicklung der Verarbeitungstechnologien auf der einen und dem dieser Entwicklung „nachlaufenden", weil bloß reaktiv sanktionierenden Datenschutzrecht auf der anderen Seite weitgehend vermieden werden.[25] Schließlich führt „Pri-

---

[21] *Konferenz der Datenschutzbeauftragten des Bundes und der Länder* (o. Fußn. 16), S. 25; *Roggenkamp*, jurisPR-ITR 13/2011 Anm. 2.

[22] Vgl. *Roßnagel/Pfitzmann/Garstka* (o. Fußn. 3), S. 36.

[23] Dazu *Simitis*, DuD 2000, 714 (725 f.); *Roßnagel* (o. Fußn. 20), S. 172 f. Allgemein zur Allianz von Recht und Technik *Roßnagel*, Allianz von Medienrecht und Informationstechnik – Hoffnungen und Herausforderungen, in: ders. (Hrsg.), Allianz von Medienrecht und Informationstechnik, 2001, S. 17 (23 ff.).

[24] Vgl. *Roßnagel* (o. Fußn. 20), S. 173.

vacy by Design" zu einer Akzeptanzsteigerung der Produkte und Dienste und kann sogar Funktionalitäten – insbesondere durch Transparenz – ermöglichen, die heute rechtlich kritisch gesehen werden.

### III. Datenschutzkonforme und praxistaugliche Gestaltung sozialer Netzwerke

*1. Pseudonyme Nutzungsmöglichkeiten*

Das Ziel einer möglichst datensparsamen Gestaltung sozialer Netzwerke lässt sich vielfach bereits durch die Ermöglichung einer Nutzung des Dienstes unter Pseudonym erreichen. Dem Nutzer eines sozialen Netzwerks sollte daher regelmäßig zumindest die Wahlmöglichkeit eingeräumt werden, bei der Eröffnung eines Nutzerkontos, anstelle seines realen Vor- und Nachnamens ein selbst gewähltes Pseudonym[26] als Profilnamen anzugeben.[27] Die von einem solchen pseudonymen Nutzer veröffentlichten Profil- und Statusdaten sowie die von ihm initiierten Kommunikationsvorgänge im Netzwerk wären damit nicht mehr ohne Weiteres seiner „wahren" Identität zuzuordnen, sondern nur seinem Pseudonym. Wird bereits bei der Registrierung auf die Angabe von Klarnamen verzichtet, tritt der mit der Pseudonymität verfolgte Zweck der Identitätsverschleierung nicht nur gegenüber anderen Nutzern oder Dritten ein, sondern auch gegenüber dem Anbieter des Netzwerkes selbst.[28] Damit wird – dem Ziel der Datensparsamkeit entsprechend – bereits die Entstehung personenbezogener Daten verhindert.[29]

---

[25] Dazu *Bizer* (o Fußn. 16), S. 47; *Nedden*, Risiken und Chancen für das Datenschutzrecht, in: *Roßnagel* (o. Fußn. 23), S. 67 ff.; *Simitis*, DuD 2000, 714 (716 f.); *ders.*, RDV 2007, 143 (147).

[26] Zur Unterscheidung von Pseudonymen nach dem Inhaber der Zuordnungsfunktion oder nach dem jeweiligen Verwendungszusammenhang *Scholz* (o. Fußn. 16), § 3 Rdnr. 220 ff.

[27] Diese Forderung erheben auch die *Konferenz der Datenschutzbeauftragten des Bundes und der Länder*, „Datenschutz bei sozialen Netzwerken jetzt verwirklichen!" (Entschließung der 82. Konferenz am 28./29.09.2011) und die *Obersten Aufsichtsbehörden für den Datenschutz im nicht-öffentlichen Bereich (Düsseldorfer Kreis)*, „Datenschutzkonforme Gestaltung sozialer Netzwerke (Beschluss vom 17./18.04.2008); „Datenschutz in sozialen Netzwerken" (Beschluss vom 08.12.2011), Dokumente abrufbar unter http://www.bfdi.de/ > Entschließungen. Eine anonyme, d. h. vollständig namenlose Nutzung dürfte bei Sozialen Netzwerken im Allgemeinen zweckwidrig sein und daher von vornherein nicht in Betracht kommen.

[28] Einige Dienste verlangen zwar eine Anmeldung mit vollständiger Angabe von Name und Adresse, ermöglichen aber, dass der Nutzer in der Folge in seinem Profil unter Pseudonym auftreten kann.

[29] Zur Frage des Personenbezugs pseudonymer Daten *Scholz* (o. Fußn. 16), § 3 Rdnr. 217 ff.

Gegenüber Dritten und in der Öffentlichkeit unter einem Pseudonym aufzutreten, ist zudem Teil des verfassungsrechtlich geschützten allgemeinen Persönlichkeitsrechts.[30] Dieses garantiert nicht nur die Möglichkeit autonomer Selbstentfaltung durch Abschirmung eines privaten Bereichs, sondern umfasst auch die nach außen gerichtete Selbstdarstellung des Einzelnen im Sinne einer kommunikativen Persönlichkeitsentfaltung.[31] Das Recht des Einzelnen, entscheiden zu können, „welches Persönlichkeitsbild er von sich vermitteln will",[32] schützt auch die zunächst nur formale Möglichkeit, ohne Nennung des eigenen Namens (anonym) oder unter Nennung eines fremden Namens (pseudonym) gegenüber anderen sozial zu interagieren.[33] Dies spielt heute vor allem bei der Kommunikation im Internet eine entscheidende Rolle. Pseudonymität erfüllt hier eine wichtige Schutzfunktion, weil sie Meinungsäußerungen[34] und Diskussionen auch solchen Personen ermöglicht, die aus den verschiedensten Gründen nicht unter ihren echten Namen in Erscheinung treten können oder dürfen (z. B. politische Aktivisten, Missbrauchsopfer).[35] Durch den Einsatz verschiedener Pseudonyme in verschiedenen Zusammenhängen kann der pseudonym Handelnde zudem ausschließen, dass Daten zu seiner Person zweckübergreifend verknüpft werden. Schließlich leistet die Ermöglichung pseudonymer Profile im Rahmen sozialer Netzwerke einen wertvollen Beitrag zum Selbstdatenschutz, da die Nutzer durch eine eigene Entscheidung Einfluss auf Verarbeitung ihrer Daten nehmen können.[36]

Das Angebot pseudonymer Nutzungsoptionen ist für die Anbieter sozialer Netzwerke in den meisten Fällen auch zumutbar, wobei es natürlich dienstespezifische Unterschiede gibt. Soweit Dienste kostenlos genutzt werden können und daher der Klarname für die korrekte Vertragserfüllung nicht benötigt wird,

---

[30] Vgl. zu einem entsprechenden Recht auf Anonymität v. *Mutius*, Anonymität als Element des allgemeinen Persönlichkeitsrecht, in: Bäumler/v. Mutius (Hrsg.), Anonymität im Internet, 2003, S. 12 ff.; *Denninger*, Anonymität – Erscheinungsformen und verfassungsrechtliche Fundierung, in: Bäumler/v. Mutius (Hrsg.), Anonymität im Internet, 2003, S. 41 ff.; *Brunst*, Anonymität im Internet – rechtliche und tatsächliche Rahmenbedingungen, 2009, S. 280 f.

[31] Vgl. zur Selbstdarstellung des Einzelnen in der Öffentlichkeit BVerfGE 35, 202 (220); 54, 148 (155 f.); 63, 131 (142); *Dreier*, in: ders. (Hrsg.), GG, Art. 2 I, Rdnr. 69 ff.

[32] Vgl. BVerfGE 82, 236 (269).

[33] Vgl. *Bizer*, Das Recht auf Anonymität in der Zange gesetzlicher Identifizierungspflichten, in: Bäumler/v. Mutius (Hrsg.): Anonymität im Internet, 2003, S. 78 ff. Ablehnend *Bull*, NJW 2006, 1617 (1619).

[34] Von der Meinungsfreiheit nach Artikel 5 Absatz 1 Satz 1 GG ist auch die Entscheidung des Äußernden geschützt, ob er sich namentlich oder anonym äußern will. Vgl. nur *Starck*, in: v. Mangoldt/Klein/Starck, GG, Art. 5 Abs. 1, Rdnr. 32.

[35] Zur Debatte um den Klarnamenzwang bei Google+ und Facebook siehe *Stadler*, ZD 2011, 57 m. w. N. sowie die Initiative „My name is me" (http://my.nameis.me).

[36] Zum Selbstdatenschutz etwa *Roßnagel*, in: ders. (Hrgs.), Hdb. Datenschutzrecht, Kap. 3.4.; *Hoffmann-Riem*, AöR 1998, 513 (534 f.); ders., AöR 2009, 513 (526 ff.).

dürfte nur in besonderen Fällen eine pseudonyme Nutzung unzumutbar sein.[37] Die Zumutbarkeit lässt sich jedenfalls nicht pauschal mit der Erwägung verneinen, dass durch eine pseudonyme Nutzung die Gefahr der Verletzung der Rechte Dritter ansteigt, weil dies jeder derartigen Nutzung immanent ist.[38] Es dürfte im Übrigen auch kaum wirksame technische Möglichkeiten geben, die Umgehung von Identifizierungspflichten zu kontrollieren und zu verhindern. Fraglich ist, inwieweit mögliche Gebrauchseinschränkungen etwa bei Business-Netzwerken in diesem Zusammenhang die Zumutbarkeit beeinträchtigen. Gerade in diesen Fällen dürfte aber die praktische Relevanz minimal sein. Der Nutzer entscheidet hier vielmehr regelmäßig selbst, in welchem Umfang und durch welche Preisgabe von personenbezogenen Daten er für Funktionalität in seinem Sinne sorgen kann.[39]

Der datenschutzfreundliche Effekt einer Pseudonymisierung in Sozialen Netzwerken hängt zum einen maßgeblich von der Wahl des jeweiligen Pseudonyms ab. Der Nutzer hat es dabei zunächst selbst in der Hand, das Pseudonym so zu bilden, dass eine Verbindung zu seiner echten Identität – außerhalb seines Freundeskreises, d. h. für andere Nutzer des Netzwerks oder Dritte – nicht oder nur mit großem Aufwand hergestellt werden kann. Zum anderen spielt hinsichtlich des Re-Identifizierungsrisikos der Aspekt der Verkettbarkeit eine entscheidende Rolle.[40] Daten zu demselben Pseudonym – insbesondere wenn das Pseudonym langfristig und in unterschiedlichen Rollen eingesetzt wird – lassen sich miteinander verknüpfen und können so zu umfangreichen Datenbeständen bis hin zu aussagekräftigen Profilen führen, die aufgrund der zahlreichen Anknüpfungspunkte den Rückschluss auf eine bestimmte Person deutlich erleichtern. Dieses Problem ist bei sozialen Netzwerken, die auf eine umfassende Selbstdarstellung auf den Profilseiten der Nutzer angelegt sind, evident. Auf den Konflikt sollten die Nutzer bei der Registrierung hingewiesen werden, wie auf die Gefahr der späteren Selbstaufdeckung von Pseudonymen, etwa durch die Veröffentlichung von eigenen Fotos.

---

[37] Zu der Frage, ob die Praxis von Betreibern sozialer Netzwerke, die eine anonyme oder pseudonyme Nutzung ihrer Dienste ausschließen oder einschränken, im Einklang mit § 13 Absatz 6 Satz 1 Telemediengesetz (TMG) steht, vgl. *Schnabel/Freund*, CR 2010, 718 ff. m. w. N. Nach dieser Vorschrift sind Anbieter von Telemediendiensten verpflichtet, die Nutzung des Angebots anonym oder unter Pseudonym zu ermöglichen, soweit dies technisch möglich und zumutbar ist.

[38] Vgl. *Stadler*, ZD 2011, 57 (58).

[39] So zutreffend *Albrecht*, AnwZert ITR 1/2011, Anm. 2.

[40] Vgl. *Scholz* (o. Fußn. 16), § 3 Rdnr. 216, 217b. Zu Verkettungsmöglichkeiten s. auch die Studie des *Unabhängigen Landeszentrums für Datenschutz Schleswig-Holstein*, Verkettung digitaler Identitäten, 2007, abrufbar unter https://www.datenschutzzentrum.de/projekte/verkettung/.

## 2. Profilbildungen

Von der Bildung eines Profils, welches der Nutzer anlegt, um den Dienst zu nutzen, ist die Bildung von sog. Nutzungsprofilen zu unterscheiden, die regelmäßig durch den jeweiligen Anbieter des sozialen Netzwerks erstellt werden, etwa um personalisierte Werbung zu schalten und um ihr Angebot auf den einzelnen Nutzer abzustimmen. Was unter dem Begriff Nutzungsprofil allerdings zu verstehen ist, ist nicht abschließend geklärt. Einig ist man sich wohl, dass der Begriff weit zu verstehen ist, etwa als jede Art von systematisch zusammengefassten Nutzungsdaten, die Aussagen über das Verhalten und die Gewohnheiten eines Nutzers bei seiner konkreten Nutzung des jeweiligen Telemediendienstes enthalten.[41]

Nach der gegenwärtigen Gesetzeslage ist die Erstellung von Nutzungsprofilen nach herrschender Ansicht nur in sehr engen Grenzen zulässig, d.h. allein auf Grundlage einer (a) Pseudonymisierung, (b) im Rahmen einer Einwilligung oder (c) bei Nutzung von ausschließlich anonymisierten Daten möglich.

### a) § 15 Absatz 3 TMG

Das TMG gestattet die Erstellung von Nutzungsprofile nur zu ganz bestimmten Zwecken und unter der Voraussetzung, dass die dabei verwendeten personenbezogenen Daten pseudonymisiert werden (§ 15 Abs. 3 TMG). Unter Pseudonymisieren versteht man das Ersetzen des Namens und anderer Identifikationsmerkmale durch ein Kennzeichen (sog. Pseudonym) um die Bestimmung des Betroffenen entweder auszuschließen oder wesentlich zu erschweren (§ 3 Abs. 6a BDSG). Dem Websitebetreiber ist es insoweit generell untersagt, die pseudonymisierten Nutzungsprofile mit dem Träger des Pseudonyms zusammenzuführen (§ 15 Abs. 3 Satz 3 TMG). Der Nutzer muss zudem über die Profilbildung unterrichtet und über sein Widerspruchsrecht (sog. „opt-out") aufklärt werden (§ 15 Abs. 3 Satz 2 i.V.m. § 13 Abs. 1 TMG). Macht der Nutzer von seinem Widerspruchsrecht Gebrauch, ist die Erstellung eines Nutzungsprofils unzulässig.

Die Möglichkeit der Profilerstellung ist insoweit eingeschränkt, als sie nur zum Zwecke der Werbung, der Marktforschung oder zur bedarfsgerechten Gestaltung des Telemediums erfolgen darf. Die Profilerstellung für andere Zwecke ist ausgeschlossen. Insbesondere die Übermittlung an Dritte (wie z.B. Werbepartner) ist damit nicht möglich.[42] Diese ist nur zum Zwecke der Marktforschung in anonymisierter Form zulässig (vgl. § 15 Abs. 5 Satz 3 TMG). Personalisierte Werbung, wie sie in sozialen Netzwerken üblich ist, kann generell unter den

---

[41] So etwa (m.w.N.) *Zscherpe*, in: Taeger/Gabel, BDSG, 2010, Rn. 58 zu § 15 TMG; ähnlich auch *Bauer*, MMR 2008, 435, 437.

Begriff der Werbung gefasst werden und könnte damit an sich datenschutzrechtlich zulässig ausgestaltet werden.[43] Allerdings wird die Erstellung eines Nutzungsprofils unter Verwendung eines Pseudonyms sehr schwierig sein, da dieses Profil immer einem bestimmten Nutzerkonto zugeordnet werden muss. Im Ergebnis scheidet § 15 Abs. 3 TMG als Rechtsgrundlage für personalisierte Werbung wohl regelmäßig aus.[44]

Wichtig ist auch, dass bei der Erstellung des Profils allein Nutzungsdaten verwendet werden dürfen, Bestandsdaten und Inhaltsdaten dagegen nicht. Unter Nutzungsdaten versteht man alle personenbezogenen Daten, die erforderlich sind, um die Inanspruchnahme von Telemedien zu ermöglichen und abzurechnen (vgl. § 15 Abs. 1 TMG). Bestandsdaten sind dagegen alle personenbezogenen Daten des Nutzers, welche zur Begründung, inhaltlichen Ausgestaltung oder Änderung eines Vertragsverhältnisses zwischen dem Diensteanbieter und dem Nutzer über die Nutzung von Telemedien erforderlich sind (§ 14 Abs. 1 TMG). Bestands- und Nutzungsdaten können nicht immer klar voneinander abgegrenzt werden, sondern überschneiden sich häufig. Merkmale zur Identifikation des Nutzers (vgl. § 15 Abs. 1 Nr. 1 TMG) wie beispielsweise (statische) IP-Adressen, Nutzername und Passwort sind oft gleichzeitig Nutzungsdaten und auch Bestandsdaten die für die Begründung und inhaltliche Ausgestaltung des Vertragsverhältnisses erforderlich sind.[45] Als Inhaltsdaten werden schließlich alle Daten bezeichnet, die nicht Bestands- oder Nutzungsdaten sind, sondern Informationen, die lediglich mithilfe des jeweiligen Telemediums transportiert werden.[46] Inhaltsdaten werden zwar teilweise unter den Begriff der Nutzungsdaten i. S. d. § 15 Abs. 1 TMG gefasst, da sie – gerade im Rahmen von sozialen Netzwerken – notwendig seien, um den entsprechenden Dienst überhaupt nutzen zu können.[47] Allerdings ist diese Sichtweise nach dem sog. „spickmich.de"-Urteil des BGH[48] in der Praxis wohl überholt, da dieser die Verwendung von Inhaltsdaten allein an den §§ 28, 29 BDSG misst.[49]

---

[42] Vgl. *Spindler/Nink,* in: Spindler/Schuster, Recht der elektronischen Medien, 2011, Rn. 12 zu § 15 TMG; vgl. in Bezug auf die Auftragsdatenverarbeitung auch *Gabriel/Cornels,* MMR 2008, XIV, XV.

[43] Vgl. *Bauer,* MMR 2008, 435, 438.

[44] *Bauer* hält es wohl insoweit für möglich, das das Nutzungsprofil durch eine sog. „Chinese Wall" von den Bestandsdaten des jeweiligen Nutzers getrennt werden kann (vgl. MMR 2008, 435, 438). Wie dies umgesetzt werden soll, lässt er allerdings offen.

[45] Vgl. m. w. N. *Spindler/Nink,* in: Spindler/Schuster, Recht der elektronischen Medien, 2. Auflage 2011, Rn. 2 zu § 15 TMG.

[46] Vgl. *Schmitz,* in: Hoeren/Sieber, Multimedia-Recht, 2011, Rn. 208 ff. zu Teil 16.2; a. A. *Spindler/Nink,* in: Spindler/Schuster, Recht der elektronischen Medien, 2011, Rn. 3 zu § 15 TMG.

[47] *Heckmann* in: jurisPK-Internetrecht, 3. Aufl. 2011, Kapitel 9 Rn. 307.

[48] BGH, Urteil vom 23. Juni 2009 – VI ZR 196/08 („spickmich.de") = ZUM 2009, 753, 756.

Insoweit stellt sich die grundsätzliche Frage, ob § 15 Abs. 3 TMG eine abschließende Regelung ist. In Bezug auf Bestands- und Nutzungsdaten, die spezialgesetzlich im TMG geregelt sind, muss dies sicherlich bejaht werden. Für Daten außerhalb des Anwendungsbereichs des TMG kann dies allerdings nicht gelten. Das dürfte nach dem „spickmich.de"-Urteil des BGH klar sein. Insoweit ist auch zu beachten, dass im Zuge des Gesetzgebungsverfahrens das Wort „nur" aus der Vorschrift gestrichen wurde, vor allem deshalb, um klarzustellen, dass die Einwilligung neben § 15 Abs. 3 TMG als Rechtfertigungstatbestand weiterhin anwendbar bleiben soll.[50] Soweit bei einer Profilbildung daher ausschließlich Inhaltsdaten verwendet werden, muss sich diese nach dem gegenwärtigen Gesetzeswortlaut auch auf Grundlage der in §§ 28, 29 BDSG enthaltenen Erlaubnistatbestände rechtfertigen lassen können (insbes. auf Grundlage einer Interessenabwägung). Etwas anderes muss nach dem Wortlaut des § 15 Abs. 3 TMG wohl aber dann gelten, wenn Inhaltsdaten im Rahmen der Profilbildung mit Nutzungsdaten zusammengeführt werden sollen, denn dies ist nach § 15 Abs. 3 Satz 3 TMG gerade ausgeschlossen. Da die Bildung von Profilen im Zusammenhang mit sozialen Netzwerken ohne jedwede Verwendung von Bestandsdaten und Nutzungsdaten kaum möglich sein dürfte, ist eine Rechtfertigung auf Grundlage der Erlaubnistatbestände des BDSG daher nur in Ausnahmefällen denkbar. Man könnte zwar die Meinung vertreten, dass Daten, die für die Anmeldung und für die Erstellung etwa einer Profilseite genutzt werden, eine Art Doppelcharakter zukommt – also gleichzeitig als Bestands- bzw. Nutzungsdatum wie auch als Inhaltsdatum anzusehen sind – und eine Profilbildung daher auf Grundlage einer Interessenabwägung gerechtfertigt werden kann. Dies würde allerdings im Ergebnis eine Umgehung des Zusammenführungsverbots nach § 15 Abs. 3 Satz 3 TMG bedeuten. Die Einordnungsprobleme zeigen deutlich, dass die gegenwärtige Rechtslage unklar und wenig praktikabel ist. Zudem steht § 15 TMG in seiner jetzigen Form möglicherweise nicht im Einklang mit der Datenschutzrichtlinie 95/46/EG (siehe dazu unten d)).

### b) Einwilligung

Sofern eine (elektronische) Einwilligung des Nutzers vorliegt, dürfen Nutzungsprofile unabhängig von den zuvor genannten Voraussetzungen des § 15 Abs. 3 TMG (und der §§ 28, 29 BDSG) erstellt werden[51]. Eine entsprechende Einwilligung des Nutzers kann etwa im Rahmen des Registrierungsprozesses

---

[49] Vgl. *Schüßler*, in: Taeger, Digitale Evulotion – Herausforderung für das Informations- und Medienrecht, 2010, S. 233, 241 ff.

[50] *Schmitz*, in: Hoeren/Sieber, Multimedia-Recht, 2011, Rn. 216 zu Teil 16.2.

[51] Zur generellen Möglichkeit der Einwilligung siehe *Schmitz*, in: Hoeren/Sieber, Multimedia-Recht, 2011, Rn. 216 zu Teil 16.2; siehe auch *Arning/Haag*, in: Heise Online-Recht, 2011, Rn. 51 zu Kapitel II.

durch das Setzen eines entsprechenden Häkchens (sog. „opt-in") eingeholt werden. Die Einholung einer Einwilligung zur Erstellung von Nutzungsprofilen gestaltet sich in der Praxis aber erfahrungsgemäß schwierig, da nicht jeder Nutzer bereit ist, einer Webanalyse auf Grundlage seiner Daten zuzustimmen. Zudem kann die Einwilligung jederzeit widerrufen werden und stellt auch deshalb oftmals kein adäquates Mittel für die Erstellung von allgemeinen Nutzerprofilen dar, denn die technische Umsetzung – Unterscheidung zwischen Nutzern, die eine Einwilligung erteilt haben, und solchen, die dies nicht getan haben bzw. ihre Einwilligung widerrufen haben – ist schwierig. Aus Sicht der Netzwerkbetreiber wäre ein gangbarer Weg, die Nutzung des sozialen Netzwerkes von einer entsprechenden Einwilligung zur Erstellung eines Nutzungsprofils beispielsweise zum Zwecke der Werbung abhängig zu machen (diese müsste dann den Voraussetzungen einer elektronischen Einwilligung nach §§ 13 Abs. 2, 3 TMG und § 4a BDSG genügen, insbesondere „informiert" erfolgen). Insoweit ist allerdings das Kopplungsverbot des § 28 Abs. 3b BDSG zur werblichen Nutzung von Daten zu beachten.[52] Dieses ist auf Fälle beschränkt, in denen dem Betroffenen ein anderer Zugang zu gleichwertigen vertraglichen Leistungen ohne die Einwilligung nicht oder nicht in zumutbarer Weise möglich ist. Wann dies der Fall ist, muss im Einzellfall geprüft werden. Die Hürde für die Annahme einer Monopolstellung wurde allerdings sehr hoch gelegt. So hat etwa das OLG Brandenburg eine solche Monopolstellung von eBay, welches damals einen Marktanteil von 73% hatte, verneint.[53]

Soweit Nutzungsprofile auf Grundlage personenbezogener Daten von nicht registrierten Nutzern erstellt werden (etwa im Zusammenhang mit Social Plugins), muss eine Einwilligung auf anderem Wege eingeholt werden. Wichtig ist nur, dass die Einwilligung bereits vor der Erhebung der Daten gegeben werden muss (also beispielsweise vor der Speicherung der jeweiligen IP-Adresse), also direkt beim Aufruf der Website. Die Möglichkeit des Nutzers seine Browserstandardeinstellung entsprechend zu ändern, stellt keine ausreichende (generelle) Einwilligung in die Speicherung der Daten dar. Eine Einwilligung kann aber beispielsweise in Form eines Pop-up-Fensters oder durch eine Art vorgeschaltete Website eingeholt werden. Dies würde allerdings die Attraktivität der Website erheblich beeinträchtigen. Im Ergebnis ist die Einholung einer Einwilligung von nicht registrierten Nutzern daher nicht praktikabel.

---

[52] Das allgemeine Kopplungsverbot des § 12 Abs. 3 TMG a.F. wurde im Zuge der sog. BDSG-Novelle II (Gesetz zur Änderung datenschutzrechtlicher Vorschriften vom 14. August 2009, BGBl. I 2009, S. 2814) aufgegeben.

[53] OLG Brandenburg MMR 2006, 405, 407; vgl. insoweit auch *Bauer* MMR 2008, 435, 436.

### c) Anonymisierung

Die generell einfachste und aus datenschutzrechtlicher Sicht sicherste Möglichkeit für die Erstellung von Nutzungsprofilen ist eine Anonymisierung der Daten (insbesondere in Bezug auf nicht registrierte Nutzer). Genau genommen werten diese anonymisierten Nutzungsprofile nicht das Verhalten bestimmter Nutzer aus, sondern erfassen die Nutzung bestimmter Angebote. Anonymisierung liegt vor, wenn die entsprechenden Einzelangaben nicht mehr bzw. nur noch mit einem unverhältnismäßig hohen Aufwand einem bestimmten Nutzer zugeordnet werden können (vgl. § 3 Abs. 6 BDSG). Soweit Einzelangaben einem Nutzer objektiv nicht mehr zugeordnet werden können (sog. „echte" Anonymisierung), ist die Erhebung und Verwendung solcher Daten mangels Personenbezug aus datenschutzrechtlicher Sicht nicht relevant. Derart anonymisierte Daten können ohne Einschränkung für die Verwendung von Webanalysen genutzt werden und insbesondere auch an Dritte übermittelt werden. Ist die Zuordnung der Einzelangaben zu einem bestimmten Nutzer auf irgendeiner Weise noch möglich, allerdings nur mit unverhältnismäßig hohem Aufwand ist umstritten, ob ein personenbezogenes Datum vorliegt. Die wohl überwiegende Ansicht verneint dies, was zur Folge hat, dass das Datenschutzrecht auch auf diese Daten nicht anwendbar ist.[54]

Im Rahmen von sozialen Netzwerken, die Nutzungsprofile gerade zum Zwecke von personalisierter Werbung erstellen wollen, ist eine Anonymisierung allerdings generell kein gangbarer Weg (mit Ausnahme etwa von der Erstellung von Webstatistiken zur Verbesserung des eigenen Angebots).

### d) Alternative Überlegungen

Die Regelung des § 15 Abs. 3 TMG hat zur Folge, dass die Erstellung von Nutzungsprofilen praktisch kaum möglich ist. Will man personalisierte Werbung im Internet zulassen, da diese ein entscheidender Faktor ist, etwa um Umsatz zu generieren und so in der Lage zu sein, das Netzwerk kostenfrei anbieten zu können (was Nutzer bisher erwarten), müsste die Vorschrift überarbeitet werden und ein expliziter Erlaubnistatbestand auf der Grundlage einer Interessenabwägung geschaffen werden. Der durchschnittliche Nutzer stört sich weniger an den auf seine Vorlieben zugeschnittenen Werbeangeboten, als an der Verwendung seines Profils. Insoweit muss der Netzwerkbetreiber Transparenz sicherstellen und insbesondere auch, dass der Nutzer (1) im Rahmen der Registrierung ausreichend über die Nutzung seiner Daten informiert wird und die Daten (2) nicht für an-

---

[54] Vgl. m.w.N. *Buchner*, in: Taeger/Gabel, BDSG, 2010, Rn. 44 zu § 3 BDSG; *Dammann*, in: Simitis (Hrsg.), BDSG, § 3 Rdnr. 23 ff. Vgl. zur Frage der Reanonymisierung nach subjektiven oder objektiven Maßstäben auch die unter Abschnitt III. 3. unten gemachten Ausführungen.

dere Zwecke verwendet werden, (3) nicht an Dritte ohne Erlaubnis des Nutzers weitergegeben werden, und (4) nach Beendigung seiner Mitgliedschaft gelöscht werden. Soweit all diese Forderungen erfüllt sind, könnte es dem Anbieter des sozialen Netzwerkes möglich sein, personalisierte Werbung zu nutzen.

Eine Überarbeitung des § 15 Abs. 3 TMG ist möglicherweise auch aus europarechtlichen Gründen geboten. Denn kürzlich hat EuGH entschieden, dass die Datenschutzrichtlinie 95/46/EG die Voraussetzungen für eine zulässige Datenverarbeitung umfassend und abschließend regelt und dass es Mitgliedstaaten generell verwehrt ist, die dort niedergelegten Grundsätze durch nationale Regelungen zu verändern und durch zusätzliche Bedingungen einzuschränken. Nach Ansicht des EuGH ist die Richtlinie auch unmittelbar anwendbar.[55] Übertragen auf die Bildung von Nutzungsprofilen könnte dies bedeuten, dass § 15 Abs. 3 TMG keine abschließende Regelung darstellt, sondern in europarechtskonformer Auslegung Nutzungsprofile auch auf Grundlage einer Interessenabwägung im Sinne des § 28 Abs. 1 Satz 1 Nr. 2 BDSG erstellt werden können müssen. In den meisten EU-Mitgliedstaaten ist die Bildung von Nutzerprofilen auch möglich, wenn die Voraussetzungen der jeweiligen nationalen Pendants § 28 Abs. 1 Satz 1 Nr. 2 BDSG vorliegen. Allerdings werden sich die europarechtlichen Rahmenbedingungen in Zukunft vielleicht verschärfen. Sollten die entsprechenden Artikel des Entwurfes der Datenschutz-Grundverordnung[56] in Kraft treten, wäre europaweit nach Art. 20 des Entwurfs der Datenschutz-Grundverordnung zumindest die Erstellung automatischer Profile zu Werbezwecken nur aufgrund einer Einwilligung möglich. Da dies einerseits – insbesondere außerhalb Deutschlands – eine starke Einschränkung für Werbe- und Internetwirtschaft darstellt, andererseits aus Sicht des Datenschutzes als wesentlich für den Schutz der Verbraucher angesehen wird, ist es offen, ob diese Artikel in dieser Form erhalten bleiben. Es wird (nicht nur) zu diesen Artikeln noch kontroverse Diskussionen geben. Die europarechtlichen Vorgaben werden, jedenfalls mittelfristig, auch den Weg in Deutschland bestimmen.

### 3. Erfassung von IP-Adressen

Eine zentrale Frage in diesem Zusammenhang (gerade in Bezug auf die Erhebung von Daten von Nichtmitgliedern) ist, ob auch IP-Adressen personenbezogene Daten darstellen. Nach einer Auffassung ist der Begriff der personenbezo-

---

[55] EuGH, Urteil vom 24. 11. 2011, C-468/10 und C-469/10 (ASNEF/FECEMD) = EuZW 2012, 37 ff. mit Anmerkung von *Schüßler*, jurisPR-ITR 2/2012 Anm. 3.

[56] Vorschlag für Verordnung des Europäischen Parlaments und des Rates zum Schutz natürlicher Personen bei der Verarbeitung personenbezogener Daten und zum freien Datenverkehr (Datenschutz-Grundverordnung), Mitteilung KOM(2012) 11 endgültig (25. Januar 2012). Siehe dazu unten IV.

genen Daten objektiv zu bestimmen; daher handele es sich auch bei IP-Adressen generell um personenbezogene Daten.[57] Ob diese Auffassung allerdings zutrifft, ist in der Literatur und Rechtsprechung heftig umstritten.[58] Der BGH hat zu dieser Frage bisher noch nicht Stellung genommen. In seinem kürzlich ergangenen Beschluss vertrat das OLG Hamburg[59] zur Zulässigkeit des Logistep-Verfahrens zur Ermittlung von IP-Adressen einzelner Tauschbörsennutzer in Bezug auf die Bestimmbarkeit von personenbezogenen Daten einen relativen (bzw. subjektiven) Ansatz. Die Aussage des OLG bezog sich insoweit auf dynamische IP-Adressen. Der EuGH hat in seinem sog. „Scarlet"-Urteil, bei dem es um die Frage nach der Pflicht eines Internet Service Providers ging, den Austausch urheberrechtlich geschützter Werke über ein Peer-to-Peer Netzwerk zu verhindern, recht unvermittelt und ohne jegliche Begründung festgestellt, dass die Einrichtung von Filtersystemen auch die Sammlung von IP-Adressen einschließt, welche personenbezogene Daten seien.[60] Allerdings ist diese Aussage im Kontext des Urteils zu sehen, d. h. der EuGH hatte in seinem, an sich Datenschutz gar nicht betreffenden Urteil bei der Frage, ob ein personenbezogenes Datum vorliegt, allein auf das Wissen des Access Providers abzustellen, der einen Personenbezug auch im Fall dynamischer IP-Adressen selbst herstellen kann.

Richtigerweise ist daher die Frage der Bestimmbarkeit von IP-Adressen immer eine Frage des Einzelfalls. Dies scheint auch die Europäische Kommission zu so zu sehen. In Erwägungsgrund 24 ihres Entwurfs für eine Datenschutz-Grundverordnung[61] heißt es, dass „Kennnummern, Standortdaten, Online-Kennungen [wie IP-Adressen] oder sonstige Elemente als solche nicht zwangsläufig und unter allen Umständen als personenbezogene Daten zu betrachten sind".

Nach § 3 Abs. 1 BDSG sind unter dem Begriff der personenbezogenen Daten alle Einzelangaben über persönliche oder sachliche Verhältnisse einer bestimmten oder bestimmbaren Person zu verstehen. Statische IP-Adressen können ohne größeren Aufwand einem bestimmten Internetanschluss zugeordnet werden.[62] Allerdings sind statische IP-Adressen oftmals Firmenanschlüsse (was regelmäßig der Fall sein dürfte), bei denen der Betreiber eines sozialen Netzwerks zwar das Unternehmen, nicht aber den jeweiligen Nutzer herausfinden kann. Ist Anschlussinhaber eine juristische Person, liegt damit auch bei statischen IP-Adressen für den Netzwerkbetreiber nicht automatisch ein personenbezoge-

---

[57] Vgl. hierzu auch *Art. 29 Datenschutzgruppe,* Stellungnahme 4/2007 zum Begriff „personenbezogene Daten" (WP 136), S. 19.
[58] Siehe m. w. N. *Meyerdierks,* MMR 2009, 8 ff.; *Heckmann* in: jurisPK-Internetrecht, 3. Aufl. 2011, Kapitel 9 Rn. 134; *Voigt,* MMR 2009, 373 ff.; *Krüger/Maucher,* MMR 2011, 433 ff.
[59] OLG Hamburg, Beschluss vom 3. 11. 2010 – 5 W 126/10 = K&R 2011, 54.
[60] EuGH, Urteil vom 24. 11. 2011 – C-70/10 (Scarlet/SABAM) = GRUR 2012, 265.
[61] Siehe dazu unten IV.
[62] Beispielsweise mithilfe einer sog. „Whois"-Recherche (siehe etwa www.db.ripe.net).

nes Datum vor. Bei dynamischen IP-Adressen wird ihm die Identifizierung in allen Fällen nicht selbst gelingen. Der Access-Provider des Nutzers könnte zwar eine solche Zuordnung problemlos vornehmen. Insoweit stellt sich jedoch die Frage, ob es bei der Bestimmbarkeit darauf ankommt, dass die verantwortliche Stelle (sog. „subjektiver/relativer Ansatz") oder irgendein beliebiger Dritter (sog. „objektiver/absoluter Ansatz") die Einzelangaben einer Person zuordnen können muss.[63] Erwägungsgrund 26 der Datenschutzrichtlinie (RL 95/46/EG) stellt insoweit klar, dass bei der Entscheidung, ob eine Person bestimmbar ist, alle Mittel berücksichtigt werden sollten, „die vernünftigerweise entweder von dem Verantwortlichen für die Verarbeitung oder von einem Dritten eingesetzt werden können, um die betreffende Person zu bestimmen". Die Formulierung „oder von einem Dritten" deutet auf den ersten Blick auf einen absoluten Ansatz hin, jedoch heißt es auch „vernünftigerweise". Insoweit ist auch zu beachten, dass die Datenschutzrichtlinie in den einzelnen Mitgliedstaaten sehr unterschiedlich umgesetzt wurde (in Frankreich wurde beispielsweise der absolute Ansatz gesetzlich verankert, während Großbritannien einen relativen Ansatz gewählt hat. Schweden hat dagegen den Wortlaut – wie das BDSG – offenen formuliert).[64] Richtigerweise wird man die Formulierungen „vernünftigerweise" „von einem Dritten" so verstehen müssen, dass Dritte, die in der Einflusssphäre des Webseitenbetreibers stehen und mit denen er typischerweise oder zumindest vernünftigerweise ggf. Daten austauscht, genügen, nicht aber alle Dritten. Dementsprechend stellt sich die Frage, ob davon ausgegangen werden kann, dass Internet Access Provider „vernünftigerweise" Webseitenbetreibern die notwendigen Informationen zur Zuordnung der IP-Adressen geben. Im Normalfall ist dies zu verneinen. Für den Bereich der IP-Adressen gilt somit im Verhältnis zu den Access Providern grundsätzlich ein relativer Ansatz. Es ist entscheidend, dass ein Websitebetreiber faktisch keine Möglichkeit hat, unter normalen Umständen vom Access-Provider eine Zuordnung einer bestimmten IP-Adresse vornehmen zu lassen. Etwas anderes gilt allerdings in dem (exotischen) Fall eines privaten Endnutzers mit einer eigenen statischen IP-Adresse. (Allerdings kann der Betreiber eines sozialen Netzwerkes, der die Adresse speichert, natürlich sowohl bei dynamischen wie bei statischen IP-Adressen regelmäßig einen Personenbezug herstellen, wenn sich der jeweilige Nutzer gerade angemeldet hat. Das ist aber letztlich keine Frage der IP-Adresse mehr. Eine andere Frage ist es auch, ob dem Webseitenbetreiber selbst – ohne Hilfe des Internet Access Providers – eine Zusammenführung der Web-Nutzungsdaten mit solchen Daten, die eine Personenbestimmung ermöglichen, möglich ist. In diesem Fall dient die IP-Adresse als ein Glied in der Kette zur Herstellung des Personenbezugs. Damit wird sie aber nicht grundsätzlich in allen Fällen ein personenbezogenes Datum.)

---

[63] Vgl. *Dammann*, in: Simitis (Hrsg.), BDSG, § 3 Rdnr. 32 ff.
[64] Vgl. zum Ganzen m.w.N. *Sachs* CR 2010, 547.

Da Website-Betreiber in der Praxis nur schwer zwischen dynamischen und statischen IP-Adressen unterscheiden können und eine eindeutige Handhabe benötigen, behandeln viele von ihnen IP-Adressen immer als personenbezogene Daten.[65] Dies führt bei den Anbietern von Internetdiensten wie sozialen Netzwerken zu einem Datenschutzakzeptanzproblem. Eine Klarstellung auf gesetzlicher Ebene, in welchen Fällen bzw. für wen IP-Adressen personenbezogene Daten sind und in welchen Fällen bzw. für wen nicht, ist daher dringend wünschenswert.

## 4. Social Plug-Ins

Sog. Social Plugins, wie etwa der „Like-Button" von Facebook, Google+ oder Twitter, finden sich auf einer Vielzahl von Webseiten und erfreuen sich zunehmender Beliebtheit. Als „Social Plugins" bezeichnet man landläufig einen Button eines Social Media Anbieters, den Websitebetreiber in ihr Webangebot einbinden können, um ihren Nutzern zu ermöglichen (soweit diese Mitglieder des jeweiligen sozialen Netzwerkes sind), durch das Anklicken des Buttons ihr Interesse an der Webseite mit Ihren Freunden zu teilen. Dies ist nicht nur ein praktisches Tool für die Besucher der Website, sondern nutzt auch dem Websitebetreiber, da er hierdurch eine weite Verbreitung seines Webangebots erreichen kann. Auch der soziale Netzwerkanbieter profitiert von dem Social-Plugin, denn er erhält Informationen, auf welchen Webseiten seine Mitglieder surfen (und nutzt dieses Wissen regelmäßig um seine Werbeansprachen optimieren zu können).

Problematisch ist dabei insbesondere der Umstand, dass nicht nur Daten von Mitgliedern übertragen werden, die angemeldet sind und den Button betätigen, sondern dass viele Plugins die IP-Adressen aller Besucher der Website an den jeweiligen Netzwerkbetreiber weiterleiten (die Übertragung der Daten erfolgt regelmäßig unmittelbar über das Plugin, ohne weitere Beteiligung des Websiteanbieters).[66]

Rechtlich stellen sich bei der Einbindung von Social Plugins grundsätzlich drei verschiedene Fragen: (1) wie soll mit IP-Adressen umgegangen werden, (2) wer handelt als verantwortliche Stelle und (3) wer trägt welche Informationspflichten?

---

[65] So auch *Gabriel/Cornels*, MMR 2008, XIV, XVI.
[66] Vgl. ausführlich *Schüßler*, AnwZert ITR 24/2011 Anm. 2.

### a) IP-Adressen

Einige Social Plugins, wie etwa der „Like Button" von Facebook, übermitteln standardmäßig die IP-Adressen aller Besucher einer Website, die das jeweilige Social Plugin integriert hat. Insoweit besteht die Gefahr, dass die Anbieter sozialer Netzwerke unter Verwendung der IP-Adresse umfassende Nutzungsprofile für alle Besucher der betreffenden Webseite erstellen können.[67] In diesem Zusammenhang stellt sich allerdings die bereits oben erörterte Frage, ob es sich bei diesen um personenbezogene Daten handelt. Gerade bei Nicht-Mitgliedern, die dynamische IP-Adressen verwenden, ist dies wie oben dargelegt in den meisten Fallkonstellationen zu verneinen. Allerdings ist zu berücksichtigen, dass auch IP-Adressen von Mitgliedern gespeichert werden. Soweit diese eingeloggt sind, kann der Anbieter des Social Plugins eine Zuordnung selbst vornehmen. Da der Netzwerkanbieter in der Praxis nicht zwischen „bestimmbaren" und „nichtbestimmbaren" IP-Adressen unterscheiden können wird, sollte er nach dem oben Gesagten selbst davon ausgehen, dass es sich um personenbezogene Daten handelt.[68] Andernfalls bedarf die Erhebung und Speicherung der IP-Adressen einer gesetzlichen Grundlage (eine Einwilligung wird sich insoweit – gerade von Nicht-Mitgliedern – nicht einholen lassen). Facebook umgeht dieses Problem beispielsweise dadurch, dass es alle (zumindest aus Deutschland) gesammelten IP-Adressen so kürzt, dass sich ein Personenbezug nicht mehr herstellen lässt.

### b) Verantwortlichkeit

Soweit vertreten wird, dass auch der Websitebetreiber als verantwortliche Stelle anzusehen ist[69], wird dies offensichtlich allein auf die Annahme gestützt, dass der Websitebetreiber durch das Einbinden des Social Plugins einen kausalen Beitrag zu der Datenübertragung an den jeweiligen Anbieter des Social Plugins leistet. Im Ergebnis wird damit von einem „Veranlasserprinzip" ausgegangen,[70] welches es im deutschen (und europäischen) Datenschutzrecht aber nicht gibt. Maßstab für die Verantwortlichkeit des Websitebetreibers ist allein

---

[67] Vgl. *Düsseldorfer Kreis* (o. Fußn. 27).

[68] Eine andere Lösung stellt etwa die sog. „Zwei-Klick"-Lösung (z. B. von „heise.de") dar, die kurz gesagt dafür sorgt, dass der Button erst dann Daten übertragen kann, wenn er durch einen ersten Klick „aktiviert" wird. Vgl. hierzu näher *Schmidt*, 2 Klicks für mehr Datenschutz, c't magazin (01 September 2011), abrufbar unter: http://www.heise.de/ct/artikel/2-Klicks-fuer-mehr-Datenschutz-1333879.html.

[69] So *Düsseldorfer Kreis* (o. Fußn. 27).

[70] Vgl. *Maisch*, ITRB 2011, 13 ff.; *Ernst*, NJOZ 2010, 1917, 1918 geht davon aus, dass sowohl der Websitebetreiber als auch der Anbieter des Social Plug-ins gemeinsam als verantwortliche Stelle im Sinne des Datenschutzrechts handeln. Dies ist allerdings aus den hier dargelegten Gründen abzulehnen.

die tatsächliche Entscheidungskompetenz hinsichtlich der Zwecke und der Mittel der Datenverarbeitung.[71] Diese obliegt aber generell den jeweiligen Anbietern der Social Plugins. Sie allein entwickeln das Plug-in und legen fest, welche Daten übertragen werden können. Der Websitebetreiber hat weder Einfluss auf die Auswahl der technischen Mittel noch die Art, Dauer der Verarbeitung und den Zeitpunkt der Löschung der Daten. Dementsprechend handelt nicht der das Plug-in nutzende Websitebetreiber als verantwortliche Stelle im Sinne des Datenschutzrechts, sondern der Anbieter des Plug-ins selbst. Dieser allein muss dafür Sorge tragen, dass das jeweilige Social Plug-in datenschutzkonform ausgestaltet wird.[72] Privacy by design und privacy by default sind hier Aufgabe des Netzwerkbetreibers.

### c) Informationspflichten

Im Rahmen seiner datenschutzrechtlichen Verpflichtungen hat dieser auch auf seiner Website ausreichend über die Erhebung und Verwendung personenbezogener Daten zu informieren. Funktionierender Datenschutz kann in Bezug auf Social Plug-ins für den Websitebetreiber nur bedeuten, dass er seinen Teil dazu beiträgt, den Nutzer über das Social Plug-in aufzuklären. Allerdings kann man von ihm insoweit nichts Unmögliches verlangen, denn es wird es ihm aufgrund seiner mangelnden Kenntnis über die konkreten Datenverarbeitungsvorgänge regelmäßig nicht möglich ist, umfassend über die Datenverarbeitung des Anbieters des Social Plug-ins zu informieren. Andererseits ist es aber wichtig, dass er dazu beiträgt, dass die Nutzer seiner Website (insbesondere Nichtmitglieder) leicht an die entsprechenden Informationen gelangen können, denn seine Website wird ja gerade genutzt. So sollte der Nutzer darüber informiert werden, von wem das Social-Plugin stammt und was dessen Sinn und Zweck ist. Zudem kann vom Betreiber der Website wohl verlangt werden, dass er einen Link auf das Impressum und die Datenschutzrichtlinie des jeweiligen Anbieters bereithält. Über die genaue Erhebung und Verwendung der Daten muss der Netzwerkanbieter den Nutzer dann in seiner Rolle als „verantwortliche Stelle" informieren.[73]

---

[71] Hierzu ausführlich *Schüßler*, AnwZert ITR 24/2011 Anm. 2.

[72] So auch *Voigt/Alich*, NJW 2011, 3541, 3543 f.; *Schüßler*, jurisPR-ITR 12/2011 Anm. 2.

[73] Vgl. zum Ganzen ausführlich *Schüßler*, AnwZert ITR 24/2011 Anm. 2; siehe auch *Moos*, K&R 2011, Nr 10, Editorial.

## 5. *Kontrollierter Umgang mit Daten Dritter*
*(E-Mail-Kontakte, Fotos)*

Soziale Netzwerke sind darauf angelegt, gemeinsame Inhalte zu erstellen, Informationen (wie beispielsweise Fotos) auszutauschen sowie „Netzwerke" zu bilden und zu pflegen. Ein grundlegendes Problem in diesem Zusammenhang ist der Umgang mit Daten Dritter, gerade auch in Bezug auf neue Techniken (wie etwa der Einführung von Gesichtserkennungsprogrammen). Die Nutzung von Daten Dritter im Rahmen von sozialen Netzwerken passt nämlich nicht so recht zu dem gegenwärtigen datenschutzrechtlichen Rahmen, insbesondere lässt sie sich nur schwer mit dem in § 4 Abs. 2 Satz BDSG verankertem Grundsatz der Direkterhebung vereinbaren, der besagt, dass personenbezogene Daten grundsätzlich beim Betroffenen zu erheben sind. Der Betroffene soll wissen, wer was wann über ihn an Daten sammelt, speichert und verarbeitet (seine Daten sollen bei ihm selbst und nicht hinter seinem Rücken oder sonst ohne sein Wissen erhoben werden). Nichtsdestotrotz, stößt das Hochladen von Bildern und Einstellen von sonstigen personenbezogenen Daten Dritter in der Community auf breite Akzeptanz, die ihre Grenzen aber dort findet, wo Daten missbraucht werden (z. B. Mobbing durch das Veröffentlichen von unangenehmen Fotos). Wie kann man also einen kontrollierten Umgang mit Daten Dritter erreichen, ohne das Konzept des sozialen Netzwerkes an sich in Frage zu stellen? Regelmäßig wird die Erhebung und Verwendung solcher Daten nur mit der Einwilligung des Betroffenen möglich sein. Diese – jedenfalls nach traditionellem Muster – einzuholen, ist allerdings im Einzelfall oft schwierig.[74]

### a) Email-Kontakte

Ein klassisches Beispiel für die Nutzung von Daten Dritter sind Email-Kontakte. Diese können durch den Netzwerkbetreiber genutzt werden, um Neumitgliedern mögliche Freunde anzuzeigen, die ebenfalls in dem Netzwerk angemeldet sind. Soweit die Daten nicht auch zu anderen Zwecken genutzt werden und quasi in der Sphäre des Nutzers verbleiben, entspricht die Verwendung der Daten wertungsgemäß noch der normalen Verwendung der eigenen Kontakte durch das Mitglied (nicht ein Dritter, sondern der Inhaber der Kontakte selbst nutzt diese). Eine solche Verwendung sollte – zumindest aus Sicht des Nutzers – daher erlaubt

---

[74] In diesem Zusammenhang stellt sich aber auch schon die Frage, wer überhaupt als verantwortliche Stelle handelt, der Nutzer, der beispielsweise die Fotos einstellt, und/oder der Betreiber des sozialen Netzwerkes. Vgl. insoweit *Maisch/Albrecht*, Datenschutz in sozialen Netzwerken: Wenn das Leben der anderen Tabu ist, in: Legal Tribune Online, 05. Juli 2011, abrufbar unter http://www.lto.de/recht/hintergruende/h/datenschutz-in-sozialen-netzwerken-wenn-das-leben-der-anderen-tabu-ist/.

sein und generell noch dem Bereich der persönlichen und familiären Tätigkeit zugeordnet werden (§ 1 Abs. 2 Nr. 3 BDSG).

Soziale Netzwerke nutzen die in diesem Zusammenhang gewonnenen Daten allerdings auch gerne, um selbst neue Nutzer zu generieren (es ist schon vorgekommen, dass Kontaktadressen beim Herunterladen einer App auf ein Smartphone vom Anbieter der App ohne das Wissen des Nutzers vollständig kopiert wurden). Ein solches Vorgehen ist mit Blick auf den Direkterhebungsgrundsatz unzulässig.[75] Gesetzliche Erlaubnistatbestände sind hier nicht einschlägig: Weder dient dies der Durchführung des Nutzervertrages noch sind hier überwiegende Interessen des Netzwerkanbieters ersichtlich (§§ 28 Abs. 1 Nr. 1 und 2 BDSG). Auch wird regelmäßig keine Einwilligung vorliegen. Der Netzwerkbetreiber läuft sogar Gefahr, dass er bei einer direkten Email-Ansprache potentieller Neumitglieder wettbewerbswidrig handelt, denn eine solche Ansprache erfordert nach § 7 Abs. 2 Nr. 3 UWG die vorherige ausdrückliche Einwilligung des Kontaktes.

b) Fotos

Ein anderes Beispiel der Nutzung von Daten Dritter ist die bereits oben kurz erwähnte Einstellung von Fotos. Soweit man Abbildungen von Dritten zulassen möchte (was die große Mehrheit der Nutzer von sozialen Netzwerken befürwortet) kann ein „kontrollierter" Umgang mit Daten Dritter nur durch ein gehöriges Maß an Eigenverantwortung der Nutzer verwirklicht werden, deren Ausübung durch die Netzbetreiber technisch und organisatorisch unterstützt wird. Netzwerkbetreiber sollten daher entsprechende Nutzungsbedingungen und Einstellungen implementieren, in denen sie klare Anweisungen geben, was erlaubt ist und was nicht (und ggfs. klarstellen, dass im Falle eines materiellen Verstoßes der Ausschluss aus dem Netzwerk droht). Flankierend sollten zur Begegnung von Missbrauch und zur Wahrung von Rechten Dritter wirksame und effiziente „Notice-and-take-down"-Mechanismen eingeführt werden.

Zudem ist hier das Recht am eigenen Bild zu berücksichtigen, das durch das Kunsturhebergesetz (KunstUrhG) geschützt wird. Gemäß §§ 22, 23 KunstUrhG ist die Verbreitung und öffentliche Zurschaustellung des Bildnisses einer Person ohne deren Einwilligung vorbehaltlich der dort näher geregelten Ausnahmen verboten.

Im Zusammenhang mit dem Einstellen von Fotos bieten Netzwerkbetreiber ihren Nutzern oftmals auch die Möglichkeit, Freunde auf Fotos zu „taggen" (also namentlich zu makieren). Neuerdings übernimmt dies sogar eine Software (sog. „Gesichtserkennungssoftware"), so dass die Nennung sogar automatisch

---

[75] So auch das LG Berlin in seinem Urteil vom 6. März 2012, 16 O 551/10. Dazu *Ernst*, jurisPR-WettbR 3/2012 Anm. 4.

erfolgen kann. Der Grundsatz „Privacy by Design and by Default" erfordert hier, dass Dritte (also andere Mitglieder) ohne ihre Einwilligung nicht markiert werden können. Insbesondere ist darauf zu achten, dass die Fotos grundsätzlich nur in geschlossenen Benutzergruppen angezeigt werden und jedes Mitglied das gewünschte Privacy-Level für Fotos selbst bestimmen kann.

Hinsichtlich der Nutzung von Gesichtserkennungssoftware gilt im Prinzip Gleiches. Auch hier muss die Grundeinstellung heißen, dass man nur dann gescannt werden kann, wenn man die entsprechende Einstellung selbst aktiv und entsprechend informiert aktiviert hat. Dies sieht auch der Düsseldorfer Kreis so, der ausdrücklich klargestellt hat, dass die Verwertung von Fotos für Zwecke der Gesichtserkennung und das Speichern und Verwenden von biometrischen Gesichtserkennungsmerkmalen ohne ausdrückliche und bestätigte Einwilligung der abgebildeten Personen unzulässig ist.[76]

### 6. Effektive Löschung

Das deutsche Datenschutzrecht sieht relativ umfassende Löschungspflichten vor. Nach § 13 Abs. 4 Satz 1 Nr. 2, Satz 2 i. V. m. § 15 Abs. 4 TMG hat der Diensteanbieter (im Sinne eines Systemdatenschutzes – Stichwort: „privacy by design") durch technische und organisatorische Vorkehrungen sicherzustellen, dass die anfallenden personenbezogenen Daten über den Ablauf des Zugriffs oder die sonstige Nutzung unmittelbar nach deren Beendigung gelöscht werden, soweit diese Daten nicht erforderlich sind, um die Inanspruchnahme des Telemediums zu ermöglichen und abzurechnen oder Gegenstand von gesetzlichen Aufbewahrungspflichten sind. Dies gilt allerdings nur für Bestands- und Nutzungsdaten. Inhaltsdaten werden vom TMG dagegen nicht geregelt. Die Löschungspflichten richten sich dementsprechend insoweit nach den allgemeinen Vorschriften des BDSG. Unzulässig gespeicherte Daten und unrichtig gespeicherte sensitive Daten sind nach § 35 Abs. 2 Satz 2 Nr. 1 und 2 BDSG stets zu löschen. Für sonstige Inhaltsdaten besteht eine solche Pflicht allerdings nicht, da es sich bei diesen um geschäftsmäßig erhobene Daten zum Zwecke der Übermittlung handelt. Geschäftsmäßigkeit ist hiernach gegeben, wenn eine auf Wiederholung gerichtete Tätigkeit vorliegt und diese einen dauernden oder doch wiederkehrenden Bestandteil der Aktivitäten der Daten verarbeitenden Stelle bildet.[77] Entgeltlichkeit ist für eine geschäftsmäßige Handlung insoweit gerade nicht

---

[76] *Düsseldorfer Kreis* (o. Fußn. 27). Siehe insoweit auch Positionspapier des Hamburgischen Beauftragten für Datenschutz und Informationsfreiheit, „Rechtliche Bewertung der Gesichtserkennung und Zuständigkeit des Hamburgischen Beauftragten Für Datenschutz und Informationsfreiheit" vom 17. Januar 2012, abrufbar unter http://www.datenschutz-hamburg.de/ihr-recht-auf-datenschutz/internet/facebook.html.

[77] *Gola/Schomerus*, BDSG, Rdnr. 6 zu § 29.

erforderlich.[78] Hierunter lassen sich auch soziale Netzwerke subsumieren, deren Geschäftskonzept es ist, die Kontaktaufnahme bzw. -pflege unter Nutzern durch die Übermittlung von Daten zu ermöglichen.[79] § 35 Abs. 2 Satz 2 Nr. 4 BDSG verpflichtet die verantwortliche Stelle in Bezug auf geschäftsmäßig zum Zwecke der Übermittlung gespeicherte Daten im Fall eines erledigten Sachverhalt allein dazu, nach Ablauf von drei Jahren zu prüfen, ob die weitere Speicherung noch erforderlich ist. Nur wenn dies nicht der Fall ist (wie etwa beispielsweise bei Beendigung der Mitgliedschaft), sind die betroffenen Daten zu löschen.[80] Dieses Ergebnis ist zugegebenermaßen im Falle der im Rahmen von sozialen Netzwerken erhobenen Inhaltsdaten unbefriedigend. Es fehlt insoweit an adäquaten Löschungsverpflichtungen auf gesetzlicher Ebene.

Unter Löschen versteht man nach § 3 Abs 4 Nr. 5 jede Form der vollständige Unkenntlichmachung der gespeicherten Information.[81] Erforderlich ist also der Einsatz einer sog. Datenvernichtungssoftware, die durch mehrmaliges Überschreiben eine „Datenrettung" ausschließt.

Diese Pflicht zur Löschung kann sich allerdings nur auf das eigene Netzwerk beziehen. Eine vollständige Löschung aus dem Internet kann von dem Netzwerkbetreiber nicht erwartet werden und ist technisch auch nicht möglich (Stichwort: „Das Internet vergisst nichts"). Was der Nutzer allerdings erwarten kann, sind datenschutzfreundliche Einstellungen („privacy by default"), welche insbesondere verhindern, dass Daten – ohne das Einverständnis des Nutzers – aus dem geschlossenen Benutzerbereich gelangen. Zudem sollte der Netzwerkbetreiber dem Nutzer an passender Stelle, d. h. dort wo die entsprechenden Einstellungen vorgenommen werden (z. B. durch ein „Pop-up"-Fenster, wenn die Änderung der Privateinstellung durchgeführt wird) – darauf hingewiesen werden, dass der Netzwerkbetreiber Daten nur aus dem Netzwerk löschen kann, verbunden mit dem Hinweis, dass eine spätere vollständige Löschung der Daten aus dem World Wide Web regelmäßig praktisch nicht möglich sein wird.

Auch die Kommission hat in ihrem Entwurf für eine Datenschutz-Grundverordnung[82] diese Problematik allgemein adressiert und in Artikel 17 DS-GVO-E das (bereits im Vorfeld des Entwurfs vieldiskutierte) sog. „Right to be forgotten" aufgenommen, flankiert durch entsprechende Löschungsverpflichtungen.[83] Allerdings schießt die Kommission bei der Löschungspflicht über das Ziel hin-

---

[78] Vgl. *Schüßler*, in: Taeger, Digitale Evulution – Herausforderung für das Informations- und Medienrecht, 2010, S. 233, 242 ff.
[79] Vgl. auch BGH, Urteil vom 23. Juni 2009 – VI ZR 196/08 („spickmich.de") = NJW 2009, 2888; *Ehmann*, in: Simitis (Hrsg.), BDSG, § 29 Rdnr. 96.
[80] Vgl. insoweit auch *Nolte*, ZRP 2011, 236, 237.
[81] *Ambs*, in: Erbs/Kohlhaas Strafrechtliche Nebengesetze, 2011 Rn. 27 zu § 3 BDSG.
[82] Zur Reform des EU-Datenschutzrahmens siehe die Ausführungen unter IV.
[83] Vgl. zum gesamten Entwurf näher *Schüßler*, AnwZert ITR 5/2012 Anm. 3.

aus. Zwar findet sich in dem veröffentlichten Entwurf nicht mehr die unmöglich zu erfüllende Verpflichtung des Netzwerkbetreibers, dafür zu sorgen, dass alle Daten aus dem Netz verschwinden, wie sie in der Vorversion stand, die über statewatch.org an die Öffentlichkeit kam.[84] Aber auch die Verpflichtung in der aktuellen Entwurfsfassung geht an den Realitäten vorbei. Art. 17 Abs. 2 des Entwurfes lautet:

> „Hat der in Absatz 1 genannte für die Verarbeitung Verantwortliche die personenbezogenen Daten öffentlich gemacht, unternimmt er in Bezug auf die Daten, für deren Veröffentlichung er verantwortlich zeichnet, alle vertretbaren Schritte, auch technischer Art, um Dritte, die die Daten verarbeiten, darüber zu informieren, dass eine betroffene Person von ihnen die Löschung aller Querverweise auf diese personenbezogenen Daten oder von Kopien oder Replikationen dieser Daten verlangt. Hat der für die Verarbeitung Verantwortliche einem Dritten die Veröffentlichung personenbezogener Daten gestattet, liegt die Verantwortung dafür bei dem für die Verarbeitung Verantwortlichen."

Mit anderen Worten müsste ein soziales Netzwerk jedes Mal tätig werden, wenn sich ein Nutzer abmeldet, und versuchen, die Spuren im Internet zu löschen. Das ist weder zumutbar noch wird es in der Realität befolgt werden können. Erfolgsversprechender ist der oben vorgestellte präventive „privacy by design" Ansatz, dass Daten im sozialen Netzwerk verbleiben, wenn der Nutzer der Veröffentlichung im World Wide Web nicht zustimmt. Liegt aber eine solche Zustimmung vor, kann es nicht die Verantwortung des Netzwerkbetreibers sein, die vom Nutzer gewollte Veröffentlichung im World Wide Web wieder rückgängig zu machen.

Mit der Debatte des „Right to be forgotten" eng verbunden ist das sog. „Digitale Radiergummi". Dieser Vorschlag wurde häufig missverstanden und dahingehend interpretiert, dass durch entsprechende technische Maßnahmen eine hundertprozentige und dauerhafte Löschung von Daten aus dem Netz erreicht werden soll. Wie dargestellt ist das unmöglich. Der Vorschlag geht wohl ursprünglich auf den Internetrechtler (und Harvard-Professors) Viktor Mayer-Schönberger[85] zurück, der vorschlägt ein Ablauf- oder Verfallsdatum einer Information als Metainformation mitzuspeichern. Tritt das vorher festgelegte Datum ein, wird die entsprechende Information von der Applikation oder vom Betriebssystem gelöscht.[86] In diese Richtung gehen Projekte wie „X-pire!", bei dem der An-

---

[84] http://statewatch.org/news/2011/dec/eu-com-draft-dp-reg-inter-service-consultation.pdf. Damals noch unter Art. 15 Abs. 2 hieß es: „Where the controller referred to in paragraph 1 has made the data public, it shall in particular ensure the erasure of any public Internet link to, copy of, or replication of the personal data relating to the data subject contained in any publicly available communication service which allows or facilitates the search of or access to this personal data."

[85] Vgl. etwa *Mayer-Schönberger*, „Delete: Die Tugend des Vergessens in digitalen Zeiten", Berlin 2010.

wender ein Ablaufdatum für Digitalfotos selbst einstellen kann.[87] Die Technik funktioniert im Großen und Ganzen so, dass eine Datei verschlüsselt wird und der zentral gelagerte entsprechende Schlüssel zu dem voreingestellten Zeitpunkt vernichtet wird. Allerdings bietet auch diese Technik keinen Schutz vor Vervielfältigung der Daten während der Gültigkeitsdauer (z. B. durch Screenshots).[88]

## 7. Standardeinstellungen

Soziale Netzwerke bieten ausgezeichnete Rahmenbedingungen für eine Realisierung des Privacy by Default Prinzips (siehe dazu oben unter II.). Voraussetzung hierfür ist zunächst, dass den Nutzern durch entsprechende technische Gestaltung der Dienste umfassende und transparente Möglichkeiten eingeräumt werden, den Umgang mit ihren persönlichen Daten weitgehend selbst zu steuern. Über die so genannten Privatsphäre-Einstellungen sollten die Nutzer unter anderem kontrollieren können, welche Profilinformationen und Statusmeldungen (z. B. Kontaktdaten, Geburtsdatum, Fotoalben, Postings) für wen (z. B. Freunde, Nutzergruppen, alle Nutzer des Netzwerks, alle Internet-Nutzer) sichtbar und zugänglich sein sollen, welche Daten über Dritte der Anbieter erhebt und verwendet (z. B. E-Mail-Kontakte – auch von Nichtmitgliedern des Netzwerks – aus einer bestehenden Adressdatei im Rahmen der sog. Einladungsfunktion[89]), ob Fotos oder Beiträge mit ihrem Namen markiert („getaggt") werden dürfen[90], ob Anwendungen, Spiele oder Webseiten von Drittanbietern auf persönliche Daten zugreifen dürfen, mit welchen Suchkriterien und durch wen sie innerhalb des Netzwerks gefunden werden wollen und ob ihr Profil über externe Suchmaschinen auffindbar oder auslesbar sein soll.

Das Vorhalten möglichst feingranularer Einstellungsmöglichkeiten zum Schutz personenbezogener Daten ist unter dem Gesichtspunkt des Selbstschutzes[91] der Nutzer wichtig und sinnvoll. Allerdings wird man Anbieter und Nutzer auch die Möglichkeit zugestehen müssen, hier pauschaler zu sein, wenn der Nutzer eine bewusste, auf Transparenz basierende Entscheidung trifft. Zudem muss man der Tatsache ins Auge sehen, dass viele Nutzer sich – gerade zu Be-

---

[86] Golem-Interview vom 2. April 2008: „Daten brauchen ein Verfallsdatum", abrufbar unter http://www.golem.de/0804/58721.html.
[87] Siehe unter http://www.x-pire.de/.
[88] Zu den Grenzen des „digitalen Radiergummis" *Federrath et al.*, DuD 2010, 403 ff.
[89] Dazu *Oberbeck/Herting*, DSB 3/2011, 10 f.; *Hamburgischer Beauftragter für Datenschutz und Informationsfreiheit*, 23. Tätigkeitsbericht 2010/2011, S. 160 ff. (zum Freunde-Finder-Verfahren bei Facebook).
[90] Zur Gesichtserkennung bei Google+ und Facebook *Hamburgischer Beauftragter für Datenschutz und Informationsfreiheit*, 23. Tätigkeitsbericht 2010/2011, S. 164 ff.
[91] Siehe die Nachweise bei Fußn. 36.

ginn der Nutzung – mangels eines ausreichenden Problembewusstseins, Interesse an Datenschutz oder der erforderlichen Kenntnisse noch nicht mit den Privatsphäre-Einstellungen auseinandersetzen wollen oder können. Das Schutzniveau wird daher auch wesentlich dadurch bestimmt, welche Standardeinstellungen die Betreiber vorgeben. Aus Datenschutzsicht sollten sie so gewählt werden, dass sie die Nutzer möglichst umfassend schützen.[92] Ein sinnvoller Ansatz kann hier sein, auf die Grundfunktionalitäten des Dienstes abzustellen, d. h. nur eine Erhebung und Nutzung von Daten, die notwendig sind, damit der Dienst so betrieben und genutzt werden kann, wie es die Nutzer regelmäßig erwarten, sind von den Standardeinstellungen erfasst. Daten oder Nutzungen, die nur für Zusatzfunktionalitäten oder eine erweiterte Nutzung erforderlich sind, sollten ohne ausdrückliche Zustimmung des Nutzers nicht erhoben werden bzw. erfolgen.

Ein Beispiel ist die Auffindbarkeit oder Auslesbarkeit der Daten für externe Suchmaschinen, die ausgeschlossen sein sollte, wenn der Nutzer sich nicht bewusst dafür entscheidet. Dadurch wird verhindert, dass über die Ergebnislisten Daten aus anmeldepflichtigen Netzwerken ohne Willen des Nutzers auch für nicht angemeldete Nutzer einsehbar sind. Ebenso sollte eine Verwertung von Fotos für Zwecke der Gesichtserkennung oder das Speichern und Verwenden von biometrischen Merkmalen erst nach ausdrücklicher und informierter Freigabe durch die Nutzer möglich sein. Die Default-Einstellung für die Sichtbarkeit von Profil- und Statusdaten sollte zumindest auf den eigenen Freundeskreis begrenzt sein, soweit nicht der Zweck des Netzwerkes auch für alle anderen Nutzer zugängliche Daten zwingend voraussetzt. Dies kann etwa bei Netzwerken der Fall sein, die in erster Linie berufliche Kontakte vermitteln.

Datenschutzfreundliche Standardeinstellungen erlauben den Nutzern, sich zunächst mit den Funktionen des Dienstes vertraut zu machen und dann – auf der Grundlage des Einwilligungsprinzips – zu entscheiden, welche der vorgegebenen Einstellungen sie gegebenenfalls lockern wollen. Sie sind daher auch im Interesse der Anbieter.

Die Grundeinstellungen müssen besonders eng gefasst sein, wenn sich das Portal an Minderjährige richtet oder von ihnen genutzt wird.[93] Auch bei restriktiven Voreinstellungen sollte aber eine sinnvolle Nutzung des Dienstes noch möglich sein. Ansonsten besteht die Gefahr, dass die Nutzer sämtliche verfügbaren Funktionalitäten pauschal frei schalten. Über die bestehenden Wahlmöglichkeiten

---

[92] Mit dieser Forderung auch *Düsseldorfer Kreis* (o. Fußn. 27); *BÜNDNIS 90/DIE GRÜNEN Bundestagsfraktion*, Antrag vom 14.12.2011, BT-Drs. 17/8161. Vgl. auch den Gesetzentwurf des *Bundesrates* zur Änderung des TMG vom 17.06.2011, BR-Drs. 156/11 und die Einschätzung von *Roggenkamp*, jurisPR-ITR 13/2011 Anm. 2.

[93] Vgl. *Roßnagel/Jandt*, MMR 2011, 637 (641); Oberste Aufsichtsbehörden für den Datenschutz im nicht-öffentlichen Bereich *(Düsseldorfer Kreis)*, „Minderjährige in sozialen Netzwerken wirksamer schützen" (Beschluss vom 24./25.11.2010), abrufbar unter http://www.bfdi.de/ > Entschließungen.

und die von Seiten des Betreibers insoweit gesetzten Voreinstellungen sind die Nutzer bereits zum Zeitpunkt der Registrierung in verständlicher Form zu informieren.[94] Alle aktuellen Einstellungen sollten für den Nutzer auf einer Seite in übersichtlicher und leicht zugänglicher Form eingesehen werden können. Einmal gewählte Einstellungen sollten jederzeit – mit Wirkung für die Zukunft – veränderbar sein. Neue datenschutzrelevante Angebote dürfen nicht standardmäßig durch den Anbieter aktiviert sein, sondern müssen vom Nutzer bewusst frei gegeben werden.

## IV. Technikgestützter Datenschutz im künftigen europäischen Rechtsrahmen

Die Europäische Kommission hat Ende Januar 2012 ihre Vorschläge für eine umfassende Reform des europäischen Datenschutzrechts vorgelegt.[95] Danach soll an die Stelle der seit 1995 unverändert gebliebenen EG-Datenschutzrichtlinie[96] eine Datenschutz-Grundverordnung[97] treten, die in ihrem Anwendungsbereich wie die Richtlinie die Datenverarbeitung sowohl durch private als auch durch öffentliche Stellen erfasst.[98] Die neuen Regelungen der EU-Verordnung wären bei ihrer Annahme nach Artikel 288 Abs. 2 des Vertrags über die Arbeitsweise der Europäischen Union (AEUV) in allen Teilen verbindlich und unmittelbar in jedem Mitgliedstaat der EU anwendbar. Das allgemeine deutsche Datenschutzrecht wäre in großen Teilen obsolet.

Die bisherige europäische Datenschutzrichtlinie hat nicht zu einer hinreichenden Harmonisierung des Datenschutzrechts in der Aufsichtspraxis in der Union geführt.[99] Das tatsächliche Schutzniveau und die Ressourcen für die Aufsichtsbehörden unterscheiden sich in den Mitgliedstaaten zum Teil erheblich. Mit dem Wechsel zum Rechtsinstrument der Verordnung wird daher die Hoffnung auf

---

[94] So auch der Vorschlag des *Bundesrates* (o. Fußn. 92).

[95] Vgl. *Europäische Kommission*, KOM(2012) 9 (o. Fußn. 4). Zur Reformdebatte *Schneider*, Die Verwaltung 2011, 499 (517 ff.).

[96] Siehe o. Fußn. 1.

[97] Vorschlag für eine Verordnung des Europäischen Parlamentes und des Rates zum Schutz natürlicher Personen bei der Verarbeitung personenbezogener Daten und zum freien Datenverkehr (Datenschutz-Grundverordnung) vom 25. Januar 2012, KOM(2012) 11 endgültig. Dazu *Härting*, BB 2012, 459 ff.; *Hornung*, ZD 2012, 99 ff.; *Ehmann*, jurisPR-ITR 4/2012 Anm. 2; *Abel*, DSB 1/2012 1, 8 ff.

[98] Ausgenommen ist die behördliche Datenverarbeitung im Bereich von Strafverfolgung und Gefahrenabwehr, die künftig von einer Richtlinie (anstelle des Rahmenbeschlusses 2008/977/JHA) erfasst werden soll. Vgl. *Europäische Kommission*, KOM(2012) 10 endgültig.

[99] Dazu *Schneider*, Die Verwaltung 2011, 499 (519 ff.) m. w. N.; *Hornung*, ZD 2012, 99 (100).

eine stärkere Vereinheitlichung in der Rechtsanwendung und -durchsetzung und damit auf mehr Rechtssicherheit und Transparenz für Datenverarbeiter und Betroffene verbunden.[100] Dem nationalen Gesetzgeber wäre es nach der von der Kommission verfolgten Strategie einer Vollharmonisierung allerdings grundsätzlich verwehrt, abweichende Bestimmungen zu erlassen. Explizite Öffnungsklauseln für mitgliedstaatliche Regelungen enthält der Entwurf nur in begrenztem Umfang.[101]

Die Ziele und Grundsätze der Datenschutzrichtlinie von 1995 besitzen nach Einschätzung der Kommission zwar nach wie vor Gültigkeit, müssen aber angesichts des technologischen Fortschritts und der Globalisierung der Datenverarbeitung aktualisiert und modernisiert werden. Ein wesentliches Motiv der Kommission ist dabei die Steigerung des Vertrauens in die Wirksamkeit von Datenschutzregelungen für das Internet. Dies gelte insbesondere mit Blick auf Soziale Netzwerke.[102]

Die Bedeutung, die dem Datenschutz durch Technik zur Erreichung der Reformziele zukommt, wird dabei auch von der Kommission erkannt. Bereits in der den Reformprozess einleitenden Mitteilung von 2010 werden die Förderung von Technologien zum Schutz der Privatsphäre (Privacy Enhancing Technologies) und die konkrete Umsetzung des Privacy by Design-Konzepts als wichtige Maßnahmen benannt.[103] Im Rahmen der Vorstellung des Reformpakets wurde von der Kommission zudem mehrfach betont, dass auch die Idee des Privacy by Default zu den Kernelementen des Modernisierungsprogramms zählt.[104]

In den nunmehr vorliegenden Regelungsvorschlägen hat die Kommission ihre Überlegungen zu den technischen Schutzinstrumenten zwar aufgegriffen, bleibt aber hinter den geweckten Erwartungen zurück. Der Entwurf der Datenschutz-Grundverordnung enthält in Artikel 23 eine Regelung zum Datenschutz durch Technik und zu Standardeinstellungen. Danach hat der für die Verarbeitung Verantwortliche zum einen technische und organisatorische Maßnahmen und Ver-

---

[100] Vgl. *Europäische Kommission*, KOM(2012) 11 (o. Fußn. 97), Erwägungsgründe 7 ff.

[101] Dazu *Hornung*, ZD 2012, 99 (100).

[102] Vgl. *Europäische Kommission*, KOM(2010) 609 (o. Fußn. 4), S. 2, 6, 9; *dies.*, KOM(2012) 9 (o. Fußn. 4), S. 2 f.; *dies.*, KOM(2012) 11 (o. Fußn. 97), S. 2 f. Zu den Vertrauensverlusten vgl. die Umfrageergebnisse des Special Eurobarometer 359 „Attitudes on Data Protection and Electronic Identity in den European Union, Juni 2011, abrufbar unter http://ec.europa.eu/public_opinion/archives/ebs/ebs_359_en.pdf. Danach befürchten 72% der Internetnutzer, dass sie im Internet zu viele personenbezogene Daten von sich preisgeben. Nur knapp über ein Viertel der Nutzer von sozialen Netzwerken (26%) hat den Eindruck vollständige Kontrolle über ihre personenbezogenen Daten zu haben.

[103] *Europäische Kommission*, KOM(2010) 609 (o. Fußn. 4), S. 13 f. unter Verweis auf KOM(2007) 228 (o. Fußn. 16). Dazu *Hornung*, ZD 2011, 51 (54).

[104] *Europäische Kommission*, KOM(2012) 9 (o. Fußn. 4), S. 7.

fahren einzusetzen, die sicherstellen, dass die Verarbeitung den Anforderungen der Verordnung genügt und die Betroffenenrechte gewahrt werden (Artikel 23 Abs. 1). Zum anderen hat er Mechanismen vorzusehen, die – per Grundeinstellung – gewährleisten, dass Art, Umfang und Dauer der Datenverarbeitung auf das für den jeweiligen Zweck Erforderliche beschränkt bleiben. Diese Mechanismen sollen insbesondere sicherstellen, dass personenbezogene Daten grundsätzlich nicht veröffentlicht werden (Artikel 23 Abs. 2).

Im Gegensatz zu anderen Pflichten der für die Datenverarbeitung Verantwortlichen, die zum Teil überreguliert erscheinen, belässt es die Kommission hier im Wesentlichen bei unverbindlichen Programmsätzen. Es fehlt an hinreichend konkreten Vorgaben und Zielen für die Technikgestaltung.[105] Der normative Gehalt der Regelung bleibt damit hinter dem von § 3a Bundesdatenschutzgesetz (BDSG) zurück.[106] Ebenso vage bleiben die Aussagen zum Privacy by Default. Maßstäbe für Standardeinstellungen werden – mit Ausnahme des offensichtlich auf soziale Netzwerke zugeschnittenen Aspekts der Veröffentlichung – nicht vorgesehen. Letztlich wird nur der allgemeine Erforderlichkeitsgrundsatz[107] wiederholt. Auch zu der Frage, ob und unter welchen Bedingungen der Betroffene die Voreinstellungen ändern darf, äußert sich die Vorschrift nicht.

Nach den Vorstellungen der Kommission soll es in erster Linie ihr selbst überlassen bleiben, die Programmsätze durch „weitere Kriterien und Anforderungen" in praktische Handlungsanforderungen „für ganze Sektoren und bestimmte Erzeugnisse und Dienstleistungen" umzusetzen. Artikel 23 Abs. 3 des Verordnungsentwurfs ermächtigt sie zum Erlass entsprechender delegierter Rechtsakte.[108] Zudem wird der Kommission in Artikel 23 Abs. 4 des Entwurfs die Möglichkeit eingeräumt, in Durchführungsrechtsakten[109] technische Standards festzulegen. Faktisch bedarf es daher erst einer ausfüllenden Rechtsetzung durch die Kommission, um die Regelungen zum Privacy by Design und Privacy by Default praktisch anwenden und durchsetzen zu können.[110] Ob die Kommission über-

---

[105] Der *Europäische Datenschutzbeauftragte* (o. Fußn. 4, Rdnr. 109) hatte sich für eine verbindliche Bestimmung mit einer Verpflichtung zum „eingebauten Datenschutz" ausgesprochen.

[106] So auch *Hornung*, ZD 2012, 99 (103). Zur Rechtsnatur des § 3a BDSG *Scholz* (o. Fußn. 16), § 3a Rdnr. 27 f.

[107] Siehe Artikel 5 Buchstabe c) des Verordnungsentwurfs.

[108] Nach Artikel 290 AEUV ist eine Delegation nur zulässig, zur Ergänzung oder Abänderung des Grundrechtsakts in bestimmten und nicht wesentlichen Bereichen. Mithin dürfen die wesentlichen gesetzgeberischen Grundentscheidungen nicht Bestandteil eines delegierten Rechtsaktes werden. Vgl. *Ruffert*, in: Calliess/Ruffert (Hrsg.), EUV/AEUV, Art. 290 AEUV Rdnr. 10 ff.

[109] Durchführungsrechtsakte sind nach Art. 291 AEUV auf Durchführungsmaßnahmen beschränkt und nur dann ausnahmsweise zulässig, wenn es einheitlicher Bedingungen für die Durchführung des Rechtsaktes bedarf.

haupt tätig wird, wann sie tätig wird und welche konkreten Vorstellungen sie hierbei entwickelt, ist derzeit noch völlig offen.[111]

Dessen ungeachtet greifen die Regelungen zum Datenschutz durch Technik unter zwei wesentlichen Gesichtspunkten zu kurz:

Erstens ignoriert der Entwurf anerkannte Prinzipien des technischen Datenschutzes wie den Grundsatz der Datensparsamkeit und der auf Transparenz basierenden Wahlfreiheit und bezieht sich lediglich auf den normativen Maßstab der Erforderlichkeit. Letzterer knüpft notwendigerweise an einen gegebenen Zweck an. Das Ziel der Datensparsamkeit ist strenger, indem es von dem für die Datenverarbeitung Verantwortlichen eine aktive Gestaltung seiner Produkte, Dienstleistungen oder Verfahren in der Form verlangt, dass diese möglichst wenig personenbezogene Daten verarbeiten. Es verlangt sogar, die Zwecke im Sinne einer „datensparsamen" Konkretisierung nochmals zu überdenken.[112] Das Prinzip der Wahlfreiheit geht weiter, da es auch nicht erforderliche Nutzungen erlaubt. Wichtige Möglichkeiten zur Umsetzung von Datensparsamkeit sind Verfahren der Anonymisierung oder Pseudonymisierung. Diese zentralen Bausteine eines technikgestützten Datenschutzes werden im Verordnungsentwurf bislang nicht aufgegriffen.

Zweitens lässt der Entwurf zum Teil eine ausreichende Technikkenntnis vermissen. Das lässt sich zum einen an gesetzlichen Forderungen erkennen, die in der Praxis kaum erfüllt werden (können), wie das nicht praktikable Ausmaß des „rights to be forgotten" in Artikel 17 des Entwurfes.[113] Zum anderen richtet sich die Regelung zum Datenschutz durch Technik und zu Standardeinstellungen nur an die für die Datenverarbeitung Verantwortlichen. Viele Gestaltungsanforderungen können von diesen Stellen aber nicht erfüllt werden, da ihnen das technische Wissen fehlt oder technische Lösungen (noch) nicht verfügbar sind. Es sollten daher auch rechtliche Anreize dafür geschaffen werden, dass die Technikentwickler und Hersteller ihre Produkte datenschutzkonform gestalten.[114] Zur Erleichterung der Auswahl datenschutzgerechter Produkte und als wettbewerblicher Anreiz sollte zudem die Möglichkeit der Produktzertifizierung gefördert werden.[115] Die

---

[110] Gleichwohl soll die Aufsichtsbehörde nach Artikel 78 Absatz 6 des Entwurfs bei Verstößen gegen Artikel 23 bereits Geldbußen verhängen können.

[111] Kritisch dazu auch *Härting*, BB 2012, 459 (460). Es bestehen schon Zweifel, ob der Basisrechtsakt hinsichtlich Ziel, Inhalt, Geltungsbereich und Dauer der Delegation konkret genug ist.

[112] Vgl. *Roßnagel/Pfitzmann/Garstka* (o. Fußn. 3), S. 101; *Scholz* (o. Fußn. 16), § 3a Rdnr. 34.

[113] Siehe dazu oben unter III. 6.

[114] In diesem Sinne auch der *Europäische Datenschutzbeauftragte* (o. Fußn. 4, Rdnr. 112); *Artikel-29-Datenschutzgruppe/AG Polizei und Justiz*, Die Zukunft des Datenschutzes, WP 168 (01.12.2009), abrufbar unter http://ec.europa.eu/justice/policies/privacy/docs/wpdocs/2009/wp168_de.pdf.

bestehenden Regelungsdefizite lassen sich nicht durch ausführende Rechtsakte der Kommission beseitigen. Sie setzen vielmehr eine Änderung auf der Ebene der Datenschutz-Grundverordnung selbst voraus, wobei auf eine technikneutrale und damit zukunftsoffene Ausgestaltung geachtet werden muss.

## V. Fazit

Es ist eine Binsenweisheit, dass das Recht der Technik immer hinterher hinkt. Die Reform des Datenschutzrechts auf europäischer Ebene bietet eine große Chance, diesen Prozess aufzuhalten. Statt praxisferner wie wirkungsloser technikferner Vorgaben, die gerade im internationalen Kontext stets mit einem Befolgungs- und Verfolgungsdefizit einhergehen, sollte die Technik durch „privacy by design" dafür genutzt werden, einen sinnvollen, nicht überregulierenden, dafür aber von Nutzern und Betreiben von modernen Dienste wie sozialen Netzwerken akzeptierten und damit effektiven Datenschutz zu schaffen.

## Literatur

*Abel*, Ralf B.: Europäische Datenschutz-Verordnung – ein „Super-BDSG" für den Kontinent?, DSB 1/2012, 8 ff.

*Albers*, Marion: Informationelle Selbstbestimmung, 2005

*Albrecht*, Florian: Anonyme oder pseudonyme Nutzung sozialer Netzwerke? – Ein Beitrag zu § 13 Abs. 6 Satz 1 TMG, AnwZert ITR 1/2011 Anm. 2

*Bauer*, Stepan: Personalisierte Werbung auf Social Community-Websites – Datenschutzrechtliche Zulässigkeit der Verwendung von Bestandsdaten und Nutzungsprofilen, MMR 2008, 435 ff.

*Bizer*, Johann: Datenschutz durch Technikgestaltung, in: H. Bäumler / A. v. Mutius (Hrsg.), „Datenschutzgesetze der dritten Generation", 1999, S. 28 ff.

*Bizer*, Johann: Datenschutz als Gestaltungsaufgabe – Das Konzept des proaktiven Datenschutzes, DuD 2007, 725 ff.

*Bizer*, Johann: Das Recht auf Anonymität in der Zange gesetzlicher Identifizierungspflichten, in: H. Bäumler /A. v. Mutius (Hrsg.), Anonymität im Internet, 2003, S. 78 ff.

*Borking*, John: Privacy Enhancing Technologies (PET), DuD 2001, 607 ff.

*Brunst*, Philip W.: Anonymität im Internet – rechtliche und tatsächliche Rahmenbedingungen, 2009

---

[115] Dazu *Roßnagel/Pfitzmann/Garstka* (o. Fußn. 3), S. 143 ff. Der Vorschlag der Kommission sieht in Artikel 39 lediglich sehr allgemeine Aussagen zu Zertifizierungen, Datenschutzsiegel und -zeichen vor.

*Bull*, Hans-Peter: Zweifelsfragen um die informationelle Selbstbestimmung, NJW 2006, 1617 ff.

*Denninger*, Eberhard: Anonymität – Erscheinungsformen und verfassungsrechtliche Fundierung, in: H. Bäumler/A. v. Mutius (Hrsg.), Anonymität im Internet, 2003, S. 41 ff.

*Däubler*, Wolfgang / *Klebe*, Thomas / *Wedde*, Peter / *Weichert*, Thilo (Hrsg.), Bundesdatenschutzgesetz, 2010

*Drewes*, Stefan: Werbliche Nutzung von Daten – Die Implosion der BDSG-Novelle und Auswirkungen der EuGH-Rechtsprechung, ZD 2012, 115 ff.

*Ehmann*, Eugen: Das „Datenschutz-Paket" der Europäischen Kommission – Beginn einer Zeitenwende im europäischen Datenschutz?, jurisPR-ITR 4/2012 Anm. 2

*Erbs*, Georg / *Kohlhaas*, Max / *Ambs*, Friedrich: Strafrechtliche Nebengesetze, 2011

*Erd*, Rainer: Datenschutzrechtliche Probleme sozialer Netzwerke, NVwZ 2011, 19 ff.

*Ernst*, Stefan: Social Plugins: Der „Like-Button" als datenschutzrechtliches Problem, NJOZ 2010, 1917 ff.

*Ernst*, Stefan: Verhalten von Facebook im Lichte der Lauterkeit, jurisPR-WettbR 3/2012 Anm. 4

*Federrath*, Hannes / *Fuchs*, Karl-Peter / *Herrmann*, Dominik / *Maier*, Daniel / *Scheuer*, Florian / *Wagner*, Kai: Grenzen des „digitalen Radiergummis", DuD 2010, 403 ff.

*Forst*, Gerrit: Bewerberauswahl über soziale Netzwerke im Internet?, NZA 2010, 427 ff.

*Gabriel*, Ulrich / *Cornels*, Lars C.: Webtracking und Datenschutz – ein „hidden problem", MMR 2008, XIV ff.

*Grabitz*, Eberhard / *Hilf*, Meinhard / *Nettesheim*, Martin: Das Recht der Europäischen Union, 46. Auflage 2011

*Härting*, Niko: Starke Behörden, schwaches Recht – der neue EU-Datenschutzentwurf, BB 2012, 459 ff.

*Heckmann*, Dirk: jurisPK-Internetrecht, 3. Aufl. 2011

*Heckmann*, Dirk: Vertrauen in virtuellen Räumen? Rechtssichere Internetnutzung zwischen Fake und Faszinosum, K&R 2010, 1 ff.

*Heidrich*, Joerg / *Forgó*, Nikolaus / *Feldmann*, Torsten (Hrsg.): Heise Online-Recht – Der Leitfaden für Praktiker & Juristen, Loseblattsammlung, 2011

*Hoeren*, Thomas / *Sieber*, Ulrich: Multimedia-Recht, 2011

*Hoeren*, Thomas: Anonymität im Web – Grundfragen und aktuelle Entwicklung, ZRP 2010, 251, 252

*Hoffmann-Riem*, Wolfgang: Informationelle Selbstbestimmung in der Informationsgesellschaft – Auf dem Weg zu einem neuen Konzept des Datenschutzes, AöR 1998, 513 ff.

*Hoffmann-Riem*, Wolfgang: Grundrechts- und Funktionsschutz für elektronisch vernetzte Kommunikation, AöR 2009, 513 ff.

*Hornung*, Gerrit: Datenschutz durch Technik in Europa. Die Reform der Richtlinie als Chance für ein modernes Datenschutzrecht, ZD 2011, 51 ff.

*Hornung*, Gerrit: Eine Datenschutz-Grundverordnung für Europa? Licht und Schatten im Kommissionsentwurf vom 25.1.2012, ZD 2012, 99 ff.

*Jandt*, Silke /*Roßnagel*, Alexander: Social Networks für Kinder und Jugendliche – Besteht ein ausreichender Datenschutz?, MMR 2011, 637 ff.

*Jandt*, Silke /*Roßnagel*, Alexander: Datenschutz in Social Networks. Kollektive Verantwortlichkeit für die Datenverarbeitung, ZD 2011, 160 ff.

*Jotzo*, Florian: Gilt deutsches Datenschutzrecht auch für Google, Facebook & Co. bei grenzüberschreitendem Datenverkehr?, MMR 2009, 232 ff.

*Karg*, Moritz / *Fahl*, Constantin: Rechtsgrundlagen für den Datenschutz in sozialen Netzwerken, K&R 2011, 453 ff.

*Krüger / Maucher*: Ist die IP-Adresse wirklich ein personenbezogenes Datum? – Ein falscher Trend mit großen Auswirkungen auf die Praxis MMR 2011, 433 ff.

*Lang*, Markus: Anmerkung zu einer Entscheidung des EuGH, Urt. v. 24.11.2011 (C-468/10; K&R 2012, 40) – Zur Frage der Vollharmonisierung der Anforderungen an die Zulässigkeit der Verabeitung personenbezogener Daten durch die Richtlinie 95/46/EG, K&R 2012, 43 ff.

*Maisch*, Michael Marc: Nutzertracking im Internet, ITRB 2011, 13 ff.

*Maisch*, Michael Marc /*Albrecht*, Florian: Datenschutz in sozialen Netzwerken: Wenn das Leben der anderen Tabu ist, in: Legal Tribune Online, 05. Juli 2011, abrufbar unter http://www.lto.de/recht/hintergruende/h/datenschutz-in-sozialen-netzwerken-wenn-das-leben-der-anderen-tabu-ist/

*von Mangoldt /Klein /Starck*: Kommentar zum Grundgesetz, 6. Auflage 2010

*Mayer-Schönberger*, Viktor: Delete: Die Tugend des Vergessens in digitalen Zeiten, Berlin 2010

*Meyerdierks*, Per: Sind IP-Adressen personenbezogene Daten?, MMR 2009, 8 ff.

*Moos*, Flemming: Dem ULD gefällt es gar nicht, K&R 2011, Nr 10, Editorial

*von Mutius*, Adalbert: Anonymität als Element des allgemeinen Persönlichkeitsrechts, in: H. Bäumler /A. v. Mutius (Hrsg.), Anonymität im Internet, 2003, S. 12 ff.

*Nedden*, Burkhard: Risiken und Chancen für das Datenschutzrecht, in A. Roßnagel (Hrsg.), Allianz von Medienrecht und Informationstechnik?, 2001, S. 67 ff.

*Nolte*, Norbert: Zum Recht auf Vergessen im Internet, ZRP 2011, 236 ff.

*Oberbeck*, David /*Herting*, Sebastian: Unerlaubte Erhebung von Daten Dritter. Was ist bei Einladungsfunktionen zu beachten?, DSB 3/2011, 10 f.

*Oberwetter*, Christian: Soziale Netzwerke im Fadenkreuz des Arbeitsrechts, NJW 2011, 417 ff.

*Ohly*, Ansgar: Verändert das Internet unsere Vorstellung von Persönlichkeit und Persönlichkeitsrecht?, AfP 2011, 428 ff.

*Piltz*, Carlo: Der Like-Button von Facebook – Aus datenschutzrechtlicher Sicht: „gefällt mir nicht", CR 2011, 657 ff.

*Roggenkamp*, Jan Dirk: Neue datenschutzrechtliche Pflichten für User Generated Content Plattformen? – Der Gesetzentwurf des Bundesrates zur Änderung des TMG vom 17. 06. 2011 (BR-Drs. 156/11), jurisPR-ITR 13/2011, Anm. 2

*Roßnagel*, Alexander: Freiheit durch Systemgestaltung – Strategien des Grundrechtsschutzes in der Informationsgesellschaft, in: Nickel / Roßnagel / Schlink (Hrsg.), Die Freiheit und die Macht – Wissenschaft im Ernstfall, FS für Adalbert Podlech, 1994, S. 227 ff.

*Roßnagel*, Alexander: Allianz von Medienrecht und Informationstechnik – Hoffnungen und Herausforderungen, in: ders., (Hrsg.), Allianz von Medienrecht und Informationstechnik?, 2001, S. 23 ff.

*Roßnagel*, Alexander (Hrsg.): Handbuch Datenschutzrecht, 2003

*Roßnagel*, Alexander: Modernisierung des Datenschutzrechts für eine Welt allgegenwärtiger Datenverarbeitung, MMR 2005, 71 ff.

*Roßnagel*, Alexander: Datenschutz in einem informatisierten Alltag, Gutachten im Auftrag der Friedrich-Ebert-Stiftung, 2007

*Roßnagel*, Alexander / *Pfitzmann*, Andreas / *Garstka*, Hansjürgen: Modernisierung des Datenschutzrechts, Gutachten im Auftrag des Bundesministeriums des Innern, 2001

*Rost*, Martin / *Bock*, Kirsten: Privacy By Design und die Neuen Schutzziele Grundsätze, Ziele und Anforderungen, DuD 2011, 30 ff.

*Sachs*, Ulrich: Datenschutzrechtliche Bestimmbarkeit von IP-Adressen, CR 2010, 547

*Schmidt*, Jürgen: 2 Klicks für mehr Datenschutz, c't magazin vom 01 September 2011, abrufbar unter: http://www.heise.de/ct/artikel/2-Klicks-fuer-mehr-Datenschutz-1333879.html

*Schnabel*, Christoph / *Freund*, Bernhard: „Ach wie gut, dass niemand weiß ..." – Selbstdatenschutz bei der Nutzung von Telemedienangeboten, CR 2010, 718 ff.

*Schneider*, Jens-Peter: Stand und Perspektiven des Europäischen Datenverkehrs- und Datenschutzrechts, Die Verwaltung 2011, 499 ff.

*Schneider*, Jochen: Hemmnis für einen modernen Datenschutz: Das Verbotsprinzip, AnwBl 2011, 233 ff.

*Schneider*, Jochen / *Härting*, Niko: Warum wir ein neues BDSG brauchen. Kritischer Beitrag zum BDSG und dessen Defiziten, ZD 2011, 63 ff.

*Scholz*, Philip: Datenschutz beim Internet-Einkauf: Anforderungen – Gefährdungen – Gestaltungen, 2003

*Schüßler*, Lennart: Chronik eines „Webtracking[s] jenseits des Rechts, abrufbar unter: http://www.itlawcamp.de/?p=944

*Schüßler*, Lennart: Datenschutzrechtliche Verantwortlichkeit des Websitebetreibers in Bezug auf den „Like-Button", AnwZert ITR 24/2011 Anm. 2

*Schüßler*, Lennart: Die geplante Neuregelung des Datenschutzrechts – der Entwurf der Kommission zur EU-Datenschutz-Grundverordnung, AnwZert ITR 5/2012 Anm. 3

*Schüßler*, Lennart: Facebook und der Wilde Westen – Soziale Netzwerke und Datenschutz, in: Taeger, Jürgen: Digitale Evulotion – Herausforderung für das Informations- und Medienrecht, 2010, S. 233 ff.

*Schüßler*, Lennart: Harmonisierung des Datenschutzes in Europäischer Gemeinschaft durch Datenschutzrichtlinie, jurisPR-ITR 2/2012 Anm. 3

*Schüßler*, Lennart: Kein Wettbewerbsverstoß durch fehlende datenschutzrechtliche Unterrichtung des Webseitennutzers zu „Gefällt mir"-Button von Facebook, jurisPR-ITR 12/2011 Anm. 2

*Schulz*, Sönke E. /*Hoffmann*, Christian: Staatliche Datenerhebung in sozialen Netzwerken, DuD 2012, 7 ff.

*Simitis*, Spiros: Die Erosion des Datenschutzes, in: B. Sokol (Hrsg.), Neue Instrumente im Datenschutz 1999, S. 5 ff.

*Simitis*, Spiros: Auf dem Weg zu einem neuen Datenschutzkonzept: Die zweite Novellierungsstufe des BDSG, DuD 2000, 714 ff.

*Simitis*, Spiros: Hat der Datenschutz noch eine Zukunft?, RDV 2007, 143 ff.

*Simitis*, Spiros (Hrsg.): Bundesdatenschutzgesetz, 7. Auflage 2011

*von Sonnleithner*, Bernhard: Datenschutz und Social Media – Datenerhebung bei Einbindung von Social Plugins, ITRB 2011, 238 f.

*Spindler/Schuster* (Hrsg.): Recht der elektronischen Medien, 2. Auflage 2011

*Stadler*, Thomas: Verstoßen Facebook und Google Plus gegen deutsches Recht? Ausschluss von Pseudonymen auf Social-Media-Plattformen, ZD 2011, 57 ff.

*Taeger*, Jürgen / *Gabel*, Detlev (Hrsg.): Kommentar zum BDSG – und zu den Datenschutzvorschriften des TKG und TMG, Frankfurt/M. 2010

*Voigt*, Paul: Datenschutz bei Google, MMR 2009, 377 ff.

*Voigt*, Paul /*Alich*, Stefan: Facebook-Like-Button und Co. – Datenschutzrechtliche Verantwortlichkeit der Webseitenbetreiber, NJW 2011, 3541 ff.

# Datenschutz-Engineering am Beispiel der De-Mail

## Entwicklung einer interdisziplinären Projektidee

Von *Falk Peters*

**Abstract**

Die Organisation des De-Mail-Betriebs gefährdet das Post- und Fernmeldegeheimnis und damit eine wichtige Komponente des Datenschutzes radikal. Sie stellt nämlich einen einheitlichen, staatlich überwachten Kommunikationsraum dar, in welchem die Möglichkeiten zur Kontrolle jeglicher Kommunikation über die Beschränkungsermächtigung gemäß Art. 10 Abs. 2 GG weit hinausgehen. Dementsprechend groß ist bei Experten, aber auch bei interessierten Bürgern das Misstrauen gegenüber der De-Mail. Zu befürchten ist, dass gerade durch sie die Datenschutzdiskussion einem neuen Höhepunkt zustrebt, ja dass sie zu einem Politikum allererster Güte wird.

Will man Vertrauen in die De-Mail sich entwickeln lassen, so muss der De-Mail-Kunde die Möglichkeit haben, sich jederzeit selbst davon zu überzeugen, dass alles mit rechten Dingen zugeht. Eine geeignete Möglichkeit dazu liegt – basierend auf dem demokratischen Prinzip partizipatorischer Informationsorganisation – in der Einrichtung eines automatisierten Opt-in-Verfahrens zwischen ihm und dem De-Mail-Dienstleister.

Ein solches Verfahren muss der Gesetzgeber selbst vorschreiben, und zwar mittels technischen Organisationsrechts. Dessen Normierung und Umsetzung in IT-gestützte Verfahren ist eine interdisziplinäre Aufgabe von Jurisprudenz, Formalwissenschaften und Informationstechnik.

## I. Einstimmung und geistiger Duktus

Mit dem Respekt vor der Privatsphäre steht es in Deutschland nicht zum Besten, weder im staatlichen noch im nichtstaatlichen Bereich. Die Normtreue, was den Datenschutz bzw. das Grundrecht auf informationelle Selbstbestimmung[1] betrifft, ist hier wie da nicht sehr belastbar, nicht einmal beim Gesetzgeber.

Letzteres belegen die bundesverfassungsgerichtlichen Entscheidungen, die die staatliche Sicherheitsgesetzgebung, mittels welcher die Obrigkeit die Privatsphäre der Bürger allzu weitgehend zu kassieren suchte, in die Schranken weisen mussten.[2] Durchaus nachvollziehbar ist daher die Sorge z. B. der Anwaltschaft, der Gesetzgeber habe offenbar gar nicht mehr die Vorstellung, es könne ihm gelingen, Sicherheitsgesetze zu erlassen, die einer verfassungsrechtlichen Prüfung im Hinblick auf den Datenschutz standhalten.[3] Diese Sorge verstärkt sich natürlich noch, wenn namhafte Vertreter von Ermittlungsbehörden ernsthaft davon ausgehen, dass eine wirksame Verfolgung von Straftaten nur noch gegen die und nicht mehr mit der Verfassung möglich sei.[4] Kein Wunder also, wenn die Anwaltschaft sich fragt, ob die Häufung verfassungsrechtswidriger Sicherheitsgesetzgebung in den letzten Jahren bzw. Jahrzehnten nicht sogar auf ein strukturelles Problem unseres Gesetzgebungsverfahrens zurückzuführen ist.[5]

Am augenscheinlichsten freilich manifestiert sich der Mangel an datenschutzrechtlicher Normtreue in sog. Datenskandalen in Wirtschaft und öffentlicher Verwaltung.[6] Solche Skandale lassen den Wert des Datenschutzes im Alltag zweifelhaft erscheinen und haben einst – anlässlich ihres gehäuften Vorkommens bei Unternehmen – den höchstrangigen Datenschützer der Republik coram publico zu dem Ausruf bewogen: „Es gibt, und ich habe das in diesem Maße nicht für möglich gehalten, Mängel in der Datenschutzkultur der Unternehmen. Und – das gebe ich zu – die Datenschutzaufsicht ist doch über weite Strecken ein zahnloser oder zumindest ein zahnarmer Tiger."[7]

Im Übrigen bedenke man: Strengt ein Betroffener wirklich einmal – trotz des zeitraubenden und kostspieligen Recherche-, Darlegungs- und Beweisaufwandes, der ihn erwartet – einen gerichtlichen Datenschutzprozess an und obsiegt er – was indes wegen des nur symbolischen Charakters des Datenschutzrechts eigentlich immer ungewiss ist –, so hat ein solches Urteil zum einen nur Wirkungen inter partes, also nur auf der Einzelfallebene, und ist zum anderen nicht wirksam zu vollstrecken.

---

[1] Präzisere Bezeichnung für den Datenschutz, offiziell so genannt seit dem sog. Volkszählungsurteil des Bundesverfassungsgerichts – 1 BvR 209/83 u. a. – Urteil vom 15. Dezember 1983.

[2] Prominente Beispiele bei *Peters* 2010, S. 3 f.; s. auch die aktuelle Entscheidung 1 BvR 1299/05 vom 24. Februar 2012: Regelungen des TKG zur Speicherung und Verwendung von TK-Daten sind teilweise verfassungswidrig.

[3] Vgl. *Heussen*, Berliner Anwaltsblatt 9/2009, S. 298.

[4] Vgl. Berliner Anwaltsblatt 3/2010, S. 49.

[5] Vgl. Berliner Anwaltsblatt 4/2010, S. 97.

[6] Prominente Beispiele bei *Peters* 2010, S. 5.

[7] So der Bundesbeauftragte für den Datenschutz und die Informationsfreiheit, vgl. Innenausschuss des 16. Deutschen Bundestages, 88. Sitzung am 23.03.2009, Protokoll Nr. 16/88, S. 17.

In eben dieser Atmosphäre labiler Normtreue bei den Normadressaten des Datenschutzes gepaart mit einer gewissen Ohnmacht der Datenschutzkontrolle entsteht der Wunsch nach technisch-organisatorischem (kurz: technischem) Datenschutz. Man will sich nicht mehr auf das Wohlverhalten der Normadressaten des Datenschutzes verlassen, sondern verspricht sich von technischen Lösungen zum Datenschutz eine Disziplinierung seiner Normadressaten schon deswegen, weil selbst bei deren Böswilligkeit das datenschutzgerecht organisierte IT-System einfach nicht mitspielen würde und im Falle seiner Manipulation jedenfalls ein klarer Tatbestand vorläge.

Dass es Misstrauen speziell gegenüber der De-Mail im Hinblick auf den Datenschutz gibt, war sowohl anlässlich der vom Beauftragten der Bundesregierung für Informationstechnik durchgeführten öffentlichen Online-Konsultation zu den Bürgerportalen[8] (s. u. II.1.) als auch bei der vom Innenausschuss des Deutschen Bundestages durchgeführten öffentlichen Anhörung von Sachverständigen zum De-Mail-Gesetzentwurf der Bundesregierung[9] (s. u. II.2.) deutlich festzustellen.

So what?

Zunächst wird dargelegt, dass sich bei der De-Mail die Problematik des Datenschutzes noch einmal verschärft (II.). Sodann folgt – anhand von Fragen und Antworten – eine begriffliche Klärung rund um den technischen Datenschutz sowie eine rechtstheoretische Begründung der Angemessenheit technischen Organisationsrechts im Datenschutz nebst der Vorstellung legistischer Methoden zur Etablierung desselben (III.). Schließlich wird anhand einer Projektidee gezeigt, wie aufgrund der gewonnen Erkenntnisse technischer Datenschutz bei der De-Mail-Kommunikation realisiert werden könnte (IV.) und wie ein Projektkonzept aussehen könnte (V.).

## II. Die De-Mail und die besondere Gefährdung des Datenschutzes

Die Etablierung von De-Mail-Diensten als Basis einer zuverlässigen und geschützten Kommunikations-Infrastruktur ist Teil der High-Tech-Strategie der Bundesregierung, namentlich des e-government-Programms 2.0 und des 12-Punkte-Plans für ein bürgerfreundliches Deutschland. Es wird federführend vom BMI in Zusammenarbeit mit einer Reihe öffentlicher Institutionen sowie privater Organisationen und Unternehmen durchgeführt. Die erste Pilotierung fand ab 2009 in Friedrichshafen statt und ist mittlerweile erfolgreich abgeschlossen.[10] Auch

---

[8] www.zebralog.de (Projekte ➤ Online-Konsultation zum Entwurf des Bürgerportalgesetzes).

[9] Deutscher Bundestag, 17. Wahlperiode, Innenausschuss – Protokoll 17/31.

[10] www.bsi.de (Themen ➤ De-Mail).

Pilotprojekte mit rein kommunalem Bezug scheinen erfolgreich zu sein, wie z. B. der De-Mail-Praxistest in der StädteRegion Aachen aktuell zeigt.[11] Und am 6. März 2012 erhielten auf der CeBIT 2012 die ersten drei Anbieter von De-Mail, nämlich die Firmen Deutsche Telekom, T-Systems und Mentana-Claimsoft, vom BSI ihre Zulassung als De-Mail-Anbieter in Deutschland. Damit konnte die flächendeckende Einführung von De-Mail in Deutschland beginnen.[12]

### 1. Öffentliches Interesse an der gesetzlichen Vorbereitung der De-Mail

Das De-Mail-Gesetz[13] – zunächst als „Gesetz zur Regelung von Bürgerportalen und zur Änderung weiterer Vorschriften" initiiert[14] – ist zwecks Förderung der gesellschaftlichen Akzeptanz dieses bedeutenden Vorhabens sorgfältig vorbereitet worden.

So hat sich der Beauftragte der Bundesregierung für Informationstechnik einer sachlich durchaus nahe liegenden Maßnahme bedient: Er gab mittels einer vom 20. 11. bis zum 12. 12. 2008 durchgeführten Online-Konsultation interessierten Bürgern die Möglichkeit, sowohl Fragen zum Pilotprojekt zu stellen als auch eigene Beiträge dazu zu leisten. Die diesbezügliche Web-Seite des BMI wurde ca. 11000 Mal besucht. Die Fragen der Teilnehmer bezogen sich vor allem auf Sicherheit und Datenschutz, De-Safe und De-Ident, De-Mail und verbindliches Kommunizieren. Die Zahl der freiwillig geleisteten Beiträge ging in die Hunderte. 68 Kommentierungen bzw. Anregungen führten zu Berücksichtigungen im Gesetzentwurf.[15] Bereitschaft zum Mitmachen war also da. Fragen wie Beiträge waren vor allem von praktischen, insbesondere technisch-organisatorischen Aspekten geprägt, aber unverkennbar auch von einem deutlichen Misstrauen gegenüber der De-Mail-Organisation, was den Schutz der Persönlichkeitssphäre betrifft. Unter anderem war sogar zu vernehmen, als De-Mail-Nutzer könne man ja gleich seine schriftliche Kommunikation über das Bundeskriminalamt abwickeln.

---

[11] Vgl. Kommune 21–2/2012, S. 44 f.
[12] www.CIO.bund.de (Aktuelles ▶ 06. 03. 2012 zu De-Mail).
[13] Gesetz zur Regelung von De-Mail-Diensten und zur Änderung weiterer Vorschriften vom 28. April 2011, BGBl. I 2011, S. 666.
[14] Deutscher Bundestag – Drucksache 16/12598.
[15] Vgl. Fußnote 8.

## 2. Die Gefährdung des Datenschutzes durch die De-Mail-Organisation

Setzt die De-Mail sich flächendeckend durch – und davon ist auszugehen –, so läuft das auf einen einheitlichen, staatlich überwachten Kommunikationsraum hinaus, dessen Vorteil die hohe Sicherheit gegenüber Datenkriminellen ist. Aber ist er – durch die Brille des Datenschutzes besehen – auch vertrauenswürdig? Zweifel sind angebracht, wenn man sich die De-Mail-Organisation genauer anschaut, und dies im Bewusstsein der Tatsache, dass der Bundesnachrichtendienst schon seit Langem – gestützt auf den sehr auslegbaren Art. 5 Abs. 2 G 10 – E-Mails mittels Suchbegriffen systematisch filtert und dadurch massiv in Grundrechte eingreift, das Ganze abgesegnet durch die Geheimdienstkontrolleure des Deutschen Bundestages.[16]

Das Hauptproblem liegt in der Koppelung von De-Mail-Gesetz[17] und BSI-Gesetz[18]. Gemäß § 2 des De-Mail-Gesetzes ist die zuständige Behörde nach diesem Gesetz das BSI, das nach § 1 des BSI-Gesetzes dem BMI untersteht. Das BSI hat also die Rechts- und die Fachaufsicht über die De-Mail-Dienstleister. Wie es diese Aufsicht ausübt, ergibt sich aus seinem Aufgabenprofil gemäß § 3 und seiner Vorgabenbefugnis gemäß § 8 des BSI- Gesetzes. Diese beiden Paragraphen werden wegen ihrer Brisanz für den Datenschutz im *Anhang 1* (zu diesem Beitrag) wörtlich wiedergegeben, damit der Leser sofort versteht, dass das BSI aufgrund der erteilten Ermächtigungen die De-Mail-Kommunikation technisch und organisatorisch vollständig kontrollieren kann. Bezeichnenderweise sollte das BSI-Gesetz zunächst BSI-Ermächtigungsgesetz heißen.

Auf der eingangs schon erwähnten Anhörung von Sachverständigen zum De-Mail-Gesetz wurde insbesondere bei der Diskussion betreffend das Fehlen einer gesetzlichen Verpflichtung des Diensteanbieters auf eine Ende-zu-Ende-Verschlüsselung der De-Mail der Verdacht laut, dass auf diese Weise das Post- und Fernmeldegeheimnis unmerklich unterlaufen werden könne und dass es gar möglich sein werde, die im De-Mail-Postfach liegende Post, ob sie nun geöffnet ist oder nicht oder ob sie als zugestellt gilt oder nicht, Geheimdiensten und Polizei ohne richterliche Anordnung zugänglich zu machen.[19]

Dass die Abwehr von Gefahren für die Sicherheit der Bürger Staatsaufgabe ist, steht außer Frage. Deswegen wird auch von keinem Vernünftigen bezweifelt, dass es im Zeitalter des Internet als des mittlerweile größten Tatorts eine staatli-

---

[16] www.cr-online.de (Blog ➤ Niko Härting ➤ 28. 02. 2012: Massive Eingriffe in Grundrechte – BND filtert systematisch E-Mails).
[17] s. Fußnote 13.
[18] Gesetz zur Stärkung der Sicherheit in der Informationstechnik des Bundes vom 14. August 2009, BGBl. 2009, S. 2821.
[19] Vgl. Fußnote 9, S. 18f. et passim.

che Institution wie das BSI mit bestimmten Vollmachten geben muss. Dass aber gleichwohl die De-Mail-Organisation als Schritt in Richtung eines informationstechnisch bewerkstelligten Totalitarismus verdächtigt wird, liegt vor dem Hintergrund des allgemeinen Misstrauens, was den Schutz der Persönlichkeitssphäre betrifft, nicht zuletzt daran, dass die Maßnahmen der De-Mail-Dienstleister unter der Regie des BSI bzw. des BMI für den Kunden bzw. Betroffenen selbst, aber auch für irgendwelche externen Kontrollinstanzen nicht transparent bzw. nachvollziehbar sind und daher nicht einmal eine nachfolgende, geschweige denn eine begleitende oder gar präventive Datenschutzkontrolle des De-Mail-Betriebs möglich ist.

### 3. Grundsätzliche Kritik an der Datenschutzregelung im De-Mail-Gesetz

Die Kritik von Simitis, der Gesetzgeber habe es trotz eindeutiger, schon fast ein Jahrzehnt alter Absichtserklärungen von Bundestag und Bundesregierung bislang versäumt, das BDSG einer grundlegenden Revision zu unterziehen, beruht hauptsächlich auf dem Argument, dass Datenschutz und Informationstechnologie untrennbar miteinander verknüpft sind und dass gutes Datenschutzrecht sich insbesondere auch dadurch auszeichnet, dass es die evidenten Folgen des Technologiewandels zu bewältigen vermag, was aber beim BDSG nicht der Fall sei.[20]

Diese Kritik lässt sich getrost auch auf die Datenschutzregelungen außerhalb des BDSG, also auf den sog. bereichsspezifischen Datenschutz, beziehen; denn das BDSG gilt seit seinem Erlass als das Grundgesetz des Datenschutzes und hat in der Tat bis heute alle außerhalb seiner selbst getroffenen Datenschutzregelungen strukturell präformiert. So ist es bei Erlass neuer Datenschutzregelungen aus Gründen der Konsistenz seit jeher geübte Praxis, die subsidiäre Geltung des BDSG an geeigneter Stelle jeweils als sog. Regenschirmklausel einzubauen. So geschehen auch beim De-Mail-Gesetz. Die dort in § 15 getroffene datenschutzrechtliche Regelung lautet:

> Der akkreditierte Diensteanbieter darf personenbezogene Daten beim Nutzer eines De-Mail-Kontos nur erheben, verarbeiten und nutzen, soweit dies zur Bereitstellung der De-Mail-Dienste und deren Durchführung erforderlich ist; im Übrigen gelten die Regelungen des Telemediengesetzes, des Telekommunikationsgesetzes und des Bundesdatenschutzgesetzes.

Mehr en-passant-Mentalität als bei dieser Datenschutzregelung ist kaum denkbar. Für Juristen handelt es sich bei einer solchen Textfassung des Datenschutzes

---

[20] *Simitis*, Vorwort zur 7. Auflage des Kommentars zum BDSG.

um nichts weiter als um „eine Kumulation altbekannter Formeln".[21] Für Ingenieure besagt sie gar nichts, jedenfalls nichts Operationalisierbares.

Von einem gesetzgeberischen Impetus gar, den Datenschutz der in der De-Mail repräsentierten informationstechnischen Entwicklung angemessen anzupassen, ihn gar der informationellen Macht der De-Mail-Dienstleister bzw. des BSI entgegen zu setzen und dazu operative Hilfen anzubieten, ist keine Spur zu finden, nicht im De-Mail-Gesetz, nicht im BDSG und auch sonst nirgendwo. Zur Probe aufs Exempel schaue man sich auch in den beiden anderen im vorstehend zitierten § 15 in Bezug genommenen Gesetzen – Telemediengesetz und Telekommunikationsgesetz (beide sind um Jahrzehnte jünger als das BDSG und um einige Jahre älter als das De-Mail-Gesetz) – die Regelungen zum Datenschutz an und man wird feststellen, dass dort hinsichtlich der rechtlichen Legitimierung personenbezogener Informationsaktivitäten zwar situations- bzw. anwendungsspezifische Differenzierungen vorgenommen worden sind. Aber nach einer irgendeiner Grundlage zur Anpassung des Datenschutzes an die Dynamik der informationstechnischen Entwicklung sucht man auch dort vergebens. Der Vorwurf des – im Hinblick auf eben diese Dynamik – bereits eingetretenen Überholtseins trifft also in vollem Maße auch auf die Datenschutzregelung im De-Mail-Gesetz zu, trotz ihres relativ geringen Alters.

### 4. Technische Vorgaben zum Datenschutz – Fehlanzeige

Dass die De-Mail ein System von beachtlichem technologischen Aufwand ist, ergibt sich aus der zu Grunde liegenden, vom BSI verantworteten technischen Konzeption, beschrieben in der Technischen Richtlinie De-Mail, die in Kapitel betreffend die IT-Basisinfrastruktur, den Postfach- und Versanddienst, das Account Management, die Dokumentenablage, den Identitätsbestätigungsdienst und die Modulübergreifende Sicherheit unterteilt ist. Die einzelnen Kapitel wiederum sind in technische Vorgaben zur Modulbeschreibung, Funktionalitätsspezifikation, IT-Sicherheit sowie zur Interoperabilitätsspezifikation unterteilt.[22]

Eine technische Anleitung zum Datenschutz findet sich indes dort nicht und eine gesonderte Technische Richtlinie zum Datenschutz existiert ebenfalls nicht. Insofern hat man einen anderen Weg gewählt: Jeder Anbieter von De-Mail-Diensten benötigt für seine Akkreditierung – neben den sich aus der Technischen Richtlinie ergebenden technischen Nachweisen – auch einen Datenschutznachweis. Er muss nachweisen, dass er bei Gestaltung und Betrieb seiner E-Mail-Dienste die gesetzlichen Anforderungen des Datenschutzes erfüllt. Dieser Nachweis kann durch ein Zertifikat des BfDI geführt werden. Das Zertifikat wird

---

[21] Vgl. *Simitis*, a. a. O.
[22] www.bsi.de (Themen ➤ DeMail ➤ Technische Richtlinien).

auf Antrag erteilt, wenn der BfDI aufgrund einer vorangehenden Prüfung davon überzeugt ist, dass die De-Mail-spezifischen Anforderungen an die Umsetzung des Datenschutzes tatsächlich erfüllt werden. Diese Überzeugung hat der BfDI, wenn der De-Mail-Diensteanbieter ihm ein Gutachten einer qualifizierten Prüfstelle vorlegt, welches bestätigt, dass er diejenigen Voraussetzungen erfüllt, die in dem Kriterienkatalog mit den De-Mail-spezifischen Anforderungen für den Datenschutznachweis definiert wurden.[23]

Schaut man sich diesen Kriterienkatalog an, so stellt man fest, dass es sich um eine endliche Menge von Checklisten mit Organisationsfragen handelt, welche die Prüfstelle nach ihrem Gutdünken beantwortet, wobei lediglich bei einigen Fragen die analoge Berücksichtigung gewisser Vorgaben der oben erwähnten Technischen Richtlinie verbindlich gemacht wird oder auf die IT-Grundschutz-Kataloge rekurriert wird.

## 5. Fazit: Die Unverzichtbarkeit technischen Datenschutzes bei der De-Mail

Das allgemeine und – wie eingangs dargelegt – nicht völlig unbegründete Misstrauen gegenüber Staat und Wirtschaft, was den Schutz der Persönlichkeitssphäre betrifft, lässt sich hinsichtlich der De-Mail nur ausräumen, wenn im De-Mail-System technische Vorkehrungen getroffen werden, die dem Kunden bzw. Nutzer den De-Mail-Betrieb transparent bzw. nachvollziehbar machen und ihm die Möglichkeit geben, sich durch beliebige Stichproben die Gewissheit zu verschaffen, dass alles mit rechten Dingen zugeht. Das Post- und Fernmeldegeheimnis gehört zu den höchsten Errungenschaften des freiheitlich-demokratischen Rechtsstaats. Daher erscheint das soeben gestellte Ansinnen an die Organisation des De-Mail-Betriebs ganz und gar nicht überzogen, auch nicht in Anbetracht der damit verbundenen Kosten.

Der Einwand, die Einräumung der Möglichkeit der persönlichen Kontrolle über das Schicksal der eigenen De-Mail überfordere die technikpraktischen Fähigkeiten des Kunden bzw. Nutzers, sticht bei den sogenannten digital natives ohnehin nicht; aber auch bei den älteren Semestern hat sich mittlerweile eine erstaunliche Kompetenz im Umgang mit Netztechnologien entwickelt, wie dem seit dem Jahr 2001 jährlich erscheinenden (N)ONLINER Atlas[24] zu entnehmen ist.

---

[23] www.bfdi.de (Datenschutz ▶ Schwerpunkte ▶ De-Mail ▶ Informationen Anbieter).
[24] www.initiatived21.de (Publikationen ▶ (N)ONLINER Atlas).

## III. Datenschutz-Engineering – eine Aufgabe für die Rechtsetzung

Die vom BMI in 2008 durchgeführte Online-Konsultation zum Bürgerportal bzw. zur De-Mail (s. o. II. 1.) war gleichermaßen sachlich wie politisch geschickt; denn einerseits wurden die Erfahrungen und Meinungen der Internet-Gemeinde betreffend Chancen und Risiken beim elektronischen Geschäftsverkehr genutzt und andererseits wurde durch diese Art der Bürgerbeteiligung im Sinne eines Pro oder Contra Bürgerportal bzw. De-Mail direkte Demokratie praktiziert, wodurch das Akzeptanzproblem nach allgemeiner Auffassung am elegantesten angegangen wird. Von vornherein nicht beabsichtigt indes war eine über persönliche Aspekte und Anwendungsinteressen hinausgehende Diskussion etwa rechtsprinzipieller oder rechtsinformatischer Probleme, was mangels entsprechender Kompetenzen der Teilnehmer wohl auch nicht möglich gewesen wäre.

Doch zu einer gerade in dieser Hinsicht kritischen und zugleich konstruktiven Nachdenklichkeit soll die Erörterung der folgenden Fragen, die sämtlich von zentraler Bedeutung sind, anregen. Die Abhandlung dieser Fragen dient vor allem der möglichst friktionslosen interdisziplinären Verständigung zwischen Juristen und MINT-Berufen bei der gemeinsamen technischen Bewältigung des Datenschutzproblems im De-Mail-Verkehr, erscheint aber darüber hinaus auch für die persönliche Motivation der Beteiligten unverzichtbar; denn deren Konsens – nicht nur in fachlicher, sondern auch in emotionaler Hinsicht – ist eine wichtige Voraussetzung für eine fruchtbare Kooperation.

Ganz generell fragt man sich natürlich, ob bzw. wie die oben behauptete unauflösbare Konnexität von Datenschutz und Informationstechnologie (s. o. II.3.) rechtlich überhaupt berücksichtigt werden kann und wie sie speziell beim De-Mail-Verkehr bewerkstelligt werden könnte. Das Problem besteht offensichtlich darin, dass ein rechtsnormatives Phänomen, der Datenschutz, und ein artefaktisches Phänomen, die Informationstechnik, kommensurabel und kompatibel gemacht werden müssen. Oder handelt es sich in Wirklichkeit um ein Aporem?

*1. Was versteht man unter Datenschutz-Engineering?*

Datenschutz-Engineering betrifft die Umsetzung technischer Datenschutzmaßnahmen in IT-gestützte Verfahren und ist ein Spezialfall des allgemeinen Verwaltungs-Engineerings. Ziel des Verwaltungs-Engineerings ist die rechtsnormzweckgerechte Automation von Verwaltungsvorgängen in öffentlicher Verwaltung und Wirtschaftsverwaltung. Bedauerlicherweise ist man bisher beim allgemeinen Verwaltungs-Engineering nicht recht vorangekommen und leider sieht es beim Datenschutz-Engineering noch schlechter aus. Zuversichtlich stimmt indes die Tatsache, dass es außer den vorstehend erwähnten, eher (rechts)politischen

Erwägungen zum technischen Datenschutz auch bereits wissenschaftliche Forschung in diese Richtung gibt, beispielsweise in den USA und in Deutschland.

Ausgerechnet in den als datenschutzträge bzw. -gleichgültig verschrieenen USA, in denen es keinen allgemeinen, sondern nur bereichsspezifischen Datenschutz gibt, sind erste Taten schon vollbracht, und zwar – Ironie des Schicksals, aber irgendwie evolutionslogisch – vom globalen Primus in Sachen Software-Entwicklung. So hat – unabhängig von irgendeiner Gesetzgebung, aber beeindruckt von der deutschen Datenschutzmentalität – der Chefentwickler von Microsofts Web-Browser in den neuen Internet Explorer 9 (IE 9) einen Trackingfilter integriert, mit dem Nutzer verhindern können, dass ihr Surfverhalten analysiert und ihnen auf sie zugeschnittene Werbung angezeigt bzw. aufgedrängt wird[25], und Microsofts U-Prove-Technologie sorgt dafür, dass bei online-Transaktionen nur diejenigen Daten übermittelt werden, die nötig sind. So können die Betroffenen Identitätsmanagement betreiben und selbst steuern, welche ihrer Daten preisgegeben werden.[26] Politische Rückendeckung für solche Techniken ist auch bereits da. Präsident Barack Obama stellte kürzlich in Washington eine Grundrechte-Charta als Teil eines umfassenden Pakets vor, mit dem Internetnutzern mehr Kontrolle über die Nutzung ihrer privaten Daten gegeben werden soll.[27]

Auch in Deutschland ist man nicht untätig. So entwickelt z. B. die Forschungsgruppe „Zertifizierbare Vertrauenswürdige Informatiksysteme" an der Informatikfakultät des Karlsruher Instituts für Technologie derzeit Verfahren zur Datennutzungskontrolle. Dabei geht es darum, vom Herausgeber der Daten festgelegte Regeln auf der Empfängerseite kontrollieren zu können. Sinnvollerweise arbeitet die Forschungsgruppe mit dem Zentrum für angewandte Rechtswissenschaft des Karlsruher Instituts zusammen.[28]

Und im April 2011 fand das sechste interdisziplinäre Symposium der Arbeitsgruppe Identitätsschutz im Internet (a-i3) und des BSI statt.[29] Das Thema: Identitäts- und Datenschutz zwischen Sicherheitsanforderungen und Sicherheitslücken.

Das alles kennzeichnet den Trend zum technischen Datenschutz bzw. zum Datenschutz-Engineering.

---

[25] Vgl. Wirtschaftswoche Nr. 6 vom 07.02.2011, S. 72.
[26] Vgl. Kommune 21 2/2011, S. 26 f.
[27] s. FAZ v. 25. Februar 2012, S. 7.
[28] http://zvi.ipd.kit.edu (Forschung ➤ Verteilte Daten-Nutzungskontrolle).
[29] www.a-i3.org.

## 2. Ist eine formale Legistik erforderlich?

Der gesetzlich geregelte Datenschutz in Deutschland nahm seinen Anfang in den 70er Jahren des vorigen Jahrhunderts. Er wurde klassisch formuliert, also in Form von Legaldefinitionen, Geboten, Verboten und Anspruchsgrundlagen. Das nennt der Jurist die präskriptiv-normative Form eines Gesetzes, die ja bekanntlich nichts weiter bedeutet als den Appell an das Verhalten von Menschen. Damals gab es nur Großrechner auf der Basis von Host-Terminal-Architekturen, eingesetzt in großen Unternehmen der Wirtschaft und in großen Organisationen des Staates, hauptsächlich zwecks möglichst reibungsloser Personalverwaltung und Kundenbetreuung. Heute leben wir in einer internetbasierten, digitalen Welt des ubiquitous computing auf Basis von Client-Server- oder Cloud-Computing-Architekturen, in der kommerzielle personenbezogene Informationsaktivitäten eine überragende Rolle spielen. Man betrachte nur die rasante Entwicklung der sog. sozialen Netzwerke wie Facebook, Twitter & Co., der Personalinformationssysteme in Wirtschaft und öffentlicher Verwaltung, der Scoring-Systeme in der Kreditwirtschaft, der Nutzer- und Verbraucherprofile in der Werbung und dergleichen mehr.

An den mit diesen Entwicklungen verbundenen Technologiewandel hätte der Gesetzgeber den Datenschutz anpassen müssen, und zwar mittels *technischen Organisationsrechts*. Er hätte längst einsehen müssen, dass ein schwerfälliges System aus rechtlichen Wertungen und Begriffen wie der klassische Datenschutz mit der Rasanz der informationstechnischen Entwicklung und deren beliebiger Nutzung nicht zu synchronisieren ist, sondern dass bereits Organisation und Funktionsweisen der personenbezogenen Datenverarbeitung selbst Ausdruck der formal artikulierten und schließlich programmierten Datenschutzbelange der Betroffenen sein müssen.

Das sah er aber bisher leider nicht ein. Vielmehr blieb die klassisch-juristische Konzeption des Datenschutzes bis heute der alleinige Weg und absolut vorherrschend. Zwar waren technische und organisatorische Maßnahmen schon in der ersten Fassung des BDSG von 1977 als für datenverarbeitende Stellen obligatorisch vorgesehen;[30] aber sie waren – und sind es bis heute – so unbestimmt gefasst, dass niemand sich bisher zur Entwicklung eines technischen Datenschutzes bemüßigt fühlte. Stattdessen entwickelte sich der Datenschutz – auch deswegen, weil der Gesetzgeber sich von Anfang an nicht im Klaren darüber war, was genau er beim Datenschutz eigentlich schützen wollte[31], und wegen der nicht erwarteten Rasanz der informationstechnischen Entwicklung – zu einem ge-

---

[30] s. Anhang 2 (zu diesem Beitrag).
[31] www.datenschutzzentrum.de (Mediathek ➤ Trailer Datenschutzgeschichte ➤ Interview Simitis).

setzgeberischen Reformhaus. Unzählige Novellierungen des Datenschutzrechts und die Fülle sog. bereichsspezifischer Regelungen zeugen davon.

Immerhin macht die zurzeit im Gange befindliche Novellierung der EU- Datenschutzrechts nicht zuletzt dadurch Furore, dass die EU-Kommission erstmals die Zulassung auch technischer Lösungen zwecks faktischer Realisierung des Datenschutzes prüfen will,[32] und auch in Deutschland betont die Konferenz der Datenschutzbeauftragten in ihren Reformvorschlägen, dass den technischen und organisatorischen Komponenten bei der Realisierung des Datenschutzes eine wichtige Funktion zukommt.[33] Privacy Enhancing Technologies sind also zumindest schon mal in der Diskussion. Das weckt Hoffnung; denn das Verständnis von modernem Datenschutz zielt gerade darauf ab, dass er – und nur darin kann in der Welt des ubiquitous computing sein verfassungsgemäßer Zweck bestehen – präventive Wirkungen erzeugt. Die dazu erforderlichen technischen Vorkehrungen stellen – rechtlich verbindlich gemacht – das technische Organisationsrecht dar.

Im Unterschied zum klassischen Recht, welches aus Geboten, Verboten, Anspruchsgrundlagen und Legaldefinitionen besteht und demzufolge ein System aus Verhaltensappellen darstellt, enthält das technische Organisationsrecht die direkte Reglementierung der Technikanwendung durch den zur Rechtsetzung Befugten. Diese Reglementierung erfolgt – in Ergänzung bzw. Erfüllung der basalen rechtlichen Vorschriften – mittels abstrakter technisch-organisatorischer Vorgaben mit für die IT-Spezialisten klaren Anweisungen zur technischen Umsetzung des Datenschutzes. Das technische Organisationsrecht bildet damit die Grundlage für ein IT-gestütztes System der Informationskontrolle. Das klassische Recht reicht dazu nicht aus; denn es ist – schlagwortartig beschrieben – präskriptiv-normativ, auslegbar, beliebig befolgbar, sanktionierend. Demgegenüber weist das technische Organisationsrecht härtere charakteristische Eigenschaften auf; denn es ist empirisch-deskriptiv, eindeutig, zwingend zu befolgen, präventiv.[34]

Das mündet in folgendem Postulat: Soll der Datenschutz eine realitätsadäquate Anpassung an die Folgen des informationstechnischen Wandels bzw. an die Dynamik der informationstechnischen Entwicklung erfahren, so kann das nur gelingen, wenn das auf ihn bezogene Recht so gestaltet ist, dass die in ihm enthaltenen Vorgaben auf eine technisch-organisatorische Reglementierung der jeweiligen Technikanwendung bzw. -nutzung hinauslaufen.[35]

---

[32] www.bwr-media.de (Suchfeld: Datenschutzrichtlinie ➤ Reform der Datenschutzrichtlinie 95/46/EG rückt näher).

[33] Vgl. Deutscher Bundestag – Drucksache 17/5200 v. 12.4.2011, Tätigkeitsbericht 2009 und 2010 des Bundesbeauftragten für den Datenschutz und die Informationsfreiheit, 23. Tätigkeitsbericht, S. 22 ff.

[34] Ausführlich zum Begriff des technischen Organisationsrechts im Datenschutz *Peters*, CR 12/1986, S. 790 ff., 792.

## 3. Welche legistische Methode bietet sich an?

Mit dem Erfinden von technischen Lösungen allein ist es beim Datenschutz-Engineering noch nicht getan; denn im Rechtsstaat versteht es sich wegen des unabdingbaren rechtsstaatlichen Grundsatzes der Rechtmäßigkeit jeglicher Verwaltung von selbst, dass die zu treffenden technischen Vorkehrungen genau der Systemrationalität, d. h. dem Normzweck des Rechtsgebiets entsprechen müssen, dessen Verwaltungsvorgänge automatisiert werden sollen. Das nennt man die Normzweckgerechtigkeit des Verwaltungs-Engineerings. Dazu allerdings muss der rechtliche Normzweck so präzise, d. h. unabhängig von der persönlichen Auslegung, beschrieben sein, dass aus ihm die entsprechenden technischen Vorkehrungen logisch abgeleitet werden können. Nur so macht man Verwaltungs-Engineering rechtlich einwandfrei.

### a) Normzweckgerechtigkeit technischen Datenschutzes – ein besonderes Problem

Was nun das Datenschutz-Engineering betrifft, so ist die normzweckgerechte Ableitung technischer Datenschutzmaßnahmen allein aus dem Datenschutzrecht wegen der vielen kompromissverdorbenen Formulierungen schwierig bis unmöglich. Eine orientierbare Systemrationalität hat erst die Rechtsprechung hergestellt, allen voran das Bundesverfassungsgericht mit seinem Volkszählungsurteil im Jahre 1983.[36] Dort wird völlig unmissverständlich postuliert, dass zur verfassungsgemäßen Garantie des Datenschutzes bzw. der informationellen Selbstbestimmung auch verfahrensrechtliche und organisatorische Vorkehrungen vonnöten sind.[37] Bezieht man nun dieses Postulat auf die beiden gesetzlich vorgesehenen Erlaubnistatbestände zur personenbezogenen Datenerhebung, -verarbeitung und -nutzung, nämlich auf das Vorhandensein einer gesetzlichen Erlaubnis bzw. Anordnung oder auf das Vorliegen der Einwilligung des Betroffenen dazu, so lässt sich aufgrund dieser rechtlichen Legitimation technisches Organisationsrecht als Basis für technischen Datenschutz bzw. für ein Datenschutz-Engineering entwickeln. Aber wie?

Im Prinzip gilt: Jede wissenschaftliche Disziplin, die sich einer Ordnungsfunktion verschrieben hat, muss eine Sprache benutzen, die von den Unexaktheiten der natürlichen Sprache so weit befreit ist, dass ihre Erkenntnisse sich mit einem genormten Vokabular formulieren lassen, wodurch allein intersubjektiv

---

[35] s. Fußnote 31, Interviews mit Simitis, Steinmüller, Podlech, Peters, die sich in diesem Sinne äußern.
[36] s. Fußnote 1.
[37] Ausführlich dazu *Peters*, a. a. O.

wirksame Verbindlichkeit garantiert wird. Kurz: Eine exakte Wissenschaft muss in einer Kunstsprache reden wollen – und können.[38]

Die Natur- und Ingenieurwissenschaften praktizieren das seit eh und je. So gilt beispielsweise die Mathematik als Sprache der Physik und die Zeichnung als Sprache des Ingenieurs. Die Formalwissenschaften liefern solche Sprachen, weshalb sie allesamt als sog. exakte Wissenschaften bezeichnet werden.

Die Jurisprudenz sieht sich als wissenschaftliche Disziplin und hat eine Ordnungsfunktion, nämlich die gesellschaftliche Ordnungsfunktion. Sie ist die höchste Funktion des Rechts. Selbst die Gerechtigkeitsfunktion geht in ihr auf; denn nach Kant besteht das objektive Gerechtigkeitsideal darin, dass der einzelne wissen kann, wie das Recht ihn betrifft. Auch weitere, manchmal noch gesondert genannte Funktionen des Rechts wie Herrschafts- bzw. Herrschaftskontrollfunktion, Friedens-, Freiheits- oder Umverteilungsfunktion lassen sich leicht als Teile der Ordnungsfunktion auffassen.

Wenn nun als Hauptwerkzeug einer wissenschaftlichen Disziplin mit Ordnungsfunktion exakte Sprache gefordert ist, wie sieht es da beim Recht aus?

### b) Die Mängel der herkömmlichen Rechtssprache allgemein

Die herkömmliche Rechtssprache ist die natürliche Sprache, durchsetzt mit juristischen Termini. Diese Rechtssprache hat drei gravierende Mängel:

– Erstens: Sie ist ungenau. Das ist ein Problem der Juristen. So kann z. B. kein Gesetz so präzise formuliert werden, dass alle Streitfälle, die später auftauchen, mühelos in dem einen oder anderen Sinn gelöst werden können.

– Zweitens: Sie ist unverständlich. Das ist ein Problem des rechtsunkundigen Bürgers, der die Juristen gerade dann nicht verstehen kann, wenn sie sich besonders genau ausdrücken.

– Drittens: Sie ist ideologisch. Das ist ein Problem für beide, für Juristen und Nichtjuristen. Es bedeutet, dass weder die einen noch die anderen wirklich verstehen, worum es in wichtigen Fragen des Rechts geht, was meistens sogar dann der Fall ist, wenn diese Fragen für alle klar und verständlich formuliert sind.[39]

Die Vagheit der natürlichen Sprache und somit der Rechtssprache, die allzu oft unkalkulierbare Auslegungen bei der Rechtsanwendung zulässt, was rechtsstaatlich immer bedenklich ist, ist die Geißel des Rechts hinsichtlich seiner Ordnungsfunktion. Dieser sozusagen genetische Defekt des Rechts hat sich in den letzten Jahrzehnten zu einem besorgniserregenden ordnungspolitischen Missstand aus-

---

[38] *Schick*, S. 7 (Zitat Lorenzen).
[39] *Wesel*, S. 12 f.

gewachsen, nämlich seit der Gesetzgeber – in Kapitulation vor der Komplexität vor allem technischer Regelungsmaterien in der modernen Welt – durch übermäßigen Gebrauch von politischer Sprache, unbestimmten Begriffen, Generalklauseln usw. Zuflucht zur sog. symbolischen Gesetzgebung genommen hat, wobei er Gesetzgebung nur noch als politische Zeichensetzung betrachtet. Die Folgen dieser Gesetzgebung – bei den Normadressaten in der öffentlichen Verwaltung ebenso wie in der Wirtschaft – sind dunkles Orakeln über den Normzweck einer rechtlichen Regelung, zahllose und ziellose Methodenstreitereien, Sich-Austoben in hermeneutischen Irrationalismen und endlose Abstimmungs- und Mitzeichnungsrituale zwischen den beteiligten Fachanwendungen sowie zwischen Fachanwendung und IT-Unterstützung.

Insgesamt gesehen ist in der von immer dynamischeren technischen und ökonomischen Prozessen bestimmten Welt sowie in der multikulturellen und mithin von ständigem Wertewandel gekennzeichneten Gesellschaft die Ordnungsfunktion des Rechts bedroht, wenn nicht weitgehend sogar schon verloren gegangen. Der zeitweilig panisch anmutende Versuch, den Verlust der Verbindlichkeit des Rechts durch immer mehr und immer genauere Vorschriften zu verhindern, hat längst zur Inflation des Rechts und seiner Informationskrise geführt.[40]

Der geschilderte Missstand zeigt, dass gutes Recht, verstanden im Sinne hoher Erwartungssicherheit[41], nicht nur rechtsstaatlich, sondern auch ökonomisch geboten ist. Er darf deswegen zumindest da nicht länger hingenommen werden, wo der Vollzug des Rechts auf IT-Unterstützung angewiesen ist. Trotzdem erfolgt die Erstellung von Rechtsnormen bis auf den heutigen Tag ausschließlich politisch motiviert und weitgehend ohne Berücksichtigung von Anforderungen ihres IT-gestützten Vollzugs. Kurzum: Die rechtsnormativen Vorgaben haben nicht die linguistische Qualität, die erforderlich wäre, um sie in IT-gestützte Verfahren normzweckgerecht, erwartungssicher und ökonomisch umzusetzen.

### c) Rechtsmodellierung:
### Linguistische Stufen zur formalen Legistik

Präzision und Allgemeinverständlichkeit der juristischen Sprache stehen in reziprokem Verhältnis. Dieser Konflikt ist zugunsten der Präzision aufzulösen[42], wobei hinsichtlich der Qualität der Sprache der Kreis der Normadressaten als

---

[40] Ausführlich dazu schon sehr früh Simitis, Informationskrise des Rechts.
[41] So Bundespräsident *Horst Köhler*, Gutes Recht schafft Erwartungssicherheit, auf dem 67. Deutschen Juristentag am 23.09.2008 in Erfurt, vgl. BRAK – Mitt. 6/2008, S. 242.
[42] Vgl. BMJ, Handbuch der Rechtsförmlichkeit, 2. Aufl., Teil B: Formulieren, Randnote 49.

maßgeblich zu berücksichtigen ist.[43] Das geschieht durch Rechtsmodellierung. Darunter versteht man eine Methode zur Verbesserung der formalen Qualität von Rechtsnormen zwecks erhöhter Kalkulierbarkeit der Rechtsauslegung bei der Rechtsanwendung sowie zwecks erleichterter IT-Unterstützung der Rechtsanwendung und mithin zur Verbesserung des Compliance Managements als des frühestmöglichen Ansatzes zur Reduzierung der Übermaßbürokratie.

Außerdem darf der Normzweck einer rechtlichen Regelung (ihre Systemrationalität) nicht der Spekulation von Einzelfallbeteiligten überlassen bleiben, sondern muss ihr selbst eindeutig zu entnehmen sein. Heute gilt die – von manchem Juristen indes nur verschämt bestätigte – Auffassung als allgemein unbestritten, dass das Recht in weiten Teilen vor Inkonsistenz strotzt und dass die von ihm zu fordernde Erwartungssicherheit eher ein frommes ethisches Postulat als zuverlässige Realität ist. Eine linguistische Stufung lässt sich von (1) bis (4) folgendermaßen darstellen:

1. - Natürlichsprachliche Fassung
   - Umgangssprache
   - Fachsprache

2. - Verbale Spezifikation
   - prädikaten- und aussagenlogisch
   - evtl. mittels deontischer Logik geprüfte Version

3. - Semiformale Spezifikation
   - struktursprachliche Version, i.e.
   - graphenorientierte Sprache (z. B. Petrinetz)
   - logikorientierte Sprache (z. B. Entscheidungstabelle)

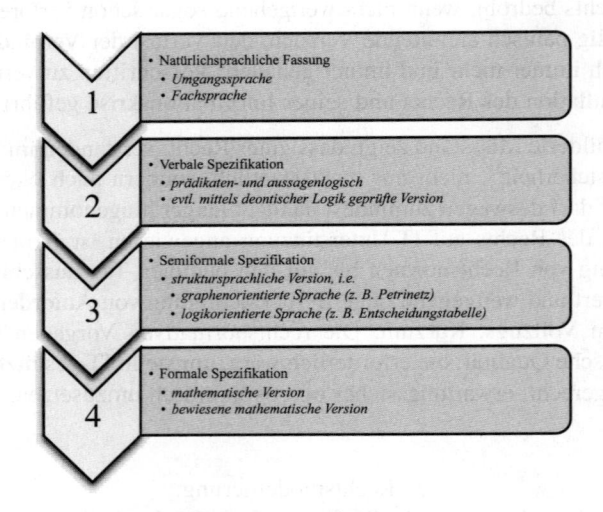

4. - Formale Spezifikation
   - mathematische Version
   - bewiesene mathematische Version

Abbildung 1: Linguistische Stufung

Erläuterung:

– *Entwurf in natürlicher Sprache*: Der Mensch drückt alles, was er mitteilen will, wegen der allgemeinen Verständlichkeit zunächst in natürlicher Sprache aus. Auch Rechtsvorschriften werden zunächst in natürlicher Sprache formuliert. Diese Formulierung aber bietet naturgemäß viele Auslegungsmöglichkeiten. Doch genau deren Eliminierung muss erfolgen, um die Vorschriften IT-gestützten Arbeitsabläufen zuordnen zu können.

---

[43] Vgl. *Karpen* u. a., S. 72 f. (Formale Qualität der Sprache).

- *Erstellung der verbalen Spezifikation*: Die Vorschriften werden durch prädikaten- und aussagenlogische Prüfung des Textes sowie evtl. mittels deontischer Logik von den Unexaktheiten der natürlichen Sprache so weit befreit, dass normzweckgefährdende Missverständnisse oder gar rabulistische Sophismen ausgeschlossen sind.
- *Erstellung der semiformalen Spezifikation*: Die Vorschriften werden – wie das z. B. in den exakten Wissenschaften der Fall ist – mit einem genormten Vokabular, also in einer Kunstsprache formuliert. Diese muss von einer solch formalen Qualität sein, dass im nächsten Schritt die Programmierung erfolgen kann. In Frage kommen graphenorientierte oder logikorientierte Struktursprachen.
- *Erstellung der formalen Spezifikation*: Es handelt sich um die Entwicklung einer mathematischen oder gar bewiesenen mathematischen Version der Vorschriften.
- *Programmierung*: Sie findet in der Regel aufgrund der semiformalen Spezifikation statt, in brisanten Fällen aufgrund der formalen Spezifikation. Bei unkomplexen Vorschriften bietet sich die Übersetzung in eine der sog. prozeduralen Programmiersprachen an (Sprachen der 3. Generation, z. B. Pascal oder C), da diese Sprachen einerseits noch maschinennah genug, andererseits aber schon genügend abstrakt bzw. symbolisch sind, um Verfahren präzise und doch relativ leicht modellieren zu können. Bei komplexen Vorschriften jedoch kann durch Anwendung prozeduraler Programmiersprachen Spaghetti-Code entstehen. Dann empfehlen sich objektorientierte Sprachen (Sprachen der 4. Generation, z. B. Smalltalk, Java) oder KI-Sprachen (Sprachen der 5. Generation, informatische Ontologien[44] bzw. Taxonomien, in der Entwicklung).

### d) Die Rechtsinformatik als Mittler

Die Rechtsinformatik ist diejenige wissenschaftliche Disziplin zwischen Computer und Recht, die sich nicht nur mit den Rechtsproblemen der Informationstechnik, sondern sich vor allem mit dem Einsatz der Informationstechnik, insbesondere auch mit dem Einsatz informatischer bzw. formalwissenschaftlicher Methoden im Recht befasst. In der Logifizierung und Formalisierung von Rechtsnormen liegt ihre Hauptaufgabe. Ihr Ziel ist die automationsgerechte Rechtsetzung sowie schließlich die automatisierte Rechtsanwendung.[45]

Immerhin gab es schon im Jahre 1970 konkrete Vorschläge für ein geordnetes Rechtsinformatikstudium, das sich gerade durch seinen interdisziplinären Charakter auszeichnet.[46] Das in der Rechtsinformatik erforderliche transdisziplinäre

---

[44] s. den Beitrag von *Knöpfler* in diesem Buch.
[45] *Steinmüller* 1970, S. 56 ff.
[46] s. a. a. O., S. 117 ff.

Denken bedeutet natürlich nicht nur, dass der Jurist sich mit formalen Methoden und Werkzeugen wie z. B. Algorithmen und Programmen vertraut macht, sondern umgekehrt ebenso, dass Formalwissenschaftler und Techniker begreifen, dass sich im Recht längst nicht alles logifizieren bzw. formalisieren lässt und dass es bei einem guten Juristen wesentlich auf das Judiz, i. e. das aus gründlicher Rechtspraxis sich entwickelnde Rechtsfindungsvermögen bzw. das aufgrund der Befassung mit dem Recht geschärfte Rechtsgefühl, also auf ein nicht logifizierbares bzw. nicht formalisierbares Phänomen ankommt. Der Mensch verfügt nämlich über ein nicht logifizierbares Problemlösungsverhalten, das prinzipiell mittels trial-and-error vorgeht und starke iterative Züge trägt.[47] Der Rechtsinformatiker, welcher fachlichen Provenienz auch immer er ist, muss formale und nonformale Qualitäten in sich vereinen.

Gerade der Datenschutz wurde zu einem der wichtigsten Treiber für die Entwicklung der Rechtsinformatik; denn er entstand als rechtliche Regelungsmaterie überhaupt erst mit dem Aufkommen der gesellschaftlichen Relevanz der Rechner. Er eignete sich daher von Anfang an als Exerzierplatz für die Rechtsinformatik.[48]

### IV. Eine Lösungsidee zum Datenschutz-Engineering bei der De-Mail

Wer versuchen wollte, die Begriffe Datenschutz, Privatsphäre, Persönlichkeitssphäre usw. so präzise zu definieren, dass daraus technische Maßnahmen zwecks Datenschutz abgeleitet werden könnten, sollte eher versuchen, einen Pudding an die Wand zu nageln. Die Vorstellung, natürlichsprachliche Begriffe definieren zu können, ist dann realistisch, wenn es sich um sinnlich wahrnehmbare Gegenstände handelt. Die geistige Welt aber hat nach Kant keine eigenen Begriffe; deswegen sind dort Definitionen in rigidem Sinne nicht möglich. Das gilt besonders für das materielle Recht, wo die Begriffe ganz überwiegend präskriptiv-normativ, also wertausfüllungsbedürftig, und nur äußerst selten empirisch-deskriptiv gefasst sind.

Viel besser sieht es dagegen mit dem Verfahrensrecht aus, will man Datenschutz bewerkstelligen. Jetzt kommt ein altes, 1969 formuliertes, rechtssoziologisches Postulat wieder zur Geltung, *Legitimation durch Verfahren* genannt, das dahin geht, zwecks Rechtssicherheit bei jeglicher Rechtsetzung den Anteil des Verfahrensrechts so groß wie möglich und den Anteil des materiellen Rechts so gering wie möglich zu halten.

---

[47] s. a. a. O., S. 60.
[48] s. a. a. O., S. 86 ff.

Die Begründung dafür ist, dass das Verfahren ein raumzeitliches Phänomen ist, sich deswegen formal, also eindeutig beschreiben lässt und aufgrund dieser Unauslegbarkeit das Aufkommen von Komplexität verhindert bzw. reduziert, wohingegen das materielle Recht, das unausweichlich wertausfüllungsbedürftig und folglich meinungsabhängig ist, Komplexität produziert.[49]

Die Ratio dieser Begründung ist zwingend, weil es Wahrheit im naturwissenschaftlichen Sinne im Recht nicht gibt, sondern diese im Recht per Abstimmung ermittelt und aufgrund des korrekt eingehaltenen Abstimmungsverfahrens gültig wird. Die Korrektheit des Verfahrens hingegen kann rational, also intersubjektiv einhellig, überprüft werden, weil der Verfahrensbegriff sich an den Kriterien von „richtig" oder „falsch" bzw. „wahr" oder „unwahr", also an binären Kriterien im formalwissenschaftlichen Sinne orientiert. Dieser Ratio folgt z. B. das angloamerikanische Recht, bei dem der professionelle Jurist im Wesentlichen auf die korrekte Einhaltung des Verfahrens achtet und die materiellrechtliche Entscheidung einer Jury von Geschworenen (juristischen Laien) überlassen bleibt.

### 1. Datenschutz durch technische Informationskontrolle – eine alte Idee

Dass der Datenschutz nicht nur eine juristische Problematik beinhaltet, sondern darüber hinaus auch ein technikbezogenes Problem gesellschaftlicher Informationskontrolle darstellt, wurde von einzelnen Intellektuellen bereits in den 70er Jahren des vorigen Jahrhunderts erkannt. Signifikant für diese Erkenntnis sind 8 Thesen des damaligen Rechts- und Rechtsinformatikprofessors Wilhelm Steinmüller, die wegen ihrer Weitsicht damals und ihrer Aktualität heute im Folgenden in Erinnerung gebracht werden sollen:

*These I*: Datenschutz ist weniger ein Problem einer zu schützenden „Privatsphäre" (was immer das auch heißen möge), als vielmehr eine Teilfrage aus dem übergreifenden Problem gesellschaftlicher Informationskontrolle angesichts einer im Gefolge der Automationsunterstützten Datenverarbeitung (ADV) sich zunehmend verändernden Informationsverteilung in der Gesellschaft.

*These II*: ADV kann interpretiert werden als eine erstmals gelungene Maschinisierung bestimmter intellektueller Prozesse.

*These III*: Die sozialen Auswirkungen der ADV entstehen weniger durch die ADV selber (also durch den sogenannten „Computer"), als vielmehr durch die mit ihr neu und zusätzlich entstehende Informationsorganisation und durch die sich ihrer bedienenden gesellschaftlichen Kräfte.

---

[49] *Luhmann*, S. 38 ff.

*These IV*: Die Bedeutung bzw. Leistung von Informationssystemen besteht in der Erzeugung und Optimierung dynamischer kybernetischer „Modelle" über gesellschaftliche Objekte zu deren Beherrschung.

*These V*: Der Auf- und Ausbau von Informationssystemen in Wirtschaft und Staat erzeugt eine globale Verschiebung bisheriger Informationsverteilungen und dadurch mittelbar der Machtstruktur.

*These VI*: Im wirtschaftlichen Bereich sind allmähliche, aber tiefgreifende und weittragende Gewichtsverlagerungen und Neuentwicklungen im Gefolge der Automation der Information zu erwarten.

*These VII*: Im staatlichen Bereich einschließlich seiner Wechselwirkung zur übrigen Gesellschaft wird die Tendenz zur Ausweitung des staatlich-exekutiven Sektors bei gleichzeitiger Zurückdrängung partizipatorischer Strukturen und zunehmender ökonomisch-administrativer Verflechtung verstärkt.

*These VIII*: Gegenläufige Tendenzen sind vorhanden und erweiterungsfähig.[50]

Fazit: Soll die personenbezogene Informationsverarbeitung, die bekanntlich seit Langem ausschließlich IT-gestützt erfolgt, zwecks Evaluierung und ggf. verbesserter faktischer Umsetzung des Datenschutzes kontrolliert werden, so muss dies logischerweise mittels adäquater, also ebenfalls informationstechnischer Verfahren erfolgen.

## 2. Das automatisierte Opt-in-Verfahren als Kontrolle im De-Mail-Verkehr

Wenn man heutzutage von Informationskontrolle zwecks Datenschutz spricht, wird immer häufiger das Opt-in-Verfahren genannt. Das ist in diesem Zusammenhang ein Verfahren, bei dem der Betroffene die Art und Weise des Umgangs mit seinen personenbezogenen Daten, also beabsichtigte Maßnahmen der Erhebung, Verarbeitung und Nutzung derselben, vorher bejahend oder verneinend bestätigt, was heutzutage meistens noch per E-Mail, SMS oder Telefon geschieht. Das Opt-in-Verfahren basiert also auf dem datenschutzrechtlichen Erlaubnistatbestand der Einwilligung des Betroffenen. Soll das Verfahren im massenhaften De-Mail-Verkehr eingesetzt werden und dabei praktikabel sein, so muss es automatisiert werden. Dahin geht der folgende Vorschlag:[51]

– Eine Person P, die Kunde des De-Mail-Dienstleisters X ist, soll im Sinne der neuen Datenschutzziele der Transparenz, Nichtverkettbarkeit und Intervenierbarkeit[52] die Möglichkeit erhalten, sich zu beliebiger Zeit davon zu überzeugen,

---

[50] *Steinmüller* 1975, S. 139 ff.
[51] Nach einer Idee von *Peters/Kersten* 2001.

was mit ihrer De-Mail samt den Verbindungsdaten geschieht, und gegebenenfalls einzuschreiten.

- Eine autorisierende Stelle A (am besten der für X zuständige Datenschutzbeauftragte) legt die Zweckbindung, also den Verwendungszeck Z bzw. die Verwendungszwecke Z1 – Zn, beim Umgang mit der De-Mail fest. Dazu modelliert A die Aufgaben, also die Befugnisse und Pflichten von X nach dem De-Mail-Gesetz sowie des BSI nach dem De-Mail-Gesetz und dem BSI-Gesetz, bis zur Eindeutigkeit, also mindestens zu semiformalen Spezifikationen, sodass diese sodann programmiert werden können.

- A stellt für X eine Chipkarte zur Verfügung mit

    a) einem üblichen Zertifikat zum Identitätsnachweis (mit einem öffentlichen und einem privaten Schlüssel zum Signieren und Verschlüsseln),

    b) einem Autorisierungszertifikat. Dieses enthält einen an den Zweck Z gebundenen öffentlichen Schlüssel.

- A führt eine öffentlich zugängliche Liste, die zu jedem erlaubten Zweck den zugehörigen öffentlichen Autorisierungsschlüssel enthält.

- X sendet an P, mit deren De-Mail Dp gesetzeskonform umgegangen werden soll, unter Nennung der programmierten Z und der Autorisierung von Z durch A, die Nachricht, jegliche De-Mail Dp unter den genannten Voraussetzungen über X versenden zu können. X signiert diese Nachricht elektronisch.

- P besitzt ebenfalls eine Chipkarte, die seine Identität bestätigt und ihm die Möglichkeit zum elektronischen Signieren und Verschlüsseln gibt. P ist anhand der elektronischen Unterschrift von X in der Lage, die Identität von X zu verifizieren und anhand des Autorisierungszertifikats i.V. m. der von A bereitgestellten Liste (siehe 4. Aufzählungszeichen) die Autorisierung von X für den Verwendungszweck Z zu überprüfen und – entweder positiv oder negativ – zu bestätigen.

- Bei positiver Bestätigung verschlüsselt P nun zunächst die De-Mail Dp mit dem öffentlichen Autorisierungsschlüssel für den Verwendungszweck Z (das Ergebnis ist Dp') und mit dem öffentlichen Schlüssel von X (das Ergebnis ist Dp''). Er signiert anschließend Dp'' elektronisch und übermittelt diese De-Mail mit seinem Zertifikat an X.

- X kann durch Überprüfung der elektronischen Unterschrift feststellen, ob die De-Mail von P stammt und auf dem Transportweg nicht verändert wurde.

- Ist das der Fall, so kann X durch Anwendung seines privaten Schlüssels anschließend die DeMail Dp' zurückgewinnen. Niemand anders ist dazu in der Lage.

---

[52] s. den Beitrag von *Rost* in diesem Buch.

- X hat nun die Wahl zwischen zulässiger Verwendung (nämlich Z) und nicht zulässiger Verwendung (-Z). Dabei wird Z durch eine Software SWz repräsentiert (siehe 2. Aufzählungszeichen).
- Die De-Mail Dp' wird nun der Software SWz zur Verfügung gestellt. Zwischen der Software SWz und der Chipkarte von X läuft ein Authentisierungsprotokoll ab, sodass „beide Seiten" erkennen können, dass die jeweils andere Seite die entsprechende Berechtigung besitzt. Der Einfachheit halber soll angenommen werden, dass das geheime Gegenstück zum öffentlichen Autorisierungsschlüssel (nämlich der private Autorisierungsschlüssel) für den Verarbeitungszweck Z in zwei Teile zerlegt worden ist: Eine Hälfte ist auf der Chipkarte von X mit dem Attribut Z gespeichert, die andere ist in der Software SWz integriert. Nur durch Zusammenwirken beider Hälften ist es möglich, die unverschlüsselte De-Mail Dp zu gewinnen.
- Die De-Mail Dp wird nunmehr durch SWz zulässigerweise verarbeitet.
- Vor irgendeiner Speicherung oder Übertragung muss die De-Mail Dp wieder verschlüsselt werden und zwar stets mit

1. dem öffentlichen Autorisierungsschlüssel (hierfür benötigt die SWz die Chipkarte von X nicht) und

2. dem öffentlichen Identitätsschlüssel von X (hierfür wird das entsprechende Zertifikat auf der Chipkarte benötigt).

Durch das Authentisierungsprotokoll ist damit sichergestellt, dass

1. die De-Mail Dp nur von X gelesen werden kann,
2. X sicher sein kann, dass die De-Mail tatsächlich von P kommt,
3. X keine Chance hat, von dem Verwendungszweck Z bzw. von den Verwendungszwecken Z1 – Zn abzuweichen,
4. Dritte keine Möglichkeit zu irgendeiner Verwendung von Dp haben.

Ergebnis: Die zweckgerechte Verwendung der De-Mail ist damit gegeben.

Erläuterung:

Die autorisierende Stelle A hat die Funktion eines Trustcenters. Da es um die datenschutzgerechte Zweckbindung des Umgangs mit der De-Mail geht, muss der Datenschutzbeauftragte diese Trustcenter-Funktion übernehmen. Das BSI kommt dafür nicht infrage, weil es zu den zu kontrollierenden Akteuren gehört. Ebenso wenig die BNetzA, weil sie nur für Netzregulierungen am Markt zuständig ist. Allerdings muss der Datenschutzbeauftragte technisch, personell und finanziell weitaus besser ausgerüstet werden, um die interdisziplinären Aufgaben zwischen den beiden staatstragenden Säulen Recht und Informationstechnik wissenschaftlich optimal wahrnehmen zu können. Innovativer Datenschutz kostet eben Geld. Das ist aber gut investiert; denn der Wunsch nach wirksamem Datenschutz im Internet wird in der Bevölkerung immer stärker.[53]

Die Frage, warum jemand überhaupt Kunde bei einem De-Mail-Dienstleister werden sollte, wo er doch selbst die gegen eine Gebühr aktivierbare Möglichkeit hat, seinen neuen Personalausweis (Scheckkartenformat mit Chipkarte) als Signatur-Erstellungseinheit für qualifizierte elektronische Signaturen zu nutzen, ist leicht beantwortet. Es ist einfach komfortabler. Das wird verständlich, wenn man sich die Fülle der rechtlichen Rahmenbedingungen betreffend die elektronische Signatur anschaut oder sich die mit der Obsoleszenz von digitalen Signaturen verbundenen Sicherheitsprobleme bewusst macht.

## V. Ein Projektkonzept

Um der Breite und Komplexität des Projekts Rechnung zu tragen, wird ihm ein zweistufiges Konzept zugrunde gelegt. In der ersten Phase, einer Basisstudie als Allgemeinem Teil, werden rechtstheoretisch-begriffliche Grundlagen des Datenschutzes erörtert. Außerdem werden die formalen (mathematischen, informatischen, rechtsinformatischen und prozesstheoretischen) Anforderungen an die Modellierung des Datenschutzrechts herausgearbeitet. Es soll gezeigt werden, dass gerade beim Datenschutz im De-Mail-Verkehr der Einsatz von formalen Modellierungswerkzeugen – ähnlich den Erfolgen bei der Geschäftsprozessmodellierung – signifikante Verbesserungen in der Rechtsetzung insbesondere hinsichtlich ihrer Transparenz und Konsistenz, eine weit stärker am rechtsstaatlichen Postulat der Erwartungssicherheit orientierte Rechtsanwendung in Exekutive und Judikative sowie die friktionslose Umsetzung in IT-gestützte Verfahren ermöglicht. Darüber hinaus werden Vorschläge für in der zweiten Phase des Projekts vertieft zu bearbeitende Fragestellungen entwickelt.

Gegenstand der zweiten Projektphase (Hauptstudie) soll dann die Bearbeitung der von der Konferenz der Datenschutzbeauftragten nach Abschluss der Basisstudie zu beschließenden Vertiefungsthemen sein, wobei – im Unterschied zur Basisstudie – die Entwicklung von Handlungs- und Gestaltungsoptionen zwecks konsequenter Modellierung der datenschutzrechtlichen Regelungen im De-Mail-Verkehr bis hin zu den Schnittstellen von öffentlicher Verwaltung, Unternehmen und Bürgern im Mittelpunkt stehen soll.

Der Datenschutz ist schon bisher eines der Bürokratie-intensivsten Rechtsgebiete[54] und wird im Verlauf der flächendeckenden Durchsetzung der De-Mail eine in dem Ausmaß noch nicht gekannte Inflation erfahren, eben weil die

---

[53] Vgl. Behördenspiegel, Newsletter E-Government Nr. 535 v. 6. März 2012, S. 5.

[54] Auskunft des BMI an den Autor nach einer Untersuchung des statistischen Bundesamtes 2007.

beteiligten Gesetze nur symbolisches Recht darstellen, ihre legistische Qualität also miserabel ist, ihre Erwartungssicherheit damit gegen Null geht und folglich eine normzweckgerechte, insbesondere eine verfassungsgemäße Umsetzung in IT-gestützte Verfahren nahezu unmöglich ist. Diese Mängel – so viel erscheint sicher – werden zu einer Flut von neuen Ausführungsvorschriften jeglicher Art und zu einem erneuten Anschwellen der Datenschutzrechtsprechung führen, ohne dass dadurch rechtliche Konsistenz bzw. Orientierung in der Zukunft entsteht.

Die vorgeschlagene Rechtsmodellierung des Rechtskontextes De-Mail und Datenschutz führt daher notwendig zu einem Modell für technisches Organisationsrecht, welches – rechtsbezogen – verfassungsgemäß ist und – praxisbezogen – sich für die Umsetzung in IT- gestützte Verfahren geradezu anbietet.

### 1. Basisstudie

Die Basisstudie könnte folgende Themen beinhalten:

– Von der Hermeneutik zur Rechtsinformatik: rechtstheoretische Vorverständnisse und Methoden;
– Untersuchung des Gesetzeskontextes zum Datenschutz bei der De-Mail auf logische Struktur;
– Vorschläge zur Verfahrensstruktur (evtl. anhand einschlägiger BPM-Standards);
– Entwicklung einer generell-abstrakten Hierarchie für den bezeichneten Rechtskontext;
– Fixierung einer Methodik der Rechtsmodellierung;
– Verifizierung am bezeichneten Rechtskontext durch Illustrierung;
– Erstellung eines Leitfadens zur Anwendung der Rechtsmodellierung;
– Ergebnisprotokoll samt Formulierung konkreter Handlungsempfehlungen anhand der erzielten Ergebnisse als Grundlage für die Hauptstudie;
– Dokumentation des Projekts.

### 2. Hauptstudie

Die Hauptstudie könnte folgende Themen beinhalten:

– Logische Darstellung der einzubeziehenden Rechtsnormen im Einzelnen und im Kontext, die dadurch – ähnlich den Erfolgen bei der BPM – einen deutlich höheren Grad an Transparenz und Erwartungssicherheit erreichen;

– Erstellung eines Rechtsmetamodells, in welchem die rechtlichen Entitäten (Rechtsbegriffe, Rechtsnormen, Rechtssubjekte, Rechtsobjekte, Rechtsregeln usw.) hierarchisch geordnet und untereinander vernetzt werden;
– Aufbau von Rechtsdatenbanken, in denen Rechtsinformationen vernetzt werden und mit deren Hilfe Rechtsauswertungen erfolgen können sowie
– Allgemeingültige Formulierung semiformaler Methoden, darzustellen in einem Handbuch der Rechtsetzung betreffend den Datenschutz in Wirtschaft und öffentlicher Verwaltung.

## 3. Rechtfertigung der Projektkosten

Ein Kulturwandel in der Rechtsetzung muss endlich eingeleitet werden, will man das Recht auch in der digitalen Welt funktionstüchtig halten. Das gilt ganz sicher für Regelungsmaterien, die ohne IT-Unterstützung nicht implementierbar sind, allen voran der Datenschutz im De-Mail-Betrieb. Will man ihn technifizieren, so setzt das hinsichtlich der basalen Rechtsvorschriften zwingend eine interdisziplinär vermittelbare Rechtslogik und damit eine (mindestens) semiformale Unterlegung der Rechtssetzung und ein Metamodell der Rechtssetzung hinsichtlich aller relevanten Rechtsfiguren voraus.

Zentrales Projektziel ist die Verbesserung der legistischen Qualität des Rechts zwecks möglichst friktionsloser IT-Unterstützung – exemplifiziert am Beispiel des Rechtskontextes De-Mail und Datenschutz. Hält man sich bewusst, dass es um Grundrechtschutz geht, der mit klassischem Recht nicht mehr gewährleistet werden kann, so wird die Notwendigkeit (1) zur Schaffung rechtstheoretischer Grundlagen für eine formalisierte Abbildung der Rechtsnormen, die eine transparentere und erwartungssicherere Darstellung der Rechtsetzung ermöglicht, (2) zur hierarchischen Ordnung und relationalen Umordnung bzw. Vernetzung beteiligter Rechtsfiguren (dazu gehören z. B. Rechtssubjekte, Rechtsobjekte, die Rechtsbeziehungen zwischen ihnen, Verfahren, basale Rechtsbegriffe) über ein Rechtsmetamodell, sodass über Rechtsdatenbanken vernetzte Rechtsinformationen und Rechtsauswertungen erfolgen können, und (3) zur Erstellung eines Leitfadens betreffend Methoden der formalen Rechtsetzung, leicht einsehbar. Die Rechtsetzung bei allen Beteiligten auf jeglicher Ebene soll durch system- und prozessorientierte Modellierungsmethoden auf die Höhe der Möglichkeiten formaler Legistik gebracht werden als Voraussetzung für die Entwicklung einer gleichermaßen IT-unterstützbaren wie anwenderfreundlichen juristischen Struktursprache.

## 4. Grafik

| Rechtssetzung / Legistik | Forschungsteile (Theorie+ Praxis) | Zuständigkeit | MM | Bemerkungen |
|---|---|---|---|---|
| Mathematische und prozesstheoretische Grundlagen der Textmodellierung | a. KE allgemein<br>b. Ontologien und Taxonomien<br>c. 5.GL | Mathematiker<br>Informatiker<br>Prozesstheoretiker | | |
| Rechtstheoretische Exegese zur Schaffung von rechtlicher Systemrationalität; Rechtsinformatische Grundlagen der Rechtsmodellierung (RM) | a. Zweck der Rechtsetzung<br>b. Probleme unbegrenzter Auslegung und der Kostenfolgen<br>c. Zur Möglichkeit von Stringenz im Recht<br>d. Grundlagen der Rechtsmodellierung<br>e. Begriffshierarchien (Rechtssubjekte, Rechtsobjekte, Rechtsregeln usw.)<br>f. Rechtsinformati: vom Verhaltensappell zum Prozesskalkül<br>g. RM-Beispiele modellieren | Rechtstheoretiker<br>Rechtsinformatiker | | |
| Zur Anwendung der RM im Datenschutz beim De-Mail-Betrieb | a. Einführung in modellierte Rechtstexte<br>b. Leitfaden zur Nutzung des RM-Beispiels<br>c. Grenzen der Programmierbarkeit | Alle und Programmierer | | |
| | | MM | | |
| | | Kosten in € | | Gesamtkosten in € |

Abbildung 2: Ein Projektkonzept

## Anhang 1

### § 3 BSI-Gesetz: Aufgaben des Bundesamtes

(1) Das Bundesamt fördert die Sicherheit in der Informationstechnik. Hierzu nimmt es folgende Aufgaben wahr:

1. Abwehr von Gefahren für die Sicherheit der Informationstechnik des Bundes;

2. Sammlung und Auswertung von Informationen über Sicherheitsrisiken und Sicherheitsvorkehrungen und Zurverfügungstellung der gewonnenen Erkenntnisse für andere Stellen, soweit dies zur Erfüllung ihrer Aufgaben oder zur Wahrung ihrer Sicherheitsinteressen erforderlich ist;

3. Untersuchung von Sicherheitsrisiken bei Anwendung der Informationstechnik sowie Entwicklung von Sicherheitsvorkehrungen, insbesondere von informationstechnischen Verfahren und Geräten für die Sicherheit in der Informationstechnik (IT-Sicherheitsprodukte), soweit dies zur Erfüllung von Aufgaben des Bundes erforderlich ist, einschließlich der Forschung im Rahmen seiner gesetzlichen Aufgaben;

4. Entwicklung von Kriterien, Verfahren und Werkzeugen für die Prüfung und Bewertung der Sicherheit von informationstechnischen Systemen

oder Komponenten und für die Prüfung und Bewertung der Konformität im Bereich der IT-Sicherheit;

5. Prüfung und Bewertung der Sicherheit von informationstechnischen Systemen oder Komponenten und Erteilung von Sicherheitszertifikaten;
6. Prüfung und Bestätigung der Konformität im Bereich der IT-Sicherheit von informationstechnischen Systemen und Komponenten mit technischen Richtlinien des Bundesamtes;
7. Prüfung, Bewertung und Zulassung von informationstechnischen Systemen oder Komponenten, die für die Verarbeitung oder Übertragung amtlich geheim gehaltener Informationen nach § 4 des Sicherheitsüberprüfungsgesetzes im Bereich des Bundes oder bei Unternehmen im Rahmen von Aufträgen des Bundes eingesetzt werden sollen;
8. Herstellung von Schlüsseldaten und Betrieb von Krypto- und Sicherheitsmanagementsystemen für informationssichernde Systeme des Bundes, die im Bereich des staatlichen Geheimschutzes oder auf Anforderung der betroffenen Behörde auch in anderen Bereichen eingesetzt werden;
9. Unterstützung und Beratung bei organisatorischen und technischen Sicherheitsmaßnahmen sowie Durchführung von technischen Prüfungen zum Schutz amtlich geheim gehaltener Informationen nach § 4 des Sicherheitsüberprüfungsgesetzes gegen die Kenntnisnahme durch Unbefugte;
10. Entwicklung von sicherheitstechnischen Anforderungen an die einzusetzende Informationstechnik des Bundes und an die Eignung von Auftragnehmern im Bereich von Informationstechnik mit besonderem Schutzbedarf;
11. Bereitstellung von IT-Sicherheitsprodukten für Stellen des Bundes;
12. Unterstützung der für Sicherheit in der Informationstechnik zuständigen Stellen des Bundes, insbesondere soweit sie Beratungs- oder Kontrollaufgaben wahrnehmen; dies gilt vorrangig für den Bundesbeauftragten für den Datenschutz und die Informationsfreiheit, dessen Unterstützung im Rahmen der Unabhängigkeit erfolgt, die ihm bei der Erfüllung seiner Aufgaben nach dem Bundesdatenschutzgesetz zusteht;
13. Unterstützung

    a) der Polizeien und Strafverfolgungsbehörden bei der Wahrnehmung ihrer gesetzlichen Aufgaben,

    b) der Verfassungsschutzbehörden bei der Auswertung und Bewertung von Informationen, die bei der Beobachtung terroristischer Bestrebungen oder nachrichtendienstlicher Tätigkeiten im Rahmen der gesetzlichen Befugnisse nach den Verfassungsschutzgesetzen des Bundes und der Länder anfallen,

c) des Bundesnachrichtendienstes bei der Wahrnehmung seiner gesetzlichen Aufgaben.

Die Unterstützung darf nur gewährt werden, soweit sie erforderlich ist, um Tätigkeiten zu verhindern oder zu erforschen, die gegen die Sicherheit in der Informationstechnik gerichtet sind oder unter Nutzung der Informationstechnik erfolgen. Die Unterstützungsersuchen sind durch das Bundesamt aktenkundig zu machen;

14. Beratung und Warnung der Stellen des Bundes, der Länder sowie der Hersteller, Vertreiber und Anwender in Fragen der Sicherheit in der Informationstechnik unter Berücksichtigung der möglichen Folgen fehlender oder unzureichender Sicherheitsvorkehrungen;

15. Aufbau geeigneter Kommunikationsstrukturen zur Krisenfrüherkennung, Krisenreaktion und Krisenbewältigung sowie Koordinierung der Zusammenarbeit zum Schutz der kritischen Informationsinfrastrukturen im Verbund mit der Privatwirtschaft.

(2) Das Bundesamt kann die Länder auf Ersuchen bei der Sicherung ihrer Informationstechnik unterstützen.

### § 8 BSI-Gesetz: Vorgaben des Bundesamtes

(1) Das Bundesamt kann Mindeststandards für die Sicherung der Informationstechnik des Bundes festlegen. Das Bundesministerium des Innern kann nach Zustimmung des Rats der IT-Beauftragten der Bundesregierung die nach Satz 1 festgelegten Anforderungen ganz oder teilweise als allgemeine Verwaltungsvorschriften für alle Stellen des Bundes erlassen. Soweit in einer allgemeinen Verwaltungsvorschrift Sicherheitsvorgaben des Bundesamtes für ressortübergreifende Netze sowie die für den Schutzbedarf des jeweiligen Netzes notwendigen und von den Nutzern des Netzes umzusetzenden Sicherheitsanforderungen enthalten sind, werden diese Inhalte im Benehmen mit dem Rat der IT-Beauftragten der Bundesregierung festgelegt. Für die in § 2 Absatz 3 Satz 2 genannten Gerichte und Verfassungsorgane haben die Vorschriften nach diesem Absatz empfehlenden Charakter.

(2) Das Bundesamt stellt im Rahmen seiner Aufgaben nach § 3 Absatz 1 Satz 2 Nummer 10 technische Richtlinien bereit, die von den Stellen des Bundes als Rahmen für die Entwicklung sachgerechter Anforderungen an Auftragnehmer (Eignung) und IT-Produkte (Spezifikation) für die Durchführung von Vergabeverfahren berücksichtigt werden. Die Vorschriften des Vergaberechts und des Geheimschutzes bleiben unberührt.

(3) Die Bereitstellung von IT-Sicherheitsprodukten durch das Bundesamt nach § 3 Absatz 1 Satz 2 Nummer 11 erfolgt durch Eigenentwicklung oder nach Durchführung von Vergabeverfahren aufgrund einer entsprechenden Bedarfsfeststellung. Die Vorschriften des Vergaberechts bleiben unberührt. Wenn

das Bundesamt IT-Sicherheitsprodukte bereitstellt, können die Bundesbehörden diese Produkte beim Bundesamt abrufen. Durch Beschluss des Rats der IT-Beauftragten der Bundesregierung kann festgelegt werden, dass die Bundesbehörden verpflichtet sind, diese Produkte beim Bundesamt abzurufen. Eigenbeschaffungen anderer Bundesbehörden sind in diesem Fall nur zulässig, wenn das spezifische Anforderungsprofil den Einsatz abweichender Produkte erfordert. Die Sätze 4 und 5 gelten nicht für die in § 2 Absatz 3 Satz 2 genannten Gerichte und Verfassungsorgane.

## Anhang 2

### § 9 BDSG: Technische und organisatorische Maßnahmen

Öffentliche und nicht-öffentliche Stellen, die selbst oder im Auftrag personenbezogene Daten erheben, verarbeiten oder nutzen, haben die technischen und organisatorischen Maßnahmen zu treffen, die erforderlich sind, um die Ausführung der Vorschriften dieses Gesetzes, insbesondere die in der Anlage zu diesem Gesetz genannten Anforderungen, zu gewährleisten. Erforderlich sind Maßnahmen nur, wenn ihr Aufwand in einem angemessenen Verhältnis zu dem angestrebten Schutzzweck steht.

### Anlage zu § 9 Satz 1 BDSG

Werden personenbezogene Daten automatisiert verarbeitet oder genutzt, ist die innerbehördliche oder innerbetriebliche Organisation so zu gestalten, dass sie den besonderen Anforderungen des Datenschutzes gerecht wird. Dabei sind insbesondere Maßnahmen zu treffen, die je nach der Art der zu schützenden personenbezogenen Daten oder Datenkategorien geeignet sind,

1. Unbefugten den Zutritt zu Datenverarbeitungsanlagen, mit denen personenbezogene Daten verarbeitet oder genutzt werden, zu verwehren (Zutrittskontrolle),

2. zu verhindern, dass Datenverarbeitungssysteme von Unbefugten genutzt werden können (Zugangskontrolle),

3. zu gewährleisten, dass die zur Benutzung eines Datenverarbeitungssystems Berechtigten ausschließlich auf die ihrer Zugriffsberechtigung unterliegenden Daten zugreifen können, und dass personenbezogene Daten bei der Verarbeitung, Nutzung und nach der Speicherung nicht unbefugt gelesen, kopiert, verändert oder entfernt werden können (Zugriffskontrolle),

4. zu gewährleisten, dass personenbezogene Daten bei der elektronischen Übertragung oder während ihres Transports oder ihrer Speicherung auf Datenträger nicht unbefugt gelesen, kopiert, verändert oder entfernt werden können, und dass überprüft und festgestellt werden kann, an welche Stellen eine Übermittlung personenbezogener Daten durch Einrichtungen zur Datenübertragung vorgesehen ist (Weitergabekontrolle),

5. zu gewährleisten, dass nachträglich überprüft und festgestellt werden kann, ob und von wem personenbezogene Dateien in Datenverarbeitungssysteme eingegeben, verändert oder entfernt worden sind (Eingabekontrolle),

6. zu gewährleisten, dass personenbezogene Daten, die im Auftrag verarbeitet werden, nur entsprechend den Weisungen des Auftraggebers verarbeitet werden können (Auftragskontrolle),

7. zu gewährleisten, dass personenbezogene Daten gegen zufällige Zerstörung oder Verlust geschützt sind (Verfügbarkeitskontrolle),

8. zu gewährleisten, dass zu unterschiedlichen Zwecken erhobene Daten getrennt verarbeitet werden können.

## Literatur

*Karpen*, Ulrich, Breutz, Iris, Nünke, Anja, INSM-Studie, www.insm.de/Gesetzescheck Zitierweise: Karpen u. a.

*Luhmann*, Niklas, Legitimation durch Verfahren, 6. Aufl., Frankfurt am Main 2001

*Peters*, Falk, Technischer Datenschutz, CR 12/1986, S. 790 ff.

*Peters*, Falk, Verfassungsgerechter Datenschutz in der digitalen Gesellschaft, www.leibniz-institut.de/archiv/peters_29_06_10.pdf

*Peters*, Falk / *Kersten*, Heinrich, Technisches Organisationsrecht im Datenschutz – Bedarf und Möglichkeiten, CR 9/2001, S. 576 ff.

*Schick*, Karl, Aussagenlogik, Freiburg i. Br., 1971

*Simitis*, Spiros (Hrsg.), Bundesdatenschutzgesetz, Kommentar, 7. neu bearbeitete Auflage 2011, Baden-Baden, 2011

*Simitis*, Spiros, Informationskrise des Rechts und Datenverarbeitung, Karlsruhe, 1970

*Steinmüller*, Wilhelm, EDV und Recht – Einführung in die Rechtsinformatik, Juristische Arbeitsblätter, Ja-Sonderheft 6, Berlin, 1970

*Steinmüller*, Wilhelm, Quo vadis, Computer? – Vermutungen über Alternativen künftiger sozio-ökonomischer Entwicklungen, in: Gerd E. Hoffmann / Barbara Tietze / Adalbert Podlech, Numerierte Bürger, Technologie und Gesellschaft, Band 1, Wuppertal, 1975

*Wesel*, Uwe, Fast alles, was Recht ist, Jura für Nichtjuristen, Frankfurt am Main, 1992

# Glossar

**Compliance Management**
i.e. die professionalisierte rechtliche Normbefolgungs- bzw. Normkonkretisierungskontrolle in Behörden und Unternehmen.

**Legistik**
i.e. die Technik förmlicher Rechtsetzung. Dabei ist die natürliche Sprache – durchsetzt mit juristischen Termini – das hauptsächliche, bisher nahezu ausschließliche „Handwerkszeug".

**Legitimation durch Verfahren**
i.e. ein rechtssoziologisches Postulat zwecks Reduktion von Komplexität im Recht.

**Linguistik,**
i.e. moderne Sprachwissenschaft, die Theorien über die Struktur der (verbalen) Sprache erarbeitet und in weitgehend deskriptiven (d. h. formalen) Verfahren kontrollierbare, empirisch nachweisbare Ergebnisse anstrebt. Linguistische Stufen sind natürlichsprachliche Fassung, verbale Spezifikation, semiformale Spezifikation und formale Spezifikation.

**Rechtliche Erwartungssicherheit**
Darunter versteht man ein möglichst hohes Maß an intersubjektiv identischer gedanklicher Assoziation, die an einen Rechtstext geknüpft wird, mit der Folge optimaler Kalkulierbarkeit der Rechtsauslegung bei der Rechtsanwendung (Eindeutigkeitsgarantie).

**Rechtsinformatik**
Es handelt sich um diejenige wissenschaftliche Disziplin zwischen Computer und Recht, die sich nicht nur mit den Rechtsproblemen der Informationstechnik, sondern sich vor allem mit dem Einsatz der Informationstechnik, insbesondere auch mit dem Einsatz informatischer bzw. formalwissenschaftlicher Methoden im Recht befasst. In der Logifizierung und Formalisierung von Rechtsnormen liegt ihre Hauptaufgabe. Ihr Ziel ist die automationsgerechte Rechtssetzung so wie schließlich die automatisierte Rechtsanwendung.

**Rechtsmodellierung**
Darunter versteht man eine Methode zur Verbesserung der formalen Qualität der Rechtsnormen zwecks erhöhter Kalkulierbarkeit der Rechtsauslegung bei der Rechtsanwendung sowie zwecks erleichterter IT- Unterstützung der Rechtsanwendung und mithin zur Verbesserung der Normbefolgungs- bzw. Normkonkretisierungskontrolle (i.e. Compliance Management) als des frühestmöglichen Ansatzes zur Reduzierung der Übermaßbürokratie.

# Datenschutzmanagement in multi-zellularen Systemen

Von *Michael Schiffers*

## Abstract

Die Gesellschaft im Allgemeinen und die Informatik im Besonderen werden sich in zunehmendem Maß mit multi-zellularen Systemen und ihren inhärenten Merkmalen wie Großskaliertheit, Dynamik, Offenheit, Inter-Organisationalität und verteilter Kontrolle auseinandersetzen müssen. Beispiele solcher Systeme finden sich in Grids, Clouds, mobilen Systeme, Peer-to-Peer-Systemen, Ad Hoc-Netzen und sozialen Netzwerken. Eine grundlegende Fragestellung betrifft dabei den Umgang mit personenbezogenen Daten über mehrere Rechtsräume. Aus Sicht der Informatik kann Datenschutz in diesem Kontext nicht mehr zentralistisch geleistet werden. Stattdessen ist eine Managementarchitektur sinnvoll, die die notwendigen Mechanismen multi-zellular zur Verfügung stellen kann. Eine solche wird in diesem Beitrag konkret vorgeschlagen. Sie ist in Ansätzen implementiert.

## I. Einführung

### 1. Hintergrund

In diesem Beitrag werden technologische Aspekte des Datenschutzes im Kontext geographisch verteilter, inter-organisationaler und kooperativer Informatik- (oder IT[1]-)Systeme betrachtet. Dazu zunächst einige Vorbemerkungen zur begrifflichen Einordnung:

1. Auf den Begriff des Datenschutzes wird an vielen Stellen dieses Sammelbandes eingegangen, vornehmlich aus juristischer Sicht. Ausgehend von dem Recht auf informationelle Selbstbestimmung als Ausprägung des allgemeinen Persönlichkeitsrechts nach Art. 2 Abs. 1 in Verbindung mit Art. 1 Abs. 1 des Grundgesetzes sowie der Konkretisierung durch das Bundesverfassungsgericht im Volkszählungsurteil des Jahres 1983, ist das Konzept des Datenschutzes in

---

[1] IT = Informationstechnologie.

Deutschland auf den Schutz der Betroffenen vor einer unbefugten Verwendung personenbezogener Daten durch staatliche oder private Stellen ausgelegt, nicht auf den Schutz der eigentlichen Daten selbst. Betroffene im Sinne des Bundesdatenschutzgesetzes (BDSG) sind deshalb immer natürliche Personen. Die Erhebung, Verarbeitung und Nutzung personenbezogener Daten sind gemäß §4 Abs. 1 BDSG nur zulässig soweit gesetzlich erlaubt bzw. angeordnet oder der Betroffene selbst eingewilligt hat. Während das BDSG auf Inhaltsdaten anwendbar ist, regelt das Telemediengesetz (TMG) den Umgang mit Bestands- und Nutzungsdaten, wie sie etwa von sozialen Tagging-Systemen [3] bei Registrierungen bzw. der Nutzung von Diensten erhoben werden.

2. Ähnlich versteht auch die Europäische Union unter Datenschutz den Schutz der Privatsphäre natürlicher Personen bei der Verarbeitung personenbezogener Daten, dargestellt im Art. 1 Abs. 1 der Richtlinie 95/46/EG und im Art. 1 der europäischen Datenschutzkonvention. Damit erhält der Datenschutz im europäischen Rechtsraum den Charakter eines Grundrechts („*[privacy as a] fundamental human right*" [32][2]). Die Informatik muss damit nachweisen, dass ihre Strukturen und Prozesse dieses Grundrecht nicht nur implementieren, sondern auch respektieren.

3. Im amerikanischen Rechtswesen steht dagegen ein selbst-regulatorischer Ansatz im Vordergrund, der eine instrumentelle – im Gegensatz zu einer gesetzlichen – Sicht auf den Datenschutz manifestiert, in der personenbezogene Daten durchaus als „Handelsware" zugelassen sind („*[...] privacy is seen as an alienable commodity subject to the market.*" [27]). In einer solchen Konzeptionalisierung muss die Informatik den Nachweis erbringen, dass sie die Regeln und Standards *einzelner* Gruppen und Konsortien respektiert (beispielsweise die Regeln der Direct Marketing Association (DMA) [11] oder die *Standards for Privacy of Individually Identifiable Health Information* des U.S. Department of Health and Human Services, die die im Health Insurance Portability and Accountability Act (HIPAA) [49] aufgeführten Anforderungen implementieren.).

4. In einigen asiatischen Räumen (hier am Beispiel Japan) spielt Datenschutz vornehmlich aus kulturellen Gründen eine traditionell untergeordnete Rolle. Orito und Murata [36] argumentieren, dass Datenschutz in erster Linie ein westliches Konzept und der asiatischen (hier: japanischen) Kultur fremd sei. Datenschutz stelle demnach keinen universellen Wert dar, sondern sei kontextuell und kulturell gebunden. Der in Japan 2005 installierte Act for Protection of Personal Data [23] sei deshalb auch kein genuines japanisches Konstrukt, sondern durch europäische und OECD-Richtlinien [35] erheblich beeinflusst, wenn nicht gar oktroyiert.

---

[2] Im englischen Sprachraum werden die Begriffe *privacy* für den Schutz der Privatsphäre im Allgemeinen, *data privacy* oder *information privacy* für den Datenschutz im engeren Sinn verwendet.

## 2. Fragestellung

Aus der Sicht der technischen Informatik sind derartige Differenzierungen des Datenschutzbegriffes zunächst zweitrangig, ist es doch für die Implementierbarkeit von Verfahren zum Schutz vor Datenmissbrauch prinzipiell unerheblich, welche konkrete Rechtsauffassung vorliegt. Es ist vielmehr von größerer Bedeutung, welche Mechanismen überhaupt auf welche Daten anwendbar sind und wie allgemein ein Mindestmaß an Datenschutz algorithmisch um- und verfahrenstechnisch über heterogene Rechtsräume durchgesetzt werden kann. In diesem Beitrag sollen allerdings keine theoretischen, sich nur im Abstrakten bewegenden, Betrachtungen angestellt werden. Vielmehr soll eine am realen, alltäglichen IT-Betrieb (denn nur dort taucht die Datenschutzproblematik tatsächlich auf) orientierte Sicht verfolgt werden, die sich mit der folgenden Kernfragestellung auseinandersetzen wird:

*Welche Maßnahmen sind für einen datenschutzorientierten Betrieb eines verteilten IT-Systems erforderlich?*

Dies ist eine klassische Fragestellung des IT-Managements [17]. Einige Bemerkungen dazu:

1. So allgemein gehalten, umfasst die Fragestellung nicht nur die technischen IT-Systeme, sondern auch Personal, organisatorische Verfahren und Rechtsgrundlagen auf verschiedene Betrachtungsebenen.

2. „Datenschutzorientierter Betrieb" bezeichnet zunächst einmal nur einen den Datenschutz respektierenden IT-Betrieb. Die Betriebssemantik erfordert allerdings Lösungen für diverse Teilfragestellungen, die schon aus dem Studium von Verlässlichkeitsfragen [2] bekannt sind: Entdeckung, Verhinderung, Toleranz, Verfolgung, Beseitigung von Datenmissbrauch, Auditierbarkeit – um nur einige zu nennen.

3. Inwieweit diese Verfahren juristisch belastbar und forensisch analysierbar sind, ist eine äußerst wichtige aber andere Fragestellung, die den Rahmen dieses Beitrags jedoch sprengen würde.

Die Fragestellung oben ist ausgesprochen vielschichtig und komplex. In diesem Beitrag kann deshalb auch nur ein Ausschnitt betrachtet werden (und dieser auch nur rudimentär), nämlich der, der sich der Problematik in multi-zellularen Systemen widmet. Dadurch wird im Übrigen die Allgemeinheit nicht eingeschränkt, da sich fast jedes IT-System auf diesen Fall abbilden lässt.

## 3. Struktur des Beitrags

Sind die mit der Fragestellung verbundenen Herausforderungen im Kleinen oder in abgeschlossenen Kontexten schon nicht trivial, aber durchaus lösbar – beispielsweise durch Verankerungen von Datenschutzrichtlinien in Service Level

Agreements [45] im Kontext bilateraler Outsourcing-Kontrakte oder durch die Anlehnung an *best practices* zur (IT)-Governance [21] bzw. an internationale Standards (etwa der ISO 27000-Serie [20]) – so stellen groß-skalierte[3], dynamische, offene und inter-organisationale Kontexte mit ihren inhärenten Anforderungen einen nicht unerheblichen Schwierigkeitsgrad dar. Personenbezogene Daten werden hier nämlich in einem kaum kontrollierbaren *space of flows* verwendet und nicht mehr im gewohnten *space of spaces* [9], den staatlich geprägte Regulierungsmechanismen jedoch stets voraussetzen. Die Datenschutzproblematik erhält damit einen zusätzlichen (geo-) organisatorischen Aspekt durch die nicht zu unterbindenden transnationalen Datenflüsse [35]. Typische Vertreter solcher auch *multi-zellular* bezeichneten Systeme finden sich in vielen, häufig von Virtualisierung geprägten, Ansätzen wie Grid Computing [5, 7, 44], Cloud Computing [6, 7, 10], Web Services [38], aber auch in mobilen [16] und Peer-to-Peer-Systemen [46]. Abschnitt II charakterisiert multi-zellulare System etwas genauer.

Die Informatik muss sich an einer Formalisierung der Datenschutzproblematik im Allgemeinen und in multi-zellularen Systemen im Besonderen orientieren. Sie wird deshalb – anders als zum Beispiel die Rechtswissenschaft – in erster Linie an eine IT-gestützte Beherrschung und Beherrschbarkeit[4] des Datenschutzes über geeignete Informationsstrukturen, Kommunikationsprotokolle, Koordinationsmechanismen, Systemarchitekturen und Metriken zur Unterstützung von Systemvergleichen denken. Dabei ist es prinzipiell unerheblich, ob die informationstechnologische Basis als Determinante eines globalen Systemkontextes a priori schon vorgegeben ist oder erst durch die Datenschutzprämissen als adäquat zu gestaltendes Objekt gesehen wird.

Im Zentrum eines Informatikansatzes werden folgerichtig Modelle stehen, die die geforderte Formalisierung leisten können und eine systematische und möglichst automatisierte Behandlung von datenschutzspezifischen Strukturen und Prozessen weitgehend unterstützen. Dabei werden sinnvollerweise die in [35] formulierten (und zum Beispiel im BDSG umgesetzten) *fair information principles* als Leitlinien dienen. Abschnitt III erläutert diese Sichtweise im Kontext multi-zellularer Systeme.

Aus der Informatiksicht ist Datenschutz in erster Näherung „Bedarfs"-gesteuert und „prozeduralistisch" ausgelegt. Würde nämlich niemand einen Schutz vor Datenmissbrauch einfordern, es also keinen „Betroffenen" geben, wären auch keine Datenschutzprozeduren erforderlich. Ebenso wäre dieses Buch nicht notwendig, wenn niemand ein Interesse an persönlichen Daten anderer und an Mechanismen, diese zu akquirieren (für welche Zwecke auch immer), zeigen würde. Es besteht also ein explizites Interesse aller am Datenschutz Beteiligten,

---

[3] Beispiel: Amazons Data Center umfasst Anfang 2012 etwa ein halbe Million Server [30].

[4] *Management* und *Manageability* in der englischsprachigen Literatur.

in ihrer *Rolle* die für ihre spezifischen Sichten und Absichten notwendigen Maßnahmen nicht nur anwenden zu *wollen* (weil sie schlichtweg vorhanden sind), ob berechtigt oder unberechtigt, sondern diese auch gemäß gegebener Richtlinien (*Policies*) anwenden zu *dürfen*. Das Rahmenwerk dazu liefert idealerweise ein einheitliches „Betriebs"konzept mit einer globalen Datenbasis, das eine integrale Betrachtung von verschiedenen Schutzaspekten gestattet, Organisationsspezifika einbezieht, Heterogenität auf verschiedenen Ebenen unterstützt sowie einheitliche Schnittstellen (für Nutzer und Entwickler) anbietet [17]. Ein solches Konzept wird im Abschnitt IV diskutiert.

Abschnitt V fasst den Beitrag mit einem Fazit zusammen.

## II. Multi-zellulare Systeme

Multi-zellulare Systeme im Sinne der Informatik sind dadurch gekennzeichnet, dass sie sowohl unbeschränkt (*unbounded*) [12] als auch zweckorientiert sind. Die Namensgebung zeugt von einer metaphorischen Nähe zu biologischen Systemen, in denen Zellen als strukturell abgrenzbare, autonome und selbsterhaltende Systeme im Kontext „höherer" funktioneller Einheiten (zum Beispiel Organe oder Metazoa) interagieren, um bestimmte *Missionen* zu erfüllen (zum Beispiel Abwehr von viralen Attacken oder Apoptose nicht verbindungsfähiger Gehirnzellen).

Analog repräsentieren Zellen im Sinne dieses Beitrags technische Komponenten (oder Systemelemente oder Ressourcen in verteilten Informatiksystemen), die an technische Missionen gekoppelt sind. Folgerichtig können sie sich zwar weitgehend selbst verwalten und mit anderen Komponenten interagieren, den „globalen" Grad der Missionserfüllung kennen sie jedoch nicht. Ein einfaches Beispiel einer typischen Mission im Datenschutzkontext ist die unter allen Umständen aufrecht zu erhaltende Fähigkeit zur Anonymisierung oder Pseudonymisierung personenbezogener Daten (§3 BDSG). Ein komplexeres Beispiel stellt die benutzergesteuerte Freigabe personenbezogener Daten dar [18].

Zur weiteren Charakterisierung multi-zellularer Systeme kommt der Sichtweise der Informatik prinzipiell ein systemtheoretisch motivierter Ansatz, wie er abstrakt in Abbildung 1 dargestellt ist, am nächsten, da er Missionserbringung aus einer *System*sicht betrachtet, deren Strukturgefüge und Prozesse formal mit Mitteln der mathematischen Topologie und geeigneten algebraischen Prozessmodellen (zum Beispiel Petrinetzen [41] oder dem $\pi$-Kalkül [4]) untersucht werden können. Relevant werden damit Begriffe wie *Systemgrenze* als Inkarnation einer System/Umwelt-Differenz, *Elemente* als Systembausteine sowie *Prozesse* als zielorientierte Interaktionsgefüge. Alles außerhalb der Systemgrenze liegende ist nicht Bestandteil des Systems, sondern dessen *Umwelt*. Die (nicht-leere) Menge der Elemente und die (möglicherweise leere) Menge der Interaktionsbeziehungen über dieser Elementmenge repräsentieren die Systemstruktur, auf der kanonische Distanzmaße induziert werden, die *offene* und *geschlossene* Systeme differenzierbar machen. In offenen Systemen besteht für mindestens ein Element eine Wechselwirkung mit anderen Systemen (siehe Abbildung 1), bei geschlossenen Systemen existieren diese Wechselwirkungen nicht.

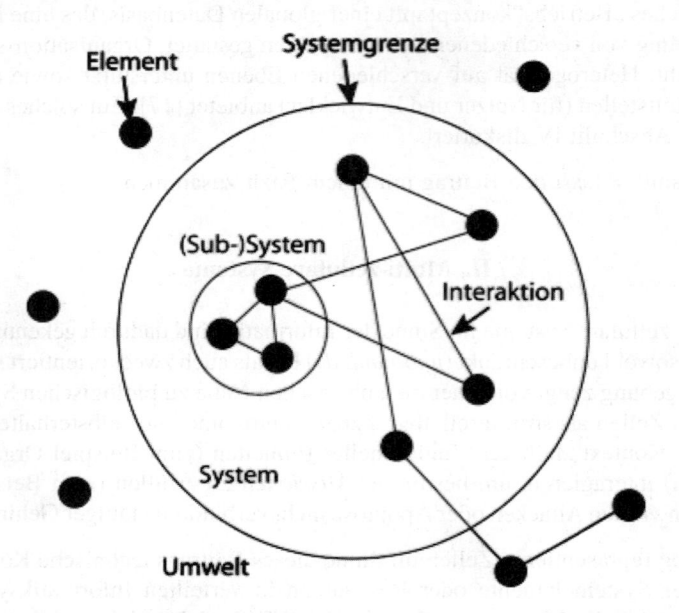

Abbildung 1: Systemtheoretische Abstraktion eines offenen Systems

Änderungen der Gesamtstruktur über die Zeit regen zudem eine Dynamik an, deren Ausmaß wesentlich von den Veränderungen der Umwelt sowie der Offenheit des Systems gegenüber dieser Umwelt abhängt. Obwohl struktur- und interaktionsrelevant, beeinflusst diese Dynamik die *internen* Abläufe von Systemelementen – wenn überhaupt – jedoch nur mittelbar, ähnlich wie Missionen, die zwar erheblich struktur- und interaktionsabhängiger sind, jedoch mit internen Abläufen nicht kongruent sind, da Missionen auf verschiedene Weisen erfüllt werden können.

Systemtheoretisch betrachtet sind multi-zellulare Systeme damit „Systemsysteme" (*systems of systems*) relativ zu einer Mission mit folgenden Merkmalen:

1. Sie überdecken mehrere administrative und organisatorische Domänen[5].
2. Es existiert keine zentrale (Entscheidungs- und Vollzugs-)Autorität, unabhängig davon ob eine Netzinfrastruktur vorausgesetzt wird oder nicht.

---

[5] Administrative und organisatorische Domänen sind nicht notwendigerweise deckungsgleich.

3. Es besteht keine globale Visibilität, was die genaue Kenntnis der Anzahl und Beschaffenheit von Systemelementen erschwert.
4. Das Interaktionsgefüge über Domänengrenzen wird in der Regel durch bilaterale oder Gruppenkonventionen bestimmt (Ein Beispiel wird in [28] gegeben.).
5. Das System ist Angriffen von „außen" und von „innen" ausgesetzt. Ein effizienter Schutz des Gesamtsystems und seiner Zellen muss daher beide Aspekte berücksichtigen und – um in der Sprache der Biologie zu bleiben – zwischen *self* und *non-self* unterscheiden können [1]. Wegen des fehlenden globalen Wissens sind Erkennung von und Reaktion auf Angriffe(n) auf bzw. aus multi-zellulare(n) Systeme(n) schwierig [37].
6. Systemelemente können an mehrere Missionen gekoppelt sein bzw. mehreren Zwecken dienen, die entweder dauerhaft oder temporär definiert sind.

Das Internet ist zwar *unbounded*, aber kein multi-zellulares System im strengen Sinne, da in der Regel die Missionskopplung fehlt. Wird diese aber eingeführt, indem das Internet als Kommunikationsinfrastruktur für missionsrelevante Kollaborationen dient, wird auch das Internet zum multi-zellularen System. Anders sieht es hingegen beim Grid Computing [5] und Cloud Computing [6] aus, deren Systeme a priori multi-zellular konzipiert sind, indem sie die Zweckorientierung in den Vordergrund stellen, in „Grids" mehr als in „Clouds".

Seit Mitte der 1990er Jahre wird nämlich unter dem Grid-Problem allgemein das koordinierte Problemlösen und die gemeinschaftliche Nutzung von Ressourcen in dynamischen, multi-institutionellen, virtuellen Organisationen verstanden. Lag der Forschungsschwerpunkt anfänglich noch auf speziellen, auf konkrete Anwendungsfälle zugeschnittene Mechanismen zur Kopplung geographisch verteilter Supercomputer, so hat sich der Fokus inzwischen auf die Sicherstellung von Interoperabilität, Integrierbarkeit und organisationsübergreifende Aggregation von Diensten sowie die Erfüllung komplexer Quality-of-Service-Anforderungen, wie sie zur Lösung so genannter Grand Challenges [33] erforderlich sind, verlagert.

Das Konzept virtueller Organisationen (VO) [44] ist für Grids von zentraler Bedeutung. Intuitiv werden VOs aus Personen und/oder technischen Ressourcen autonomer realer Organisationen (*legal entities*) mit dem Ziel rekrutiert, kooperativ und koordiniert zur Lösung eines (oder mehrerer) Probleme – dem eigentlichen Zweck der VO – beizutragen. VOs sind daher zweckorientiert und einer gemeinsamen Interessenslage verpflichtet, die die „Geschäftsgrundlage" der VO bildet und sich in entsprechenden Richtlinien, den *Acceptable Use Policies (AUP)*, manifestieren[6]. Anders als reale Organisationen sind sie jedoch a priori zeitlich befristet angelegt, mit einer hohen Dynamik sowohl in ihrer Zusammensetzung (Struktur) als auch in den internen und externen Interaktionsmustern (Prozesse).

Mit ähnlicher Argumentation sind auch Cloud-Systeme multi-zellular aufgebaut, denn technisch gesehen sind „Clouds" nichts anderes als spezielle „Grids". Vom ökonomischen Standpunkt sind sie jedoch insofern interessant, als sie für missionsspezifische Fragestellungen eine für eine geforderte Leistungselastizität geeignete wirtschaftliche und technische Plattform darstellen. Clouds verstehen sich daher als ein Reservoir an Ressourcen, die schnell und fein-granular auf einer virtualisierten Infrastruktur bereitstellt und zugeteilt werden können [10]. Die öffentlich angebotenen Dienste beschränken sich momentan zwar vornehmlich auf Basisressourcen (zum Beispiel Rechenzeit auf virtuellen Maschinen, Hintergrundspeicher), die als homogene Massendienste spezifiziert sind, aktuelle Trends weisen aber auf eine maßgeschneiderte Spezialisierung von Cloud-Diensten in naher Zukunft hin.

Aus Sicht des Datenschutzes sind die verschiedenen „Veredelungsstufen" von Cloud-Diensten von Bedeutung. *Infrastructure as a Service (IaaS)* bezeichnet die Bereitstellung der genannten Basisressourcen, die von ihren Nutzern unter Einsatz eigener Systemsoftware und eigener Applikationen betrieben werden. *Platform as a Service (PaaS)* stellt eine Dienstklasse dar, bei der zusätzlich zu Rechen- und Speicherressourcen auch Basissoftware (Betriebssysteme, Datenbanken, Web-Server, oder ähnliche), aber auch Entwicklungsplattformen, bereitgestellt werden. *Software as a Service (SaaS)* schließlich versteht sich als Betrieb von Applikationen, die durch den Dienstnutzer (in der Regel über entsprechende Internet-Portale) unmittelbar in Anspruch genommen werden können.

## III. Formalisierung von Datenschutzaspekten in multi-zellularen Systemen

Die Fragestellung dieses Beitrags ist im Kontext einer nachhaltigen Durchsetzbarkeit des Datenschutzes in multi-zellularen Systemen zu sehen. Um eine qualitative Aussage darüber machen zu können, welche Maßnahmen für einen datenschutzorientierten Betrieb eines multi-zellularen Systems erforderlich sind, beantworten zu können, kann in erster Näherung davon ausgegangen werden, dass die als Sequenz von Schutzzielen definierte Mission hinlänglich bekannt ist, die zur Erreichung der Vorgaben erforderlichen Bausteine und deren zweckorientiertes Interaktionsgefüge (immer aus der Sicht der Informatik) hingegen nicht.

Grundsätzlich können damit zwei verschiedene systemtheoretische Abstraktionen als methodische Startpunkte dienen. Im *holistischen* (oder *Blackbox-*) Ansatz steht das System („der Datenschutz") als funktionierende Einheit mit sei-

---

[6] Ein Beispiel für die Verwendung von AUPs stellt das Betriebskonzept für die vom Bundesministerium für Bildung und Forschung (BMBF) geförderte D-Grid-Infrastruktur dar, siehe http://www.d-grid.de/fileadmin/user_upload/documents/Kern-D-Grid/Betriebskonzept/D-Grid-Betriebskonzept.pdf.

nen globalen Effekten im Fokus (*Was* soll erreicht werden?), im *lokalen* Ansatz dagegen der einzelne Baustein und dessen Interaktionsgefüge (*Wie* soll etwas erreicht werden?). Methodisch ist der erste Ansatz also eher *analytisch*, der zweite jedoch *synthetisch* geprägt. Die Grundannahme (nämlich die vorhandene Kenntnis der Schutzziele) legt die analytische Vorgehensweise nahe, in der die Blackbox durch ein adäquates Konzeptmodell approximiert werden muss. Dazu dient die in Abbildung 2 vereinfacht dargestellte Instanziierung des Systemmodells aus Abbildung 1, aus dem auch ein durch den Kontext der Fragestellung induziertes hierarchisches Grundkonstrukt ersichtlich wird.

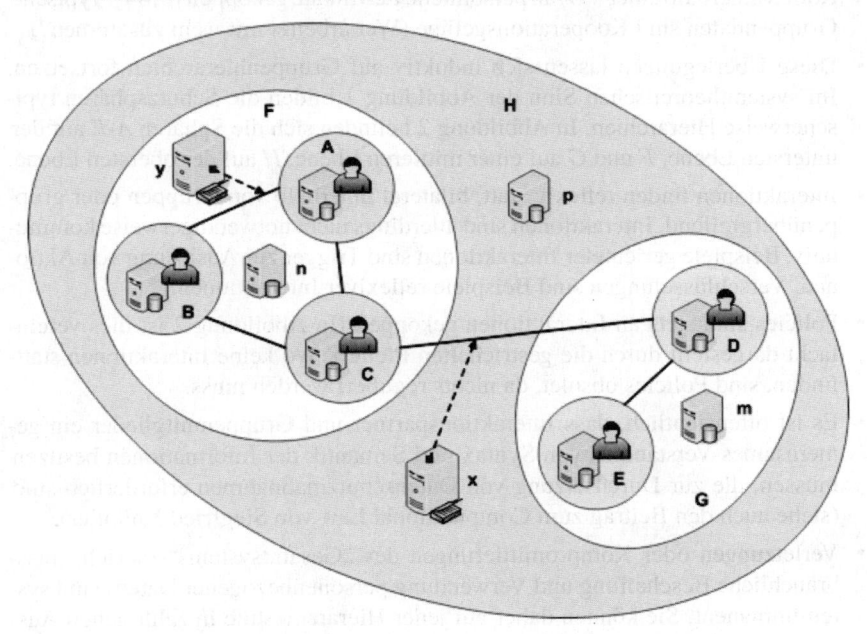

Abbildung 2: Instanziiertes Systemmodell

Natürliche Personen (A–E) bilden mit ihren personenbezogenen Daten den Ausgangspunkt der Betrachtung, die Kernsysteme (im Folgenden häufig auch als *Schutzsphären* bezeichnet). Sie können innerhalb von Gruppen (F, G) oder über Gruppengrenzen (C mit D) unter Berücksichtigung von Policies (x, y) interagieren. Möglicherweise fallen dabei weitere personenbezogene Daten an, aber auch Gruppen-private Daten (n, m, p). Aus Abbildung 2 sind folgende Beobachtungen leicht nachvollziehbar, die auch gleichzeitig als rudimentärer Anforderungskatalog[7] an das im Abschnitt IV festzulegende Datenschutzmanagement dienen:

---

[7] Rudimentär deshalb, weil eine vollständige Anforderungsanalyse den Rahmen dieses Beitrags erheblich sprengen würde. Der Leser erhält aber hoffentlich auch so eine Vorstellung des angestrebten Leistungsumfangs.

- Personen müssen ihre Daten und die dazu gehörigen Metadaten selbstbestimmt quanteln und diese Quanten verwalten können. Zum Beispiel darf $E$ nicht nur als Datenquelle dienen (also „Betroffener"), sondern $E$ muss auch als „Besitzer" bzw. „Inhaber" der Daten respektiert werden.
- Personengruppen müssen ebenso die Möglichkeit besitzen, ihre Daten und die dazu gehörigen Metadaten zu quanteln und diese Quanten selbst zu verwalten. Gruppendaten können – müssen aber nicht – an Personendaten gekoppelt sein. In Grids sind beispielsweise Implementierungen von VO-Strukturen (Gruppen und Rollen innerhalb einer VO) an persönliche Zertifikate gekoppelt [5, 44]. Typische Gruppendaten sind Kooperationsgefüge (Wer arbeitet mit wem zusammen?)
- Diese Überlegungen lassen sich induktiv auf Gruppenhierarchien fortsetzen. Im systemtheoretischen Sinn der Abbildung 1 bilden die Schutzsphären typischerweise Hierarchien. In Abbildung 2 befinden sich die Sphären $A$-$E$ auf der untersten Ebene, $F$ und $G$ auf einer mittleren Ebene, $H$ auf der obersten Ebene.
- Interaktionen finden reflexiv statt, bilateral innerhalb von Gruppen oder gruppenübergreifend. Interaktionen sind allerdings nicht notwendigerweise kommutativ. Beispiele gerichteter Interaktionen sind Trigger zur Auslösung von Aktionen. Verschlüsselungen sind Beispiele reflexiver Interaktionen.
- Policies sind stets an Interaktionen gekoppelt (In Abbildung 2 ist dies vereinfacht dargestellt durch die gestrichelten Pfeile.). Wo keine Interaktionen stattfinden, sind Policies obsolet, da nichts reguliert werden muss.
- Es ist offensichtlich, dass Interaktionspartner und Gruppenmitglieder ein gemeinsames Verständnis von Syntax und Semantik der Informationen besitzen müssen, die zur Durchsetzung von Datenschutzmaßnahmen erforderlich sind (siehe auch den Beitrag zum Computational Law von Siegfried Knöpfler).
- Verletzungen oder Kompromittierungen des „Gesamtsystems" (sprich: missbräuchliche Beschaffung und Verwendung personenbezogener Daten) sind systemimmanent. Sie können daher auf jeder Hierarchiestufe in zahlreichen Ausprägungen von innen und außen auftreten. Beispiele: $E$ liest persönliche Daten über $D$; $C$ verwendet unberechtigt Daten in $m$; $E$ manipuliert Policies in $y$; Externe (also Entitäten außerhalb $H$) manipulieren $p$.

Die Fragestellung, die im Zentrum dieses Beitrags steht („Welche Maßnahmen sind für einen datenschutzorientierten Betrieb eines multi-zellularen Systems erforderlich?"), lässt sich nach diesen Vorbemerkungen konkretisieren.

Ist das „Objekt der Begierde" ein Informations- oder Metainformations-Quant bzgl. einer Person, einer Gruppe von Personen oder einer ihrer Attribute (unabhängig davon, ob es sich um eine natürliche oder juristische Person handelt), müssen diese Quanten und die damit verbunden Prozesse adäquat beschreibbar und modellierbar sein. Je nach Intention kann „Adäquatheit" dabei allerdings eine unterschiedliche Qualität besitzen. Die Festlegung erfolgt im *Informationsmodell*.

Aus Informatiksicht sind verschiedene *Rollen* am Datenschutz beteiligt. In erster Näherung sind es der „Betroffene", dessen Daten erhoben werden (*Producer*) und der Nutzer, der die vom *Producer* erzeugten Daten nutzen möchte (*Consumer*). Bei einer feiner-granularen Sicht werden zusätzlich die Rollen des Auftraggebers, der die Erhebung von Daten anordnet (*Initiator*) und des eigentlichen „Sammlers", der vom *Initiator* die Auftrag erhält, Daten des und/oder über den *Producer(s)* zu erheben und diese an den *Consumer* weiterzugeben (*Collector*), relevant. Diese Rollen sind in Organisations- und Kooperationsgefüge eingebunden, die im *Organisationsmodell* beschrieben werden.

Aus Abbildung 2 wird ersichtlich, dass Datenschutz (aus Informatiksicht) primär Steuerung und Überwachung von Prozessen und Schutzsphären bedeutet. Inhärent ist damit der Austausch von Steuerungs- und Überwachungsinformationen über adäquate Kommunikationsmechanismen verbunden, also ein auf einen datenschutzorientierten Betrieb ausgelegtes *Kommunikationsmodell*.

Von besonderer Bedeutung sind schließlich die funktionalen Bereiche, die erforderlich sind, Datenschutz in multi-zellularen Systemen auch tatsächlich zu gewährleisten – und zwar für alle Perspektiven. Sie werden im *Funktionsmodell* spezifiziert. Dabei sind die im Funktionsmodell zu beschreibenden Funktionen komplexer Natur, die weit über die traditionell betrachteten Einzelaspekte hinausgehen müssen wenn sie beispielsweise Qualitäten wie *data-in-rest*, *data-in-motion* und *data-in-use* zu unterscheiden haben. Eine solche Gesamtschau, obwohl notwendig, wird in verwandten Arbeiten nicht (oder nur unzureichend) berücksichtigt. Um einige Beispiele aufzuzeigen:

- Datenschutz (aus Informatiksicht) konzentriert sich vornehmlich auf Sicherheitsaspekte im Sinne der Einhaltung bestimmter Sicherheitsstandards, die die Verfügbarkeit, Unversehrtheit oder Vertraulichkeit von Informationen betreffen. In Deutschland ist diese Sicht zum Beispiel im Gesetz zur Stärkung der Sicherheit in der Informationstechnik des Bundes vom 14. August 2009 verankert [15].
- Datenschutz wird gern auf reine Anonymisierungs-, Pseudonymisierungs- und kryptographische Verfahren reduziert. Diese sind hinlänglich verstanden und stehen in Datenschutzdiskussionen daher auch meistens im Vordergrund. Dennoch sind auch hier neue Entwicklungen zu beobachten. So stellt beispielsweise Sweeney in [48] ein k-Anonymisierungsverfahren auf der Basis von *Generalisation and Suppression* vor. Die Praktikabilität dieses Verfahrens ist jedoch wegen fehlender Dienstgütegarantien in der Kritik.
- Neuere Entwicklungen im Datenschutz in Grids [18] und Clouds [22] zeigen zwar die Notwendigkeit benutzergesteuerten Datenschutzes, eine Auseinandersetzung mit heterogenen Rechtsräumen und den dadurch induzierten Managementverfahren fehlt jedoch ebenso wie die Umsetzung im Produktionsbetrieb.
- Die Notwendigkeit, Verfahren des Datenschutzes prozedural durchsetzen zu müssen und an Sanktionen zu koppeln, ist allgemein akzeptiert. Allerdings sind

die einschlägigen Arbeiten dazu stets fallspezifisch. So schlägt Hu [19] eine auf e-Business fokussierende Methodik vor, Vagts et al. [50] hingegen untersuchen *Enforcements* in Überwachungssystemen.

- Rollen- und attributbasierte Autorisierungsverfahren spielen im Datenschutz eine prominente Rolle. So untersuchen beispielsweise Kirkpatrick, Ghinita und Bertino [26] rollenbasierte Verfahren in geographisch verteilten Systemen, während Martino et al. [31] rollenbasierte Zugangsmechanismen speziell im e-Health-Kontext optimieren. Rollen-basierte Mechanismen und die vornehmlich in Grids verwendeten feiner-granularen attributbasierten Verfahren [29] stellen lediglich Basisfunktionalitäten bereit, höherwertige Dienste des Datenschutzes liefern sie jedoch nicht.

- Häufig wird Datenschutz zu stark in den Kontext „Trust" gerückt [40]. Dies ist prinzipiell zwar richtig, korrelieren doch beide Aspekte inzwischen sehr stark, im eigentlichen Sinn sind beide aber orthogonal anzusiedeln. Das Problem der Bereitstellung des Datenschutzes im Sinne des IT-Managements bleibt deshalb auch im „Vertrauensfall" bestehen.

## IV. Vorschlag eines integrierten Ansatzes zum Datenschutzmanagement in multi-zellularen Systemen

Nach Hegering, Abeck, Neumair [17] ist ein *integrierter* IT-Managementansatz ganz allgemein dann gegeben, wenn die zu managenden Objekte in einem heterogenen Umfeld Informationen liefern, die über wohldefinierte Schnittstellen und Protokolle zugänglich sind und generisch interpretierbar sind. Dazu bedarf es der Festlegung der im Abschnitt III skizzierten Teilmodelle einer *Managementarchitektur* (siehe auch Abbildung 3), hier allerdings fokussierend auf datenschutzspezifische Aspekte.

### 1. Informationsmodell

Das Informationsmodell einer jeden Managementarchitektur bestimmt einen eindeutigen Beschreibungsrahmen für die Gesamtheit der verwalteten *Managementobjekte* als Abstraktionen der Charakteristika der „Ressourcen", auf denen das Management operiert. Erforderlich ist daher nicht nur die Festlegung einer geeigneten Spezifikationssprache (im objektorientierten Kontext wird dies typischerweise die *Unified Modeling Language (UML)* [42] sein) für die Informationsmodellierung, sondern auch die Strukturierung des Sachgebietes (*universe of discourse*) sowie die Definition von abstrakten und generischen „Wurzel"-Klassen (*root entities*) in einer geeigneten *Management Information Base (MIB)* als Ausgangspunkt einer Spezialisierungs- bzw. Vererbungshierarchie. An dieser allgemeinen Vorgehensweise orientiert sich auch der Entwurf der hier vorgeschlagenen Datenschutz-MIB mit den vorher skizzierten Schutzsphären als *managed objects (MO)*.

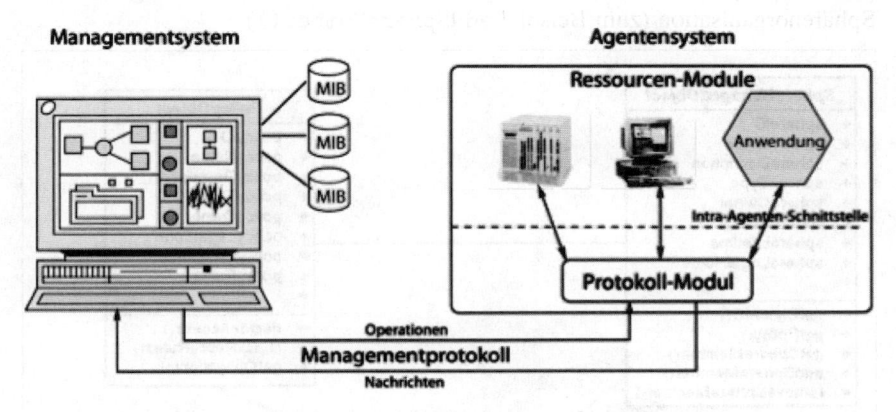

Abbildung 3: Generische IT-Managementarchitektur nach [24]

Abbildung 4 zeigt (in UML-Notation) einen Ausschnitt aus der vorgeschlagenen Datenschutz-MIB mit den (abstrakten) Klassen SphereManagedObject, PolicyObject, DataObject und ObligationObject als Wurzeln einer Vererbungshierarchie. Jede dieser Klassen enthält zahlreiche operative Attribute wie Identifikatoren, Namen, Typen[8], Beschreibungen und Besitzer. Schutzsphären sind immer mit Gültigkeitsbereichen assoziiert, die in den Attributen sphereLifetime (für die temporäre Gültigkeit) und sphereLegalHome (für die Beschreibung des Rechtsraumes, in dem die Sphäre beheimatet ist) hinterlegt sind. In ähnlicher Weise werden Policies, Obligationen und die zu schützenden Daten attributiert. Im Unterschied zu sphereLegalHome bezeichnet die policyLegalZone jedoch nicht den Heimatrechtsraum, sondern den anwendbaren Rechtsraum der Policy. Policies ziehen häufig *Obligationen* nach sich. Obligationen sind Auflagen, die von den diversen Rollen des Organisationsmodells (*Producer, Consumer, Initiator, Collector* im Abschnitt III) einzuhalten sind, beispielsweise das Löschen personenbezogener Daten nach erfolgter Dienstabrechnung. Ein Beispiel einer Obligationsverwendung ist in [18] gegeben. Obligationen sind als ObligationObject modelliert. Schutzsphären sind daten- und personenzentrisch. Insofern werden die zu schützenden Daten als ProtectedDataObject separat betrachtet. Da Daten auf unterschiedliche Weise geschützt werden können, sind diese Mechanismen mit ihren Regeln über die Attribute protectionMechanism und protectionRules zugänglich.

---

[8] Beispiele von Sphärentypen: persönliche Sphäre, Gruppensphäre, Organisationssphäre.

Die für die Klassen erlaubten Operationen leiten sich aus den Attributen und den Grundstrukturen der Objekte ab. So sind Operationen zum Anlegen, Löschen und Verändern von Objekten ebenso notwendig, wie solche zur Exploration der Hierarchie (Beispiel getChildMO()) und zum Management der Sphärenorganisation (zum Beispiel addSphereMember()).

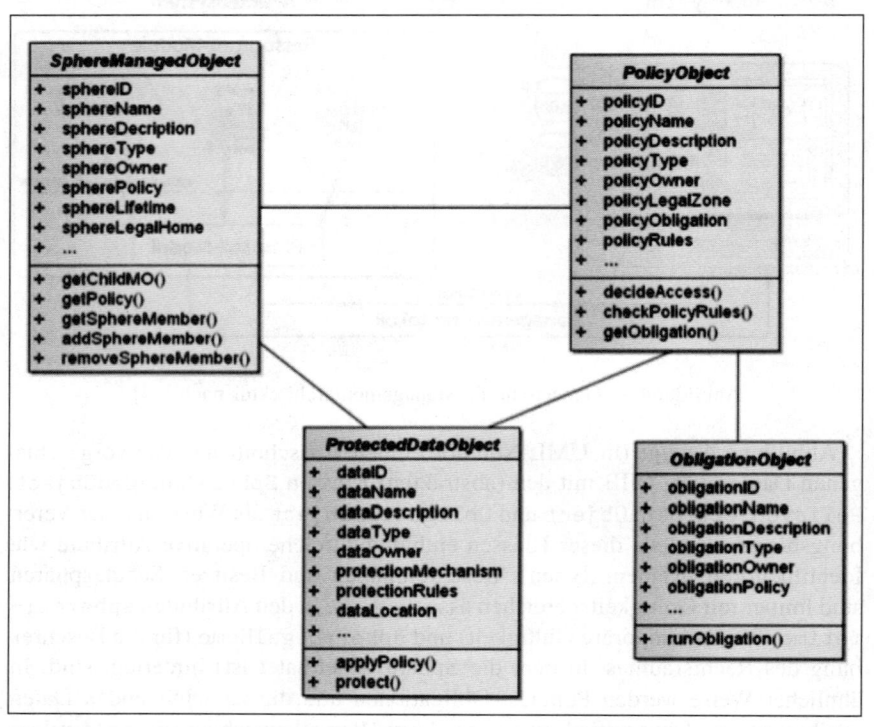

```
┌─────────────────────────────────────────────────────────────────────┐
│  SphereManagedObject                         PolicyObject           │
│  + sphereID                                  + policyID             │
│  + sphereName                                + policyName           │
│  + sphereDecription                          + policyDescription    │
│  + sphereType                                + policyType           │
│  + sphereOwner                               + policyOwner          │
│  + spherePolicy                              + policyLegalZone      │
│  + sphereLifetime                            + policyObligation     │
│  + sphereLegalHome                           + policyRules          │
│  + ...                                       + ...                  │
│  + getChildMO()                              + decideAccess()       │
│  + getPolicy()                               + checkPolicyRules()   │
│  + getSphereMember()                         + getObligation()      │
│  + addSphereMember()                                                │
│  + removeSphereMember()                                             │
│                                                                     │
│           ProtectedDataObject         ObligationObject              │
│           + dataID                    + obligationID                │
│           + dataName                  + obligationName              │
│           + dataDescription           + obligationDescription       │
│           + dataType                  + obligationType              │
│           + dataOwner                 + obligationOwner             │
│           + protectionMechanism       + obligationPolicy            │
│           + protectionRules           + ...                         │
│           + dataLocation              + runObligation()             │
│           + ...                                                     │
│           + applyPolicy()                                           │
│           + protect()                                               │
└─────────────────────────────────────────────────────────────────────┘
```

Abbildung 4: Ausschnitt des Informationsmodells

Die Klassen sind (im objektorientierten Sinn) assoziiert (dargestellt durch die Assoziationsverknüpfungen in Abbildung 4). Jede Schutzsphäre ist mit mindestens einer Policy und geanu einem zu schützenden Datenobjekt verknüpft und jedes zu schützende Datenobjekt ist wiederum mit mindestens einer Policiy verbunden. Policies können Obligation erfordern, müssen aber nicht, wohingegen Obligationen ohne Policies keinen Sinn machen.

Die in Abbildung 4 angegebenen Operationen sind hinreichend selbsterklärend. Lediglich die Operation decideAccess() bedarf einer Erklärung. decideAccess() operiert auf einem SphereManagedObject oder einem ProtectedDataObject, um für ein gegebenes PolicyObject zu entscheiden, ob eine Datenverwendungsanforderung erfüllt werden kann oder nicht. Abbildung 5 zeigt den Entscheidungsprozess im Detail [34]. Anforderungen für Information oder Daten gelangen zunächst an den *Policy Enforcement Point (PEP)*, der in Erfüllung seiner Aufgabe vom *Policy Decision Point (PDP)* Entscheidungen und Obligationen anfordert. Der PDP fordert die eigentlichen Policies vom *Policy Administration Point (PAP)* an und vergleicht diese mit diversen Attributen, die über *Policy Information Points (PIP)* verfügbar sind. In der Praxis sind diese Policy Points zwar nur selten so strikt trennbar, konzeptionell ist dies aber erforderlich.

Noch einige Bemerkungen zum Informationsmodell:

1. Sämtliche der in Abbildung 4 dargestellten Objekte sind Bestandteil einer Hierarchie, die der Übersichtlichkeit halber nicht gezeigt ist. Hierarchien können über das bekannte *Composite Pattern* [13] modelliert werden.

2. Die hier vorgenommene „Verteilung" der Attribute und Operationen auf Klassen stellt nur *eine* Möglichkeit dar. Insbesondere im *Composite Pattern* ist immer ein Zielkonflikt zwischen Verwendungstransparenz und fehlerfreier Nutzbarkeit aufzulösen [13].

3. Um den Rahmen dieses Beitrags nicht zu sprengen, sind einige Aspekte nicht berücksichtigt. So besitzen Schutzsphären typischerweise eine interne Struktur mit Gruppen und Rollen (siehe zum Beispiel die Struktur von Virtuellen Organisationen in Grids [44]), die hier nicht betrachtet sind. Ebenso sind Details von Datenstrukturen der ProtectedDataObjects genauso vernachlässigt wie Archivierungs-, Auditierungs- und Logging-Aspekte. Zum Verständnis der Ausführungen dieses Beitrags stellt dies allerdings keine Einschränkung dar.

4. Der Übersichtlichkeit halber sind die typischen objektorientierten Getter/Setter-Methoden nicht aufgeführt.

5. Daten und Sphären sind getrennte Objekte, um erstens beide separat behandeln (und managen) zu können und um zweitens der Möglichkeit Rechnung zu tragen, Objekte auszutauschen.

6. Die 1:1-Beziehung zwischen ProtectedDataObject und SphereManagedObject impliziert im Übrigen *daten*spezifische Schutzsphären.

7. Die Modellierung von Vertrauen und vertrauenswürdigen Dritten [8] ist in Abbildung 4 nicht berücksichtigt.

8. Abbildung 4 zeigt einen Ausschnitt des Nominalfalles. Angriffe und Kompromittierungen sind vernachlässigt.

9. Die Policy Points (PAP, PDP, PEP, PIP) sind zwar in der Regel reine Softwareobjekte, sie können aber auch durch reale Personen wahrgenommen werden.

## 2. Organisationsmodell

Im Organisationsmodell werden die Rollen der am Managementprozess beteiligten Systeme und deren jeweilige Zuständigkeitsbereiche definiert. Systeme, die aktive Rollen übernehmen, also steuernd auf andere Systeme einwirken, werden als *Manager* bzw. *Managementsystem* bezeichnet, passive Komponenten, die ihrerseits von anderen Systemen administriert werden, werden *Agenten* bzw. *Agentensysteme* genannt (siehe Abbildung 3). Die für die Fragestellung dieses Beitrags wichtigsten Rollen sind im Abschnitt III bereits beschrieben worden. Hinzu kommen systemtechnisch bedingte Rollen wir PIP, PDP oder PEP. In einer konkreten Managementinteraktion werden diese Rollen auf das Manager / Agenten-Paradigma abgebildet.

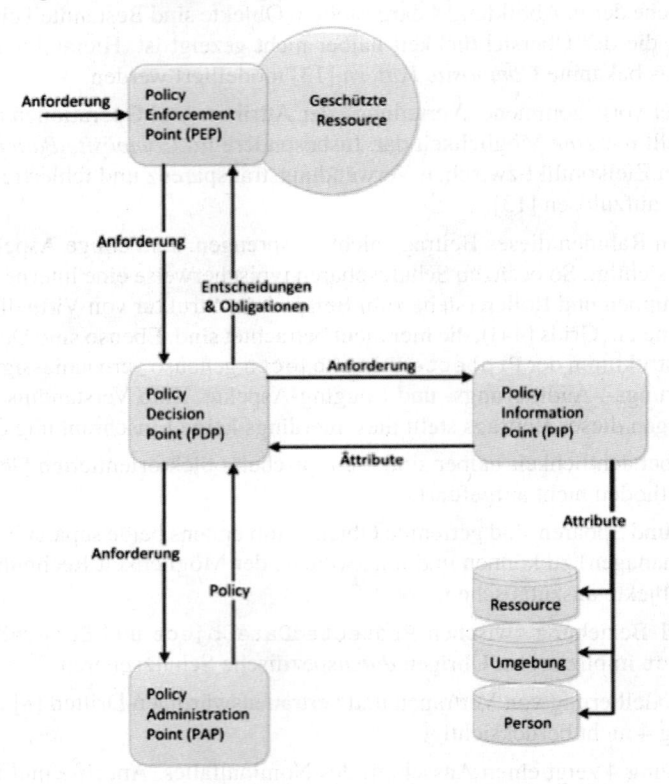

Abbildung 5: Policy-basiertes Management nach [34]

In UML-Notation wird die Kooperation zwischen Rollen typischerweise über Sequenzdiagramme modelliert. Abbildung 6 zeigt einen einfachen Ausschnitt aus dem Organisationsmodell, in dem das Zusammenspiel der Rollen *Consumer*, *Producer*, *PIP* und *PDP* zur Autorisierung des Zugriffs auf personenbezogene Daten (zum Beispiel Patientendaten im Kontext eines e-Health-Systems [43]) rudimentär dargestellt ist.

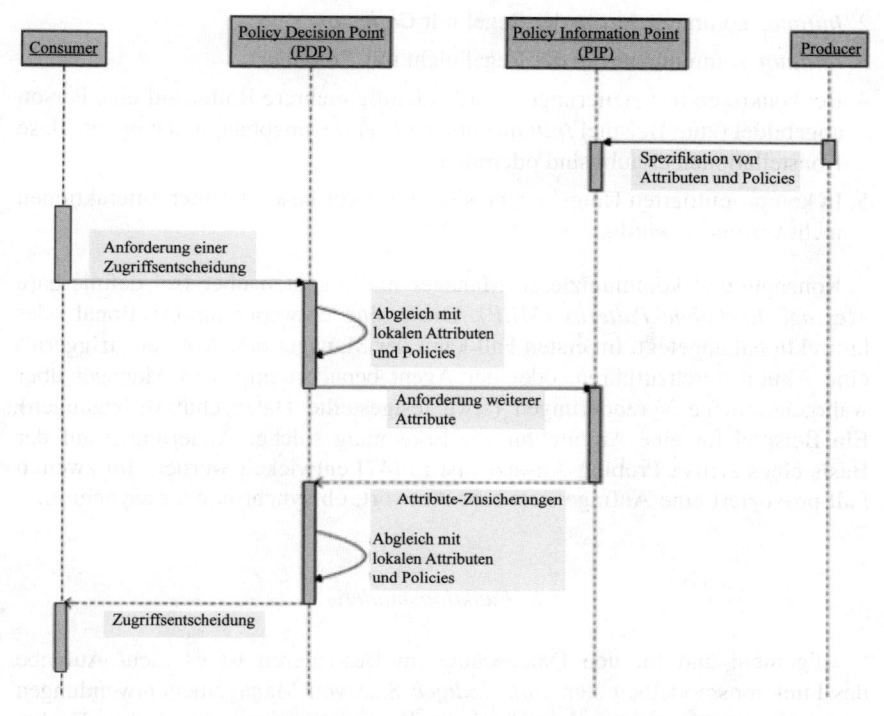

Abbildung 6: Ausschnitt aus dem Organisationsmodell

## 3. Kommunikationsmodell

Im Kommunikationsmodell werden Prinzipien und Konzepte zum Austausch von Datenschutzinformationen zwischen den im Organisationsmodell definierten Rollen festgelegt. Dazu werden die erforderlichen Kommunikationskanäle mit ihren Managementprotokollen definiert. Es ist also festzulegen, welche Partner zur Kommunikation miteinander berechtigt sind, welcher Kommunikationsmechanismus dafür verwendet wird und welche Syntax und Semantik die Protokolle nutzen. Implementierungstechnisch setzen diese Kanäle natürlich funktionsfähige End-to-End-Verbindungen für die Manager/Agenten-Interaktion voraus.

Um den Rahmen dieser Ausführungen nicht zu sprengen, seien hier nur einige wenige Modellierungsaspekte angerissen:

1. *Producer* und *Consumer* werden nicht in allen Fällen zum Austausch personenbezogener Daten miteinander kommunizieren, sondern häufig über andere Instanzen wie zum Beispiel *Collector*.

2. *Initiator* kommuniziert in der Regel mit *Collector*.
3. *Initiator* kommuniziert in der Regel nicht mit *Producer*.
4. Bei konkreten Instanziierungen werden häufig mehrere Rollen auf eine Person abgebildet (zum Beispiel *Initiator* und *Collector*), unabhängig davon, ob diese Konstellationen erlaubt sind oder nicht.
5. In kompromittierten Umgebungen sind die zuvor beschriebenen Interaktionen nicht vertrauenswürdig.

Konzeptionell kommunizieren Manager und Agenten über frei definierbare *Message Exchange Patterns (MEP)*. Diese sind entweder unidirectional oder bidirektional angelegt. Im ersten Fall kann der Manager den Agenten „triggern", eine Aktion durchzuführen, oder der Agent benachrichtigt den Manager über wahrgenommene Veränderungen (etwa festgestellte Datenschutzverletzungen). Ein Beispiel für eine Architektur zur Erkennung solcher Änderungen auf der Basis eines Active Probing-Ansatzes ist in [47] entwickelt worden. Im zweiten Fall provoziert eine Anfrage stets eine Antwort, ob synchron oder asynchron.

## 4. Funktionsmodell

Allgemein und für den Datenschutz im Besonderen ist es nicht Aufgabe des Funktionsmodells, einen *vollständigen* Satz von Managementanwendungen zu spezifizieren, sondern vielmehr deren Komposition aus generischen Funktionsbausteinen zu unterstützen. Als Teilmodell einer Datenschutzmanagement-Architektur ist das Funktionsmodell deshalb immer im Konzert *aller* Modelle zu sehen. Es muss die folgenden Fragen adressieren:

- In welche Funktionsbereiche kann der Gesamtkomplex des Datenschutzmanagements gegliedert werden?
- Welche generischen Managementfunktionen können dann für die einzelnen Funktionsbereiche festgelegt werden?
- Welche Aufrufkonventionen gelten für die so identifizierten Funktionen?

Diesen Fragen widmet sich dieser Abschnitt, indem zunächst jeder Funktionsbereich mit seinem generellen Fokus untersucht wird und anschließend im Kontext der Datenschutz-MIB die erforderlichen Objekte und Methoden eingeführt bzw. – wenn nötig – erweitert werden. Diese bilden dann wiederum die Schnittstellen zu den eigentlichen Managementfunktionen.

Die Strukturierung des Gesamtkomplexes „Datenschutzmanagement" kann prinzipiell nach einer Vielzahl von Kriterien erfolgen. Die klassische Technik zur Festlegung von Funktionsbereichen im Netzmanagement besteht in der Orientierung an den FCAPS[9]-Bereichen des Open Systems Interconnection (OSI)-Managements [17], eine andere Orientierung bietet das Common Object Request Broker Architecture (CORBA)-Schichtenmodell [24], eine wieder andere Möglichkeit zeigt das Web Services Distributed Management (WSDM)-Framework [14] mit seinem Fokus auf einen Basissatz generischer get-, set-, discover- und notify-Funktionen. Im Kontext dieses Beitrags wird eine Strukturierung der Datenschutzmanagement-Funktionalität auf der Basis der in Abbildung 2 dargestellten Zusammenhänge und der dabei identifizierten Rollen favorisiert. Die konsequent aus den Anforderungen bestimmbaren Rollen und deren Interaktionskanäle induzieren nämlich kanonisch die benötigten Funktionsbereiche. Folglich kann zu jeder Rolle des Organisationsmodells ein korrespondierender Funktionsbereich identifiziert werden. Dies sei tabellarisch kurz dargestellt:

| Rolle | Funktionsbeschreibung |
| --- | --- |
| Producer | Der *Producer* will „seine" Sphäre schützen und die Verwendung „seines" ProtectedDataObjects überwachen und kontrollieren, genau wie „seine" PolicyObjects und „seine" ObligationObjects (siehe auch [18]). Dementsprechend wird er u. a. folgende funktionale Bausteine verlangen:<br><br>• anonymize(degree,method,•)[10] zur „Verschleierung" seiner Daten und Merkmale (siehe auch §3 BDSG). Der degree-Parameter enkodiert dabei die Stärke der Veränderung durch das mit method bezeichnete Verfahren. Beispiele von Verfahren sind Anonymisierung, Pseudonymisierung, Imitation oder andere Verschleierungsmaßnahmen.<br><br>• release(scope,•) zur gezielten Freigabe von ProtectedDataObjects an den durch den Parameter scope bezeichneten Personen- (oder allgemeiner Objekt-)kreis.<br><br>• lock(scope,•) zum gezielten Sperren von ProtectedDataObjects für den durch den Parameter scope bezeichneten Objektkreis.<br><br>• attachPolicy(action,•) zur Verknüpfung von PolicyObjects mit ProtectedDataObjects. Der Parameter action spezifiziert dabei die Richtung (Verknüpfung, Entknüpfung).<br><br>• attachObligation(action,•) zur Verknüpfung von PolicyObjects mit ObligationObjects. Der Parameter action spezifiziert dabei die Richtung (Verknüpfung, Entknüpfung).<br><br>• logging(action,scope,location,duration,•) zum Management von „Mitschnitten". Der Parameter action spezifiziert dabei die Richtung (Einschalten, Ausschalten), der Parameter scope den Gültigkeitsbereich des Mitschnitts (Was soll aufgezeichnet werden?), der Parameter location den Aufbewahrungsort der Logs, der Parameter duration die Dauer der Aufbewahrung. |

---

[9] FCAPS = Fault Management, Configuration Management, Accounting Management, Performance Management, Security Management.

[10] „•" steht im Folgenden immer für weitere, nicht aufgeführte Parameter.

| Rolle | Funktionsbeschreibung |
|---|---|
| *Consumer* | Der *Consumer* will Daten geschützter Sphären eines *Producers* nutzen. Ausgehend von dieser reinen Nutzungsrelation ergeben sich zunächst keine Managementfunktionen mit Bezug zum Datenschutz. Der *Consumer* wird dennoch einige funktionale Bausteine nützlich finden, die in zweiter Näherung auch für Managementzwecke sinnvoll erscheinen:<br><br>• `dataRead(time,access,frequency,•)` zum Lesen personenbezogener Daten innerhalb eines durch `time` spezifizierten Zeitfensters, möglicherweise mit der durch `frequency` festgelegten Wiederholfrequenz, an einem Datenzugangspunkt `access`.<br><br>• `usageTagging(tag,timestamp,•)` zum Annotieren eines `ProtectedDataObjects` mit dem durch `tag` spezifizierten Merkmal zum Zeitpunkt `timestamp`. Diese Funktion ist nützlich für das Management von Data Provenance-Aspekten [25] – vorausgesetzt `tag` ist nicht gefälscht. |
| *Initiator* | Der *Initiator* ist diejenige Autorität, die einen oder mehrere *Collectors* beauftragt, `ProtectedDataObjects` eines *Producers* zu sammeln und einem *Consumer* zur Verfügung zu stellen. Im regulären Fall geschieht dies im Einverständnis mit dem *Producer* (§4 BDSG). Dementsprechend wird der *Initiator* u. a. folgende funktionale Bausteine im Kontext des Datenschutzmanagements nutzen wollen:<br><br>• `allow(collector,producer,ProtectedDataObject, consumer, PolicyObject, access,•)` zum Autorisieren eines *Collectors* `collector`, ein `ProtectedDataObject` eines *Producers* `producer` zu lesen und einem *Consumer* `consumer` am Zugangspunkt `access` bereitzustellen. Die Bereitstellung erfolgt gemäß Policy `PolicyObject`.<br><br>• `deny(collector,producer,ProtectedDataObject, consumer, timeframe,•)` zum De-Autorisieren eines *Collectors* `collector`, ein `ProtectedDataObject` eines *Producers* `producer` zu lesen und einem *Consumer* `consumer` bereitzustellen. Die Bereitstellungserlaubnis kann zeitlich beschränkt ausgesetzt werden wenn `timeframe` ein Zeitfenster spezifiziert, oder unbeschränkt sonst.<br><br>• `overwritePolicy(timeframe,PolicyObject1, PolicyObject2, •)` zum temporären Überschreiben der Policy `PolicyObject1` durch Policy `PolicyObject2` für die Zeitdauer `timeframe`.<br><br>• `suspendPolicy(timeframe,PolicyObject,•)` zum temporären Suspendieren der Policy `PolicyObject` für die Zeitdauer `timeframe`.<br><br>• `aggregatePolicy(PolicyObject1,..., PolicyObjectn,method, •)` zum Aggregieren der Policies `PolicyObject1` bis `PolicyObjectn`. Unter Aggregation wird hier ganz allgemein das Zusammenführen von Policies nach der in `method` spezifizierten Methode. Dies können mengentheoretische Durchschnittsbildungen sein oder ontologische Konzeptionalisierungen. |
| *Collector* | Der *Collector* besitzt vom *Initiator* die (temporäre) Erlaubnis, `ProtectedDataObjects` eines *Producers* zu sammeln und diese einem *Consumer* zur Verfügung zu stellen. Er wird daher neben den schon genannten keine neuen funktionalen Bausteine verwenden müssen, allenfalls leicht modifizierte. |

Hierzu noch einige Bemerkungen:

1. Die gelisteten Funktionen sind natürlich nicht vollständig. Je nach Duktus kann/ muss der Funktionssatz erweitert, verringert oder modifiziert werden. Ein formaler Vollständigkeitsnachweis wäre zudem hilfreich.
2. Das hier vorgeschlagene Funktionenmodell geht konzeptionell davon aus, dass *Consumer* nur an fest definierten Zugangspunkten auf personenbezogene Daten zugreifen dürfen. Entsprechend wird ein *Collector* auch nur an diesen Punkten Daten bereitstellen. Der wesentliche Grund für dieses Konzept liegt in der strikten Trennung von Interessenslagen (*separation of concern*), einem bewährten Grundmuster der Informatik.
3. Die hier vorgeschlagene Architektur basiert auf einem stringenten Policymodell. Policies sind nicht nur inhaltlich auf verschiedenen Ebenen anzusiedeln (Gesetze, Betriebsvereinbarungen, Nutzerpräferenzen, Gruppen-AUPs, etc.), im Policy-basierten Datenschutz steuern sie auch die Akquisition, Verarbeitung und Bereinigung von Daten.
4. Ebenso wie in den anderen Teilmodellen sind auch im Funktionsmodell der Übersichtlichkeit halber vereinfachende Annahmen gemacht worden. So ist auch hier die häufig anzutreffende *Trusted Third Party* genauso vernachlässigt worden wie jegliche Basisfunktionalität, die sich in Ver- und Entschlüsselung, Cookie-Management, Zertifikatsmanagement, etc. ausdrückt.

Es sei an dieser Stelle betont, dass die hier vorgeschlagene Architektur immer noch plattform*unabhängig* ist. Plattform*spezifische* Implementierungen erfordern entsprechende Plattformbeschreibungen und Transformationsregeln, um plattformunabhängige Modelle in plattformspezifische überführen zu können [39]. Dieser Aspekt wird trotz seiner Wichtigkeit in diesem Beitrag nicht weiter verfolgt.

Die hier vorgeschlagene Architektur stellt lediglich einen „Baukasten" mit generischen Bausteinen, Konzepten und Regeln, bereit. Dieser muss um eine Methodik zur Anwendung der Architektur ergänzt werden, die aufzeigt, welche Schritte zur Realisierung einer Datenschutzschnittstelle für beliebige Dienste notwendig sind. Das Ziel einer solchen Methodik muss es sein, einen Dienstanbieter (im weitesten Sinn) so anzuleiten, dass er die innerhalb der hier skizzierten Architektur vorgeschlagenen Konzepte für einen effizienten und effektiven Datenschutz nutzen kann.

Eine solche „Deloyment"-Methode wird schrittweise vorgehen müssen. In der ersten Phase (Analyse) wird zu evaluieren sein, welche Datenschutzmechanismen denn überhaupt zu berücksichtigen sind. Als wesentliches Ergebnis dieser Phase werden dann die im Informationsmodell spezifizierten Klassen instanziiert, also Policies, Sphären, Obligationen, und andere. Dies sind immer noch abstrakte, plattformunabhängige Instanzen. Folgerichtig wird sich ein zweiter

Schritt anschließen, der nämlich die plattformunabhängigen Instanzen in plattformspezifische Instanzen transformiert, die wiederum leicht in ausführbaren Code implementiert werden können. Der schließlich letzte Schritt wird dann in Anpassungen an konkrete Umgebungen bestehen (*customizing*).

## V. Fazit

Die Durchsetzung des Datenschutzes ist in multi-zellularen Systemen von besonderer Bedeutung. Dies liegt nicht zuletzt an den inhärenten Eigenschaften solcher Systeme, die als groß-skaliert, dynamisch, offen, inter-organisational und ohne zentrale Kontrollinstanz gekennzeichnet werden können. Vor diesem Hintergrund kann Datenschutz sinnvoll nur in ein integriertes IT-Management eingebunden werden, in dem das explizite Interesse aller am Datenschutz Beteiligten, in ihrer Rolle die für ihre spezifischen Sichten und Absichten notwendigen Maßnahmen nicht nur anwenden zu wollen, sondern diese auch gemäß gegebener Policies anwenden zu dürfen, gewahrt bleibt. Das Rahmenwerk dazu ist in diesem Beitrag mit einer datenschutzspezifischen Managementarchitektur in groben Zügen skizziert worden, mit einem Informationsmodell, das eine integrale Betrachtung von verschiedenen Schutzaspekten gestattet, Organisationsspezifika einbezieht, Heterogenität auf verschiedenen Ebenen unterstützt sowie einheitliche Schnittstellen (für Nutzer und Entwickler) zu Funktionalitäten im Datenschutzmanagement anbietet.

Obwohl eine Datenschutz-Managementarchitektur, wie sie hier vorgeschlagen wird, dringend notwendig erscheint (insbesondere vor dem Hintergrund sozialer Netzwerke, in denen Daten ständig in unkontrollierbarer Weise gesammelt und korreliert werden), ist dennoch festzuhalten, dass diese natürlich nur „so gut funktionieren" kann wie sie eingesetzt und unterstützt wird. Insofern reflektiert sie zwar *best practices*, es bleibt allerdings stets die Frage der juristischen Belastbarkeit der IT-Mechanismen und –Modelle offen, insbesondere wenn es um forensische Verfahren und Gerichtsverwertbarkeit geht. Dies umso mehr, je mehr heterogene Rechtsräume integriert bzw. überbrückt werden müssen. Aus der Informatiksicht stellt die Behandlung von unterschiedlichen Rechtsräumen zwar kein prinzipielles Problem dar, die Konformität zu lokalen Regeln, Gesetzen und Richtlinien (eben den Policies) wird aber nachgewiesen werden müssen. Entsprechende „Konformitätssiegel" wären ein zu überlegendes Verfahren, diesen Nachweis zu erbringen, vorausgesetzt Rechtsnormen oder Policies könnten auf der Informatikebene hinreichend klar formuliert und verglichen werden.

Die hier vorgeschlagene Architektur ist zum Zeitpunkt des Schreibens dieses Beitrages in Teilen bereits implementiert.

## VI. Danksagung

Der Autor dankt den Mitgliedern des Münchner Netzwerk-Management (MNM) Teams für hilfreiche Diskussionen und wertvolle Kommentare. Das MNM-Team ist eine Forschungsgruppe der Münchener Universitäten und des Leibniz-Rechenzentrums der Bayerischen Akademie der Wissenschaften unter der Leitung von Prof. Dr. Heinz-Gerd Hegering und Prof. Dr. Dieter Kranzlmüller.

## Referenzen

[1] *Aickelin*, U. / *Cayzer*, S.: The Danger Theory and Its Application to the Artificial Immune System, Proceedings First International Conference on Artificial Immune Systems, Canterbury, UK, 2002

[2] *Avižienis*, A. / *Laprie*, J.-C. / *Randell*, B. / *Landwehr*, C.: Basic Concepts and Taxonomy of Dependable and Secure Computing, IEEE Transactions on Dependable and Secure Computing, Vol. 1, S. 11–33, 2004

[3] *Balby Marinho*, L. / *Hotho*, A. / *Jäschke*, R. / *Nanopoulos*, A. / *Rendle*, S. / *Schmidt-Thieme*, L. / *Stumme*, G. / *Symeonidis*, P.: Social Tagging Systems, in: Recommender Systems for Social Tagging Systems, SpringerBriefs in Electrical and Computer Engineering, Springer, ISBN 978–1-4614–1894–8, S. 3–15, 2012

[4] *Bergstra*, J. / *Ponse*, A. / *Smolka*, S.: Handbook of Process Algebra, Elsevier-Verlag, Amsterdam, ISBN 0444828303, 2001

[5] *Berman*, F. / *Fox*, G. / *Hey*, A.: Grid Computing: Making the Global Infrastructure a Reality, Wiley Series on Parallel and Distributed Computing, Wiley, Chichester, ISBN 0–470–85319–0, 2005

[6] *Buyya*, R. / *Yeo*, C. / *Venugopal*, S. / *Broberg*, J. / *Brandic*, I.: Cloud Computing and Emerging IT Platforms: Vision, Hype, and Reality for Delivering Computing as the 5th Utility, Future Generation Computer Systems, Vol 25, Nr. 6, S. 599–616, 2009

[7] *Cafaro*, M. / *Aloisio*, G.: Grids, Clouds and Virtualization (Computer Communications and Networks), Springer-Verlag London, ISBN 978–0857290489, 2010

[8] *Casassa Mont*, M.: Dealing with Privacy Obligations in Enterprises. Technischer Bericht HPL-2004–109, HP Laboratories Bristol, http://www.hpl.hp.com/techreports/2004/HPL-2004-109.pdf, 2004

[9] *Castells*, M.: The Rise of the Network Society (The Information Age: Economy, Society and Culture, Volume 1), Wiley-Blackwell, 2. Ausgabe, ISBN 978–0631221401, 2000

[10] *Danciu*, V. / *Otto v.d.g. Felde*, N. / *Kranzlmüller*, D. / *Schiffers*, M. / *Watzl*, J.: Der Cloud-Broker: dynamische Orchestrierung von Cloud-Diensten zu Smart Mobile Apps, in: Verclas, S., Linnhoff-Popien, C. (Herausgeber): Smart Mobile Apps: Mit Business-Apps ins Zeitalter mobiler Geschäftsprozesse, Springer-Verlag, ISBN 978–3642222580, 2012

[11] *DMA*: Privacy Promise Member Compliance Guide, http://www.netcaucus.org/books/privacy2001/pdf/promise.pdf, 2001

[12] *Ellison*, R. / *Fisher*, D. / *Linger*, R. / *Lipson*, H. / *Longstaff*, T. / *Mead*, N.: Survivable Network Systems: An Emerging Discipline, Carnegie-Mellon Software Engineering Institute Technical Report CMU / SEI-97-TR-013, http://www.sei.cmu.edu/pub/documents/97.reports/pdf/97tr013.pdf, 1997 (revidierte Fassung 1999)

[13] *Gamma*, E. / *Helm*, R. / *Johnson*, R. / *Vlissides*, J.: Design Patterns: Elements of Reusable Object-Oriented Software, Addison-Wesley, ISBN 0201633612, 1995

[14] *gentschen Felde*, N. / *Hegering*, H.-G. / *Schiffers*, M.: IT Service Management Across Organizational Boundaries, in: Kern, E.-M., Hegering, H.-G., Brügge, B. (Herausgeber): Managing Development and Application of Digital Technologies, Springer-Verlag, ISBN 978-3-540-34128-4, 2006

[15] Gesetz zur Stärkung der Sicherheit in der Informationstechnik des Bundes (BSI-Gesetz, BSIG), Bundesgesetzblatt Jahrgang 2009 Teil I Nr. 54, ausgegeben zu Bonn am 19. August 2009

[16] *Harte*, L.: Introduction to Wireless Systems – Technologies, Systems, Services and Market Growth, 2. Ausgabe, Althos, ISBN 978-1932813975, 2006

[17] *Hegering*, H.-G. / *Abeck*, S. / *Neumair*, B.: Integriertes Management vernetzter Systeme – Konzepte, Architekturen und deren betrieblicher Einsatz, dpunkt-Verlag, ISBN 3-932588-16-9, 1999

[18] *Hommel*, W.: Schiffers, M.: Benutzergesteuerter Datenschutz in Grids, in: Proceedings des Ersten DFN–Forums Kommunikationstechnologien – Verteilte Systeme im Wissenschaftsbereich, GI-Verlag, 2008

[19] *Hu*, D.: Privacy Enforcement Architectures for an e-Business Environment, Masterarbeit, Universität Carleton, Ottawa, Kanada, 2011

[20] ISO/IEC: International Standard ISO/IEC 27002 Information Technology – Security Techniques – Code of Practice for Information Security Management, Reference Number ISO/IEC 27002:2005(E), 2005

[21] IT Governance Institute: Cobit 4.1, ISBN 1-933284-72-2, 2007

[22] *Itani*, W. / *Kayssi*, A. / *Chehab*, A.: Privacy as a Service: Privacy-Aware Data Storage and Processing in Cloud Computing Architectures, Proceedings Eighth IEEE International Conference on Dependable, Autonomic and Secure Computing, Chengdu, China, 2009

[23] Jones Day: Jones Day Commentary – Personal Information Protection Law in Japan, http://www.jonesday.com/files/Publication/ea5c2b75-60ce-498d-80f4-5f1da53c1e24/Presentation/PublicationAttachment/b0405b1f-8d64-4fcb-8a7d-6203a553ce80/Personal%20Information.pdf, 2005

[24] *Keller*, A.: CORBA–basiertes Enterprise Management: Interoperabilität und Managementinstrumentierung verteilter kooperativer Managementsysteme in heterogener Umgebung, Dissertation, Technische Universität München, Dezember, 1998

[25] *Kifor*, T. / *Varga*, L. / *Álvarez*, S. / *Vázquez-Salceda*, J. / *Willmott*, S.: Privacy Issues of Provenance in Electronic Healthcare Record Systems, Journal of Autonomic and Trusted Computing (JoATC), 2007

[26] *Kirkpatrick*, M. / *Ghinita*, G. / *Bertino*, E.: Privacy-preserving Enforcement of Spatially Aware RBAC, IEEE Transactions on Dependable and Secure Computing (TDSC), Januar 2012

[27] *Kobrin*, S.: Safe harbours are hard to find: the trans-Atlantic data privacy dispute, territorial jurisdiction and global governance, Review of International Studies 30, S. 111–131, 2004

[28] *Kollmann*, T.: E-Business: Grundlagen elektronischer Geschäftsprozesse in der Net Economy, Gabler Verlag, 4. Auflage, ISBN 978–3834924520, 2011

[29] *Lang*, B. / *Foster*, I. / *Siebenlist*, F. / *Ananthakrishnan*, R. / *Freeman*, T.: A Flexible Attribute Based Access Control Method for Grid Computing, Journal of Grid Computing, Vol. 7(2), S. 169–180, 2009

[30] *Liu*, H.: Amazon data center size, http://huanliu.wordpress.com/2012/03/13/amazon-data-center-size/, 2012

[31] *Martino*, L. / *Ni*, Q. / *Lin*, D. / *Bertino*, E.: Multi-domain and Privacy-aware Role Based Access Control in eHealth, Proceedings Pervasive Computing Technologies for Healthcare, Tampere, Finnland, 2008

[32] *Movius*, L. / *Krup*, N.: U.S. and EU Privacy Policy: Comparison of Regulatory Approaches, International Journal of Communications 3, S. 169–187, http://ijoc.org/ojs/index.php/ijoc/article/viewFile/405/305, 2009

[33] *Nelson*, D.: Grand Challenges: Science, Engineering, and Societal Advances Requiring Networking and Information Technology Research and Development, Report of the Interagency Working Group of the National Coordination Office for Information Technology Research and Development, http://www.nitrd.gov/pubs/200311_grand_challenges.pdf, 2006

[34] OASIS: eXtensible Access Control Markup Language (XACML) Version 3.0, Committee Specification 01, http://docs.oasis-open.org/xacml/3.0/xacml-3.0-core-spec-cs-01-en.pdf, 2010

[35] *OECD Directorate for Science, Technology and Industry*: Guidelines on the Protection of Privacy and Transborder Flows of Personal Data, http://www.oecd.org/document/18/0,3343,en_2649_34255_1815186_1_1_1_1,00.html, 1980

[36] *Orito*, Y. / *Murata*, K.: Privacy protection in Japan: cultural influence on the universal value, Präsentation im Rahmen der ETHICOMP 2005 (The Ethicomp Decade 1995–2005), Universität Linköping, Linköping, Schweden, http://www.kisc.meiji.ac.jp/~ethicj/Privacy%20protection%20in%20Japan.pdf, 2005

[37] *Otto v. d. g. Felde*, N.: Ein föderiertes Intrusion Detection System für Grids, Dissertation, Ludwig-Maximilians-Universität München, Dezember, 2008

[38] *Papazoglou*, M.: Web Services: Principles and Technology, Pearson / Prentice Hall, ISBN 978–0321155559, 2008

[39] *Petrasch*, R. / *Meimberg*, O.: Model Driven Architecture. Eine praxisorientierte Einführung in die MDA, Dpunkt Verlag, ISBN 3898643433, 2006

[40] *Picot*, A. / *Hertz*, U. / *Götz*, T. (Herausgeber): Trust in IT – Wann vertrauen Sie Ihr Geschäft der Internet-Cloud an?, Springer, ISBN 978–3-642–18110–8, 2011

[41] *Reisig*, W.: Petrinetze – Eine Einführung (2. Auflage), Springer-Verlag, ISBN 3–540–16622-X, 1986

[42] *Rupp*, C. / *Queins*, S. / *Zengler*, B.: UML 2 glasklar: Praxiswissen für die UML-Modellierung, 3. Auflage, Carl Hanser Verlag, ISBN 978–3446411180, 2007

[43] *Sax*, U. /*Mohammed*, Y. /*Viezens*, F. /*Rienhoff*, O.: Grid-Computing in der biomedizinischen Forschung: Datenschutz und Datensicherheit, Verlag Urban & Vogel, ISBN 978-3-89935-237-5, 2006

[44] *Schiffers*, M.: Management dynamischer Virtueller Organisationen in Grids, Dissertation, Ludwig-Maximilians-Universität München, Juli, 2007

[45] *Schmidt*, H.: Entwurf von Service Level Agreements auf der Basis von Dienstprozessen, Dissertation, Ludwig-Maximilians-Universität München, Juli, 2001

[46] *Shen*, X. / *Yu*, H. / *Buford*, J. / *Akon*, M.: Handbook of Peer-to-Peer Networking, Springer Publishing Company, ISBN 978-0387097503, 2009

[47] *Straube*, C.: DAGA – Active Probing zur Bestimmung der Verfügbarkeit von Grid-Ressourcen, Diplomarbeit an der Ludwig-Maximilians-Universität München, November, 2011

[48] *Sweeney*, L.: Achieving k-anonymity privacy protection using generalization and suppression, International Journal on Uncertainty, Fuzziness, and Knowledge-Base Systems, Vol. 10(5), S. 571–588, 2002

[49] *U.S. Department of Health & Human Services, Office for Civil Rights*: Summary of the HIPAA Privacy Rule, http://www.hhs.gov/ocr/privacy/hipaa/understanding/summary/privacysummary.pdf, 2005

[50] *Vagts*, H. / *Bauer*, A. / *Emter*, T. / *Beyerer*, J.: Privacy Enforcement in Surveillance Systems, Proceedings 4th Security Research Conference, Karlsruhe, 2009

# Datenschutz in Connected Homes

Von *Frank Wagner*

**Abstract**

Der Begriff der Connected Homes ist in vielen der nachfolgend beschriebenen Kontexte weit zu fassen. Viele Elemente sind nicht auf die typischen Eigenheimszenarien beschränkt, sondern haben auch Bedeutung im Bereich des modernen Gebäudemanagements. Automation in Gebäuden ist nicht neu, man erinnere sich nur an Heizungssteuerungen. Das wirklich Neue bei Connected Homes besteht im Zusammenwachsen verschiedener Funktionalitäten und der Interaktion über Schnittstellen nach außen. In diesem Beitrag wird daher der Bogen von Mediennutzung, Home Automation über Home Security bis hin zu Smart Energy gespannt.[1]

Beginnend bei den funktionalen Grundlagen von Connected Homes, einer Beschreibung ausgewählter Nutzungsszenarien wird deren datenschutzrechtliche Relevanz herausgearbeitet. Auf eine Beschreibung der besonderen Sensitivität von Connected Homes folgen konkrete Anforderungen an deren datenschutzkonforme Ausgestaltung.

## I. Grundlagen von Connected Homes

Zunächst ist es wichtig zu betrachten, was ein Connected Home ausmacht. Hierzu sollen an dieser Stelle die verschiedenen, grundlegenden Bestandteile dieser Netzwerke beschrieben werden.

---

[1] Wegen der zusätzlichen, besonderen Anforderungen aus dem Bereich der Sozial- und Gesundheitsgesetze wurden weitere Bereiche, wie Telemonitoring von Gesundheitsdaten, Ambient Assisted Living und ähnliche aufstrebende Bereiche aus dem Komplex Healthcare hier nicht betrachtet.

## 1. Vernetzung als elementare Grundlage von Connected Homes

Für die Betrachtung aller Szenarien von Connected Homes ist es zunächst erforderlich, einen Blick auf das Netzwerk als elementare Grundlage zu richten.

Während in modernen Bürogebäuden eine strukturierte Verkabelung für den Anschluss von Computern, Telefonen und Faxgeräten als Basisinfrastruktur selbstverständlich vorausgesetzt werden kann, stellt eine solche Art der Verkabelung in Privathäusern nach wie vor eher eine Ausnahme dar. Während bei bereits bewohnten Gebäuden vielfach der Aufwand eine entsprechende Verkabelung nachträglich herzustellen gescheut wird, werden bei Neubauten nach wie vor eher in Ausnahmen entsprechende Verkabelungen vorgesehen. Ein Grund dafür ist sicherlich darin zu sehen, dass traditionelle Elektroinstallationsunternehmen mit der Planung und Realisierung einer so genannten strukturierten Verkabelung[2] insbesondere dann überfordert sind, wenn diese mit der Forderung verknüpft wird, auf der Grundlage dieser Infrastruktur ein Netzwerk entsprechend IEEE 802.3 (LAN)[3] mit Übertragungsgeschwindigkeiten von von 100 Mbit/s oder 1000 Mbit/s zu realisieren. Ein weiterer Grund ist sicherlich auch darin zu sehen, dass alternative Möglichkeiten in der Vernetzung über Funk entsprechend IEEE 802.11 ff. (WLAN) oder unter Ausnutzung bestehender Stromnetze über Trägerfrequenztechnologie eine Vernetzung ebenfalls möglich ist. Letztere Technologie wird häufig auch unter dem Namen Powerline bzw. PowerLAN vermarktet. Neben höheren Kosten im Vergleich zu WLAN ist ein weiterer Nachteil dieser Technologie darin zu sehen, dass sich die Hersteller entsprechender Geräte bislang nicht auf einen einheitlichen Standard einigen konnten.

Im direkten Vergleich der 3 Technologien LAN, WLAN und Powerline ergibt sich folgendes Bild:

- Das geringste Abhörrisiko und die potentiell höchsten Datenübertragungsraten lassen sich in einem LAN nach IEEE 802.3 realisieren.
- Powerline verfügt derzeit über die niedrigsten Datenübertragungsraten. Durch die Verfügbarkeit von Verschlüsselung und den Umstand, dass für ein Abhören Zugriff auf das entsprechende Stromnetz erforderlich ist, kann das Abhörrisiko in diesem Vergleich als „mittel" eingestuft werden.
- Das hohe Abhörrisiko von WLAN lässt sich durch den unbedingt gebotenen Einsatz von Verschlüsselung relativieren. Begründet in der Funktechnologie ist ein Abhören von allen Stellen aus möglich, an welchen das WLAN-Signal

---

[2] ISO/IEC 11801 (2002) und EN 50173-1 (2003).

[3] IEEE 802.3 Die Definition für Ethernet reicht derzeit bis 802.3ba – 100 Gigabit Ethernet. Für Connected Homes insoweit nicht interessant, da es keine Consumer Geräte gibt, die diesen Standard unterstützen.

empfangen werden kann. Datenübertragungsraten liegen zwischen Powerline und LAN.

Nach derzeitigem Stand der Endgeräte kommt WLAN eine sehr hohe Bedeutung im Kontext von Connected Homes zu. Zugang zum Netzwerk ist überall dort möglich, wo das Funksignal empfangen werden kann. Powerline und LAN haben dort ihre Berechtigung wo stationäre Geräte dauerhaft mit dem Connected Home verbunden werden können. Falls hohe Datenübertragungsraten erforderlich sind, weil beispielsweise Videodatenströme übertragen werden müssen, kann es erforderlich sein auf Powerline oder LAN zurückzugreifen, weil die örtlichen Gegebenheiten die erforderlichen, hohen Datenübertragungsraten über WLAN nicht zulassen (größere Strecken oder dicke Wände).

Die bisher beschriebenen Szenarien, die auf einer Vernetzung über TCP/IP-Netze beruhen, sind nicht die einzigen Möglichkeiten, um ein Connected Home zu realisieren. Daneben finden sich auch andere Vernetzungsszenarien, die entweder auf proprietären oder standardisierten Funkprotokollen, wie z. B. DECT aufsetzen. Da jedoch in der Gesamtsicht auch die externe Vernetzung eine Rolle spielt, diese in der Regel TCP/IP-basierend ist, wird im Weiteren auf die Betrachtung dieser alternativen Möglichkeiten der Vernetzung verzichtet, weil sie nur hausintern, z. B. für die Kommunikation mit Sensoren und Aktoren, verwendet werden.

Neben dieser Betrachtung der internen Netzwerkinfrastruktur von Connected Homes kommt der Frage der externen Anbindung über das Internet ebenfalls eine hohe Bedeutung zu. Sowohl bei Downloads von Inhalten aus dem Internet, was beispielsweise bei großen Datenmengen (z. B. laden großer Softwarepakete oder Videodatenströme in hoher Qualität), als auch bei Uploads (z. B. versenden von E-Mails mit großen Dateianhängen oder Zugriffe von unterwegs auf eigene Datenbestände im Connected Home) eine Frage hoher Down- bzw. Uploadgeschwindigkeiten ist.

Typische Internetanbindungen von Privathaushalten werden derzeit überwiegend als aDSL[4] oder VDSL[5] realisiert. Erste Angebote für eine Anbindung von Privathaushalten mittels Glasfasertechnologie sind ebenfalls am Markt zu finden. Somit stehen Datenübertragungsraten von 1MBit/s – 100MBit/s für Downloads und 0,5 MBit/s – 50MBit/s für Uploads zur Verfügung. Weiße Flecken auf der DSL-Versorgungslandkarte können über andere Medien realisiert werden. In Ge-

---

[4] Asymmetric Digital Subscriber Line (ADSL, englisch für asymmetrischer, digitaler Teilnehmer-Anschluss) ist eine DSL-Technik, die hohe Datenübertragungsraten (bis 24 MBit/s empfangen; bis 3,5 MBit/s senden) über gebräuchliche Telefonleitungen ermöglicht.

[5] Very High Speed Digital Subscriber Line (VDSL, die Abkürzung VHDSL gilt als veraltet) ist eine DSL-Technik, die wesentlich höhere Datenübertragungsraten (bis 180 MBit/s empfangen; bis 20 MBit/s senden) über gebräuchliche Telefonleitungen liefert.

bieten, die via xDSL nicht versorgt sind, kann die Verbindung ins Internet über Mobilfunk UMTS (auch 3G genannt) mit bis zu 21 MBit/s oder LTE (auch 4G genannt) mit bis zu 100 MBit/s realisiert werden.

### a) Verbindung des Connected Home mit dem Internet

Zu Beginn der Vernetzung in Connected Homes steht typischerweise die Verbindung eines Computers mit dem Internet. Diese Verbindung erfolgt in der Regel über so genannte WLAN-Router, Internet Access Device (IAD) genannt. Über derartige Geräte wird die Verbindung zwischen dem Internet und dem Connected Home hergestellt. Genau genommen handelt es sich um eine Verbindung mehrerer Geräte:

- ein (xDSL / UMTS / LTE)-Modem, welches die Signalumwandlung von (xDSL / UMTS / LTE)-Signalen in Netzwerksignale vornimmt
- Ein Router, der die Authentifizierung gegenüber dem Internet Service Provider realisiert und die Verteilung des Netzwerkverkehrs zwischen dem Connected Home und dem Internet steuert
- Ein Switch, über welchen die einzelnen Geräte des Connected Homes miteinander verbunden werden
- Ein WLAN Access Point, der Verbindungen via WLAN mit dem Connected Home ermöglicht
- Eine Firewall, teilweise auch in Kombination mit Paketfiltern.

Es ist der Regelfall, dass alle 4 genannten Geräte in einem Gehäuse integriert sind und als WLAN-Router vermarktet werden. WLAN-Router bilden somit die zentrale Einheit, die die Funktion eines Connected Homes im Sinne einer externen und internen Connectivity ermöglichen. Alle netzwerkfähigen Endgeräte, die das TCP/IP Protokoll[6] (kabelgebunden oder drahtlos) beherrschen, können darüber miteinander und mit dem Internet kommunizieren.

Derzeit erfolgt die Kommunikation des Connected Home auf Basis der Version 4 des Internet-Protokoll (IPv4)[7]. Dazu werden so genannte IP-Adressen verwendet. IP-Adressen sind technische Identifier mit welchen ein Connected Home mit dem Internet verbunden ist. Alle ein- und ausgehenden Verbindungen laufen über diese Adresse. Man unterscheidet zwischen statischen und dynamischen IP-Adressen. Statische Adressen werden fest zugewiesen; dynamische für

---

[6] Transmission Control Protocol / Internet Protocol (TCP/IP) ist eine Familie von Netzwerkprotokollen, die auch als Internetprotokollfamilie bezeichnet wird.

[7] IP v4: Internet Protocol Version 4 – die derzeit verwendete Protokollversion für die Kommunikation im Internet. Diese wird sukzessive durch die „neue" Internet Protocol Version 6 ersetzt.

den Zeitraum der Verbindung mit dem Internet jeweils fallbezogen. Daraus folgt, dass sich dynamische Adressen ändern. Für Connected Home-Szenarien ist im Regelfall von dynamischen IP-Adressen auszugehen.

Für die Kommunikation im Connected Home werden i. d. R. so genannte private IP-Adressen verwendet. Durch die IANA wurden im Adressraum von IP v4 insgesamt drei Bereiche für sogenannte private Adressen zur internen Kommunikation spezifiziert. Diese können nicht direkt mit dem Internet kommunizieren. Die Kommunikation mit dem Internet realisiert der WLAN-Router. Er erhält vom Internet Service Provider (ISP)[8] eine IP-Adresse unter der er weltweit im Internet erreichbar ist.

Durch Network Adress Translation (NAT) wird sicher gestellt, dass die internen Adressen der Geräte des Connected Home nach außen nicht sichtbar sind. Statt dessen erfolgt eine Umsetzung der internen Adressen auf die Adresse, mit welcher der WLAN-Router mit dem Internet verbunden ist. Die Internetkommunikation eines PC und eines Tablet, die sich in ein und dem selben Connected Home befinden, erfolgt im Internet unter einer identischen Adresse. NAT sorgt dafür, dass angefragte Webseiten innerhalb des Connected Home dem jeweils richtigen Gerät zugeordnet werden.

Mit der Einführung von IP v6[9] wird u. a. dem Problem der Adressenknappheit im Internet begegnet. Begründet in der Verteilung und Klassifizierung der IP v4 Adressen (4 Mrd. Adressen) wurden die Adressen langsam knapp. Im Jahr 2011 wurden die letzten IP v4 Adressräume vergeben. IP v6 bietet einen erheblich größeren Adressraum (340 Sextillionen Adressen)[10].

In Bezug auf Connected Homes bedeutet IP v6 die Abkehr von NAT. Zukünftig bekommt der Anwender einen global eindeutigen IP-Adressraum für ein ganzes Teilnetz zur Verfügung gestellt, so dass jedes seiner Geräte eine IP-Adresse aus diesem erhalten kann. Weil diese Adressen global bekannt und erreichbar sind, wird es für Endbenutzer einfacher, durch das Anbieten von Diensten aktiv am Netz teilzunehmen. Es besteht direkt die Möglichkeit, lokal vorhandene Inhalte, wie beispielsweise Fotos, für berechtigte Benutzer über das Internet zugänglich zu machen. Inwieweit diese Möglichkeit breit genutzt wird oder sich Nutzer wie bisher auf die Angebote von Serviceprovidern verlassen,

---

[8] Internetserviceprovider, ISP, auch Internetdiensteanbieter: Im hier vorliegenden Kontext der Dienstleister, der über Telekommunikationsnetze die Verbindung eines Connected Home mit dem Internet herstellt.

[9] IP v6: Internet Protocol Version 6 – die zukünftig verwendete Protokollversion für die Kommunikation mit dem Internet; dadurch begegnet man dem Problem der Adressknappheit.

[10] 340 Sextillionen Adressen – was bedeutet das? Wenn man jede Sekunde eine IP v6 Adresse vergibt, dann braucht man 4 Milliarden Jahre, um alle Adressen des IP v6 Adressbestandes einmal zu vergeben.

bleibt abzuwarten. Dieser Umstand bringt allerdings auch Gefahren mit sich. Begründet in der IP v6 Adressenstruktur sind alle Geräte eines Connected Home über IP v6 eindeutig identifizierbar. Der Nutzer in einem Connected Home muss zukünftig selbst aktiv werden, wenn er im Netz nicht wiedererkannt werden will. Ohne eigene, zusätzliche Maßnahmen wird in IP v6 die Hardwareadresse von Netzwerkkarten (MAC Adresse)[11], über welche sämtliche Kommunikation eines Gerätes technisch geführt wird, zum Bestandteil der Interface ID, dem Endgeräte-Anteil der IP v6 Adresse. Gleichzeitig ist es für den Nutzer eines Connected Homes aber genauso bedeutsam, zu wissen wie sein ISP die Vergabe der Network ID gestaltet, weil ein wirksamer Schutz vor Re-Identifizierung im Internet nur über die Vergabe von Network ID und Interface ID realisiert werden kann. Näheres siehe Kapitel 5.

| 2003 : 0D34 : 0011 : 3AA8 : 0216 : 76FF : FE4C : 15E8 | | | | | | | | | | | | | | | |
|---|---|---|---|---|---|---|---|---|---|---|---|---|---|---|---|
| Network ID | | | | | | | | Interface ID | | | | | | | |
| 8 Bit | 8 Bit | 8 Bit | 8 Bit | 8 Bit | 8 Bit | 8 Bit | 8 Bit | 8 Bit | 8 Bit | 8 Bit | 8 Bit | 8 Bit | 8 Bit | 8 Bit | 8 Bit |

Abbildung 1: Beispiel für IP v6 Adressierung

## 2. Endgeräte

Über die zuvor beschriebene Infrastruktur eines Connected Home können alle denkbaren Endgeräte miteinander und mit dem Internet kommunizieren. Die Bandbreite der denkbaren Endgeräte reicht von Personalcomputern über Tablets, Smartphones, Druckern, Scannern, NAS-Geräten[12], bis hin zu internetfähigen Fernsehgeräten oder so genannten Set-Top-Boxen, die an ein Fernsehgerät angeschlossen werden können und über das Internet bestimmte Funktionen bieten (z. B. Fernsehen über Internet, IPTV). Alle genannten Geräte können entweder drahtlos über WLAN oder kabelgebunden mit dem Connected Home verbunden werden.

Darüber hinaus können selbstverständlich alle Geräte in ein Connected Home integriert werden, die TCP/IP „sprechen". Dazu zählen beispielsweise IP-Kameras für Überwachung, Sensoren der Haustechnik, wie z. B. Wind- oder Sonnenstandssensoren zur Steuerung von Markisen oder Rolläden, Thermostatventile

---

[11] MAC – Adresse: Media Access Control Adress – Hardware-Adresse jedes einzelnen Netzwerkadapters, die zur eindeutigen Identifizierung des Geräts in einem Netzwerk, auch Ethernet-ID oder physikalische Adresse genannt.

[12] NAS: Network attached storage – Festplattenspeicher, der über das lokale Netzwerk zugänglich ist und für die Nutzer Zugriff auf Dateien ermöglicht.

von Heizungen, Sensoren von Einbruchsmeldeanlagen und so genannte Smart Meter zur Erfassung von Verbrauchswerten von Wasser, Strom, Gas und Heizleistung bei Verdunstungszählern. Hinzu kommen Steuerungen von weiteren, nahezu beliebigen Stromverbrauchern, die entweder integriert (z. B. bei neuen Haushaltsgeräten) oder nachgerüstet (über Steckdosen, Glühbirnenfassungen, etc. die per TCP/IP geschaltet werden) über das Connected Home angesprochen werden können.

Insbesondere bei modernen Mobiltelefonen, so genannten Smartphones[13], kommt im Connected Home eine besondere Bedeutung zu. Die zunehmende Verbreitung dieser Gerätegattung, die sich dadurch auszeichnet, dass sie über vollständige Internetkonnektivität verfügt, macht deren Nutzung als Steuerungs-, Informations- und Kontrollgeräte für Connected Homes sehr interessant. Zusätzlich bietet die Verfügbarkeit von offenen Softwareentwicklungsumgebungen der populären Plattformen Apple, Android, Blackberry und Windows Phone die Möglichkeit, Software für alle erforderlichen Szenarien, speziell zugeschnitten auf den jeweiligen Einsatzzweck, zu entwickeln (Apps)[14]. Diese Software kann über die Ecosysteme[15] der Plattformen sehr einfach allen Nutzern zugänglich gemacht werden. Smartphones können über WLAN problemlos in ein Connected Home integriert werden. Neben dem Zugriff auf Daten bzw. Inhalte eines Connected Homes können diese Geräte durch Apps zu einer universellen Fernbedienung ausgebaut werden. Somit können sie auch zur Steuerung von verschiedenen Funktionen in einem Connected Home verwendet werden. Bei entsprechender Konfiguration des Internetzugangs eines Connected Home können Smartphones auch über das Internet Zugriff auf ein Connected Home erhalten. Zugriffe auf Inhalte und Steuerung von Funktionen sind dann von jedem beliebigen Ort der Welt aus möglich. Einzige Voraussetzung dafür ist ein Zugang des Smartphones zum Internet, entweder über das Telefonnetz (2G, 3G, 4G) oder über einen öffentlichen oder privaten WLAN-Zugang.

Eng mit den Smartphones verwandt sind so genannte Tablets, auch Tablet-Computer genannt. Die Verbreitung dieser Gerätegattung begann mit der Veröffentlichung des Apple iPad im April 2010. Für Tablets gilt grundsätzlich alles,

---

[13] Smartphone: Ein Minicomputer mit Telefonfunktion der sich über das Mobilfunknetz oder WLAN mit dem Internet verbinden und durch einzelne Softwaremodule (Apps) funktional erweitert werden kann. Zumeist verfügen Smartphones über eine Reihe von Sensoren (z. B. Bewegungs- Lage-, Näherungs-, Lichtsensoren), GPS Module, Kameras sind im Regelfall ebenfalls vorhanden.

[14] Man spricht hier von Apps, Softwaremodule einer bestimmten Funktionalität mit welchen sich die Funktionen eines Smartphones oder Tablets individuell erweitern lassen.

[15] Ecosysteme der Plattformen: Apple Appstore für iOS-Geräte (iPhone, iPad); Google Marketplace: Appstore für Smartphones und Tablets auf Android Basis; BlackBerry App World für BlackBerry Smartphones und das Tablet des Herstellers Research in Motion (RIM) und Microsoft Marketplace für Smartphones auf Windows Phone 7 Basis, gerüchteweise soll Windows Phone 8 auch Tablets unterstützen.

was zuvor über Smartphones ausgeführt wurde, lediglich die Telefonfunktionalität spielt bei dieser Gerätegattung eine eher untergeordnete Rolle. Für reine Telefonie im klassischen Sinne sind diese Geräte auf Grund Ihrer Größe (Tablets 7"–10" vs. Smartphones 3"–4" Bildschirmdiagonale) ohne Headset und Freisprechfunktion zum Telefonieren ungeeignet. Im Gegensatz dazu sind Tablets für Zugriffe auf Daten, insbesondere auch für den Konsum von Medien auf Grund ihrer Größe besser geeignet als Smartphones.

In Kombination mit Smartphones lassen sich Steuerungsfunktionen von Connected Homes dadurch realisieren, dass die die anzusteuernde Komponente des Connected Home „erkennt", ob der Benutzer des Smartphone im Haus (bzw. in unmittelbarer Nähe) ist oder nicht. Dies ist entweder über die GPS[16]-gestützte Ortungsfunktion moderner Smartphones realisierbar oder über den Umstand, dass das Smartphone mit dem heimischen WLAN verbunden ist. Der Kreativität der Nutzer ist hier kaum eine Grenze gesetzt.

Weiterhin bieten Smartphones und Tablets eine weitere, attraktive Bedienmöglichkeit für Connected Homes: Sprachsteuerung. Die Geräte verfügen über Mikrofon und Lautsprecher. Sie sind mittlerweile leistungsfähig genug, um Spracheingaben auf der Basis natürlich gesprochener Sprache zu erfassen und entsprechende Befehle an Aktoren im Connected Home weiterzugeben. Man ist also nicht darauf angewiesen, fest definierte Sprachbefehle zu erlernen, sondern kann beispielsweise mit dem Befehl „Mir ist kalt" eine Heizungssteuerung dazu bringen, die Temperatur eines Raumes zu erhöhen.

## 3. Cloud-Services

Zunehmend populärer werden in jüngster Zeit Cloud-Szenarien auch für Privatanwender. Bestandteil am Markt angebotener Dienste ist die Verteilung von Inhalten, die in Connected Homes vorhanden sind, zu zentralen, über das Internet erreichbaren, Datenspeichern. Obwohl derartige Dienste schon länger am Markt verfügbar sind, werden sie in zunehmendem Maße als Cloud-Services vermarktet. Nach der Definition des National Institute for Standards and Technology (NIST), die eine weite Akzeptanz genießt, werden Cloud-Services durch 5 Charakteristika, 4 Deployment-Modelle und 3 Service-Modelle spezifiziert[17]. Typische Cloud-Services, die für ein Connected Home in Frage kommen, sind Public Cloud Services (Deployment-Modell) mit Software as a Service (Service-Modell).

---

[16] GPS: Global Positioning System, ein globales Navigationssatellitensystem zur Standortbestimmung.

[17] The NIST Definition of Cloud Computing: www.nist.gov/itl/cloud/upload/cloud-def-v15.pdf.

Cloud-Services, beispielsweise für die Speicherung und Verwaltung von Fotos, ermöglichen den Abruf der Fotos von jedem Endgerät eines Connected Home. Sie können somit bequem auf dem Fernsehgerät oder auf dem heimischen PC angezeigt werden und man kann sie unterwegs auf dem Tablet oder Smartphone ansehen. Meistens bieten derartige Lösungen auch die Möglichkeit Zugriffsrechte für andere einzuräumen, sodass Freunde oder Familie auf bestimmte Teile der eigenen Fotosammlung zugreifen können. Gleichzeitig hat man ein Backup seiner Fotos in der Cloud. Dabei sollte man allerdings bedenken, dass auch in der Wolke Fehler passieren: Es gab in der Vergangenheit Fälle von Datenverlusten, mangelhafter Verfügbarkeit oder dem Verlust von Vertraulichkeit der Daten[18].

## II. Einzelne, vorhandene Connected Home-Szenarien

Zum besseren Verständnis, was zukünftige Connected Homes ausmacht und welche besonderen Anforderungen an die Gestaltung aus datenschutzrechtlicher Sicht gegeben sind, sollen zunächst einzelne Funktionsblöcke betrachtet werden. Diese Funktionsblöcke werden sich einzeln oder in nahezu beliebigen Kombinationen in zukünftigen Connected Homes wiederfinden.

### 1. Gemeinsame Dateizugriffe und Mediennutzung im Connected Home

Spätestens wenn auf bestimmte Dateien in einem Connected Home von mehr als einem Computer bzw. Endgerät aus zugegriffen werden soll, stellt sich zuerst die Frage nach einer einfacheren Möglichkeit des Datenaustausches. Anstatt die gewünschten Daten via USB-Stick, Festplatte oder gar DVD auszutauschen, stellt sich schnell die Frage, wie die Daten über das Netzwerk ausgetauscht werden können. Hier sind sowohl direkte Verbindungen zwischen 2 Computern denkbar, als auch eine zentrale Dateiablage im Netzwerk. Viele WLAN-Router bieten die Möglichkeit, über einen USB-Anschluss Speichermedien ins Netzwerk zu integrieren. Derartige Lösungen bieten meist einfache Zugriffskontrollmechanismen, meist über Passworte.

Etwas komfortabler sind so genannte Network Attached Storage (NAS) Geräte. Diese Geräte verfügen über ein eigenes Betriebssystem, können über einen

---

[18] Im Juni 2011 musste der Anbieter von Dropbox einräumen, dass die Authentifizierung nicht funktionierte. Daten aller Anwender waren für etwa 4 h öffentlich zugänglich. Im April 2011 hatte Amazon eingeräumt, dass beim Ausfall von Teilen seiner Cloud-Infrastruktur einige Daten für immer verloren gegangen sind. Der Microsoft Cloud Service Azure stand wegen eines Zertifikateproblems am 29.02.2012 für 7 Stunden nicht zur Verfügung.

Browser konfiguriert und administriert werden und lassen sich oft durch handelsübliche Festplatten in ihrer Speicherkapazität erweitern.

Noch ausgefeilter und an die Besonderheiten der jeweiligen Betriebssysteme angepasst sind Lösungen auf der Basis von Microsoft (Windows Home Server) oder Apple (Time Capsule). Diese Lösungen bieten, neben der Möglichkeit dediziert auf bestimmte Dateien zuzugreifen, auch automatische Sicherungen der angeschlossenen Computer. Vergleichbare Lösungen lassen sich selbstverständlich auch auf der Basis von LINUX als Homeserver realisieren.

In Connected Homes kann davon ausgegangen werden, dass ein Großteil der Dateien, auf welche gemeinsam oder von unterschiedlichen Endgeräten aus zugriffen werden soll, schwerpunktmäßig aus Mediendateien (Bilder, Musik, Videos) und weniger aus Dokumenten besteht. Bei Bildern und Videos besteht schnell das Bedürfnis, diese Medien nicht nur auf einem Computer wiederzugeben, sondern auch auf dem heimischen Fernsehgerät. Die rasante Verbreitung moderner LCD-, Plasma- oder LED-Fernsehgeräte trägt zu diesem Nutzungsszenario einen wesentlichen Teil bei. Im Kontext der Wiedergabe von Musik können solche Fernsehgeräte die Benutzeroberfläche für die Auswahl und Suche von Musiktiteln in der eigenen Musiksammlung darstellen. So genannte Streaming Clients stellen über das Connected Home die Verbindung zwischen dem gemeinsamen Speicherplatz eines NAS oder Homeservers und dem Fernseher als Ausgabegerät her. Ebenso können natürlich Computer an moderne Fernsehgeräte angeschlossen werden. Allerdings wird man in heimischen Wohnzimmern gewöhnliche Computer nur in Ausnahmefällen vorfinden. Hier sind kleine und vor allem leise Computer gefragt, die sich harmonisch in die Wohneinrichtungen integrieren lassen.

Moderne Fernsehgeräte verfügen mittlerweile ebenso über Streaming Client – Funktionalitäten wie Zuspieler in Form von DVD- und Blu-ray-Playern. Daneben bieten diese Geräte sehr häufig eine direkte Anschlussmöglichkeit für Speichermedien (i. d. R. über USB), um direkt die auf diesen Medien gespeicherten Inhalte wiederzugeben. Darüber hinaus kann von solchen Geräten (Fernsehgeräten, DVD- und Blu-ray-Player) aus nicht nur die im Connected Home vorhandene Mediensammlung aufgerufen werden, sondern man kann auch auf das Internet zugreifen. Zunehmend verbreiten sich auch hier so genannten AppStore Modelle, die bestimmte Softwaremodule für definierte Funktionalitäten bereit stellen.

Auch für den Konsum von Live-TV und für so genannte Video-on-Demand Angebote stehen Lösungen zur Verfügung, die sich ins Connected Home integrieren lassen. Einerseits gibt es die Möglichkeit Computer mit Receivern für den Empfang von TV-Signalen via Kabel (DVB-C), Satellit (DVB-S) oder Funk (DVB-T) auszustatten. Diese Lösungen bieten Fernsehen in einer neuen Form. Timeshift[19], automatische Aufzeichnung bestimmter Sendungen anhand von Titelinformationen, Sender, definierbarer Schlüsselworte in der Beschreibung sind problemlos möglich. Je nach eingesetzter Lösung können Sendungen auch aus der Ferne, z. B. vom Smartphone aus für eine Aufnahme programmiert werden. Für den Empfang von Fernsehen via Internet (IPTV[20]) stehen derzeit separate Geräte zur Verfügung, die vom Wesen her ebenfalls Computer sind, die aus lizenz- und urheberrechtlichen Gründen in der Regel als geschlossene Systeme ausgelegt sind und deswegen nicht auf lokale Datenbestände im Connected Home zugreifen können. Auch bei diesen Geräten ist für künftige Szenarien davon auszugehen, dass eingeschränkte Zugriffe auf Connected Homes auch mit diesen Geräten möglich sein werden.

## 2. Home Security

Auch im Bereich von Alarmanlagen finden sich zunehmend Architekturen, die in Connected Homes integriert werden können. Das betrifft hauptsächlich die Nutzung des Internet als Kommunikationsmedium für die Übertragung von Alarm- und Statusmeldungen an definierte Empfänger. Die Nutzung eines vorhandenen Connected Homes für die Verbindung verschiedener Sensoren untereinander über TCP/IP ist eher ungewöhnlich. Statt dessen kommen drahtgebundene oder Funkverbindungen zwischen den Sensoren und der Zentraleinheit zum Einsatz. Im Regelfall werden hier herstellerspezifische Protokolle verwendet, sodass Komponenten unterschiedlicher Hersteller nicht miteinander kompatibel sind.

Typische Bestandteile einer solchen Alarmanlage bestehen aus Bewegungsmeldern, Öffnungsmeldern für Türen und Fenster und einer Zentraleinheit, die die Meldungen interpretiert und Alarme auslöst. Alarme können lokal zu einer optische und/oder akustischen Signalisierung führen oder als so genannte stille Alarme als Meldungen per SMS, E-Mail oder Telefonanrufe an definierte Empfänger weitergeleitet werden. Im Regelfall lassen sich die Alarmanlagen modular aufrüsten. Zusätzlich stehen Rauch- und Wassermelder ebenso zur Ver-

---

[19] Timeshift: zeitversetztes Fernsehen. Laufendes Programm kann angehalten werden und zu einem späteren Zeitpunkt fortgesetzt werden. Ein „zurückspulen" ist ebenfalls möglich; wenn eine Sendung angehalten wurde, kann auch bis zum aktuellen Zeitpunkt der ausgestrahlten Sendung „vorgespult" werden. Häufig damit verbunden ist die Möglichkeit laufende Sendungen „im Nachhinein" aufzuzeichnen, d. h. eine Aufnahme der kompletten Sendung kann dann archiviert werden, wenn sie seit Ihrem Beginn angesehen wurde und der Pufferspeicher groß genug ist, um alles aufzunehmen.

[20] IPTV: Internet Protocol Television – Übertragungsweg für Fernsehsignale über das Internet. Kein definierter Standard, für die Übertragung wird das TCP/IP Protokoll verwendet. Alle Arten von Clients sind möglich: PC's, Tablets, Smartphones und dedizierte Set-TOP-Boxen, die speziell für den Empfang von Fernsehsignalen über das Internet ausgelegt sind.

fügung wie Videokameras. Letztere liefern entweder kontinuierlich Bilder oder registrieren Bewegungen und werden dadurch aktiviert.

Die Übermittlung von stillen Alarmen beispielsweise per SMS oder E-Mail an ein Smartphone versetzt den Nutzer in die Lage, entsprechend zu reagieren. Sofern eine Videoüberwachung integriert ist, besteht die Möglichkeit, die durch die Videokamera im Haus erfassten Bilder direkt auf dem Smartphone anzuzeigen. Zusätzlich werden diese Videoaufnahmen lokal gespeichert und stehen somit für eine spätere Auswertung zur Verfügung. Bestimmte Anbieter von Alarmanlagen bieten als weiteren Service an, Alarmmeldungen zentral zu überwachen und die ggf. erforderlichen Maßnahmen einzuleiten.

Neben dem Empfang von Alarmmeldungen bieten derartige Anlagen auch die Möglichkeit, die Stati von Sensoren im Connected Home zu überwachen (sind alle Fenster und Türen geschlossen?) und die Alarmanlage ein- bzw. auszuschalten. Diese Funktionen stehen ebenfalls über das Internet oder an definierten, für die Alarmanlage berechtigten Smartphones zur Verfügung.

Videokameras sind am Markt auch in Ausführungen verfügbar, die sich problemlos in ein bestehendes Connected Home auf TCP/IP-Basis integrieren lassen. Schwierig bis unmöglich ist es, begründet in der überwiegenden Nutzung proprietärer Protokolle der Hersteller für die Anbindung von Geräten an die Zentraleinheit, solche netzwerkfähigen Kameras in eine Alarmzentrale zu integrieren. Reine Videoüberwachungen hingegen sind problemlos realisierbar. Eine Übertragung erfasster Bilder aus dem Connected Home heraus an beliebige Computer im Internet oder an Smartphones stellt kein Problem dar.

## 3. Home Automation

Ergänzend zum zuvor beschriebenen Home Security Szenario kommen im Bereich der Home Automation neben Sensoren auch eine Reihe von Aktoren zum Einsatz, die über das Connected Home angesprochen werden können und für bestimmte Aktionen verantwortlich sind. Typische Aktoren steuern Motoren, beispielsweise Rollladen-, Markisen- und Torantriebe, Schließanlagen, Beleuchtungen, Heizungsthermostate und -steuerungen und weitere (Haushalts-)Geräte und andere Verbraucher im heimischen Stromnetz. Neben den Sensoren der Alarmtechnik kommen in den Szenarien der Home Automation Sensoren für Wind, Temperatur oder Sonnenstand (zu Steuerung von Jalousien, Rollladen oder Markisen) zum Einsatz.

Zur Ermöglichung dieser Funktionalitäten waren in der Vergangenheit zumeist aufwändige und teure Busverkabelungen erforderlich. Ein Teil der moderneren Systeme nutzt bestehende Stromnetze[21] in Gebäuden für die erforderliche Kommunikation. Dadurch können vorhandene Elektroinstallationen um zusätzliche, intelligente Funktionen ohne aufwändige Kabelverlegungen erweitert werden. Der andere Teil erweitert die bestehenden Stromnetze um Sensoren und Aktoren, die per Funk[22] angesprochen werden können. Erweiterungen einfacher, bestehender Strominstallationen in Gebäuden können durch die Erweiterung in Form von kleinen Modulen mit einer Vielzahl von neuen, zusätzlichen Funktionen versehen werden.

Die hier generell beschriebenen Lösungen ermöglichen die einheitliche Gestaltung von Lösungsszenarien für die Steuerung beliebiger elektrischer Verbraucher, solange man sich auf den einmal gewählten Standard fixiert. Eine Interoperabilität von Systemen unterschiedlicher Hersteller ist nur in Ausnahmefällen gewährleistet.

Dennoch lassen sich alle hier genannten Lösungen über das Connected Home erreichen. In der Regel ist es möglich das Zusammenspiel der verschiedenen Komponenten über einen Computer, Tablet oder Smartphone zu konfigurieren, steuern und überwachen. Je nach Hersteller der eingesetzten Lösung(en) kann es sein, dass verschiedene Apps oder Webplattformen für die Steuerung und Kontrolle eines Hauses genutzt werden müssen.

### 4. Smart Energy

Die zuvor genannten Technologien der Connected Homes lassen auch die Messung von einzelnen Stromverbrauchern zu. Somit kann der Nutzer seinen Stromverbrauch besser als mit bisher verfügbaren, konventionellen Methoden überwachen und steuern. Diese technische Möglichkeit korrespondiert mit der Einführung so genannter Smart Meter[23], die zentral die Verbrauchsdaten erfassen und an die Messstellenbetreiber übermitteln sollen.

Die Europäische Union hat in der EU-Richtlinie 2006/32/EG zur Endenergieeffizienz und zu Energiedienstleistungen vom 5. April 2006 beschlossen, dass Endkunden in allen Mitgliedsstaaten, individuelle Zähler erhalten sollen, die den tatsächlichen Energieverbrauch des Endkunden und die tatsächliche Nutzungszeit widerspiegeln. Diese Anforderung bezieht sich auf Strom, Erdgas, Fernwärme und Wasser und ist mit Einschränkungen in Bezug auf technische Machbarkeit, Wirtschaftlichkeit und Angemessenheit versehen. In Deutschland ist die Ausrüstung von Gebäuden mit so genannten Smart Metern nur bei Neubauten und Totalsanierungen zwingend vorgeschrieben. Eine Fernauslesung der Zählerdaten durch den Messstellenbetreiber ist nicht vorgeschrieben.

---

[21] Z. B. digitalSTROM – http://www.digitalstrom.org.
[22] Z. B. ZiggBee – http://de.wikipedia.org/wiki/ZigBee.
[23] Smart Meter: Elektronische Verbrauchszähler.

Derzeit laufende Pilotinstallationen sehen vor, dass Smart Meter die aktuellen Stromverbrauchswerte eines Haushalts erfassen und in Intervallen von 15 Minuten an den Messstellenbetreiber übertragen. Die Übermittlung der Daten erfolgt über das Internet. Die Übertragung erfolgt drahtgebunden über DSL-Anschlüsse oder per Funk via UMTS. Im Gegensatz zu den Home Automation Szenarien, die dem Nutzer die Möglichkeit bieten, einzelne Verbraucher zu identifizieren und entsprechend zu steuern, ist bei Smart Metern die Funktionalität für den Kunden auf Visualisierung der vergangen Verbrauchswerte beschränkt.

Smart Grids[24] erlangen mit der zunehmenden Nutzung von regenerativen Energiequellen, insbesondere deswegen steigende Bedeutung, weil es gilt Lastspitzen im Stromnetz zu verhindern und „Überangebote" aus günstigen Wind- oder Sonnenverhältnissen durch kurzfristige Angebote am Markt nutzbar zu machen. Im Grunde geht es hier um eine Anpassung des Lastverhaltens im Stromversorgungsnetz an das Erzeugerverhalten. Voraussetzung für die Realisierung solcher Szenarien ist ein Zusammenwirken der Bereiche Home Automation (steuern von Stromverbrauchern), Smart Metering (Erfassung der Verbrauchswerte und dynamische Steuerung der Tarifmodelle) und Smart Grid (Angebots- bzw. verbrauchsorientierte Steuerung des Netzes). Konkret braucht es Angebote an die Endkunden, die eine Einschränkung eigener Zeitsouveränität bei der Ausführung bestimmte Aktionen (z. B. waschen oder spülen) durch entsprechende Einsparungen beim Strompreis kompensieren. Kontrovers diskutiert werden Smart Grid Szenarien, bei welchen die Steuerung von Verbrauchern in einem Haushalt aus der Ferne erfolgt. Aus Sicht der Konsumenten sind in jedem Fall Konzepte zu bevorzugen, die die Autonomie der Nutzer erhalten und die Frage des Managements von Verbrauchern innerhalb der Haushalte belassen.

## 5. Studie „Use Cases, Requirements, and Demonstrator Scenarios"

Um von den vorhandenen, mehr oder weniger singulären Ansätzen einzelner Bereiche der Heimvernetzung und -automation auf kommende Entwicklungen schließen zu können, wurden in der T-Labs Studie „Use Cases, Requirements, and Demonstrator Scenarios – Modular Architecture for Residential Services (MARS)"[25] Use-Case bezogene Betrachtungen künftiger Connected Homes er-

---

[24] Smart Grid: Intelligentes Stromnetz, ermöglicht die Vernetzung und Steuerung von Stromerzeugern, Speichern und Verbrauchern.

[25] Teile der Studie wurden im Rahmen des Ergebnisbandes zum 5. Nationaler IT-Gipfel 2010; Arbeitsgruppe 5 „Verantwortung und Schutzrechte in der vernetzten Gesellschaft" veröffentlicht. (http://www.bmj.de/SharedDocs/Downloads/DE/pdfs/5_Nationaler_IT _Gipfel_Ergebnisband.pdf?__blob=publicationFile – siehe S. 65–102).

stellt. Im Rahmen der Studie wurden über 300 Use Cases untersucht und in 8 verschiedene Cluster unterteilt.

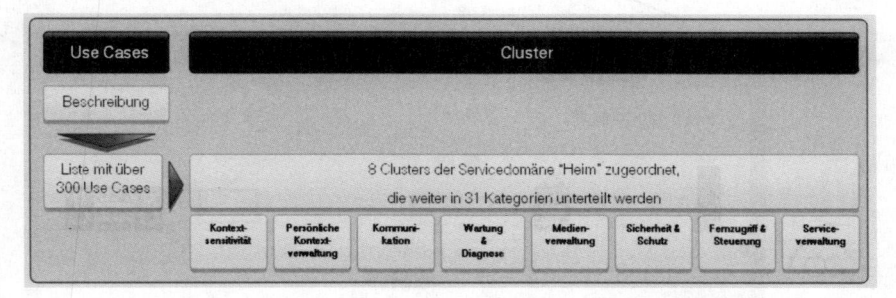

Abbildung 2: Use Cases, Requirements and Demonstrator Scenarios

Die Studie beschreibt ein umfassendes Bild zukünftiger Szenarien von Connected Homes. Aus zahlreichen Foren und Projekten der Deutschen Telekom AG wurden Fälle und Use Cases zusammengetragen und ausgewertet. So entstand ein umfassendes Bild über mögliche Zukunftsszenarien von Connected Homes.

### III. Technische und wirtschaftliche Entwicklungen

Aus technischer Sicht sind derzeit die nachfolgend beschriebenen Trends zu verzeichnen, die die Entwicklung von Connected Homes in Zukunft beeinflussen werden. Es geht um die Frage, inwieweit die bisherigen, eher monolithischen Angebote der unterschiedlichen Sparten (Mediennutzung, Home Automation, Home Security, Smart Metering) miteinander verwoben werden können. Die Geschäftsbereiche der bisher am Markt agierenden Anbieter sind nicht klar abgesteckt; vorhandene Funktionalitäten eines der zuvor genannten Bereiche lassen sich mit vergleichsweise geringem Aufwand auf andere Bereiche ausweiten. Vielfach sind bereits Ecosysteme anzutreffen, die anderen Anbietern die Möglichkeit geben, ihre Funktionen in Form von Apps anzubieten. Solche Ecosysteme, auch Appstores oder Marketplace genannt finden wir herstellerspezifisch auf nahezu allen internetfähigen Fernsehgeräten oder Blu-ray-Playern. Hinzu kommen die Angebote der etablierten Anbieter Google und Apple.

Interessant sind auch Entwicklungen, die als Architektur so genannte Homegateways einsetzen. Diese Homegateways stellen die zentrale Steuerungseinheit für alle weiteren Geräte in einem Connected Homes, insbesondere für Geräte aus den Bereichen Home Automation, Home Security und Smart Meter / Smart Grid, dar. Vielversprechend erscheinen in diesem Zusammenhang Ansätze, die das Ziel verfolgen, unterschiedliche Lösungsanbieter auf einer Plattform zu vereinen.[26]

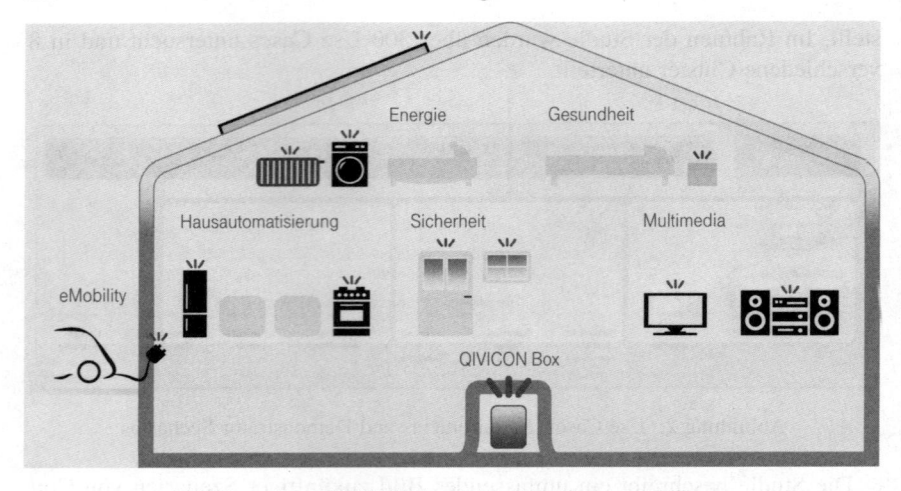

Abbildung 3: QIVICON Szenario eines Connected Home, basierend auf einem Homegateway (Quelle: www.qivicon.de)

Als weiteres Element zur Vereinfachung der Bedienung komplexer Funktionen eines Connected Home sind mittlerweile Lösungen zur Sprachsteuerung verfügbar, die auf natürlich gesprochener Sprache basieren.

Im Bezug auf die Marktpotentiale von Connected Homes, fällt es aus unterschiedlichen Gründen schwer, verlässliche Marktprognosen zu erstellen. Einerseits geht es darum, die Anzahl der potentiell vernetzbaren Geräte in den Haushalten zu erfassen, andererseits kann man die Frage der vernetzbaren Geräte nicht ausschließlich auf die Geräte selbst beschränken. Ausgehend von rund 40 Millionen Haushalten in Deutschland, ergibt sich ein rechnerisches Potenzial von rund zwei Milliarden Geräten in Deutschland[27]. Darüber hinaus müssen Sensoren und Aktoren Berücksichtigung finden, die man nicht den vernetzbaren Geräten zuordnen würde, wie beispielsweise Steckdosen mit Schaltfunktion, die über ein Connected Home erreicht werden können. Man geht derzeit davon

---

[26] Beispielhaft sei hier QIVICON (www.qivicon.de) genannt. Es handelt sich hierbei um ein Homegateway, welches für die beteiligten Partner die erforderliche Infrastruktur innerhalb eines Hauses bietet, um über eigene Apps Geräte zu steuern, die über eine entsprechende QIVICON – Zertifizierung verfügen.

[27] Der Bitkom schätzt, dass es in deutschen Haushalten im Durchschnitt derzeit 50 elektrische Geräte (Elektro- und Elektronikgeräte) gibt. Diese werden separat genutzt und kommunizieren in der Regel nicht miteinander. Dies ändert sich durch die zunehmende Vernetzungsfähigkeit der Geräte. Ausgehend von rund 40 Millionen Haushalten in Deutschland, ergibt sich ein rechnerisches Potenzial von rund zwei Milliarden Geräten in Deutschland (Quelle: BitKom, Presseinformation vom 30. 07. 2010: „Markt für Heimvernetzung vor dem Durchbruch").

aus, dass der Anteil von IP-fähigen Haushaltsgroßgeräten – also Waschmaschine, Trockner und Co. – von derzeit 1,1 % auf 16,5 % im Jahre 2015 ansteigen wird[28].

Neben der Motivation der Verbraucher, durch Connected Homes eine Steigerung des Wohnkomforts zu erzielen, ist im Rahmen der Energiewende eine steigende Nachfrage nach Energieeffizienz zu verzeichnen. Mit der Einführung von variablen Stromtarifen, um bei einem großen Angebot von Strom aus regenerativen Quellen (Wind, Sonne) die Nachfrage zu steigern, stellt sich das Problem der Steuerbarkeit von Geräten auch aus diesem Aspekt. Intelligente Steuerungsmechanismen sollen den Kunden die Möglichkeit geben, den Betrieb von Verbrauchern, wie Waschmaschinen, Trocknern und Spülmaschinen, in Zeitfenster zu legen, innerhalb derer der erforderliche Strom günstig angeboten wird.

## IV. Datenschutzrechtliche Relevanz der beschriebenen Szenarien

### 1. IP-Adressierung im Connected Home

Bislang werden in Connected Homes im Regelfall IP v4 Adressen vergeben. Innerhalb des Netzes werden Adressen aus so genannten privaten Adressräumen[29] verwendet. Adressen aus diesen Adressräumen können uneingeschränkt für private Netze verwendet werden. Sie werden im Internet nicht geroutet. Für die Kommunikation mit dem Internet müssen diese Adressen über das NAT-Verfahren auf öffentliche Adressen umgesetzt werden. Die IP-Adresse eines Gerätes im Connected Home ist somit nicht im öffentlichen Internet sichtbar. Über NAT werden die Anfragen von einzelnen Endgeräten unterschieden, sodass Antworten auf die Anfragen wiederum beim „richtigen" Endgerät landen, obwohl alle Anfragen, die an das Internet gerichtet sind, von ein und der selben IP-Adresse ausgehen.

Mit der Einführung von IP v6 wird sich dieser Zustand ändern, vgl. Kapitel 2.1. Wie vorher bereits beschrieben, gibt es – zumindest bislang – kein NAT für IP v6. Das bedeutet, alle Endgeräte eines Connected Home sind mit einer unique IP v6 Adresse im Internet sichtbar. Zur Verhinderung einer Re-Identifizierbarkeit ist das Zusammenspiel von Nutzer und ISP erforderlich. Der Nutzer muss bei seinen Endgeräten dafür sorgen, dass über die so genannten Privacy Extentions, definiert in RFC 4941, die Interface ID seiner Endgeräte zufällig generiert und regelmäßig gewechselt werden soll. Über diesen Weg soll ein Grad an Pseudonymität erzielt werden, der mit IP v4 vergleichbar ist.

---

[28] Euromonitor International, 2010.
[29] Private Adressräume IP v4: Adressen aus den Bereichen Class A (10.0.0.0–10.255.255.255), Class B (172.16.0.0–172.31.255.255) oder Class C (192.168.0.0–192.168.255.255).

Darüber hinaus muss der Nutzer, der einen wirksamen Schutz vor Re-Identifikation erwartet, einen ISP auswählen, der wiederum seinerseits dafür sorgt, dass die Network ID in bestimmten Zyklen geändert wird.

## 2. Nutzungsdaten der Telekommunikation

Bei der Kommunikation von Connected Homes über das Internet fallen beim jeweiligen Internetserviceprovider (ISP) neben Bestandsdaten, die für die Begründung und Ausgestaltung des Vertragsverhältnisses erforderlich sind, Nutzungsdaten an. Im Gegensatz zu Bestandsdaten ändern sich Nutzungsdaten je nach Art und Umfang der Nutzung des Internet. Sie umfassen nach der Definition des Gesetzgebers in Deutschland, die Anschlusskennung, Beginn und Ende der jeweiligen Verbindung und übertragene Datenvolumina. Diese Daten dürfen nur in dem Maße gespeichert werden, wie sie für Abrechnungszwecke erforderlich sind. Bei Flatrate-Tarifen ohne Volumenbeschränkung, wie sie bei xDSL-Anschlüssen im Regelfall gegeben sind, ist es für Abrechnungszwecke nicht erforderlich Daten zu speichern. Erfolgt die Verbindung eines Connected Home über UMTS oder LTE, so sind häufig Beschränkungen der Zugangsgeschwindigkeit in Abhängigkeit vom übertragenen Datenvolumen Bestandteil der Tarifmodelle. Daraus ergibt sich, dass der ISP für Abrechnungszwecke die übertragenen Datenvolumina speichern darf. Einzig für Zwecke der Datensicherheit können die Daten für einen Zeitraum von 7 Tagen gespeichert werden, ohne dass dieser Sachverhalt von den Datenschutz-Aufsichtsbehörden beanstandet wird.

Der Umgang mit den beim ISP vorhandenen Daten ist im Telekommunikationsgesetz geregelt. Die Rechtsprechung, zuletzt durch das Bundesverfassungsgericht[30] regelt nicht nur den Umgang mit diesen Daten durch den ISP selbst, sondern auch die erforderlichen Rechtsgrundlagen und Bedingungen unter welchen durch die Herausgabe gespeicherter Daten die Identität eines Internetnutzers gegenüber Dritten Preis gegeben werden darf. Das Bundesverfassungsgericht hat eindeutig klargestellt, dass dynamisch vergebene IP-Adressen[31] dem Fernmeldegeheimnis unterliegen.

Die bisherige Beschreibung zum Umgang mit Nutzungsdaten der Telekommunikation beschreibt den Regelfall im Bereich von Privatkunden. Sie geht von einer dynamischen Adressvergabe für IP v4 Adressen aus. Auch bei dauerhaft bestehender Verbindung mit dem Internet erfolgt i.d.R. alle 24 Stunden eine

---

[30] http://www.bundesverfassungsgericht.de/pressemitteilungen/bvg12-013.html.

[31] Treiber für die dynamische Vergabe von IP-Adressen war die Knappheit von IP v4 Adressen. In der Anfangszeit des Internet dominierten Nutzungsszenarien, die eine dauerhafte Verbindung mit dem Internet auch nicht erforderlich machten. So wurden Methoden entwickelt, die IP-Adressen dann zur Verfügung stellten, wenn eine Kommunikation mit dem Internet erforderlich bzw. vom Kunden gewünscht war.

so genannte Zwangstrennung und im Rahmen der darauf folgenden, erneuten Verbindung mit dem Internet die Zuweisung einer neuen IP-Adresse aus dem Adresspool des Providers. Daraus ergibt sich auf Seiten der Anbieter nur eine eingeschränkte Möglichkeit, Nutzerverhalten anhand der IP-Adressen zu verfolgen.

Bei IP v6 ist es, auf Grund der hohen Anzahl verfügbarer IP-Adressen nicht mehr erforderlich IP-Adressen dynamisch zu vergeben.[32] Es ist nun kein Problem mehr, Kunden feste IP-Adressen für alle gewünschten Geräte zuzuweisen. Wie ISPs zukünftig ihren Kunden IP v6 Adressen zuweisen, ist neben der Frage des technischen Aufwandes, der bei einer dynamischen Vergabe von Adressen mutmaßlich höher ist, als bei der Vergabe von statischen IP-Adressen, vor allem eine Frage des Datenschutzes. Datenschutzfreundlich im Sinne eines wirksamen Schutzes vor Re-Identifizierung sind Provider-Angebote, die eine regelmäßige Änderung der Network ID einer IP v6 Adresse bieten.[33]

### 3. Personenbezogene Daten in Connected Homes

Im Bereich der Mediennutzung liegen sicherlich eine Menge personenbezogener Daten vor, die aus Sicht des Nutzers sehr sensibel sind. Private Kommunikation in Form von Briefen, Dokumenten oder auch lokal archivierter E-Mails zählen ebenso zu den sensiblen Inhalten, die in einem Connected Home vorhanden sind, wie private Fotos, Videos und Tonaufzeichnungen. So lange diese Daten ausschließlich für private oder familiäre Zwecke verarbeitet werden, unterliegt die Verarbeitung nicht den Vorschriften des BDSG[34]. Private Nutzer werden dennoch in hohem Maße Wert auf Vertraulichkeit ihrer persönlichen Daten legen. Solange sie selbst ausschließlich die Verantwortung für ihre eigenen Daten übernehmen, erwarten sie von den Geräteherstellern Mechanismen, die ihnen helfen ihre Anforderungen umzusetzen.

Beginnt der Nutzer eines Connected Homes Angebote „von außen" zu beziehen, die auf die Verarbeitung von personenbezogenen Daten ausgelegt sind, wird er seine zuvor beschriebene Erwartungshaltung nicht ändern. Er erwartet einen adäquaten Umgang mit seinen persönlichen Daten. Anbieter von Services für Connected Homes müssen im Rahmen der Beschreibung Ihrer Leistungen auf diese Erwartungshaltung eingehen und umfassende Informationen zu Fragen der Datenhaltung, -verarbeitung, -nutzung und -löschung bereit stellen. Zentrale

---

[32] Wenn man jede Sekunde eine IP v6 Adresse vergibt, dann braucht man 4 Milliarden Jahre, um alle Adressen des IP v6 Adressbestandes einmal zu vergeben.

[33] Die Deutsche Telekom AG hat angekündigt, in künftigen Routern einen „Privacy Button" zu implementieren, über welchen eine neue Network ID für den Router und die durch ihn verwalteten Adressen angefordert werden kann.

[34] Vgl. BDSG §1, Absatz 2 Nr. 3, letzter Satz.

Frage aus Nutzersicht ist die Frage nach „Sicherheit" im allgemeinen Sinne. Hinzu kommen, im Rahmen der starken Verbreitung von Cloud-Services, Fragen zur geografischen Lage der Rechenzentren (in welchem Land sind meine Daten) oder zu etwa vorhandenen Gütesiegeln oder Zertifikaten[35]. Alle diese Fragen sind zu beantworten, damit der Nutzer auf einer informierten Grundlage entscheiden kann, wem er seine persönlichen Daten anvertraut.

### 4. Nutzungsdaten in und aus Connected Homes

Innerhalb von Connected Homes, am Übergang vom und zum Internet und bei der Nutzung internetbasierter Dienste aus dem Connected Home heraus können eine Menge von Nutzungsdaten anfallen. Für Nutzer in einem Connected Home ist vielfach unklar, ob überhaupt Nutzungsdaten gespeichert werden und wer diese Daten zu welchen Zwecken auswerten darf. Das beginnt bei der potentiellen Überwachbarkeit der Kommunikation im Connected Home. Je nach eingesetztem Betriebssystem und dessen Konfiguration der Clients kann ggf. nachvollzogen werden, wer auf welche Daten zugegriffen hat oder welche Seiten im Internet aufgerufen wurden. Das ist auch in Bezug auf die Zugriffe auf Daten in einem NAS möglich, sofern das Betriebssystem des NAS entsprechend konfiguriert ist und Zugriffe protokolliert. Wie transparent die hier genannten Zugriffe zu einzelnen Benutzern des Connected Home zugeordnet werden können, hängt wesentlich davon ab, ob bei den Clients eine nutzerbezogene Zuordnung durch separate Nutzerkonten möglich ist. Bei klassischen Computern ist es im Regelfall problemlos möglich separate Benutzerkonten einzurichten. Bei Tablets und Smartphones ist dies bisher nicht der Fall. Während Smartphones eher Geräte sind, deren Nutzung normalerweise durch eine einzige Person erfolgt, ist es bezogen auf Haushalte und begründet in den Anschaffungskosten von Tablets sicher häufiger anzutreffen, dass diese Geräte gemeinsam genutzt werden.

Auch die Kommunikation zum Internet lässt sich am IAD nachvollziehen, sofern das IAD die Zugriffe protokollieren kann[36]. Die Bandbreite der am Markt angebotenen Lösungen reicht von Geräten, die gar nichts protokollieren können, bis hin zum vollständigen Mitschneiden aller ein- und ausgehenden Datenpakete.

In Bezug auf Mediennutzung über externe Services, wie z. B. Musicstreaming, Video on Demand und IPTV fallen beim jeweiligen Anbieter Nutzungsdaten

---

[35] Typische Zertifikate für IT-Sicherheit sind ISO 27001 (alt BS7799). Für Datenschutz kommen Zertifikate des unabhängigen Landeszentrums für den Datenschutz Schleswig-Holstein oder das europäische Europrise Gütesiegel in Frage.

[36] Bei den am Markt verfügbaren Geräten lässt sich kein Trend erkennen; die Spanne reicht von überhaupt keiner Protokollierung bis hin zur Aufzeichnung aller Datenpakete in einem Format, das mit dem Programm Wireshark, einer freien Software für die Analyse von Netzwerkverkehr problemlos ausgewertet und aufbereitet werden kann.

an, die – soweit sie für die Erbringung des Dienstes erforderlich sind – genutzt werden dürfen. Weitergehende Verwendung dieser Nutzungsdaten, wie beispielsweise zur Erstellung nutzerbezogener Profile, bedürfen einer rechtlichen Legitimation. Diese Dienste unterscheiden sich, in Bezug auf den Umgang mit Nutzungsdaten, nicht von anderen Diensten im Internet. In diesem Kontext ist ein IPTV-Angebot genauso zu bewerten, wie eine Website mit redaktionellem Inhalt. Zu unterscheiden ist hierbei jedoch, dass Websites nicht zwingend eine Nutzeranmeldung erfordern, die aufgeführten Dienste (Musicstreaming, Video on Demand und IPTV) hingegen schon, weil diese Dienste i. d. R. kostenpflichtig sind. Aus Nutzersicht neu ist der Fakt, dass ein IPTV-Anbieter schon systembedingt über die Information verfügt, welcher Nutzer zu welchem Zeitpunkt, welches TV-Programm konsumiert. Nachdem das Fernsehen seit seiner Erfindung als Broadcast – Service gestaltet war und jeder Nutzer, der über eine Empfangseinrichtung verfügt, das gewünschte Programm empfangen kann, ergibt sich für IPTV eine völlig neue Dimension. Inwieweit dieser Umstand den bisherigen Nutzern von IPTV-Angeboten klar ist, lässt sich nicht beantworten.

Musicstreaming und Video on Demand sind in der Nutzerwahrnehmung etwas weniger kritisch zu bewerten als IPTV. Im Vergleich mit der „alten Welt" war es auch früher schon so, dass der Musik- oder Videoverleih die Information besaß, wer welche Inhalte ausgeliehen hat. In der Welt der Connected Homes kommt zu dieser Information hinzu, dass die Anbieter, zumeist begründet im verwendeten Digital Rights Management (DRM), auch noch die Information haben, wann und ggf. wie oft die geliehenen Inhalte konsumiert wurden.

Auch im Bereich von Alarmanlagen und Home Automation fallen Nutzungsdaten an. Diese sind, abhängig von der Konfiguration und Nutzung der jeweiligen Serviceangebote entweder nur innerhalb des Connected Home verfügbar oder auch beim Serviceanbieter. Daten sind hinsichtlich ihrer Sensitivität kontextabhängig zu bewerten. Nutzungsdaten von Alarmanlagen, (z. B. zu welchen Zeiten eine Anlage aktiviert oder deaktiviert wurde) bedürfen ebenso eines Höchstmaßes von Vertraulichkeit, wie die Konfiguration von Tür-, Tor- und Rollladensteuerungen (z. B. zu welchen Zeiten Türen, Tore und Rollläden geöffnet oder geschlossen wurden), um nicht potentiellen Einbrechern im wahrsten Sinne des Wortes Tür und Tor zu öffnen. Ebenso wird hier das Interesse der Nutzer eher darin zu suchen sein, nachzuvollziehen ob programmierte oder individuell initiierte Aktionen (manuelle oder zeitabhängige Aktivierung von Alarmanlagen, öffnen bzw. schließen von Rollläden etc.) entsprechend ausgeführt wurden.

Im Bereich von Smart Energie fallen ebenfalls Nutzungsdaten an. Unterstellt man Szenarien, die eine angebotsabhängige Nutzung von Strom für den Betrieb bestimmter Geräte (Waschmaschinen etc.) beinhalten, ist es in solchen Fällen erforderlich, die Nachfrage – bezogen auf ein vom Kunden definiertes Zeitfenster und die tatsächlichen Verbrauchswerte – an den Energieversorger weiterzugeben. Die Erforderlichkeit der Übermittlung dieser Daten ergibt sich aus dem zu

Grunde liegenden Vertrag. Die Zweckbestimmung der Datenverwendung ist auf Zwecke der Angebotserstellung und Abrechnung beschränkt. Eine Erstellung von individuellen Verbraucherprofilen lässt sich hier nur über adäquat gestaltete Einwilligungen der Kunden legitimieren.

## 5. Konfigurations- und Steuerungsdaten

Zur Kategorie der Konfigurations- und Steuerungsdaten werden die Daten gezählt, die in den beteiligten Geräten die benutzerspezifischen Einstellungen repräsentieren. Die individuellen Einstellungen der im Connected Home vorhandenen Clients und NAS-Konfigurationen müssen durch die jeweiligen Betriebssysteme ausreichend geschützt sein. Hierzu zählt auch ein wirksamer Schutz vor Viren, Trojanern und sonstiger Schadsoftware.

Natürlich sind auch die Konfigurationsdaten im Bereich genutzter Cloud Services mit zu betrachten. Dies ist auf Clientseite insbesondere dann relevant, wenn die Zugangsdaten zum Cloudservice in den Clientapplikationen zur Vereinfachung der Nutzung gespeichert werden. Zumeist sind solche Möglichkeiten der Speicherung von Zugangsdaten auf dem Client optional, d. h. der Nutzer hat die Wahlmöglichkeit, ob er seine Credentials für den Zugang zu Services für jede Nutzung erneut eingeben will, oder ob sie auf dem Client innerhalb des Endgerätes gespeichert werden sollen. Der Nutzer muss für sich selbst entscheiden, ob die entsprechend seiner Präferenzen auf dem Endgerät gespeicherten Zugangsdaten durch die anderen Zugangsschutzmechanismen des Endgerätes ausreichend gesichert werden können. Auch in diese Überlegung muss einbezogen werden, dass nicht alle Endgeräte über Multiuser-Betriebssysteme[37] verfügen.

Im Kontext der Konfiguration von WLAN-Routern, die die Verbindung von Connected Home und Internet herstellen, spricht man häufig von so genanntem Customer Premises Equipment – CPE[38]. Diese Bezeichnung kommt deswegen zu Stande, weil ISP ihren Kunden im Rahmen der Verträge über den Internet Access speziell angepasste Hardware (meist WLAN-Router) zur Verfügung stellen. Neben Fragen des Funktionsumfangs der CPE (Können Festplatten, Drucker angeschlossen werden? Wie ist die Protokollierung ausgelegt? etc.) geht es um den Schutz der Konfiguration. Moderne ISP bieten ihren Kunden zudem die Möglichkeit der Autokonfiguration und Fernwartung des CPE. Dies ist einerseits komfortabel, weil der Nutzer sich um die Aktualisierung der Firmware seines CPE keine Gedanken machen muss – das übernimmt sein ISP für ihn. Im Gegen-

---

[37] Ein Mehrbenutzersystem oder Multiuser-System ist ein Betriebssystem, das die Fähigkeit hat, Arbeitsumgebungen für verschiedene Benutzer bereitstellen und voneinander abgrenzen zu können.

[38] CPE: Customer Premises Equipment (engl. für „Ausrüstung in Kunden-Räumlichkeiten").

zug muss der Nutzer aber akzeptieren, dass der ISP Zugriff auf das CPE für die Erledigung seiner Aufgaben braucht. Wie weitreichend diese Rechte definiert sind, ist oft Gegenstand der Diskussionen von Kritikern dieser Funktionalität. Für den Austausch einer Firmware auf einem CPE sind sehr weitreichende Systemberechtigungen erforderlich. Wenn sehr weitreichende Systemberechtigungen aus Gründen der Erforderlichkeit zugewiesen werden, dann kann der ISP auf der Grundlage dieser Rechte sehr weitreichend auf das CPE zugreifen. Passworte, WLAN-Schlüssel und ähnliches sind mutmaßlich zugänglich. Aus Nutzersicht ist hier die Frage zu stellen, ob der ISP einerseits vertrauenswürdig ist und andererseits, ob es eine Wahlmöglichkeit gibt, CPE einzusetzen, die nicht für Fernzugriffe durch den ISP ausgelegt sind, bzw. diese Funktion durch den Nutzer explizit aktiviert werden muss.

Konfigurations- und Steuerungsdaten von Alarmanlagen sind ebenfalls als besonders sensibel einzustufen. Die Bedrohung liegt hier weniger in direkten Verletzungen von Persönlichkeitsrechten, viel mehr geht es hier um die Sicherheit der eigenen Wohnung. Zugriffe auf die Daten müssen durch hohe Authentifizierungsmaßnahmen abgesichert werden, um zu verhindern, dass unbefugte Personen Anlagen manipulieren können. Die Implementierung adäquater Maßnahmen durch die Hersteller ist aus Sicht der Anbieter unabdingbar für eine gesicherte Position am Markt. Wer würde wohl eine Alarmanlage eines Herstellers kaufen, wenn nachgewiesene Sicherheitsmängel in der Vergangenheit dazu führten, dass die Anlage manipuliert werden konnte?

### 6. Messwerte

Im Bereich der Smart Meter lassen sich aus den dort erfassten Messwerten Nutzungsdaten generieren, wenn man die Messwerte mit der Uhrzeit der Erfassung zusammenführt, was in den derzeit laufenden Pilotprojekten durch eine Übermittlung der Messwerte in Zyklen von 15 Minuten gegeben ist. Daraus lässt sich auf das Verhalten der Nutzer eines Connected Home insoweit schließen, dass aus einem Anstieg der Verbräuche am Morgen auf den Umstand geschlossen werden kann, dass die Bewohner des betreffenden Haushaltes nunmehr aufgestanden sind. Obwohl die zuvor erwähnte, zyklische Übermittlung in den laufenden Pilotprojekten durch Einwilligungen der Nutzer datenschutzrechtlich abgedeckt ist, bleibt die Frage offen, inwieweit den Nutzern die Tragweite ihrer Entscheidung transparent ist. Bislang ist der einzige Mehrwert für die Nutzer wohl in der Visualisierung der Messwerte zu sehen. Technisch wäre dieser Nutzen sicherlich auch ohne Übermittlung von Messwerten an die Messstellenbetreiber realisierbar. Eine Visualisierung von Messwerten ist auch innerhalb eines Connected Home technisch machbar.

Eine kritische Haltung gegenüber einer wenig plausiblen Übermittlung von Messdaten aus Smart Metern an Messstellenbetreiber ist durchaus begründet. Durch Forschung[39] wurde bereits nachgewiesen, dass man auf Grund der spezifischen Stromverbrauchswerten von Fernsehgeräten Rückschlüsse auf das konsumierte Fernsehprogramm ziehen kann.

Durch Smart Meter erfasste Messwerte sind personenbezogene Daten. Ihre Erhebung, Verarbeitung und Nutzung ist zu legitimieren. Sofern eine Nutzung der erhobenen Daten über vertragliche Zwecke – die verbrauchsbezogene Abrechnung – hinaus erfolgen soll, so ist dies nur über eine entsprechende Einwilligung realisierbar.

## 7. Lokations- und Bewegungsdaten

Kommen für die Serviceangebote, die im Connected Home realisiert werden, so genannte Location Based Services (LBS)[40] zur Anwendung, so wird auch für diese Funktionalität eine entsprechende Legitimation erforderlich. Typische Beispiele solcher Serviceangebote sind ortsbezogene Wetterinformationen oder Lokal- bzw. Regionalnachrichten. Darüber hinaus können bestimmte Szenarien basierend auf Lokationsinformationen gesteuert werden. Es ist beispielsweise denkbar anhand der Lokalisierung eines Smartphones festzustellen, ob ein Nutzer sich dem Connected Home nähert und auf Basis dieser Information dann die Beleuchtung, Infotainment und Temperatur im Haus zu steuern. In die Auswertung der Informationen aus dem Mobilfunk- oder Telefonnetz zum Zweck der Bestimmung des Standortes für ortsbezogene Dienste muss der Benutzer eines Telefons gegenüber dem Netzbetreiber einwilligen. Erfolgt die Lokalisierung des Benutzers auf der Basis von GPS-Informationen, so hat er bei modernen Smartphones die Möglichkeit diese Ortungsfunktion generell oder applikationsbezogen zu aktivieren bzw. zu deaktivieren.

Neben der eigentlichen Legitimation für die Ortungsfunktion muss für die Nutzung desselben im Connected Home davon ausgegangen werden, dass die darauf basierenden Interaktionen durch die angesprochenen Komponenten protokolliert werden können. Dadurch entstehen mitunter Bewegungs- bzw. Nutzungsprofile, deren Auswertung und Verwendung dann ebenfalls durch eine Einwilligung ab-

---

[39] Forscher der FH-Münster haben festgestellt, dass Smart Meter jedoch noch viel mehr können, als nur den genauen Stromverbrauch eines Fernsehers auszulesen. Die Wissenschaftler konnten die Einschaltzeiten von TV-Geräten berechnen und sogar das eingeschaltete Programm oder den abgespielten Film identifizieren.

[40] Location based services, LBS: standortbezogene Dienste – abhängig vom Standort eines Benutzers, der entweder aus Daten des Mobilfunknetzes oder per GPS ermittelt wird, erhält der Nutzer Informationen und Angebote, die sich auf seinen aktuellen Standort beziehen.

gedeckt sein muss, wenn der Hersteller der Komponenten darauf zugreifen kann. Verbleiben die entstanden Protokolldaten innerhalb des Connected Home, muss allen Nutzern transparent gemacht werden, dass eine Protokollierung erfolgt, wie umfangreich sie ist und wer sie auswerten kann.

### V. Besondere Sensitivität von Connected Homes

Abgeleitet aus den bisher beschriebenen Funktionalitäten und Szenarien eines Connected Home, die nahezu beliebig kombinierbar sein können, ergibt sich in der Gesamtsicht eine besondere, hohe Sensitivität. Aus Sicht der Benutzer greifen Funktionalitäten mehr oder weniger stark in die eigene Privatsphäre ein. Neben rein datenschutzrechtlichen Erwägungen muss bei der Gestaltung von Angeboten für Connected Homes beachtet werden, dass einem die Kunden nur dann Einlass ins Haus gewähren werden, wenn sie soviel Vertrauen zu einem Angebot haben, dass sie nicht auf die Wahrung ihrer Privatsphäre zu Gunsten von mehr Komfort oder geringerer Energiekosten verzichten müssen. Private Umgebungen dürfen durch Connected Homes nicht mit gläsernen Wänden versehen werden.

**Bedenken gegen Heimvernetzung**

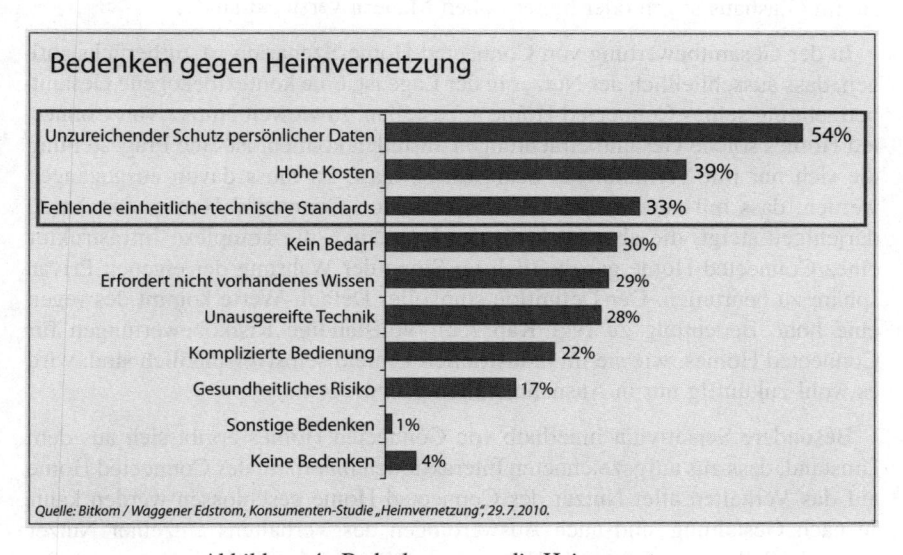

| Bedenken | Prozent |
|---|---|
| Unzureichender Schutz persönlicher Daten | 54% |
| Hohe Kosten | 39% |
| Fehlende einheitliche technische Standards | 33% |
| Kein Bedarf | 30% |
| Erfordert nicht vorhandenes Wissen | 29% |
| Unausgereifte Technik | 28% |
| Komplizierte Bedienung | 22% |
| Gesundheitliches Risiko | 17% |
| Sonstige Bedenken | 1% |
| Keine Bedenken | 4% |

*Quelle: Bitkom / Waggener Edstrom, Konsumenten-Studie „Heimvernetzung", 29.7.2010.*

Abbildung 4: Bedenken gegen die Heimvernetzung

Bei der Gestaltung der Angebote muss berücksichtigt werden, dass datenschutzrechtliche Bewertungen zur Wahrung der Privatsphäre beitragen können, diese jedoch nicht zwingend und allumfassend wahren müssen. Der Grund hierzu ist vor allem darin zu suchen, dass es keine eindeutige Definition von Privatsphäre gibt. In welchem Umfang die Nutzer von Connected Homes ihre

Privatsphäre ausdehnen oder einschränken möchten, obliegt der eigenen, sehr individuellen Definition. Mangelnde Transparenz bei der Beschreibung von Angeboten, unzureichende Aufklärung über mögliche Auswirkungen erteilter Einwilligungen können schnell dazu führen, dass sich Nutzer in ihrer Privatsphäre bedrängt oder gar verletzt fühlen und so das Vertrauen in Angebote verlieren. Unternehmen müssen berücksichtigen, dass solche Vertrauensverluste der Kunden im Zeitalter des Internet sehr schnell publik werden und nahezu nahtlos in Imageverluste übergehen können.

Connected Homes umfassen in der Gesamtsicht eine Vielzahl unterschiedlicher Komponenten, über deren Kombination und Funktionsumfang ausschließlich der Nutzer entscheidet. Zur Wahrung der informationellen Selbstbestimmungsrechte der Nutzer, sowie deren Privatsphäre, ist es erforderlich, dass alle Komponenten mit einem Höchstmaß an Transparenz hinsichtlich ihrer Funktion beschrieben sind. Weiterhin müssen alle Komponenten durch den Nutzer individuell konfigurierbar sein. Dies gilt – neben der Funktion – insbesondere für den Umgang mit personenbezogenen Daten, soweit diese nicht für die Erfüllung von Funktionen unabdingbar sind. Nutzer müssen im übertragenen Sinne selbst darüber entscheiden können, inwieweit ihr Connected Home dazu beiträgt, dass sie im Glashaus sitzen oder hinter hohen Mauern versteckt sind.

In der Gesamtbewertung von Connected Home-Szenarien ist zu berücksichtigen, dass ausschließlich der Nutzer in der Lage ist, eine kontextbezogene Gesamtbetrachtung seines Connected Home anzustellen. Inwieweit Nutzer von Connected Homes solche Gesamtbetrachtungen anstellen können, ist eine Fragestellung die sich nur mit Vermutungen beantworten lässt. Es muss davon ausgegangen werden, dass mit zunehmender Verbreitung von Connected Homes der Anteil derjenigen steigt, die eben nicht in der Lage sind, die komplexe Infrastruktur eines Connected Home ganzheitlich im Sinne der Wahrung der eigenen Privatsphäre zu beurteilen. Der Definition sinnvoller Default-Werte kommt deswegen eine hohe Bedeutung zu (vgl. Kap. 7.2). Vollständige Risikobewertungen für Connected Homes, wie sie im industriellen Umfeld selbstverständlich sind, wird es wohl zukünftig nur in Ausnahmefällen geben.

Besondere Sensitivität innerhalb von Connected Homes ergibt sich aus dem Umstand, dass aus aufgezeichneten Interaktionen innerhalb des Connected Home auf das Verhalten aller Nutzer des Connected Home geschlossen werden kann. Je nach Gestaltung sind auch Auswertungen des Verhaltens einzelner Nutzer möglich. Selbst wenn man die Forderung realisieren kann, dass derartige Informationen nur zweckbestimmt an Anbieter gehen dürfen, also nur entsprechend dem „need to know-Prinzip" ein Connected Home überhaupt verlassen, verbleibt immer noch die Frage, wer unter welchen Bedingungen das Verhalten der Nutzer auswerten darf. Rechtliche Rahmenbedingungen fehlen, so lange die Erhebung, Verarbeitung und Nutzung von Daten für persönliche oder familiäre Tätigkeiten erfolgt. Auch wenn gesetzliche Rahmenbedingungen im beschriebenen Kontext gegeben wären, darf man getrost deren Wirkung anzweifeln. Wer wurde jemals vom Inhaber eines Telefonanschlusses vor der Benutzung drüber aufgeklärt, dass es für diesen Telefonanschluss einen Einzelverbindungsnachweis gibt und somit erkennbar sein wird, mit wem und wie lange man das folgende Telefongespräch führt?[41] Somit verbleibt auch in diesem Kontext die Anforderung an Hersteller und Anbieter von Connected Home-Komponenten, für ein Höchstmaß an Transparenz zu sorgen, bei der Beschreibung auf Verständlichkeit für die Zielgruppe zu achten und auf mögliche Gefahren hinzuweisen, sowie durch Best Practice Beispiele für Handhabbarkeit und praktische Realisierbarkeit zu sorgen.

## VI. Gestaltungsanforderungen

Im Zuge der Definition von Gestaltungsanforderungen für Connected Home-Szenarien sind alle Beteiligten der Disziplinen IT-Security, Datenschutz, Software-Architektur, usw. mit der Heterogenität der verschiedenen, in Kapitel 3 beschriebenen, vorhandenen Teilbereichen von Connected Home-Szenarien konfrontiert. Lösungen bestimmter Teilbereiche umfassen, neben den originären Funktionalitäten, häufig auch Elemente, die anderen Bereichen zuzuordnen sind. So findet man im Bereich der Home Automation durchaus Funktionen, die beispielsweise der Home Security zuzuordnen sind. Als ein Beispiel sei hier genannt, dass eine elektronische Rollladensteuerung die Möglichkeit bieten kann, den Versuch einen geschlossenen Rollladen hochzuschieben als Sicherheitswarnung zu interpretieren und eine entsprechende Meldung an ein festgelegtes Smartphone zu versenden.

### 1. Privacy by Design

Dieser Ansatz, Datenschutz und (Daten-)Sicherheit von vornherein in die Gesamtkonzeption von Connected Home-Szenarien einzubeziehen, anstatt Probleme im Nachhinein mühsam mit viel Kosten- und Zeitaufwand durch Korrekturprogramme zu beheben, wird als „Privacy by Design" bezeichnet.

Im aktuellen Entwurf einer EU-Datenschutzverordnung[42] wird ein ähnlicher Ansatz gewählt. Der Entwurf der Verordnung fordert in Artikel 33 eine Datenschutz-Folgenabschätzung für Verarbeitungsvorgänge von sensiblen Daten. Konkret geht es um eine Abschätzung der Folgen der vorgesehenen Verarbeitungsvorgänge für den Schutz personenbezogener Daten. Die Abschätzung ist nach dem Entwurf vorab durchzuführen und kann somit mit der im BDSG

---

[41] Vgl. Telekommunikationsgesetz (TKG) §99 (1).

[42] http://ec.europa.eu/justice/data-protection/document/review2012/com_2012_11_de.pdf.

verankerten Vorabkontrolle verglichen werden. Im Gegensatz zum BDSG ist der Anwendungsbereich der Vorabkontrolle im Entwurf der EU-Datenschutzverordnung weiter gefasst. Während im BDSG die Vorabkontrolle nicht zwingend durchzuführen ist, wenn eine Einwilligung des Betroffenen vorliegt, ist diese Ausnahme im bisherigen Entwurf der EU-Datenschutzverordnung nicht vorgesehen.

Auf Hersteller- und Anbieterseite empfiehlt es sich, unabhängig von gesetzlichen Anforderungen, Prozesse zu implementieren, die die Berücksichtigung von Anforderungen des Datenschutzes und der Datensicherheit zu einem sehr frühen Stadium der Produktentwicklung sicher stellen. Legt man den generischen Prozess Plan – Build – Run zu Grunde, dann sind zur Realisierung des Privacy by Design Ansatzes und zur Erfüllung der Anforderungen, die sich aus einer gesetzlichen Verpflichtung zur Durchführung einer Vorabkontrolle bzw. einer Datenschutz-Folgenabschätzung ergeben, folgende Schritte in den Prozess zu integrieren:

- Während der plan-Phase

  • Prüfung des Geschäftsmodells auf grundsätzliche Datenschutzkonformität zur Verhinderung von Produktentwicklungen, die sich nicht innerhalb des gesetzlichen Rahmens abbilden lassen
  • Identifikation der erforderlichen Anforderungen auf Grundlage des gesetzlichen und unternehmenspolitischen Rahmens
  • Mit zunehmendem Reifegrad der Planung müssen die Maßnahmen des Datenschutzes und der Datensicherheit vollständig definiert und detailliert sein, damit diese in der folgenden Umsetzung berücksichtigt werden können. Qualifizierte Beratung übersetzt die gesetzlichen und unternehmenspolitischen Anforderungen in prozessuale und technische Maßnahmen. In einem kreativen Dialog zwischen den Experten der Disziplinen: Produktmanagment, Softwarearchitektur, Softwareentwicklung, Datenschutz und Datensicherheit können die besten Umsetzungsmöglichkeiten der gesetzlichen Anforderungen gefunden und für die Realisierung festgelegt werden

- Während der build-Phase

  • Bewertung möglicher Änderungen in Bezug auf Funktionalitäten und in der plan-Phase definierter Maßnahmen dahingehend, ob die gesetzlichen und unternehmenspolitischen Anforderungen eingehalten sind
  • Dokumentation der Systeme mit dem Ziel Produkte, Systeme oder Lösungen so zu beschreiben, dass eine Verifikation der getroffenen Maßnahmen der Datensicherheit und des Datenschutzes gegenüber den gesetzlichen und unternehmenspolitischen Anforderungen ermöglicht wird.
  • Bei Erfüllung der Anforderungen kann auf der Grundlage der zuvor genannten Dokumentation eine entsprechende Freigabe erteilt werden. Idealerweise

erfolgt die Freigabe vor der Aufnahme des Wirkbetriebes und somit vor der Erhebung, Verarbeitung und Nutzung personenbezogener Daten. Damit ist der Anforderung einer Vorabkontrolle genüge getan.

– Während der run-Phase

- Stichprobenhafte Überprüfung der Produkte, Systeme oder Lösungen im Hinblick auf Einhaltung und Wirksamkeit der in der Dokumentation definierten Maßnahmen.
- Änderungen an Produkten, Systemen oder Lösungen die Änderungen in der Art und Weise des Umgangs mit personenbezogenen Daten beinhalten müssen zu einem erneuten Durchlauf der zuvor skizzierten Prozessschritte führen.
- Wird ein Produkt, Lösung oder System vom Markt genommen, sind Maßnahmen zum vollständigen Rückbau, insbesondere zur Löschung der personenbezogenen Daten im Sinne des letzten Schrittes in der run-Phase zu definieren und umzusetzen.

Die Deutsche Telekom AG hat die zuvor beschriebenen Vorgehensweisen in ein Privacy and Security Assessment integriert, welches alle Produktentwicklungen durchlaufen. Die nachfolgende Grafik veranschaulicht den Prozess zur gemeinsamen Begleitung von Entwicklungsprojekten durch Experten der IT-Sicherheit und des Datenschutzes.

Abbildung 5: Privacy and Security Assessment der Deutschen Telekom[43]

Die Universität Passau hat für die Gestaltung von Connected Homes eine Systematik mit der Bezeichnung Smart Privacy Wheel entwickelt. Das Smart Privacy Wheel in Gestalt eines Steuerrades soll verdeutlichen, dass sich der Bürger in datenschutzrechtlichen Fragen im Kontext smarter Technologien quasi auf hoher See in stürmischen Gewässern befindet. Mit dem Smart Privacy Wheel wird dem Bürger und gleichsam auch den Betreibern von Connected Homes ein

---

[43] SDSK ist die Abkürzung für Standardisiertes Datenschutz- und Datensicherheitskonzept, der bei der Deutschen Telekom entwickelte Standard zur Dokumentation als Nachweis der Erfüllung der Anforderungen des Datenschutzers und der Datensicherheit von Produkten.

Instrument an die Hand gegeben, um Kurs zu halten und sichere Häfen zu erreichen.[44]

Nach dem derzeitigen Stand der Technik, der Erfahrungen von Experten und Anwendern sind insbesondere die nachfolgend beschriebenen Gestaltungsaspekte innerhalb eines „Privacy by Design"-Ansatzes für Connected Homes angemessen zu berücksichtigen.

Eine gute Orientierung über die notwendigen Kriterien zur Gestaltung von Einzelkomponenten und Systemlösungen ergibt sich unter anderem aus den Gestaltungsanforderungen des Systemdatenschutzes, die in der Anlage zu § 9 BDSG definiert sind. Obwohl stets alle Anforderungen zu erfüllen sind, sollten hier diejenigen hervorgehoben werden, welchen im Kontext mit Connected Homes besondere Bedeutung zukommt:

*Zugangskontrolle:*
Hier kommt der Funktion „Fernwartung" eine herausragende Bedeutung zu. Die Hersteller und Anbieter der verschiedenen Applikationen, Lösungen oder Systeme müssen sehr sichere und somit wirksame Zugangskontrollsysteme einsetzen, weil ansonsten die eigene Geschäftsmodelle massiv in Frage gestellt werden können. Man stelle sich beispielhaft nur einen Anbieter von Alarmanlagen vor, dessen Installationen in Connected Homes auf Grund mangelhafter Zugangskontrolle bequem über das Internet von potentiellen Einbrechern deaktiviert werden können.

*Zugriffskontrolle:*
Im Bereich der Zugriffskontrolle geht es darum Inhalte (Dokumente, Bilder, Videos, Musik etc.) der Nutzer des Connected Home vor unberechtigten Zugriffen zu schützen. Dies gilt in besonderem Maße für Zugriffe unberechtigter Dritter, also fremden Personen außerhalb des Connected Home, aber auch für Nutzer im Connected Home. Zur Verdeutlichung: Bestimmt soll es den Kindern in einem Connected Home erlaubt sein, Urlaubsbilder und -videos anzusehen. Zum Schutz vor Datenverlust und zur Vermeidung unnötiger Arbeit (Restore der Daten aus einem Backup) sollten die Kinder jedoch nur Leserechte für die Daten erhalten.

Darüber hinaus geht es auch um berechtigte Zugriffe auf Grundfunktionen des Connected Home. Konfigurationsmöglichkeiten müssen von Bedienungsfunktionen getrennt sein, nur autorisierte Personen dürfen zuvor festgelegte Interaktionen ausführen.

---

[44] Ergebnisband 5. Nationaler IT-Gipfel 2010; Arbeitsgruppe 5 „Verantwortung und Schutzrechte in der vernetzten Gesellschaft" (http://www.bmj.de/SharedDocs/Downloads /DE/pdfs/5_Nationaler_IT_Gipfel_Ergebnisband.pdf?__blob=publicationFile – siehe S. 102 ff.).

*Mandantenfähigkeit:*
Innerhalb eines Connected Home müssen die unterschiedlichen Anwendungen wirksam gegeneinander abgeschottet werden. Dies gilt im Connected Home für Applikationen, die gemeinsame Infrastrukturen, wie Homegateways, oder gemeinsame Endgeräte, wie PC, Fernseher, Tablets oder Smartphones nutzen.

Im Kontext mit den Anforderungen der Zugangs- und Zugriffsberechtigungen sind Korrelationen von Rechten auszuschließen.

Darüber hinaus ist unbedingt zu berücksichtigen, dass Connect Home-Szenarien immanent Anteile von Telekommunikation beinhalten, weil Statusinformationen und Steuerungsmöglichkeiten auf Smartphones und Tablet-Computer übertragen werden. Vor diesem Hintergrund sollten Maßnahmen zur Wahrung der vertraulichen Kommunikation als grundsätzlichen Bestandteil entsprechender Lösungen verstanden werden.

Der nachhaltige Erfolg von Connected Home-Szenarien wird wesentlich von Lösungen getragen werden, die den hier beschriebenen Anforderungen in dem Maße Rechnung tragen, wie sie in besonders einfacher und für den Anwender nachvollziehbaren Art und Weise umgesetzt werden.

## 2. Standardisierte Bedienkonzepte

Aus der Sicht des Anwenders wäre es zudem wünschenswert, alle Komponenten von einer einheitlichen Benutzeroberfläche aus administrieren und so in datenschutzrechtlicher Hinsicht ein effizientes Einwilligungsmanagement betreiben zu können. Das Zusammenspiel der verschiedenen Funktionsblöcke innerhalb eines Connected Homes sollte übersichtlich dargestellt werden und intuitiv bedienbar sein. Eine einheitliche Benutzeroberfläche ist etwa so zu gestalten, dass sie unabhängig von der genutzten Funktion eine identische Benutzerführung und Darstellung aufweist. Änderungen in der Konfiguration müssen hinsichtlich ihrer funktionalen Bedeutung transparent dargestellt und durch eindeutige Bestätigungen aktiviert werden.

Die Definition geeigneter Default-Werte für die Grundkonfiguration eines Connected Homes muss die Aspekte „Sicherheit", „Datenschutz" und „Funktionalität" miteinander in Einklang bringen. Für die Anwender ist es einerseits von großer Wichtigkeit, dass ihre Daten, Geräte und Funktionalitäten in diesem Sinne „sicher" sind, andererseits ist es ebenso wichtig, dass mit einfachen Schritten eine gewisse Grundfunktionalität des Connected Homes erreicht werden kann. Eine detaillierte, einfach verständliche und illustrierte Hintergrundinformation kann dem Anwender Problembewusstsein vermitteln und ihn bei der Auswahl eines individuell geeigneten Schutzprofils unterstützen.

Diese Anforderungen zeigen deutlich, dass gerade bei einer herstellerübergreifenden Systemintegration neue Normen und Standards erforderlich werden, die diese einheitlichen Bedienkonzepte umsetzen.

### 3. Vertraulichkeit der Kommunikation.
### Schutz der Nutzer vor Re-Identifikation

Die Kommunikationsvorgänge innerhalb von Connected Homes und zwischen Connected Home und dem Internet beinhalten in jedem Fall mehr oder weniger sensible Inhalte. Vor diesem Hintergrund ist anzustreben, jegliche Kommunikation zu verschlüsseln. Eine Differenzierung der Kommunikationsvorgänge, hinsichtlich ihres aus der Sensibilität der zu übertragenden Daten abzuleitenden Schutzbedarfes, ist sehr aufwändig. Eine Verschlüsselung für alle eingesetzten Komponenten kann hingegen einfach implementiert werden.

Zum Schutz der Nutzer vor Re-Identifikation muss bei der Gestaltung von Connected Homes von der Prämisse ausgegangen werden, dass alle Nutzungsdaten innerhalb des Connected Home verbleiben. Die Übertragung von Daten aus dem Connected Home zum Betreiber bzw. Anbieter einer (Teil-) Komponente des Connected Home ist strikt nach dem „need to know-Prinzip" zu gestalten.

Mit der laufenden Entwicklung eines do not track Standards durch das World Wide Web Consortium (W3C) ergeben sich auch für Connected Homes interessante Perspektiven. Durch die Implementierung des Standards in die unterschiedlichen Komponenten des Connected Home können den Nutzern einfache Steuerungsmöglichkeiten zur Definition ihrer persönlichen Präferenzen zur Verfügung gestellt werden. Es wird dem Nutzer möglich sein über die Einstellung seiner Browser oder Apps, die er zur Konfiguration und Steuerung seines Connected Home verwendet, den Umgang mit seinen Nutzungsdaten (= Tracking) zu erlauben, einzuschränken oder gänzlich zu unterbinden. Lösungsanbieter sollten darauf achten, dass ihre zukünftigen Komponenten den kommenden Web-Standard unterstützen.[45]

### 4. Vertraulichkeit der Dateninhalte –
### Datenhoheit der Anwender

Connected Homes erstrecken sich über das private Lebensumfeld und gehören damit zu den intimen und besonders schützenswerten Bereichen. Aus diesem Grund kommt der Vertraulichkeit von Kommunikationsinhalten und Daten eine

---

[45] W3C Tracking Protection Working Group http://www.w3.org/2011/tracking-protection/.

besondere Bedeutung zu, die angemessene Berücksichtigung im Produktdesign finden muss. Der Schutz der Daten und Inhalte muss daher noch vor der Umsetzung von sonstigen funktionalen Aspekten Berücksichtigung finden. Zum Beispiel muss verschlüsselte Übertragung und Speicherung von Dateninhalten ein grundlegendes Gestaltungskriterium sein. Anonymisierung und Pseudonymisierung nehmen in diesem Kontext ebenfalls einen hohen Stellenwert ein.

Für alle Daten, die dem Anwender direkt zuzurechnen sind und zu deren Weitergabe er nicht durch vertragliche Bindungen verpflichtet ist (z. B. Zählerwerte aus Strom-, Gas oder Wasserzählern, die für Abrechnungszwecke an das Versorgungsunternehmen gehen müssen), muss dem Anwender die uneingeschränkte Datenhoheit eingeräumt werden. Dies bedeutet insbesondere, dass der Anwender völlig autonom über die Nutzung (Vergabe von Zugriffsrechten) und die Löschung dieser Daten entscheiden können muss.

Zentral genutzte Komponenten in Connected Homes müssen die getrennte Verarbeitung von personenbezogenen Daten unterschiedlicher Herkunft ermöglichen. Dieser Aspekte zielt vor allem auf Szenarien innerhalb von Mehrfamilienhäusern ab, die eine Trennung bestimmter Daten im Hinblick auf deren weitere Verarbeitung notwendig machen, weil dies etwa für Abrechnungszwecke notwendig ist.

### 5. Transparenz und Kontrolle von Zugriffsberechtigungen

Für die Verwaltung und Steuerung der Zugriffe auf eigene Inhalte, Mess-, Steuerungs- und Regelungsfunktionen ist ein abgestuftes Rechtemanagement erforderlich. Es muss einem Anwender die Möglichkeit geben, Zugriffsrechte für andere Anwender und Nutzer sowie für Geräte auf verschiedenen Ebenen festzulegen. Wichtig für die Wahrnehmung dieser Funktion ist eine transparente, übersichtliche Darstellung der berechtigten Geräte, Anwender/Nutzer, Schnittstellen und der Inhalte, auf die zugegriffen werden kann. Für eigene Inhalte und Geräte sind einfache Löschfunktionen vorzusehen, die bewirken, dass nicht mehr benötigte Inhalte sicher gelöscht werden können. Nicht mehr benötigte Geräte müssen einfach in den Ursprungszustand zurückgeführt werden können und dürfen dann keine persönlichen Daten und Konfigurationen mehr enthalten.

Der Anwender braucht eine Gesamtübersicht aller vergebenen Berechtigungen, die durch sinnvolle Historisierung ergänzt werden muss, um auch im Nachgang transparent machen zu können, wer (welcher Anwender/Nutzer, welches Gerät) über welche Schnittstelle (innerhalb des Connected Homes oder von außen) auf welche Daten (eigene Inhalte, Messwerte, Sensoren, Aktoren etc.) zugegriffen hat. In jüngster Zeit wurden derartige Anforderungen über so genannte Dashboards realisiert. Hierbei ist darauf zu achten, dass die Statusinformationen, die der Anwender durch ein solches Dashboard dargestellt bekommt, so aufbereitet werden, dass er sie auch adäquat interpretieren kann.

## VII. Fazit

Connected Homes sind heterogene Infrastrukturen innerhalb von Wohn-, teilweise auch Gewerbegebäuden, die ein hohes Maß an Komplexität aufweisen. Nutzer befürchten einen Missbrauch Ihrer Daten, eine Erfassung Ihrer Gewohnheiten und eine starke Abhängigkeit von der Technik.[46] Im Rahmen der Ausgestaltung und der Definition bestimmter Angebote und Lösungen für Connected Homes sind diese Befürchtungen sehr ernst zu nehmen. Ihnen kann mit folgenden Grundsätzen entgegnet werden:

- Schaffung maximaler Transparenz bezüglich der Funktion sowie des Umgangs mit allen anfallenden Daten. Jegliche Beschreibung ist zielgruppengerecht auszuführen.
- Definiton geeigneter Default-Werte für alle genutzten Komponenten. Ausreichende Balance zwischen Funktionalität und Sicherheit ist zu gewährleisten.
- Ausnutzung aller Möglichkeiten zur Reduktion von Komplexität. Einfache, intuitiv bedienbare Systeme haben die größten Chancen sich schnell am Markt zu verbreiten.
- Wahrnehmung gesetzlicher und gesellschaftlicher Verantwortung durch die Anbieter von Produkten und Lösungen, dadurch dass Produktentwicklungen entsprechend dem Privacy by Design Ansatz betrieben werden und die Nutzung personenbezogener Daten strickt nach dem „need to know-Prinzip" erfolgt.
- Schaffung von Möglichkeiten zur Bewertung von Connected Homes hinsichtlich Sicherheit und dem Umgang mit personenbezogenen Daten aus einer allumfassenden, herstellerunabhängigen Perspektive.

Connected Homes kommen, zweifellos. Es obliegt den Anbietern entsprechender Lösungen dafür zu sorgen, dass sie nicht dazu führen, dass wir zukünftig in gläsernen Häusern sitzen. Die Umsetzung oder Weiterentwicklung der hier genannten Aspekte trägt einen Teil dazu bei, dass auch in den Connected Homes der Zukunft Persönlichkeitsrechte gewahrt bleiben und die Privatsphäre so geschützt ist, wie ihre Bewohner es erwarten.

---

[46] Nationaler IT-Gipfel 2011, Zukunftsbilder der digitalen Welt http://www.eict.de/zukunftsstudie/Zukunftsbilder_der_digitalen_Welt.pdf.

## Glossar

**ADSL**
Asymmetric Digital Subscriber Line (ADSL, englisch für asymmetrischer, digitaler Teilnehmer-Anschluss) ist eine DSL-Technik, die hohe Datenübertragungsraten (bis 24 MBit/s empfangen; bis 3,5 MBit/s senden) über gebräuchliche Telefonleitungen ermöglicht.

**Apps**
Softwaremodule einer bestimmten Funktionalität mit welchen sich die Funktionen eines Smartphones oder Tablets individuell erweitern lassen.

**Appstores**
Ecosysteme der Plattformen zumVertrieb von Apps: Apple Appstore für iOS-Geräte (iPhone, iPad); Google Marketplace: Appstore für Smartphones und Tablets auf Android Basis; BlackBerry App World für BlackBerry Smartphones und das Tablet des Herstellers Research in Motion (RIM) und Microsoft Marketplace für Smartphones auf Windows Phone 7 Basis, gerüchteweise soll Windows Phone 8 auch Tablets unterstützen

**BDSG**
Bundesdatenschutzgesetz

**CPE**
Customer Premises Equipment (CPE, engl. für „Ausrüstung in Kunden-Räumlichkeiten")

**do not track**
Standardisierung zu Tracking im Internet: W3C Tracking Protection Working Group
http://www.w3.org/2011/tracking-protection/

**GPS**
Global Positioning System, ein globales Navigationssatellitensystem zur Standortbestimmung

**IAD**
Internet Access Device, siehe auch CPE, WLAN-Router

**IP v4**
IP v4: Internet Protocol Version 4 – die derzeit verwendete Protokollversion für die Kommunikation im Internet. Diese wird sukzessive durch die „neue" Internet Protocol Version 6 ersetzt.

**IP v6**
IP v6: Internet Protocol Version 6 – die zukünftig verwendete Protokollversion für die Kommunikation mit dem Internet; dadurch begegnet man dem Problem der Adressknappheit

**IPTV**
Internet Protocol Television – Übertragungsweg für Fernsehsignale über das Internet. Kein definierter Standard, für die Übertragung wird das TCP/IP Protokoll verwendet. Alle Arten von Clients sind möglich: PC's, Tablets, Smartphones und dedizierte Set-TOP-Boxen, die speziell für den Empfang von Fernsehsignalen über das Internet ausgelegt sind.

**ISP**
Internetserviceprovider, ISP, auch Internetdiensteanbieter: Im hier vorliegenden Kontext der Dienstleister, der über Telekommunikationsnetze die Verbindung eines Connected Home mit dem Internet herstellt.

**LAN**
Local Area Network – lokales Netzwerk

**LBS**
Location based services, LBS: standortbezogene Dienste – abhängig von Standort eines Benutzers, der entweder aus daten des Mobilfunknetzes oder per GPS ermittelt wird, erhält der Nutzer Informationen und Angebote, die sich auf seinen aktuellen Standort beziehen.

**MAC Adresse**
MAC – Adresse: Media Access Control Adress – Hardware-Adresse jedes einzelnen Netzwerkadapters, die zur eindeutigen Identifizierung des Geräts in einem Netzwerk, auch Ethernet-ID oder physikalische Adresse genannt.

**Multiuser-System**
Ein Mehrbenutzersystem oder Multiuser-System ist ein Betriebssystem, das die Fähigkeit hat, Arbeitsumgebungen für verschiedene Benutzer bereitstellen und voneinander abgrenzen zu können.

**NAS**
Network attached storage – Festplattenspeicher, der über das lokale Netzwerk zugänglich ist und für die Nutzer Zugriff auf Dateien ermöglicht.

**NAT**
Network Adress Translation: Bei IP v4 Umsetzung von privaten IP-Adressen auf öffentliche IP-Adressen

**Private Adressräume IP v4**
Adressen aus den Bereichen Class A (10.0.0.0–10.255.255.255), Class B (172.16.0.0–172.31.255.255) oder Class C (192.168.0.0–192.168.255.255)

**SDSK**
Die Abkürzung für Standardisiertes Datenschutz- und Datensicherheitskonzept, der bei der Deutschen Telekom entwickelte Standard zur Dokumentation als Nachweis der Erfüllung der Anforderungen des Datenschutzers und der Datensicherheit von Produkten.

**Smart Grid**
Intelligentes Stromnetz, ermöglicht die Vernetzung und Steuerung von Stromerzeugern, Speichern und Verbrauchern.

**Smart Meter**
elektronische Verbrauchszähler

**Smartphone**
Smartphone: Ein Minicomputer mit Telefonfunktion der sich über das Mobilfunknetz oder WLAN mit dem Internet verbinden kann und durch einzelne Softwaremodule (Apps) funktional erweitert werden kann. Zumeist verfügen Smartphones über eine Reihe von Sensoren (z. B. Bewegungs- Lage-, Näherungs-, Lichtsensoren), GPS Module und Kameras sind im Regelfall ebenfalls vorhanden.

**TCP/IP**
Transmission Control Protocol / Internet Protocol (TCP/IP) ist eine Familie von Netzwerkprotokollen, die auch als Internetprotokollfamilie bezeichnet wird.

**Timeshift**
zeitversetztes Fernsehen. Laufendes Programm kann angehalten werden und zu einem späteren Zeitpunkt fortgesetzt werden. Ein „zurückspulen" ist ebenfalls möglich; wenn eine Sendung angehalten wurde, kann auch bis zum aktuellen Zeitpunkt der ausgestrahlten Sendung „vorgespult" werden. Häufig damit verbunden ist die Möglichkeit laufende Sendungen „im Nachhinein" aufzuzeichnen, d. h. Eine Aufnahme der kompletten Sendung kann dann archiviert werden, wenn sie seit Ihrem Beginn angesehen wurde und der Pufferspeicher groß genug ist, um alles aufzunehmen.

**TKG**
Telekommunikationsgesetz

**VDSL**
Very High Speed Digital Subscriber Line (VDSL, die Abkürzung VHDSL gilt als veraltet) ist eine DSL-Technik, die wesentlich höhere Datenübertragungsraten (bis 180 MBit/s empfangen; bis 20 MBit/s senden) über gebräuchliche Telefonleitungen liefert.

**WLAN**
Wireless LAN – Computernetz über Funk

## Literatur

Konsumentenstudie zur Heimvernetzung, Bitkom, Waggener / Edstrom http://www.tomsnetworking.de/uploads/media/2010-07-29_Vorstellung_Studie_Heimvernetzung_dt_final.pdf

Nationaler IT-Gipfel 2011, Zukunftsbilder der digitalen Welt http://www.eict.de/zukunftsstudie/Zukunftsbilder_der_digitalen_Welt.pdf

Regelungen des Telekommunikationsgesetzes zur Speicherung und Verwendung von Telekommunikationsdaten teilweise verfassungswidrig http://www.bundesverfassungsgericht.de/pressemitteilungen/bvg12-013.html

Studie der Deutsche Telekom Laboratories „Use Cases, Requirements, and Demonstrator Scenarios – Modular Architecture for Residential Services (MARS)" – Teile der Studie wurden im Rahmen des Ergebnisbandes zum 5. Nationaler IT-Gipfel 2010; Arbeitsgruppe 5 „Verantwortung und Schutzrechte in der vernetzten Gesellschaft" veröffentlicht. http://www.bmj.de/SharedDocs/Downloads/DE/pdfs/5_Nationaler_IT_Gipfel_Ergebnisband.pdf?__blob=publicationFile (siehe S.\,65\kern 0.125em – \kern 0.1em102) (siehe S. 65–102)

The NIST Definition of Cloud Computing: www.nist.gov/itl/cloud/upload/cloud-def-v15.pdf Ergebnisband 5. Nationaler IT-Gipfel 2010; Arbeitsgruppe 5 „Verantwortung und Schutzrechte in der vernetzten Gesellschaft" (http://www.bmj.de/SharedDocs/Downloads/DE/pdfs/5_Nationaler_IT_Gipfel_Ergebnisband.pdf?__blob=publicationFile)

Vorschlag für VERORDNUNG DES EUROPÄISCHEN PARLAMENTS UND DES RATES zum Schutz natürlicher Personen bei der Verarbeitung personenbezogener Daten und zum freien Datenverkehr (Datenschutz-Grundverordnung) http://ec.europa.eu/justice/data-protection/document/review2012/com_2012_11_de.pdf

# Datenschutz im Internet der Energie

Von *Alexander Duisberg*

## Abstract

Der Aufbau von Smart Grids und die Entstehung Internet-basierter Dienstleistungen um den Bezug und die Verteilung von Energie aus dezentralen Energiequellen eröffnet eine neue Dimension und stellt den Datenschutz vor erhebliche Herausforderungen. Mit §21g EnWG unternimmt der Gesetzgeber den ersten Versuch, die Verarbeitung der enormen Mengen von (personenbezogenen und nichtpersonenbezogenen) Energiedaten mit den Grundanliegen des Datenschutzes in Einklang zu bringen. Die Abwendung von dem Prinzip der individuellen Einwilligung (auf die es für eine flächendeckende Ausdehnung von Smart Grids und zugehöriger Dienstleistungen nicht mehr ankommen darf) hin zu einem begrenzten Katalog zweckgebundener Rechtfertigungstatbestände setzt ein Zeichen, greift aber im Ergebnis noch zu kurz. Um die Verkehrsfähigkeit von Energiedaten zu erhöhen und die auf Skalierung basierenden Wirkmechanismen im Internet der Energie zu ermöglichen, bedarf es einer Erweiterung der sog. „Umgangsberechtigten" auf „Aggregatoren" und Marktmittler. Dies hat mit einer gleichzeitigen Aufwertung und Flexibilisierung im Umgang mit pseudonymisierten Datensätzen sowie einer noch stärkeren Akzentverschiebung in Richtung hoher Datensicherheit auf der technischen Ebene („security by design") und gesetzlich sanktionierter Maßnahmen bei Datensicherheitspannen einherzugehen. Das Gesetz eröffnet dem Verordnungsgeber Gestaltungsspielräume, die es – unter Wahrung eines Kernbereichs des individuellen Persönlichkeitsschutzes – markt- und innovationsorientiert zu nutzen gilt.

## I. Einleitung

### 1. Das Internet der Energie als dezentrale Steuerungsplattform der Energieversorgung

Für die Sicherung der ausreichenden, störungsfreien und effizienten Energieversorgung zu marktadäquaten Preisen wird es in Zukunft entscheidend darauf

---

\* Der Verfasser dankt Frau Rechtsreferendarin Karola Berger und Frau Rechtsanwältin Verena Grentzenberg für wertvolle Unterstützung in der Recherche und Vorbereitung dieses Beitrages.

ankommen, dass große Mengen an Daten über den Bedarf, die Nutzung und Einspeisung von Energie aus herkömmlichen und regenerativen Quellen durch intelligente Messeinheiten (den „Smart Meters") in Echtzeit gemessen, aufbereitet und verarbeitet werden. „Smart Grids", die auf den Echtzeitmessungen der Smart Meter aufbauen, werden mit den Mitteln der Informations- und Kommunikationstechnologien (IKT) Angebot und Nachfrage zeitnah gegenüber stellen und ausgleichen. Die Übermittlung, Steuerung und intelligente Verknüpfung von Daten über zentrale und dezentrale Energieerzeugung einerseits und Energieverbrauchs- bzw. sich daraus errechnender Energienachfragedaten andererseits wird damit zum zentralen Dreh- und Angelpunkt im „Internet der Energie".[1]

Zugleich wandelt sich der gewerbliche und der private Letztverbraucher durch dezentrale Einspeisung aus regenerativen Energiequellen[2] in das allgemeine Stromnetz zum Verbraucher-Erzeuger (dem „Prosumer"), der Überkapazitäten abgibt bzw. Zusatzbedarfe aus dem Stromnetz punktuell abruft. Das eröffnet erhebliche Chancen für neue Marktteilnehmer, sich als „Aggregatoren" und Marktmittler jenseits der herkömmlichen Lieferkaskade Stromerzeuger – Lieferant – Kunde durch intelligente Aufbereitung von Informationen, Vermittlung und Beratung zu Angebot und Nachfrage im Energiemarkt auf lokaler und überregionaler Ebene zu positionieren.[3]

Mit dem Zugang und der Transparenz hinsichtlich der Datenflüsse geht die zunehmende Vernetzung der Netzanschlusspunkte wie auch der nachgelagerten Endgeräte, also z. B. den „smarten" Haushaltsgeräten einher. Offene Schnittstellen und harmonisierte technische Standards werden auf der technischen Seite unverzichtbare Voraussetzung für die Interoperabilität der Netzanschlusspunkte und der Kompatibilität der erhobenen Daten.[4]

### 2. Dynamische Rechtsentwicklung um Smart Meter

Die EU Kommission geht davon aus, dass bis 2020 80% aller Letztverbraucheranschlüsse über Smart Meter verfügen werden.[5] Der deutsche Gesetzgeber hat 2011 mit der Novelle zum Energiewirtschaftsgesetz (EnWG) die ersten Wei-

---

[1] Siehe u. a. *Quadt*: „Smart Watts – Steigerung der Selbstregelfähigkeit des Energiesystems durch die ‚intelligente Kilowattstunde' und das Internet der Energie", in: *Picot/Neumann* (Hrsg.): „E-Energy – Wandel und Chance durch das Internet der Energie", Springer 2009, S. 89 ff.

[2] Also aus Photovoltaikanlagen, Windenergieanlagen, Biomasse, Kraft-Wärme-Kopplung Verfahren etc.

[3] Siehe Mitteilung der EU Kommission „Intelligente Stromnetze: von der Innovation zur Realisierung", v. 12. 04. 2011, KOM (2011) 202, S. 11 ff.

[4] EU Kommission v. 12. 04. 2011, a. a. O., S. 7.

chen für eine Umstellung der Netznutzeranschlüsse auf Smart Meter gestellt.[6] Energieversorger haben Letztverbrauchern lastenvariable oder tageszeitabhängige Tarife anzubieten, soweit diese über Smart Meter verfügen (§ 40 Absatz 5 EnWG). Die Einzelheiten hinsichtlich der technischen Beschaffenheit der Smart Meter einschließlich der technischen Anforderungen hinsichtlich der Datensicherheit und Interoperabilität legt das Gesetz in allgemeiner Form fest und überlässt die weitere Ausführung dem Verordnungsgeber (siehe §§ 21 d, 21 e EnWG). Bei der Durchsetzung und Steuerung von sog. „unterbrechbaren Verbrauchseinrichtungen" (was insbesondere die Elektromobile erfasst) verfolgt der Gesetzgeber auch auf der tariflichen Seite einen anreizorientierten Ansatz (vgl. § 14a EnWG).[7]

Ohne an dieser Stelle die Analyse zu vertiefen, ist klar, dass den Smart Meters eine zentrale Bedeutung beim Aufbau intelligenter Energieversorgungsstrukturen zukommt, wobei der Verordnungsgeber etliche Einzelheiten noch näher auszugestalten hat (siehe den umfassenden Katalog in § 21i EnWG). Mit Blick auf die technologische Weiterentwicklung im Internet der Energie müssen Gesetz- und Verordnungsgeber die Ausformulierung der gesetzlichen und regulatorischen Rahmenbedingungen als dynamischen und periodisch fortzuschreibenden Prozess begreifen. Dies gilt in diesem Zusammenhang auch für die Weiterentwicklung des Datenschutzes.

## II. Daten als zentrales Wirtschaftsgut im Smart Grid

Indem das Internet der Energie auf die Vernetzung und Auswertung von Datenflüssen baut, werden die Daten über tatsächlichen Energieverbrauch und -einspeisung und die anhand dessen berechneten bzw. zu erwartenden Verbrauchs- und Einspeisemengen, mithin eine Gesamtheit von „Energiedaten"[8], zum zweiten

---

[5] Anhang I Punkt 2 zur Richtlinie 2009/72/EG des Europäischen Parlaments und des Rates vom 13. Juli 2009 über gemeinsame Vorschriften für den Elektrizitätsbinnenmarkt und zur Aufhebung der Richtlinie 2003/54/EG.

[6] § 21 c EnWG sieht vor, dass alle Gebäude mit Smart Metern auszustatten sind, soweit dies wirtschaftlich vertretbar und zumutbar ist. Dies gilt in jedem Fall für neu an das Energieversorgungsnetz anzuschließende oder in größerem Umfang renovierte Gebäude sowie für Letztverbraucher mit einem Verbrauch von mehr als 6.000 Kilowattstunden pro Jahr. Gleiches gilt darüber hinaus für Anlagen, die mit erneuerbaren Ressourcen oder durch Kraft-Wärme-Kopplung Energie in größerem Umfang erzeugen.

[7] „Betreiber von Elektrizitätsverteilernetzen haben denjenigen Lieferanten und Letztverbrauchern im Bereich der Niederspannung, mit denen sie Netznutzungsverträge abgeschlossen haben, ein reduziertes Netzentgelt zu berechnen, wenn ihnen *im Gegenzug die Steuerung von vollständig unterbrechbaren Verbrauchseinrichtungen*, die über einen separaten Zählpunkt verfügen, zum Zweck der Netzentlastung gestattet wird. Als *unterbrechbare Verbrauchseinrichtung im Sinne von Satz 1 gelten auch Elektromobile.*" (§ 14a EnWG; Hervorhebungen vom Verfasser).

zentralen Wirtschaftsgut des Smart Grid, neben der verfügbaren Energie selbst. Der Verkehrsfähigkeit der Energiedaten (insbesondere also der Verbrauchs-, Einspeise- und der Steuerungsdaten für unterbrechbare Verbrauchseinrichtungen) kommt damit zentrale Bedeutung zu. Nur so können Smart Grids funktionieren und lässt sich eine Wertschöpfungskette entwickeln, die zur Sicherung der Netzauslastung von der Erhebung über die Verarbeitung bis zur Nutzung und Verwertung dieser Energiedaten reicht, aber auch einen Sekundärmarkt für periphere Dienstleistungen im Internet der Energie eröffnet.

## *1. Zielkonflikt mit Datenschutz?*

Die Verkehrsfähigkeit der einzelnen Kategorien von Energiedaten steht dabei in einem latenten Zielkonflikt mit dem Datenschutz, soweit es sich bei den betreffenden Datensätzen tatsächlich um personenbezogene Daten im Sinne des Datenschutzrechts handelt.[9] Ob und nach welcher Maßgabe die einzelnen Datenkategorien tatsächlich personenbezogene Daten sind, ist jedoch eine Frage des Einzelfalls und dabei insbesondere auch der technischen Ausgestaltung der jeweiligen Informationserhebung.

### a) Gemengelage von personenbezogenen und nicht personenbezogenen Daten

Zunächst ist darauf hinzuweisen, dass Energiedaten im Rahmen eines flächendeckenden Zugriffs auf Smart Meter gleichermaßen bei gewerblichen und privaten Netznutzer anfallen,[10] aber nur bei letzteren der Personenbezug überhaupt besteht. Aus der Sicht der verschiedenen Marktteilnehmer, die mit Energiedaten in Berührung kommen bzw. diese verarbeiten, ist es bei hoch-skalierten, technisch gleichartigen Abläufen ein „datenschutzrechtlicher Zufall", ob ein Per-

---

[8] Begriff verwendet von: *Duisberg*: „Neue Konvergenzen – schafft das TKG eine Verbindung von Internet und Energienetz?", Vortrag auf dem 9. Bayerischen IT-Rechtstag, 21. 10. 2010; übernommen von *Wiesemann*: IT-rechtliche Rahmenbedingungen für „intelligente Stromzähler und Netze – Smart Meter und Smart Grids", in: Multimedia und Recht, Heft 6, 2011, S. 355 ff.; ebenso Mitteilung der Kommission, a. a. O. KOM(20111) 202, S. 8.

[9] Nach der weiten gesetzgeberischen Definition des § 3 BDSG sind personenbezogene Daten „Einzelangaben über persönliche oder sachliche Verhältnisse einer bestimmten oder bestimmbaren natürlichen Person (Betroffener)".

[10] Man denke beispielsweise an landwirtschaftliche oder sonstige gewerbliche Kleinbetriebe, die zuweilen von einer Einzelperson, einer Genossenschaft oder als Kapitalgesellschaft betrieben werden. Bei völlig gleichartigen technischen Abläufen kann sich – zuweilen auch dynamisch über die Laufzeit der Nutzung – der Personenbezug ändern, was die Anwendbarkeit des Datenschutzrechts maßgeblich beeinflusst.

sonenbezug besteht oder nicht. Gleichwohl könnte es damit notwendig sein, von Rechts wegen zu differenzieren und technische Vorkehrungen zur unterschiedlichen Behandlung von personenbezogenen und nichtpersonenbezogenen Energiedaten zu treffen. Aus der Marktsicht erhöht dies den Druck, an der Messstelle selbst – entsprechend dem Postulat des „privacy by design" (siehe §§ 21e Absatz, 21g Absatz 6 Satz 8 EnWG)[11] – die entsprechenden technischen Vorkehrungen zur Sicherung des Datenschutzes unabhängig von einem konkret nachgewiesenen Personenbezug zu treffen.

Ferner ist aber auch ohne Weiteres denkbar, dass auf den verschiedenen Stufen der Verarbeitung von Energiedaten die Rückführung auf die Identität des Betroffenen nicht (mehr) möglich ist – was mithin im Sinne der datenschutzrechtlichen Relativität des Personenbezugs dazu führt, dass der Anwendungsbereich des Datenschutzrechts nach richtiger Auffassung auf ebenjenen Verarbeitungsstufen nicht eröffnet ist.[12]

### b) Grundrecht auf informationelle Selbstbestimmung

Es ist keineswegs das Ziel des Datenschutzes, den Verkehr mit personenbezogenen Daten zu unterbinden. Vielmehr soll er zur Durchsetzung des Grundrechts auf informationelle Selbstbestimmung[13] sicherzustellen, dass der Einzelne nicht nur im Verhältnis zum Staat, sondern auch im Verhältnis zu Dritten (als „verantwortliche Stellen" bzw. die in sonstiger Weise personenbezogenen Daten des Einzelnen „Betroffenen" verarbeiten) in seinem persönlichen Lebensbereich eine Kontrolle und Einflussnahme hinsichtlich der über ihn erhobenen, gespeicherten und verarbeiteten Daten hat.[14] Zentrales Anliegen ist es danach, dem Einzelnen als Betroffenem die Kontrolle zu ermöglichen, wer welche Daten

---

[11] Siehe näher unter Ziffer III. 4.

[12] Nach der wohl vorherrschenden Meinung ist der Personenbezug dann gegeben, wenn er von bzw. im Verhältnis zu der die betreffenden Daten verarbeitenden Stelle hergestellt werden kann („relativer Personenbezug"). Der Umstand, dass hingegen irgendein Dritter den Personenbezug herstellen kann, genügt dagegen nicht dafür, dass das betreffende Datum auch gegenüber jedermann als personenbezogenes Datum anzusehen ist (vgl. *Gola/Schomerus*, § 3 BDSG Rn. 10). Typisches, aber auch viel diskutiertes Beispiel ist in diesem Zusammenhang die dynamische IP-Adresse. Sie ist für den Internet Service Provider ein personenbezogenes Datum, da ihm die Rückführung auf den natürlichen Nutzer zumindest mit angemessenen wirtschaftlichen Anstrengungen möglich ist. Für einen beliebigen Dritten, einschließlich anderer Netzteilnehmer, ist dies hingegen nicht möglich; zu IP-Adressen vergleiche allerdings EuGH v. 24. 11. 2011 (Rechtssache C-70/10); zum Stand der Diskussion vgl. *Krüger/Maucher*, „Ist die IP-Adresse wirklich ein personenbezogenes Datum? – Ein falscher Trend mit großen Auswirkungen auf die Praxis", Multimedia und Recht, 2011, S. 433 ff.

[13] BVerfG v. 15. 12. 1983 „Volkszählung", BVerfGE 65, S. 1 ff.

[14] BVerfG v. 15. 12. 1983 „Volkszählung", BVerfGE 65, S. 1 ff.

wann zu welchen Zwecken erhebt, verarbeitet oder nutzt. Das Gericht hat diesen Ansatz sodann ausgedehnt durch das „Grundrecht auf Gewährleistung der Vertraulichkeit und Integrität informationstechnischer Systeme"[15] („Computer-Grundrecht") und sein Urteil zur Vorratsdatenspeicherung.[16] Das Bundesverfassungsgericht unterstreicht damit eindrucksvoll den hohen Stellenwert, den der Persönlichkeitsschutz im Rahmen IKT-basierter Informationsbeschaffungssysteme hat[17].

## 2. Verhältnis zu anderen Grundrechten

Angesichts der überragenden Bedeutung, die Staat und Gesellschaft der Sicherung einer nachhaltigen Energieversorgung zumessen, versteht es sich von selbst, dass der Datenschutz nicht *per se* einer flächendeckenden Umsetzung von Smart Grids im Wege stehen kann, wenn dies unter angemessener Berücksichtigung der Belange des Einzelnen möglich ist.

Das Datenschutzrecht unterliegt einer Vielzahl von Einschränkungen im Verhältnis zu anderen Rechtsteilnehmern, die als „verantwortliche Stellen" oder sonstige Zugriffsberechtigte personenbezogene Daten unter bestimmten gesetzlichen Voraussetzungen verarbeiten dürfen. Entsprechend seiner Ausgestaltung als Verbot mit Erlaubnisvorbehalt sieht der Gesetzgeber gesetzliche Rechtfertigungstatbestände vor, die – entweder im allgemeinen Datenschutzrecht des Bundesdatenschutzgesetzes (BDSG) oder in Spezialgesetzen (wie etwa hier dem EnWG) – den Grundrechtsschutz des Einzelnen beschränken.

Im potenziellen Widerstreit mit Grundrechten Dritter stehen dem Datenschutz des Einzelnen, dessen personenbezogene Daten ggf. der Erhebung und Verarbeitung durch Dritte ausgesetzt sind, die Berufsfreiheit (Artikel 12 Grundgesetz) und das Eigentumsrecht (Artikel 14 Grundgesetz) anderer Marktteilnehmer im Internet der Energie gegenüber. Dabei ist im Ergebnis klar, dass der Datenschutz gewichtigen Einschränkungen unterliegen kann, solange nicht der Schutz der Privatsphäre und des Kernbereichs der privaten Lebensgestaltung preisgegeben wird.[18] Dazu hat das Bundesverfassungsgericht mit Blick auf *staatliche* Grundrechtseingriffe zur Bewertung der Intensität von Eingriffen die sog. „Sphärentheorie" entwickelt.[19] Auch wenn diese nicht ohne Weiteres auf datenschutz-

---

[15] BVerfG v. 27.02.2008 „Online Durchsuchung", BVerfGE 120, S. 274 ff.

[16] BVerfG v. 02.03.2010 „Vorratsdatenspeicherung", BVerfGE 125, S. 260 ff.

[17] Siehe hierzu jüngst auch BVerfG Nr. 13/2012 v. 24.02.2012 – 1 BvR 1299/05.

[18] BVerfG v. 03.03.2004 „Großer Lauschangriff", BVerfGE 109, S. 279 ff. und v. 11.05.2007 – 2 BvR 543/06 („Akustische Wohnraumüberwachung"), u. a. NJW 2007, S. 2753.

[19] Verkürzt gesagt gehören zur Sozialsphäre solche Informationen, die das Interagieren des Einzelnen als gemeinschaftsbezogene und gemeinschaftsgebundene Person betreffen.

rechtliche Rechtsbeziehungen zwischen Dritten zu übertragen ist, wird jedoch deutlich, dass das Datenschutzrecht im Widerstreit mit anderen Grundrechten einen Kernbereich der persönlichen Lebensgestaltung schützen muss.

Genau hier liegt die Crux in der gesamten Wertschöpfungskette im Internet der Energie. Denn die Ermöglichung der flächendeckenden Versorgung aus zentralen und dezentralen Energiequellen ist Bestandteil der öffentlichen Daseinsvorsorge, zudem Gegenstand erheblicher Unternehmensinteressen und zuletzt ein zwingendes Eigeninteresse des Einzelnen, dem er sich nicht grundsätzlich entziehen kann. Der individuelle Verzicht auf eine nachhaltige und effiziente Energieversorgung basierend auf dem Einsatz von Smart Meters ist in der modernen Industrie-, Dienstleistungs- und Informationsgesellschaft keine Option. Entsprechend muss der Einzelne Grundrechtseingriffe bis zu der Grenze hinnehmen, dass nicht der Kernbereich der persönlichen Lebensgestaltung unverhältnismäßig eingeschränkt wird und in die Privatsphäre des Einzelnen unverhältnismäßig eingegriffen wird.

### 3. Datenschutz im Wandel zu einem modernen Datenschutz?

Angesichts des rasanten technologischen Wandels sowie des – in Teilbereichen damit einhergehenden – drastisch veränderten Nutzerverhaltens sind die Forderungen nach einem Umdenken und grundsätzlichen Neuansatz im Datenschutzrecht nicht mehr zu überhören.[20] So wird am Beispiel des Nutzerverhaltens in sozialen Netzwerken überdeutlich, dass sich die Einstellung des Einzelnen bzw. weiter Teile der Netzgemeinde zur Relevanz des Datenschutzes – teils aus Unverständnis über die zugrunde liegenden Nutzungsabläufe der Betreiber von sozialen Netzwerken, teils aber auch ganz bewusst in Abwendung von einem staatlichen Schutzgedanken hin zur Entäußerung des Privaten durch das Medium

---

Zur Privatsphäre gehört der Lebensbereich, den andere nur mit Zustimmung des Betroffenen betreten oder erfahren dürfen (etwa der private Wohnbereich oder das Familienleben). Die Intimsphäre ist schließlich ein absolut geschützter, unantastbarer Kernbereich privater Lebensgestaltung. Je nachdem, welche Sphäre betroffen ist, kann ein Eingriff zum Schutz der Berufsfreiheit oder des Eigentum auf entsprechender gesetzlicher Grundlage und unter strikter Beachtung des Grundsatzes der Verhältnismäßigkeit zulässig sein, solange er nicht zu Eingriffen in den Kernbereich der privaten Lebensgestaltung führt. Näheres bei *Di Fabio*, in: Maunz/Dürig, GG Art. 2, 63. Ergänzungslieferung 2011, Rn. 161 ff. mit weiteren Nachweisen.

[20] *Schneider*, „Hemmnis für einen modernen Datenschutz", in: Anwaltsblatt, Heft 4, 2011, S. 233; *Schneider*, „Datenschutz 2.0 – Anforderungen an eine Neugestaltung des Datenschutzes", ITRB 2011, S. 243 ff., *Heckmann*, „Smart Life – Smart Privacy Management", K&R 2011, S. 1 ff.

der sozialen Netzwerke – wandelt und sich von dem ursprünglichen Schutzanliegen des Datenschutzes erheblich entfernt hat.

Im Sinne der Rückführung auf den Kerngehalt des Grundrechtsschutzes und einer zugleich stärkeren Kontrolle des Einzelnen über die für ihn konkret wesentlichen Schutzbereiche werden „privacy by design", „the right to be forgotten" und ähnliche Typologien stark diskutiert und haben zuletzt Eingang in den Entwurf der europäischen Datenschutzverordnung gefunden.[21]

So ist die massenhafte Verarbeitung personenbezogener Daten in einer inzwischen unüberschaubaren Vielzahl von Lebenslagen vom Einzelnen nicht mehr zu durchschauen, geschweige denn zu kontrollieren. Sie interessiert ihn aber auch in aller Regel nicht weiter, solange er die Vorteile der Verarbeitung durch netzbasierte Anwendungen reflexartig genießt und für ihn keine unmittelbaren Nachteile spürbar oder absehbar sind. In der Tat stellt sich damit die Frage, ob man von der nicht mehr zeitgemäßen Ausgestaltung des Verbots mit Erlaubnisvorbehalt – nach hier vertretener Auffassung richtigerweise – auf eine generelle Zulässigkeit der zweckgebundenen Verarbeitung personenbezogener Daten unter dem Vorbehalt spezifischer, vom Einzelnen kontrollierbarer und ggf. untersagbarer Verarbeitungstatbestände und der Einführung hoher Standards an die vom Verarbeiter einzuhaltenden Datensicherheitsstandards übergehen muss.[22]

Ebenso erweisen sich die maßgeblichen datenschutzrechtlichen Steuerungsmittel des Einzelnen – Einwilligung, Auskunfts-, Berichtigungs- und Löschungsansprüche – und die im unternehmerischen Datenverkehr benötigte Auftragsdatenverarbeitung der Komplexität und dem permanenten Wandel der zugrunde liegenden technischen Abläufe nicht gewachsen. Hier stößt die Umsetzung bzw. rechtskonforme Anwendung des bestehenden Datenschutzrechts an praktische Grenzen. Dementsprechend stellt sich immer häufiger die Frage, ob dem Schutzanliegen durch aufwändige Dokumentation vielstufiger Unterauftragsdatenverarbeitungsverhältnissen Genüge getan wird; zumal wenn diese sich dynamisch wandeln und entsprechend jeweils „nachdokumentiert" werden müssten, was in der Praxis häufig genug jedoch ganz unterbleibt. Allzu oft kommt die rechtliche Dokumentation über ein redliches Bemühen um eine – im Ergebnis von vornherein unvollkommene – Absicherung datenschutzrechtlicher Belange nicht hinaus.[23]

Solange jedoch dem Ansatz eines alternativen Datenschutzes nicht gefolgt wird, bleibt – auch im Internet der Energie – nur die Möglichkeit, im bestehenden Grundkonzept auf eine angemessene, nach den Nutzungszwecken bestimmte

---

[21] Siehe Entwurf der Artikel 17 und 30 der EU Datenschutzverordnung in der Fassung vom 25. 1. 2012 KOM(2012) 11 final.
[22] So im Ansatz *Schneider*, a. a. O; *Heckmann*, a. a. O.
[23] Siehe auch unter Ziffer III. 2. b).

Ausgestaltung der gesetzlichen Rechtfertigungen zur Verarbeitung personenbezogener Daten zu dringen. Der neue § 21 g EnWG bietet einen sinnvollen, allerdings noch weiter zu entwickelnden Ansatz.[24]

### 4. Grundanliegen Datensicherheit

Aufgrund der Unvollkommenheit der bestehenden Datenschutzinstrumente, komplexe, verzahnte, interdependente und sich stetig wandelnde Datenübermittlungsvorgänge angemessen und für den Laien nicht einmal annähernd nachvollziehbar abzubilden und zu dokumentieren, rückt zunehmend die Forderung nach Datensicherheit und darauf bezogene Transparenz als sachgerechtes Hauptschutzanliegen in den Vordergrund.

So ist die Frage, wer welche Daten zu welchen Zwecken an welchen Orten ggf. auch nur kurzzeitig verarbeitet, nicht nur beim Cloud Computing – selbst im Rahmen einer längerfristigen Vertragsbeziehung eines gewerblichen oder privaten Nutzers – im Voraus kaum noch oder gar nicht mehr sinnvoll abbildbar oder für den Laien in keiner Weise auch nur annähernd transparent darzustellen. Stattdessen ist eher zu fragen, ob die Sicherheit und Integrität der personenbezogenen Daten des Einzelnen im Rahmen einer zweckgebundenen Verarbeitung das primäre Schutzanliegen sein sollte, unabhängig davon, wer wann an welchem Ort im Einzelnen auf diese Daten zugreift.[25]

## III. § 21 g EnWG – ein neuer sektorspezifischer Datenschutz

Den ersten Schritt in Richtung eines moderneren Datenschutzes geht § 21 g EnWG. Die Vorschrift fügt sich in das Konzept eines sektorspezifischen Datenschutzes ein, wie er z. B. auch im Telekommunikationsgesetz (TKG) oder dem Telemediengesetz (TMG) angelegt ist. Ob und inwieweit die Bestimmung zugleich den Weg für die Verkehrsfähigkeit von Energiedaten ebnet, ist allerdings derzeit fraglich.[26]

---

[24] Siehe Ziffer III.
[25] Ähnlich auch *Schultze-Melling*, „Public Cloud – quo vadis?" auf 10. Bayerischer IT-Rechtstag vom 13.10.2011; in einem Beitrag vom 15.11.2011 postuliert *Heckmann* am Beispiel des Cloud Computing, dass bei globaler Datenverarbeitung Datenherrschaft nicht mehr als „Datenbesitz" organisiert werden könne; an dessen Stelle trete vielmehr die Investition berechtigten Vertrauens in jene Dienstleister, denen man seine Daten anvertraue, abrufbar unter http://www.lto.de/recht/hintergruende/h/datenschutz-cloud-made-in-germany-als-vertrauensgarant/ (26.03.2012).
[26] Dazu siehe unter Ziffer III. 2. – 4.

## 1. Zweckbindung statt Einwilligung

Zur Förderung und Verbreitung der Smart Meter hat sich der Gesetzgeber für das Instrument der zweckgebundenen Datennutzung als gesetzlichen Rechtfertigungstatbestand entschieden – unter Ausschluss der Einwilligung sowie des Widerrufs- oder Einspruchsrechts des Betroffenen.[27] Im Rahmen der in § 21g Absatz 1 EnWG genannten Zwecke bedarf die Erhebung, Verarbeitung (einschließlich der Übermittlung) und Nutzung personenbezogener Daten „aus dem Messsystem oder mit Hilfe des Messsystems" keiner „Einwilligung, soweit dies zur Begründung, inhaltlichen Ausgestaltung und Änderung eines Vertragsverhältnisses auf Veranlassung des Anschlussnutzers erforderlich ist" (§ 21g Absatz 1 Nr. 1 EnWG). Ferner unterliegen der zweckbestimmten gesetzlichen Rechtfertigung die Erhebung, Verarbeitung und Nutzung der erforderlichen personenbezogenen Daten im Rahmen der Messung des Energieverbrauchs und der Einspeisemenge, für die Belieferung mit und das Einspeisen von Energie, sowie für die zugehörigen Abrechnungszwecke (§ 21g Absatz 1 Nr. 2, 3, und 4 EnWG). Darüber hinaus dürfen die für die Steuerung von „unterbrechbaren Verbrauchseinrichtungen" gemäß § 14a EnWG (also insbesondere die Elektromobile) sowie die für das Umsetzen variabler Tarife gemäß § 40 Absatz 5 EnWG erforderlichen Daten erhoben, verarbeitet und genutzt werden (siehe § 21g Absatz 1 Nr. 5 und Nr. 6 EnWG). In all diesen Verarbeitungsfällen hat der Betroffene keine Möglichkeit, die Datenverarbeitungsvorgänge durch Widerspruch zu verhindern. Als weitere Rechtfertigungsgründe treten die Ermittlung des Netzzustandes und die Missbrauchskontrolle abschließend hinzu (siehe § 21g Absatz 1 Nr. 7 und Nr. 8 EnWG).

Es ist offensichtlich, dass die Verknüpfung dieser Verarbeitungsvorgänge mit einer datenschutzrechtlichen Einwilligung ein unangemessenes Hemmnis der innewohnenden Zweckbestimmung des EnWG wäre. Denn § 1 Absatz 1 EnWG bestimmt ausdrücklich: „Zweck des Gesetzes ist eine möglichst sichere, preisgünstige, verbraucherfreundliche, effiziente und umweltverträglich leitungsgebundene *Versorgung der Allgemeinheit* mit Elektrizität und Gas, die zunehmend auf erneuerbaren Energien beruht." Um eine flächendeckende Installation von Smart Meters zu ermöglichen, darf es mithin nicht auf die individuelle Einwilligung in die erforderlichen Datenverarbeitungsvorgänge ankommen.

Dementsprechend verbleibt es zugleich für all diejenigen Verarbeitungsvorgänge, die auf keinen gesetzlichen Rechtfertigungstatbestand gestützt werden können, bei dem Grundsatz der erforderlichen Einwilligung. Zwei gesetzliche Sonderfälle seien in diesem Zusammenhang noch erwähnt: (1) die Einwilli-

---

[27] So im Ergebnis auch *Raabe/Lorenz/Pallas/Weis*, „Harmonisierung konträrer Kommunikationsmodelle im Datenschutzkonzept des EnWG – ‚Stern' trifft ‚Kette'", CR 2011, S. 831, 836 ff.

gung gegenüber anderen Stellen als Messstellenbetreibern, Netzbetreibern und „Lieferanten" (vgl. § 21 g Absatz 2 EnWG)[28] und (2) die Einwilligung des Letztverbrauchers in – gesetzlich nicht definiertes – „Fernwirken" und „Fernmessen" (vgl. § 21 g Absatz 6 Satz 5 EnWG).

Damit stellt sich die Frage, ob die Zweckbestimmungen bzw. gesetzlichen Rechtfertigungstatbestände in § 21 g Absatz 1 EnWG ausreichen, die Verkehrsfähigkeit der Energiedaten – unter angemessener Berücksichtigung des Datenschutzes – sicherzustellen bzw. ob es Lücken gibt, die ggf. auf dem Verordnungswege oder im Wege zukünftiger gesetzgeberischer Anpassung geschlossen werden müssen.

### 2. Erweiterung des Katalogs der „Umgangsberechtigten"

§ 21 g Absatz 2 EnWG führt – jenseits der vom BDSG vorgegebenen der „verantwortlichen Stelle"[29] und des „Betroffenen"[30] – den neuen Begriff des „Umgangsberechtigten" ein. Dieser umfasst ausdrücklich den Messstellenbetreiber (§ 3 Nr. 26a EnWG), den Netzbetreiber (§ 3 Nr. 27 EnWG) und den „Lieferanten" (für Letzteren fehlt eine gesetzliche Definition; dies dürften die Energieversorgungsunternehmen i.S. des § 3 Nr. 18 1. Alt. EnWG sein, soweit es sich nicht um Netzbetreiber handelt).

#### a) „Umgangsberechtigte" kraft Einwilligung?

Darüber hinaus ist gemäß § 21 g Absatz 2 Satz 1 EnWG „umgangsberechtigt" diejenige „Stelle, die eine *schriftliche Einwilligung* des Anschlussnutzers, die den Anforderungen des § 4a BDSG genügt, nachweisen kann."

Die Voraussetzung einer den Anforderungen des § 4a BDSG genügenden Einwilligung stellt aber gerade im Internet der Energie (nicht nur wegen des Schriftformgebots) eine nicht angemessen bewältigbare Hürde im Aufbau von Wertschöpfungsketten und Dienstleistungen dar, die auf der Auswertung und Nutzung von Energiedaten beruhen. Eine Erweiterung des § 21 g Absatz 2 Satz 1 EnWG auf die elektronisch erteilte Einwilligung („opt-in") entsprechend § 13 Absatz 2 TMG käme dazu als „kleine Lösung" in Betracht.

---

[28] Dazu aber näher unter Ziffer 2. a).

[29] Dies ist nach § 3 Absatz 7 BDSG jede Person oder (öffentliche oder nicht-öffentliche) Stelle, die personenbezogene Daten erhebt, verarbeitet oder nutzt oder dies durch andere im Auftrag vornehmen lässt.

[30] Also der natürlichen Personen, dem sich die betreffenden personenbezogenen Daten zuordnen lassen; siehe § 3 Absatz 1 BDSG.

Nach hier vertretener Auffassung ist das Abstellen auf die Einwilligung aber nicht mit dem systematischen Grundanliegen vereinbar, über zweckgebundene Rechtfertigungsgrundlagen, statt einwilligungsgebundener Datenverarbeitung, die Eröffnung des Marktes im Internet der Energie zu ermöglichen und zu fördern.[31]

### b) Auftragsdatenverarbeitung als untaugliches Mittel der Marktentwicklung

Indem § 21 g Absatz 1 EnWG nach der ausdrücklichen amtlichen Begründung einen *abschließenden* Katalog der datenschutzrechtlichen Erhebungs-, Verarbeitungs- und Nutzungstatbestände festlegt[32], ergibt sich aus § 21 g Absatz 2 EnWG im Rückschluss, dass andere als die dort genannten Umgangsberechtigten nicht zur Datenerhebung, Verarbeitung und Nutzung berechtigt sein sollen. Lediglich die über § 21 g Absatz 4 EnWG einbezogenen Auftragsdatenverarbeiter dürfen darüber hinaus noch in die Verarbeitung der personenbezogenen Energiedaten einbezogen werden.

Es ist allerdings mehr als fraglich, ob Aggregatoren und Marktmittler – soweit diese auf personenbezogene Energiedaten zugreifen müssen, um ihre Internetbasierten Dienstleistungen erbringen zu können – im Rahmen der bestehenden gesetzlichen Bestimmungen adäquat bzw. datenschutzkonform agieren können. Führt man sich nämlich das materielle Abgrenzungskriterium der sog. „Funktionsübertragung" gegenüber der streng weisungsgebundenen Datenverarbeitung im Auftrag einer „verantwortlichen Stelle" bzw. der „Umgangsberechtigten" i.S. des § 21 g Absatz 4 EnWG vor Augen, so wird schnell deutlich, dass eine denkbare Vielzahl von Tätigkeiten der Aggregatoren und Marktmittler – sofern der Personenbezug der von ihnen verarbeiteten Energiedaten nicht aufgrund Anonymisierung vollständig entfällt – nicht als Auftragsdatenverarbeitung durchgeführt werden können. Vielmehr muss man davon ausgehen, dass die Entfaltung des Potenzials innovativer Marktteilnehmer nur dann gelingt, wenn sich diese über Mehrwertdienste eigenständig in der Wertschöpfungskette platzieren und nicht lediglich auf die Rolle eines weisungsgebundenen Ausführungsorgans der „Umgangsberechtigten" reduziert sind. Die geschickte, zeitnahe, entnahme- und einspeisungsorientierte Zusammenstellung, Aufbereitung und Bereitstellung von Energiedaten für Netzbetreiber, „Lieferanten", Messstellenbetreiber und Netznutzer wird – noch dazu, wenn sie in *bidirektionalen Informationsströmen* verläuft – zu eigenständigen Datenauswertungen führen, die sich materiell-datenschutzrechtlich in aller Regel als Funktionsübertragung darstellen.

---

[31] Siehe oben bei Ziffer III. 1.
[32] Siehe BT-Drucks 17/6072, S. 80.

Entsprechend gewährleisten § 21 g Absatz 2 und 4 EnWG den Auftrag des Artikel 6 Absatz 3 der EU Richtlinie 2006/32/EG[33] nicht, dass „ausreichende Anreize, gleiche Wettbewerbsbedingungen und faire Voraussetzungen *für andere Marktteilnehmer als Energieverteiler, Verteilernetzbetreiber und Energieeinzelhandelsunternehmen wie Energiedienstleister, Energieanlagenbauer und Energieberater bestehen*, damit die in Absatz 2 Buchstabe a Ziffern i und ii genannten Energiedienstleistungen, Energieaudits und Energieeffizienzmaßnahmen *unabhängig angeboten und erbracht werden können*".[34] Das Instrument der Auftragsdatenverarbeitung kann dieser Anforderung an die Erweiterung des Marktes und die Entfaltung von Innovation im Internet der Energie nicht gerecht werden.

Mit § 21 g EnWG derzeitiger Fassung steht mithin der Datenschutz einer innovationsorientierten Marktentwicklung entgegen – jedenfalls soweit neue Marktteilnehmer wie Aggregatoren und Mittler nicht ohne die Verarbeitung personenbezogener Daten auskommen können. Im Ergebnis ist daher zu fordern, dass der Gesetzgeber § 21 g Absatz 2 EnWG nachbessert und den Katalog der „Umgangsberechtigten" auf Dienstleister erweitert, die zur Erbringung von Mehrwertdiensten auf Energiedaten (entsprechend den in § 21 g Absatz 1 näher eingegrenzten Kategorien) zugreifen und diese verarbeiten müssen. Weitere Voraussetzungen an die Nutzung der betreffenden Verbrauchs-, Einspeise- und/oder Steuerungsdaten müssen selbstverständlich hinzutreten.[35]

### c) Umsetzung auf dem Verordnungsweg?

Fraglich ist, ob sich die Erweiterung des Kreises der „Umgangsberechtigten", die ohne Einwilligung Energiedaten verarbeiten dürfen, rein auf dem Verordnungswege herbeizuführen ist. Wenn man an dem – gesetzlich nicht definierten – Umgangsberechtigten des „Lieferanten" ansetzt, könnte man möglicherweise durch eine entsprechende ergänzende Erweiterung auch solche Marktteilnehmer erfassen, die mit der Aufbereitung der für den Lieferprozess maßgeblichen Angebots- und Nachfrageinformationen eigenständig – also außerhalb des Anwendungsbereichs der Auftragsdatenverarbeitung (§ 21 g Absatz 4 EnWG) – befasst sind. Ob ein Aggregator aber tatsächlich als Lieferant (der ja keine Energie als solche ausliefert) zu verstehen ist, ist im Ergebnis zu bezweifeln und letztlich abzulehnen. Auch der Begriff der Hilfsdienste i. S. des § 3 Nr. 23

---

[33] Richtlinie 2006/32/EG des Europäischen Parlaments und des Rates vom 5. April 2006 über Endenergieeffizienz und Energiedienstleistungen und zur Aufhebung der Richtlinie 93/76/EWG des Rates.
[34] Hervorhebungen des Verfassers.
[35] Zu der Aufwertung der Umgangsberechtigung mit pseudonymisierten Datensätzen, siehe sogleich unter 3.; zu den Anforderungen an die Datensicherheit, siehe unter 4.

EnWG lässt sich ohne gesetzgeberische Klarstellung auf Internet-basierte Aggregatoren nicht ohne Weiteres anwenden, könnte aber immerhin einen Ansatz für eine gesetzliche Erweiterung auf die hier in Rede stehenden Tätigkeiten der Informationsbeschaffung und -aufbereitung und eine entsprechende Ergänzung des § 21g Absatz 2 EnWG bieten.

Folgt man der hier vertretenen Auffassung, dass der Kreis der „Umgangsberechtigten" zu erweitern ist, so schließt sich daran die Forderung an, dies mit einer Stärkung der Anforderungen an die Datensicherheit aller „Umgangsberechtigten" zu verknüpfen. Hier bietet sich dem Verordnungsgeber die Möglichkeit, diese Anforderungen durch die Zulassung bzw. den Nachweis technischer Zertifizierungen – wie sie auch im allgemeinen Datenschutz zunehmend diskutiert wird – zu formalisieren und zugleich transparent zu machen.[36]

### 3. Aufwertung der Pseudonymisierung als neuer gesetzlicher Weg

Ob im Einzelfall bei einem Netznutzer bzw. „Prosumer" personenbezogene Daten anfallen oder nicht[37], unterliegt oft zufälligen Varianzen und legt es für den auf Skalierung basierenden Betrieb von Smart Grids nahe, zu einem einheitlichen, technisch gestützten Verfahren zu finden, das bereits bei der Erhebung die datenschutzrechtliche Relevanz der nachfolgenden Verarbeitungsvorgänge dämpft. Dazu bietet sich die verstärkte Nutzung der Pseudonymisierung an.

#### a) Das Schattendasein der Pseudonymisierung

Die Pseudonymisierung als die „kleine Schwester" der Anonymisierung führt im Datenschutzrecht ein Schattendasein.[38] So definiert § 3 Absatz 6a BDSG das Pseudonymisieren als das „Ersetzen des Namens und anderer Identifikationsmerkmale durch ein Kennzeichen zu dem Zweck, die Bestimmung des Betroffenen auszuschließen oder wesentlich zu erschweren". Das BDSG wie auch die Spezialdatenschutzgesetze des Telemediengesetzes (TMG), des Telekommuni-

---

[36] Zu weiteren Überlegungen betreffend die Datensicherheit siehe unter Ziffer III. 4.

[37] Aus einer Marktbetrachtung ist es bei gleichförmiger Dienstleistung an sich beliebig, ob es sich bei dem Netznutzer konkret um eine natürliche oder eine juristische Person handelt, s. o. Ziffer II. 1. a).

[38] Vgl. auch *Polenz* in: Kilian/Heussen, Computerrechts-Handbuch, 29. Ergänzungslieferung 2011, Rechtsquellen und Begriffe des allgemeinen Datenschutzes, Rn. 79–82; *Schmitz* in: Hoeren/Sieber, Multimedia-Recht, 29. Ergänzungslieferung 2011, Teil 16.2, Rn. 216; *Roßnagel/Scholz*: „Datenschutz durch Anonymität und Pseudonymität – Rechtsfolgen der Verwendung anonymer und pseudonymer Daten", in: Multimedia und Recht, 2000, S. 721 ff.

kationsgesetzes (TKG) oder des Sozialgesetzbuches X (SGB X) bleiben aber bislang weitgehend die Antwort schuldig, ob und in welchem Umfang erleichterte Bedingungen der Verarbeitung, Haftungsprivilegien der Verarbeiter oder in sonstiger Weise Rechtsfolgen für die Verarbeitung und Nutzung pseudonymisierter Daten greifen.

So regelt § 3a BDSG in Bezug auf den – gesetzlich nicht weiter sanktionierten – Grundsatz der Datenvermeidung und Datensparsamkeit lediglich: „Insbesondere sind personenbezogene Daten zu anonymisieren oder zu pseudonymisieren, soweit dies nach dem Verwendungszweck möglich ist und keinen im Verhältnis zu dem angestrebten Schutzzweck unverhältnismäßigen Aufwand erfordert."[39]

In § 100 Absatz 3 Satz 3 TKG wird der Rückgriff auf einen pseudonymisierten Gesamtdatenbestand im Rahmen der Missbrauchskontrolle für zulässig erachtet: *„Insbesondere darf der Dienstanbieter aus den nach Satz 1 erhobenen Verkehrsdaten und den Bestandsdaten einen pseudonymisierten Gesamtdatenbestand bilden*, der Aufschluss über die von den einzelnen Teilnehmern erzielten Umsätze gibt und unter Zugrundelegung geeigneter Missbrauchskriterien das Auffinden solcher Verbindungen des Netzes ermöglicht, bei denen der Verdacht einer Leistungserschleichung vorliegt."

§ 13 Absatz 4 Nr. 6 TMG ordnet an, dass nach § 15 Absatz 3 erstellte Nutzungsprofile nicht mit Angaben zur Identifikation des Trägers des Pseudonyms zusammengeführt werden dürfen. Gemäß § 15 Absatz 3 TMG darf der Diensteanbieter solche Nutzungsprofile „für Zwecke der Werbung, der Marktforschung oder zur bedarfsgerechten Gestaltung der Telemedien ... bei Verwendung von Pseudonymen erstellen, sofern der Nutzer dem nicht widerspricht." Das TMG bietet hier eine Flexibilität, für die genannten Zwecke einwilligungsunabhängig und lediglich an ein Widerspruchsrecht geknüpft, bestimmte – im weitesten Sinne mehrwertorientierte – Auswertungen pseudonymisierter Daten vorzunehmen, ohne an den Rahmen und die Beschränkungen einer Auftragsdatenverarbeitung gebunden zu sein.

### b) § 21g Absatz 3 EnWG – Unklarheiten aus schwacher Gesetzestechnik

§ 21g Absatz 3 EnWG setzt an der Missbrauchskontrolle in zum Teil wortgleicher Übernahme aus § 100 Absatz 3 TKG an. Der Gesetzgeber versäumt es jedoch, „Bestandsdaten" und „Verkehrsdaten" zu definieren.[40] Für die Be-

---

[39] Eine ähnliche Formulierung findet sich in § 78b SGB X (die gesetzliche Definition der Pseudonymisierung in § 67 Absatz 8a SGB X ist mit derjenigen des § 3 Absatz 6a BDSG identisch).

standsdaten kommt man noch zurecht, in dem es sich dabei um die Stammdaten handeln dürfte, die zur Begründung, Ausgestaltung und Änderung eines Vertragsverhältnisses des – gesetzlich im Gegensatz zum „Netznutzer" (§ 3 Nr. 28 EnWG) ebenfalls nicht definierten – „Anschlussnutzers" erforderlich sind (§ 21 g Absatz 1 Nr. 1 EnWG). Angesichts der sich aus § 21 g Absatz 1 EnWG ableitenden verschiedenen Datenkategorien (Verbrauchsdaten, Einspeisedaten, Steuerungsdaten, möglicherweise auch „Preis- und Tarifsignale für Verbrauchseinrichtungen und Speicheranlagen") ist der Begriff der „Verkehrsdaten" nicht nur ein editorisches Versäumnis, sondern schafft tatsächlich Rechtsunklarheit. Es ist nämlich keineswegs klar, ob (1) tatsächlich sämtliche dieser Informationen *a priori* einen konkreten Personenbezug aufweisen bzw. dieser hergestellt werden kann (der nur dann gegeben sein kann, wenn z. B. für die Zwecke § 21 g Absatz 1 Nr. 1 EnWG der „Anschlussnutzer" eine natürliche Person ist)[41], und (2) ob diese verschiedenen Datenkategorien auch alle gleich zu behandeln sind oder eher nach dem Ausmaß der konkreten Datensensitivität zu unterscheiden ist.[42]

Jedenfalls ist festzuhalten, dass der Gesetzgeber den missglückten Begriff der „Verkehrsdaten" korrigieren muss. Er sollte diesen präzisieren und mit Blick auf die Verkehrsfähigkeit im Internet bezüglich der Verbrauchs-, Einspeise- und ggf. auch Steuerungsdaten z. B. auf „Messdaten",[43] „Energiedaten" oder „Energiemessdaten" abändern.

---

[40] So auch bereits vom ULD Schleswig-Holstein kritisch angemerkt: Offener Brief an das Ministerium für Wissenschaft, Wirtschaft und Verkehr des Landes Schleswig-Holstein v. 10. 06. 2011, im Netz unter https://www.datenschutzzentrum.de/smartmeter/20110615-smartmeterregelung.htm (26. 03. 2012).

[41] Aber auch die Bezugnahme auf den nur in §21 Absatz 1 Nr. 1 EnWG genannten „Anschlussnutzer" hilft nicht immer weiter, wie etwa der Blick auf die unterbrechbaren Verbrauchseinrichtungen i. S. des § 21 Absatz 1 Nr. 4 EnWG (Elektromobile) verdeutlicht: Sofern energiebezogene Steuerungsdaten bei einem Elektromobil anfallen, das als Firmenleasingfahrzeug genutzt wird, dürfte kein Personenbezug vorliegen. Macht es aber im Interesse der flächendeckenden Energieversorgung durch Smart Grids, der damit verbundenen Nutzung der Speicherkapazitäten von Elektromobilen und dafür benötigten Handhabe solcher Steuerungsdaten überhaupt Sinn, den Personenbezug anhand komplizierter, sich ggf. dynamisch wandelnder Eigentumsverhältnisse zu überprüfen? Die Frage stellen, heißt sie zu verneinen.

[42] Es ist insoweit noch verstärkt zu überlegen, aber hier nicht abschließend zu klären, ob insbesondere Daten, die das – ebenfalls nicht näher definierte – „Fernwirken" ermöglichen (§ 21 g Absatz 6 Satz 4 EnWG), ein ggf. stärkeres Eingriffsniveau in den privaten Bereich bedeuten und eine erhöhte datenschutzrechtliche Sensitivität auslösen.

[43] So *Raabe/Lorenz/Pallas/Weis*, a. a. O.

### c) Pseudonymisierung zur bedarfsgerechten Gestaltung Internet-basierter Energiedienstleistungen

Das Anonymisierungs- bzw. Pseudonymisierungsgebot[44] bietet immerhin die Möglichkeit, einen Schritt nach vorne zu gehen. Die oben erwähnte Regelung aus dem Telemediengesetz (§ 15 Absatz 3 TMG) bietet Orientierung, um einen Nutzungstatbestand für Verwendung pseudonymisierter Energiedaten zu schaffen. Hier sollte der Gesetz- oder Verordnungsgeber es ermöglichen, für Zwecke der Werbung und der Marktforschung, aber auch „zur bedarfsgerechten Gestaltung von Internet-basierten Energiedienstleistungen" pseudonymisierte Datensätze im Zusammenhang mit dem Bezug, der Einspeisung und der Steuerung von Energieentnahme und -verteilung zu verarbeiten und zu nutzen.

Zugleich würde damit – in noch durch Rechtsverordnung klarzustellender Weise – dem wichtigen Kopplungsverbot Genüge getan (siehe § 21g Absatz 6 Satz 4 EnWG).[45] Denn bei Verarbeitung pseudonymisierter Datensätze im Zusammenhang mit entsprechenden Dienstleistungen (einschließlich solcher, die die Energieverteilung unterstützen) ist der konkret-individuelle Personenbezug nicht gegeben; die eigentliche Belieferung mit Energie ist im datenschutzrechtlichen Sinne „entkoppelt" bzw. nicht berührt. Soweit die Pseudonymisierung an der Messstelle selbst bzw. durch den Messstellenbetreiber oder eines – von ihm als Auftragsdatenverarbeiter eingesetzten – Dienstleisters erfolgt, steht der Verwendung pseudonymisierter Datensätze auf Aggregatoren- und Marktmittlerseite sodann nichts entgegen.[46]

Im Ergebnis ist zu fordern, dass der Verordnungsgeber sich zur Rechtsfortentwicklung ermutigt sieht, die Verkehrsfähigkeit von Energiedaten mittels Pseudonymisierung – bei Ausrichtung und Zweckbindung auf Mehrwertdienste und zugleich dem Stand der Technik genügende, ggf. durch entsprechende Zertifizierungen nachweisbare Anforderungen an die Datensicherheit – zu erhöhen.

---

[44] § 21g Absatz 5 EnWG, der mit § 3a Satz 2 BDSG praktisch wortgleich ist.

[45] § 21g Absatz 6 Satz 4 EnWG: „Insbesondere darf die Belieferung mit Energie nicht von der Angabe personenbezogener Daten abhängig gemacht werden." Die Formulierung geht über die Forderung des ULD Schleswig-Holstein v. 10.06.2011, a.a.O., S. 3f noch hinaus.

[46] Ob der Verordnungsgeber sich darauf festlegen sollte, dass die Pseudonymisierung nur an der Messstelle selbst zu erfolgen hat, oder ob diese auch auf einer nachgelagerten Verarbeitungsstufe erfolgen darf, muss noch näher diskutiert werden.

## 4. Akzentverschiebung in Richtung Datensicherheit

### a) Datensicherheit – der Weg zu effizienterem Umgang mit Big Data

Zertifizierungen, „privacy by design" und Regelungen zum Umgang mit Datensicherheitspannen unterstreichen die Bedeutung einer dringend erforderlichen Akzentverschiebung in Richtung Datensicherheit, um das Ziel einer verbesserten Marktfähigkeit im Umgang mit großen Datenmengen (dem „Big Data") auch im Energiebereich zu erreichen.[47] Ziel muss es insoweit sein, einen gleichförmigen Schutzstandard mit Blick auf die Verarbeitung und Nutzung von Energiedaten zu verwirklichen – ganz unabhängig davon, ob es sich ihrer Qualität nach um (1) personenbezogene Daten, (2) pseudonymisierte Daten, (3) anonymisierte (im Ursprung personenbezogene) Daten oder (4) um solche Daten handelt, denen *a priori* jeder Personenbezug fehlt, da es sich bei den betroffenen Netznutzern um gar keine natürlichen Personen handelt (siehe § 3 Nr. 28 EnWG). Zwar entfällt in den Kategorien (3) und (4) offensichtlich von vornherein das Datenschutzinteresse. Mit der Akzentuierung der Datensicherheit rückt aber aus der Sicht der mit der Datenverarbeitung befassten Marktteilnehmer die Möglichkeit in den Vordergrund, eine hohe Anzahl ähnlicher Datensätze gleichförmig und skaliert zu verarbeiten, ohne an der Erhebungsquelle individuell nach dem – aus der Sicht des Verarbeiters – zum Teil eher „zufälligen Personenbezug" individuell unterscheiden zu müssen.

Selbstverständlich sollen die Anforderungen an hohe Sicherheitsstandards nicht als „Surrogat" an die Stelle des nach geltendem Datenschutzrecht maßgeblichen Rechtfertigungsansatzes treten. Ebenso ist jedoch klar, dass die Verkehrsfähigkeit von Energiedaten wesentliche Voraussetzung für das Gelingen von Smart Grids und des Internet der Energie ist. Es ist daher anzustreben, dem Datenschutz durch eine Kombination von Pseudonymisierung und Datensicherheit – außerhalb des unantastbaren Kernbereichs des Grundrechtsschutzes[48] – angemessen Rechnung zu tragen und zugleich die Entfaltung des vielschichtigen Marktes für den Umgang mit Energiedaten zu ermöglichen.

### b) Zertifizierungen für Umgangsberechtigte

Folgt man der Auffassung, dass der Kreis der „Umgangsberechtigten" zu erweitern ist, so schließt sich daran die Forderung an, diese Erweiterung zugleich mit einer Stärkung der Anforderungen an die Datensicherheit aller „Umgangsberechtigten" zu verknüpfen. Dazu bietet sich dem Verordnungsgeber die

---

[47] Mit wichtigen Grundüberlegungen im Ergebnis auch *Raabe/Lorenz/Pallas/Weis*, a. a. O., S. 838 ff.

[48] Siehe dazu oben Ziffer II. 1. und 2.

Möglichkeit, diese Anforderungen durch Zulassung bzw. den Nachweis technischer Zertifizierungen – nicht nur für die Smart Meters selbst,[49] sondern auch für die Umgangsberechtigten – zu formalisieren und zugleich transparent zu machen.

Besondere Bedeutung gewinnen zudem die Sicherheitsstandards, die das Bundesamt für Sicherheit in der Informationstechnik („BSI") außerhalb der rein technischen Normierungen setzt.[50] Es ist zu wünschen, dass der Verordnungsgeber im Rahmen des § 21i Absatz 1 Nr. 4 EnWG einen Katalog an Sicherheitsanforderungen ggf. unter Einbeziehung des BSI vorlegt, der hinreichend konkret und auf allen Stufen der Wertschöpfungskette – gerade in innovativem Umfeld – verlässlich und mit wirtschaftlich angemessenem Aufwand umsetzbar ist.

### c) Privacy by design – Security by design

Unter „privacy by design" wird verstanden, bereits bei dem Aufsetzen von Verarbeitungsprozessen bis in die technische Ebene hinein die Wahrung der Datenschutzbelange des Betroffenen einschließlich seiner Auskunfts- und Kontrollrechte zu berücksichtigen und compliance-konform „einzubauen".[51] Das Verlangen nach „security by design" geht darüber hinaus, indem technische Infrastrukturen wie das Ecosystem der Smart Grids – von den Smart Meters über die Netzverbindungen bis hin zu den jeweiligen technischen Verarbeitungsstellen der „Umgangsberechtigten" – über robuste IT Sicherheitsstandards verfügen, die sie gegen Hacking-Attacken, Phishing und sonstige Formen des Ausspähens von (Energie-)Daten nach dem Stand der Technik resistent machen.[52] Das EnWG umfasst beide Dimensionen, in dem die „Eigenschaften und Funktionalitäten von Messsystemen sowie von Speicher- und Verarbeitungsmedien ... datenschutzgerecht zu regeln [sind]."[53] Hier bietet sich dem Verordnungsgeber – gerade mit Blick auf den weiten, nicht näher definierten Begriff der „Speicher- und Verarbeitungsmedien" – die Möglichkeit, über „privacy by design" (in das u. a. die Kontrollaufgaben des § 9 BDSG einfließen) verstärkt den Bezug auf Zertifizie-

---

[49] Siehe dazu die Regelungen in §§ 21d und 21e EnWG.

[50] Siehe auch anstehende Empfehlungen der „Allianz für Cyber-Sicherheit von BITKOM und BSI" vom 07.03.2012;, https://www.bsi.bund.de/ContentBSI/Presse/Pressemitteilungen/Presse2012/Allianz-fuer-Cyber-Sicherheit_07032012.html (26.03.2012).

[51] Ausführlich dazu *Sebastian Schulz*, „Privacy by Design – Datenschutz durch technikgestaltung im nationalen und europäischen Kontext", CR 2012, S. 204 ff.

[52] Ein eindruckvolles Beispiel, wonach Hacker durch Ausspähen eines Smart Meters angeblich das konsumierte Filmprogramm eines Haushalts herleiten konnten, ist abrufbar unter http://www.theregister.co.uk/2021/01/09/smart_meter_privacy_oops/.

[53] § 21g Absatz 6 Satz 8 EnWG; siehe auch die Regelungen in §§ 21d und 21e EnWG und der Verweis auf § 21i Absatz 1 Nr. 4 EnWG.

rungen und BSI-Standards zu schaffen und damit „security by design" zu einer für alle Marktbeteiligten rechtsverbindlichen Geltung zu verhelfen.

### d) Regelungen zum Umgang mit Datensicherheitspannen

Das Maßnahmenpaket zur Datensicherheit ist durch Regelungen zum Umgang mit Datensicherheitspannen ergänzt. § 21h Absatz 2 EnWG folgt dem gesetzlichen Leitbild des § 42a BDSG. Aus der Natur des Umgangs verschiedener Marktteilnehmer mit großen Datenmengen folgt, dass es für die Umgangsberechtigten in der Praxis im Zweifel ein höherer Aufwand sein wird, insbesondere bei den – gesetzlich wiederum nicht definierten – „Nutzungsdaten" (§ 21h Absatz 2 EnWG) zu ermitteln, ob diesen jeweils einzeln als Netznutzer eine natürliche oder juristische Person zuzuordnen ist.

Von der gesetzgeberischen Schwäche abgesehen, in § 21g Absatz 3 Satz 4 EnWG undefiniert von (offenbar aus dem Telekommunikationsrecht entlehnt, hier aber sachlich unklar) „Verkehrsdaten" und in § 21h Absatz 2 EnWG den – synonymen oder sachlich verschiedenen? – „Nutzungsdaten" zu sprechen, offenbart sich hier die Crux in der Praxis: Sofern eine akkurate Kennzeichnung von personenbezogenen Datensätzen nicht möglich ist oder der Personenbezug von vornherein oder aus den genannten Gründen nicht mehr gegeben ist,[54] ist für die Aggregatoren, Marktmittler und sonstige im Internet der Energie tätigen Dienstleister allenfalls diffus erkennbar, ob sie es mit personenbezogenen Daten zu tun haben oder nicht.

Eine nach dem tatsächlichen Personenbezug differenzierte Auswertung der von einer Datensicherheitspanne betroffenen Datensätze ist entsprechend mit hohem Aufwand verbunden und nachträglich kaum akkurat zu leisten. Dieser Selektionsaufwand fällt vermutlich deutlich höher aus als allen „Betroffenen" (einerlei, ob es sich um natürliche Personen als Zuordnungseigner der Daten handelt oder nicht) eine Datensicherheitspanne in geeigneter Form mitzuteilen. Dies spricht dafür, das allgemeine Schutzinteresse an die Datensicherheit – ohne dass es auf die Feststellung einer Betroffenheit einzelner Datensubjekte ankommt – höher anzusetzen und durch Transparenzpflichten bei Datensicherheitspannen zu stärken.

Der Gesetzgeber oder – soweit dies noch durch die Ermächtigung des § 21g Absatz 6 Satz EnWG gedeckt ist[55] – der Verordnungsgeber sollte daher regeln, dass der „Umgangsberechtigte" Datensicherheitspannen (1) gegenüber den Auf-

---

[54] Siehe oben bei Ziffer II. 1. a) die Beispiele zur Gemengelage von Daten mit und ohne Personenbezug.

[55] Nach der Systematik des § 21g Absatz 6 i. V. mit § 21i Absatz 1 Nr. 4 EnWG dürfte dies allerdings fraglich sein.

sichtsbehörden und (2) gegenüber den davon betroffenen Netznutzern mitzuteilen hat – und zwar unterschiedslos, ob es sich bei den betroffenen Netznutzern um natürliche oder juristische Personen handelt. Gemäß dem im Entwurf der Datenschutzverordnung der EU verfolgten Ansatz[56] sollte die Verpflichtung zur Mitteilung von Datensicherheitspannen auch auf die gemäß § 21 g Absatz 4 EnWG eingesetzten Auftragsdatenverarbeiter erstreckt werden.

## 5. Überlegungen zur Datenspeicherung und -löschung

Entsprechend dem Gebot der Datensparsamkeit (§ 3a Satz 1 BDSG) und dem damit eng verbundenen Gebot der vorzugsweisen Anonymisierung und Pseudonymisierung von Daten (§ 21 g Absatz 5 EnWG) stellt sich auch die Frage nach dem Umfang der erforderlichen Speicherung und Aufbewahrung von personenbezogenen Daten. Das Gesetz überlässt dies dem Verordnungsgeber und stellt auf eine allgemeine Interessenabwägung ab: „In der Rechtsverordnung sind Höchstfristen für die Speicherung festzulegen und insgesamt die berechtigten Interessen der Unternehmen und der Betroffenen angemessen zu berücksichtigen" (§ 21 g Absatz 6 Satz 7 EnWG). Auch hier ist das Gesetz redaktionell schwach verfasst, indem es auf – die im EnWG gar nicht definierten – „Unternehmen" statt der „Umgangsberechtigten" (§ 21 g Absatz 2 EnWG) abstellt.

Dem Verordnungsgeber wird ein beachtlicher Gestaltungsspielraum durch diese Interessenabwägung eröffnet, den es zugunsten der Marktpotenziale im Internet der Energie zu nutzen gilt. So liegt es nahe, die Speicherung von pseudonymisierten Datensätzen für eine längere, gleichwohl zweckgebundene Dauer durch die Umgangsberechtigten zu gestatten, wohingegen bei echtem Personenbezug deutlich kürzere Speicher- bzw. Löschfristen durch Festlegung bestimmter Höchstgrenzen anzuordnen sind. Ferner empfiehlt sich, es dem Umgangsberechtigten nach Zweckerreichung bzw. Ablauf der Höchstfrist zur Speicherung pseudonymisierter Daten freizustellen, eine irreversible, auditierbare Vollanonymisierung der pseudonymisierten Datensätze vorzunehmen und diese Daten sodann für statistische Auswertungen etc. unbefristet aufbewahren und nutzen zu dürfen.[57]

Im Ergebnis sollte der Verordnungsgeber eine möglichst klare, in technologischer Hinsicht skalierbare Lösung mit zwei Speicherfristen unter Angabe der jeweils maximalen Speicherdauer anstreben – eine kurze für Datensätze mit

---

[56] Vgl. Artikel 31 Absatz 2 des Entwurfs der EU Datenschutzverordnung vom 25.01.2012, KOM(2012) 11.

[57] Ob darüber hinaus für einzelne Kategorien von Energiedaten (Nutzungsdaten, Einspeisedaten, Steuerungsdaten) zu differenzieren ist, lässt sich derzeit nicht abschließend einschätzen. Im Interesse einer möglichst einfachen Handhabe sind allerdings einheitlich anwendbare Speicher- und Löschfristen wünschenswert.

eindeutigem Personenbezug und eine längere für pseudonymisierte Daten (mit anschließender Option der Vollanonymisierung). Mit Blick auf die gebotene Interessenabwägung (§ 21 g Absatz 6 Satz 7 EnWG) empfiehlt sich dringlich, an einer abstrakten Interessenabwägung festzuhalten, statt in der Rechtsverordnung den weitergehenden Vorbehalt der jeweiligen Interessenabwägung im Einzelfall zu setzen. Selbstverständlich muss auch die abstrakte Interessenabwägung dabei „den Grundsätzen der Verhältnismäßigkeit, insbesondere der Beschränkung der Erhebung, Verarbeitung und Nutzung auf das Erforderliche, sowie dem Grundsatz der Zweckbindung Rechnung tragen" (§ 21 g Absatz 6 Satz 3 EnWG). Nur so dürfte es gelingen, die aus der Praxis bekannten, oft unvertretbar hohen Planungsunsicherheiten und Kostenfolgen für verantwortliche Stellen bzw. „Umgangsberechtigte" hinsichtlich der Datenspeicherung und Datenlöschung zu vermeiden.

## 6. Zusammenfassung

Mit § 21 g EnWG geht der Gesetzgeber einen wichtigen ersten Schritt in Richtung eines moderneren Datenschutzrechts, das durch eine skalierte Verarbeitung von großen Datensätzen – dem *Big Data* – gekennzeichnet ist. Dabei ist für die unterschiedlichen Verarbeitungsstufen im Smart Grid und dem Internet der Energie zu erwarten, dass Daten zum Teil datenschutzrechtlich relevanten Personenbezug aufweisen, zum Teil aber pseudonymisiert oder auch voll anonymisiert von diversen Marktteilnehmern genutzt und verarbeitet werden müssen. Die Schaffung eines angemessenen, aber stets auf das Gesamtziel der nachhaltigen Energieversorgung ausgerichteten Datenschutzes ist zwingende Voraussetzung, um ein funktionsfähiges Internet der Energie und die Entfaltung entsprechender Innovationspotenziale zu ermöglichen.

Der Erhöhung der Verkehrsfähigkeit der Energiedaten (insbesondere Energienutzungs-, Energieeinspeise- und Steuerungsdaten) kommt dabei die entscheidende Bedeutung zu. In dem Zusammenhang ist offenkundig, dass das hergebrachte Instrument der Auftragsdatenverarbeitung an natürliche Grenzen stößt und letztlich untauglich ist, komplexe multi-direktionale Datenströme und Verarbeitungsvorgänge, die sich materiell als Funktionsübertragung darstellen, adäquat zu regeln.

Gesetz- und Verordnungsgeber haben dafür Sorge zu tragen, dass sich Innovation und neue Marktteilnehmer, einschließlich der Aggregatoren und Marktmittler, in dem zukünftigen Markt der Energieversorgung und -verteilung insbesondere im Umgang mit Nutzungs-, Einspeise- und Steuerungsdaten entfalten können.

Auf dem Weg dorthin ist größere Flexibilität im Umgang mit pseudonymisierten Energiedaten, die Erweiterung des Katalogs der „Umgangsberechtigten", die

Umsetzung des „privacy by design" und die Einführung robuster, zertifizierter und auditierbarer Sicherheitsstandards im Sinne des „security by design" sowie ein über den Personenbezug des einzelnen Datensatzes übergreifendes Konzept zum Umgang mit Datensicherheitspannen unabdingbare Voraussetzung. Zweckgebundene und in der Praxis skalierbare, von der Betrachtung des Einzelfalls losgelöste angemessene Speicher- und Löschfristen für personenbezogene und pseudonymisierte Daten (mit einer Option, Daten irreversibel zu vollanonymisieren) müssen ergänzend hinzutreten.

Die zum Teil eklatanten handwerklichen Schwächen in der Gesetzestechnik bieten sowohl dem Gesetzgeber als auch dem (zur weiteren Ausführung beauftragten) Verordnungsgeber weiteren Anlass, das Datenschutzrecht mit Blick auf die vorstehenden Überlegungen innovations- und marktorientiert deutlich weiter zu entwickeln.

# Verfassungs- und datenschutzrechtliche Anforderungen an die technische Gestaltung von sogenannten Staatstrojanern

Von *Jan Dirk Roggenkamp*

**Abstract**

Das heimliche Abhören von verschlüsselten Voice-Over-IP-Telefonaten durch die Strafverfolgungsbehörden stellt sich sowohl technisch als auch rechtlich als Herausforderung dar. Der Beitrag führt in die Problematik der Quellen-Telekommunikationsüberwachung und seine datenschutz- und verfassungsrechtlichen Implikationen – einschließlich des „neuen" Grundrechts auf Gewährleistung der Integrität und Vertraulichkeit informationstechnischer Systeme – ein. Sodann werden im einzelnen die rechtlichen Zielvorgaben für die Schaffung eines rechtskonformen „Staatstrojaners" dargestellt.

## I. Ausgangslage

Die verdeckte, unbemerkte Observation und Datenerhebung stellt seit jeher eine der wichtigsten Ermittlungsmethoden der Strafverfolgungsbehörden dar. Als Mittel der Kriminalitätsbekämpfung ist sie insbesondere bei der Verfolgung und Zerschlagung organisierter Kriminalität unabdingbar. Der Sinn und Zweck der Heimlichkeit der jeweiligen Maßnahme liegt auf der Hand: Bei einer Offenlegung der Maßnahme wäre ihr Zweck gefährdet beziehungsweise in der Regel nicht (mehr) erreichbar. Neben dem Einsatz verdeckter Ermittler[1] und der heimlichen akustischen Observation (insbesondere des Wohnraums) ist die Überwachung der Telekommunikation ein wichtiger Bestandteil im Arsenal der „Ermittlungsbefugnisse" des Staates.

Auf Grund des erheblichen Missbrauchspotentials dieser Maßnahmen, für deren krasse Auswüchse in Deutschland die Abkürzungen GeStaPo und StaSi synonym stehen, sowie auf Grund der Intensität der mit ihnen verbundenen

---

[1] Verdeckte Ermittler sind Beamte des Polizeidienstes, die unter einer ihnen verliehenen, auf Dauer angelegten, veränderten Identität (Legende) ermitteln, § 110a Abs. 2 Satz 1 StPO.

Grundrechtseingriffe[2] hat der Gesetzgeber den heimlichen Maßnahmen strikte Grenzen gesetzt. So ist eine Überwachung der Telekommunikation nur zulässig, wenn ein Verdacht einer im Katalog des § 100a Abs. 2 StPO bezeichneten „schweren Straftat" vorliegt, diese Tat auch im Einzelfall schwer wiegt und Ermittlungen auf andere Art und Weise „wesentlich erschwert oder aussichtslos" wären. Grundsätzlich darf sie nur auf Antrag der Staatsanwaltschaft durch ein Gericht angeordnet werden, § 100b Abs. 1 StPO. Wird eine Telekommunikationsüberwachungsmaßnahme angeordnet, sind Telekommunikationsdiensteanbieter, die Telekommunikationsleistungen für die Öffentlichkeit anbieten, gesetzlich verpflichtet, die Ermittlungsbehörden bei der Umsetzung der Maßnahme zu unterstützen, vgl. § 110 TKG. Bereits im Vorfeld derartiger Überwachungsmaßnahmen besteht nach § 110 Abs. 1 Nr. 1 TKG die Verpflichtung „ab dem Zeitpunkt der Betriebsaufnahme auf eigene Kosten technische Einrichtungen zur Umsetzung gesetzlich vorgesehener Maßnahmen zur Überwachung der Telekommunikation vorzuhalten und organisatorische Vorkehrungen für deren unverzügliche Umsetzung zu treffen".[3]

Nach Anordnung kann somit mit der technischen Umsetzung der Telekommunikationsüberwachung begonnen werden. Diese lässt sich technisch wie folgt (grob vereinfacht) skizzieren: Der Telekommunikationsanschluss der Zielperson wird dergestalt manipuliert, dass jedweder Telekommunikationsvorgang in Zusammenarbeit mit dem Betreiber über eine Abhörstelle ausgeleitet und von dieser wieder in das allgemeine Telekommunikationsnetz eingeleitet wird. Die Abhörstelle befindet sich also zwischen den Telekommunikationsteilnehmern. Diese technische Grundkonfiguration findet sich bei allen Varianten der sog. leitungsvermittelten Telefonie, also dem Public Switched Telephone Network (PSTN), dem Integrated Services Digital Network (ISDN) sowie bei den Mobilfunknetzen.

In diesem Zusammenhang lag bis vor kurzem die tatsächliche Hauptproblematik der Telekommunikationsüberwachungstätigkeit darin, dass die Zielperson gegebenenfalls relevante Gespräche nicht vom überwachten Anschluss führte oder sich (z. B. im Bereich der organisierten Kriminalität üblich) über eine Art „Geheimsprache" austauschte. Mit dem Aufkommen breitbandiger Internetverbindungen hat sich die so genannte IP-Telefonie (sog. Voice over IP – VoIP) immer mehr durchgesetzt. Bei dieser laufen im Gegensatz zur leitungsvermittelten Telefonie nicht mehr alle Verbindungen beim Netzbetreiber zusammen. Es handelt sich um eine dezentrale Telekommunikationslösung, bei welcher, der dezentralen Grundstruktur des Internet entsprechend, Gesprächsinhalte direkt von

---

[2] Insbesondere in das durch Art. 10 GG geschützte Fernmeldegeheimnis.

[3] Näheres zu den technischen Anforderungen findet sich in der Telekommunikations-Überwachungsverordnung (TKÜV) sowie in der Technischen Richtlinie zur TKÜV (TR TKÜV).

Endgerät zu Endgerät auf einem nicht vorhersehbaren Weg durch das Internet geleitet werden.[4] Wenn beide Kommunikationsteilnehmer eine VoIP-Lösung nutzen, führt dies dazu, dass die herkömmliche Telekommunikationsüberwachung fehlschlägt, weil keinerlei Übergang in das PSTN stattfindet.

In der Praxis betrifft dies in großem Umfang die Telekommunikation über den Skype-Dienst[5]. Hierbei handelt es sich um eine softwarebasierte VoIP-Lösung, die auf einer Peer-to-peer-Architektur basiert und zudem durchgängig (d. h. „Ende-zu-Ende") eine starke Verschlüsselung der Kommunikationsinhalte[6] bietet. Selbst wenn also eine herkömmliche Telekommunikationsüberwachungsmaßnahme versucht würde, könnten die Ermittlungsbehörden die Kommunikationsdaten nach derzeitigem Stand der Technik zumindest dann nicht entschlüsseln, wenn beide Kommunikationsteilnehmer über die Softwarelösung telefonieren (also kein Übergang in das PSTN erfolgt). Die Skype-Lösung ist in ihrer Grundkonfiguration kostenfrei nutzbar. Eine kostenlose Clientsoftware existiert für alle gängigen Plattformen, einschließlich aktuellen Smartphones mit iOS oder Android Betriebssystem. Durch die Nutzung von Skype (und ähnlichen Lösungen) ist es somit de facto zum Nulltarif möglich „Telefonate" zu führen, was der Hauptgrund für die weite Verbreitung sein dürfte. Die „Abhörsicherheit" ist freilich ein willkommenes Feature.

Auf Seiten der Ermittlungsbehörden wurde die einzige Möglichkeit der Auflösung dieses technischen Dilemmas darin gesehen, so genannte Staatstrojaner als Hilfsmittel einzusetzen[7]. Hierbei handelt es sich um Softwarelösungen zur Überwachung des Rechners der jeweiligen Zielperson[8]. Diese Software wird ohne das Wissen der Zielperson auf den Rechner aufgespielt (sog. Einbringung). Nach Inbetriebnahme ist es den Ermittlungsbehörden möglich, die über die Kommunikationssoftware (i. d. R. Skype) versandten und empfangenen Kommunikationsinhalte mit Hilfe einer Aufnahmeeinheit auszuleiten und zur Auswertung zu speichern. Da die Software rechnerbasiert arbeitet, also nicht an einen bestimmten Anschluss gebunden ist, ist es gleichgültig von wo aus und wie die Zielperson vor der Kommunikation die Verbindung mit dem Internet herstellt. Jedwede Kommunikation, die über den „infizierten" Rechner erfolgt, kann durch Abgreifen an der Quelle „überwacht" werden. Aus diesem Grund spricht man

---

[4] *Gorgass*, Staatliche Abhörmaßnahmen bei Voice-over IP, 2011, S. 13.

[5] Http://www.skype.com.

[6] Verschlüsselung auf Basis von AES (Schlüssellänge 256 Bits). Die Übertragung der symmetrischen AES-Schlüssel erfolgt asymmetrisch per RSA (Schlüssellänge 1024 Bits), *Eren/Detken*, VoIP Security: Konzepte und Lösungen für sichere VoIP-Kommunikation, S. 98.

[7] Hierzu und zu Einzelheiten der sog. Staatstrojaner-Affäre *Braun/Roggenkamp*, K&R 2011, 681, 682 mit weiterführenden Verweisen.

[8] Auf Grund dieser Funktionsweise wäre es zutreffender von einer „Staatswanze" zu sprechen. Der Begriff „Staatstrojaner" hat sich für diese Software jedoch „durchgesetzt".

auch von Quellen-Telekommunikationsüberwachung. Nutzt die Zielperson einen anderen Rechner (z. B. in einem Internetcafé), ist es hingegen nicht möglich die Kommunikation auszuleiten, auch wenn dasselbe Nutzeraccount verwendet wird.

Die soeben skizzierte Praxis der Quellen-Telekommunikationsüberwachung wurde Ende 2011 durch Mitglieder des Chaos Computer Club (CCC) medienwirksam angeprangert. Der CCC veröffentlichte ein Dokument[9] über die konkrete Funktionsweise der in mehreren Einzelfällen verwendeten Softwarelösung eines privaten Anbieters. Festgestellt wurden diverse eklatante „Mängel", die mit den rechtlichen Vorgaben des Bundesverfassungsgerichts (hierzu sogleich) aber auch des Datenschutzrechts nicht vereinbar waren und sind. Presseberichten zufolge wurde die Verwendung der „schlichtweg schlampig" programmierten Software[10] einstweilen eingestellt.

## II. Hintergrund: das sog. IT-Grundrecht

Die Frage der rechtlichen und technischen Anforderungen an die Quellen-Telekommunikationsüberwachung mit Hilfe von Staatstrojanern wurde vom Bundesverfassungsgericht (BVerfG) im Rahmen der Entscheidung zur Zulässigkeit der sog. Online-Durchsuchung[11] mitentschieden.

Primär ging es bei dieser Entscheidung um die Frage der verfassungsrechtlichen Zulässigkeit der heimlichen Durchsuchung, der auf einem Zielrechner abgelegten Inhalte, mit Hilfe so genannter Online-Durchsuchungssoftware. Das BVerfG stellte fest, dass jeglicher staatlicher Zugriff auf ein informationstechnisches System einen Eingriff in das (vom BVerfG in der Online-Durchsuchungs-Entscheidung erstmals erwähnten) Grundrecht auf Gewährleistung der Vertraulichkeit und Integrität informationstechnischer Systeme (kurz „IT-Grundrecht") darstellt. Dieses Recht sei gewissermaßen eine zeitgemäße Ausprägung des allgemeinen Persönlichkeitsrechts (Art. 2 Abs. 1 i. V. m. Art. 1 Abs. 1 GG), welche berücksichtigt, dass informationstechnische Systeme und ihre ubiquitäre Nutzung durch die Bürger heutzutage einen wesentlichen Anteil an ihrer Persönlichkeitsentfaltung haben. Es erkennt an, dass auf und mit Hilfe von IT-Systemen persönliche und persönlichste Angelegenheiten geschrieben, gespeichert, verwaltet

---

[9] Chaos Computer Club (CCC), „Analyse einer Regierungs-Malware" v. 8. 10. 2011 – http://www.ccc.de/system/uploads/76/original/staatstrojaner-report23.pdf (i. W. „Analyse").

[10] Vgl. http://www.tagesschau.de/inland/trojanerhintergrund100.html (abgerufen am 10. 3. 2012).

[11] BVerfG, Urteil vom 27. 2. 2008 – 1 BvR 370/07 und 1 BvR 595/07 – im Volltext abrufbar unter www.bverfg.de.

etc. werden. In diesen höchst privaten, vielfach der Intimsphäre zuzurechnenden (Rückzugs-)raum des Bürgers darf der Staat nicht ohne weiteres eindringen:

„Das Grundrecht auf Gewährleistung der Integrität und Vertraulichkeit informationstechnischer Systeme ist [...] anzuwenden, wenn die Eingriffsermächtigung Systeme erfasst, die allein oder in ihren technischen Vernetzungen personenbezogene Daten des Betroffenen in einem Umfang und in einer Vielfalt enthalten können, dass ein Zugriff auf das System es ermöglicht, einen Einblick in wesentliche Teile der Lebensgestaltung einer Person zu gewinnen oder gar ein aussagekräftiges Bild der Persönlichkeit zu erhalten. Eine solche Möglichkeit besteht etwa beim Zugriff auf Personalcomputer, einerlei ob sie fest installiert oder mobil betrieben werden. Nicht nur bei einer Nutzung für private Zwecke, sondern auch bei einer geschäftlichen Nutzung lässt sich aus dem Nutzungsverhalten regelmäßig auf persönliche Eigenschaften oder Vorlieben schließen. Der spezifische Grundrechtsschutz erstreckt sich ferner beispielsweise auf solche Mobiltelefone oder elektronische Terminkalender, die über einen großen Funktionsumfang verfügen und personenbezogene Daten vielfältiger Art erfassen und speichern können."[12]

Die heimliche Infiltration eines informationstechnischen Systems, mittels derer die Nutzung des Systems überwacht und seine Speichermedien ausgelesen werden könnten, sei daher verfassungsrechtlich nur zulässig, wenn tatsächliche Anhaltspunkte einer konkreten Gefahr für ein überragend wichtiges Rechtsgut[13] bestünden.[14] Ein Eingriff bedürfe einer verfassungsmäßigen gesetzlichen Grundlage, die insbesondere den Grundsätzen der Normenklarheit und Normenbestimmtheit entspricht und den Verhältnismäßigkeitsgrundsatz wahrt.[15]

Dies gilt nicht nur für die Durchführung einer Online-Durchsuchung sondern auch für die Quellen-Telekommunikationsüberwachung. Sobald ein komplexes informationstechnisches System (z. B. ein PC) zum Zweck der Quellen-Telekommunikationsüberwachung technisch infiltriert wird, so das BVerfG, ist mit der Infiltration die entscheidende Hürde genommen, um das System insgesamt auszuspähen. Die dadurch bedingte Gefährdung gehe weit über die hinaus, die mit einer „normalen" Telekommunikationsüberwachung (also der bloßen Überwachung der laufenden Telekommunikation) verbunden ist. Insbesondere

---

[12] BVerfG, Urteil vom 27. 2. 2008 – 1 BvR 370/07 und 1 BvR 595/07 – Rz. 203.

[13] Überragend wichtig sind nach dem BVerfG „Leib, Leben und Freiheit der Person oder solche Güter der Allgemeinheit, deren Bedrohung die Grundlagen oder den Bestand des Staates oder die Grundlagen der Existenz der Menschen berührt".

[14] BVerfG, Urteil vom 27. 2. 2008 – 1 BvR 370/07 und 1 BvR 595/07 – Leitsatz 2.

[15] Die Regelungen zur „normalen" repressiven Telekommunikationsüberwachung (§§ 100a, b StPO) sind unzureichend, *Braun/Roggenkamp*, K&R 2010, 681, 683f. Wie *Albrecht* und *Dienst* belegen, existiert bis dato (März 2012) keine landes- oder bundesgesetzliche Ermächtigungsgrundlage zur Durchführung einer Online-Durchsuchung oder Quellen-Telekommunikationsüberwachung, die den Anforderungen des BVerfG vollumfänglich entspricht, *Albrecht/Dienst*, JurPC Web-Dok. 5/2012 – abrufbar unter www.jurpc.de.

könnten auch die auf dem Personalcomputer abgelegten Daten zur Kenntnis genommen werden, die keinen Bezug zu einer telekommunikativen Nutzung des Systems aufweisen. Erfasst werden könnten beispielsweise das Verhalten bei der Bedienung eines Personalcomputers für eigene Zwecke, die Abrufhäufigkeit bestimmter Dienste, der Inhalt angelegter Dateien oder – soweit das infiltrierte informationstechnische System auch Geräte im Haushalt steuert – das Verhalten in der eigenen Wohnung.[16]

### III. Rechtliche Anforderungen an „Staatstrojaner"

Das BVerfG erkennt, dass man mit der Einschleusung der Staatstrojaner-Software technisch gewissermaßen „den Fuß in der Tür" zum gesamten PC-System hat. Dementsprechend fordern die Verfassungsrichter vom Gesetzgeber und den einsetzenden Stellen, dass sowohl durch rechtliche[17] als auch durch technische Vorkehrungen sichergestellt wird, dass eine Quellen-Telekommunikationsüberwachung mit Hilfe von Staatstrojaner-Software wirksam auf die tatsächlich erforderlichen Maßnahmen begrenzt wird. Die Überwachung ist „ausschließlich auf Daten aus einem laufenden Telekommunikationsvorgang" zu beschränken, was „durch technische Vorkehrungen und rechtliche Vorgaben sichergestellt" werden muss.[18]

Sowohl bei der Erstellung als auch beim Einsatz eines Staatstrojaners sind des Weiteren die Vorgaben des Datenschutzrechts zu beachten. Das Recht auf informationelle Selbstbestimmung läuft auch bei (derzeit fiktiver) grundsätzlicher rechtlicher Zulässigkeit nicht leer. Beachtung finden müssen vor allem die in § 9 BDSG (bzw. den landesrechtlichen Pendants) niedergelegten Anforderungen an die zu treffenden notwendigen organisatorischen und technischen Maßnahmen zur Sicherung der Integrität und Vertraulichkeit der mit Hilfe der Staatstrojaner-Software erhobenen, genutzten und verarbeiteten personenbezogenen Daten. Mit Blick auf die hohe Sensibilität dieser Daten und die theoretisch umfangreiche Zugriffsmöglichkeit auf Informationen, die regelmäßig dem privaten und intimen Bereich der Zielperson (den sog. Kernbereich der Persönlichkeitsentfaltung) zuzuordnen sind, ist ein strenger Maßstab geboten.

---

[16] BVerfG, Urteil vom 27. 2. 2008 – 1 BvR 370/07 und 1 BvR 595/07 – Rz. 188.
[17] Hierzu umfassend auch *Popp*, ZD 2012, 51.
[18] BVerfG, Urt. v. 27. 02. 2008 – 1 BvR 370/08, 1 BvR 595/07 – Abs. 189 f.

## IV. Technische Zielvorgaben

Um dem zu entsprechen, ist eine Reihe von organisatorischen und technischen Zielvorgaben[19] zu beachten, die im Folgenden nur skizziert werden können. Vorausgeschickt sei der Betrachtung die im Rahmen der mündlichen Verhandlung der Online-Durchsuchung geäußerte Auffassung eines Sachverständigen, dass die technische Realisierung einer den Anforderungen des BVerfG entsprechenden Quellen-Telekommunikationsüberwachungslösung derzeit nicht möglich sei.[20] Es gibt bislang, soweit ersichtlich, keine Referenzsoftware, deren Nutzung sowohl mit dem Grundrecht auf informationelle Selbstbestimmung als auch dem IT-Grundrecht vereinbar wäre. Die vom Chaos Computer Club[21] als auch die vom Bundesbeauftragten für den Datenschutz und die Informationsfreiheit (BfDI)[22] untersuchten bislang eingesetzten Lösungen haben sich als weit von jeglicher Rechtskonformität entfernt erwiesen. Mitunter wurden scheinbar selbst Anforderungen, die im IT-Sicherheitsbereich als selbstverständliches Minimum gelten können, nicht erfüllt.

### 1. Monofunktionalität

Sinn und Zweck einer Quellen-Telekommunikationsüberwachungssoftware ist die Überwachung der Telekommunikation. Das heißt, dass nur laufende Telekommunikation überwacht und ausgeleitet werden darf. Technisch besteht jedoch die Möglichkeit, eine einmal installierte Staatstrojanersoftware beliebig „aufzurüsten". Denkbar sind beispielsweise Zusatzfunktionen wie die Ausleitung sämtlicher durch das Mikrofon wahrnehmbarer akustischer Signale, das heimliche Aktivieren der Webcam und Ausleiten eines Videostreams, die Zugriffseröffnung auf sämtliche gespeicherte Dateien oder die Übertragung eines Spiegelbildes der Bildschirmoberfläche entweder in Echtzeit oder als Abfolge von Screenshots. Auch wenn derartige Features aus der entsprechenden Perspektive durchaus „reizvoll" sein können, ist doch das damit geschaffene Missbrauchspotential immens. Daher muss eine Software zur Durchführung einer Quellen-Telekommunikationsüberwachung zwingend so gestaltet werden, dass jedwede

---

[19] Eine Vorgabe konkreter technischer Verfahren (z. B. zur Verschlüsselung) wird bewusst verzichtet.

[20] Vgl. *Hoffmann-Riem*, JZ 2008, 1009, 1022.

[21] Chaos Computer Club (CCC), „Analyse einer Regierungs-Malware" v. 8. 10. 2011 – http://www.ccc.de/system/uploads/76/original/staatstrojaner-report23.pdf.

[22] Der unter VS-NfD stehende Bericht des BfDI wurde im Februar 2012 „geleakt", d.h. im Internet allgemein verfügbar gemacht, vgl. detaillierte Berichterstattung unter http://www.golem.de/news/staatstrojaner-abgehoerte-sexgespraeche-per-skype-liessen-sich-nicht-loeschen-1202-89869.html sowie http://www.ccc.de/de/updates/2012/schaar-bericht.

„Zusatzfunktionalität" nicht nur deaktiviert, sondern gar nicht vorhanden ist. Die Software muss zwingend monofunktional nur die Ausleitung der laufenden Telekommunikation ermöglichen. Auch die Möglichkeit eines entsprechenden Updates, also der zukünftigen Erweiterung einer einmal installierten Software aus der Ferne, muss sich zwingend auf die zulässigen Funktionen beschränken. Es darf den Ermittlungsbehörden – und freilich auch unberechtigten Dritten – von vorneherein nicht möglich sein, andere Inhalte als die laufende Kommunikation zu überwachen.

Bei einer „normalen" Telekommunikationsüberwachung dürfen Kommunikationsinhalte, die den Kernbereich der privaten Lebensgestaltung betreffen, (z. B. intime Gespräche mit dem Partner) nicht ab- bzw. mitgehört werden[23]. So es „ausnahmsweise zu ihrer Erhebung gekommen ist", dürfen die Inhalte nicht gespeichert und verwertet werden, sondern sind unverzüglich zu löschen[24]. Gleiches gilt für die Quellen-Telekommunikationsüberwachung. Die Gestaltung der Software muss diese Vorgaben unterstützen. Vorzuhalten ist daher zunächst eine Funktion mit Hilfe derer die Kommunikation zu bestimmten Kommunikationspartnern von der Ausleitung von vorneherein ausgenommen werden kann, wenn feststeht, dass die Zielperson mit diesem lediglich „kernbereichsrelevante" Gespräche führt. Des Weiteren muss die Möglichkeit bestehen, bei einem Mitschnitt oder Mithören in Echtzeit die Gespräche auszublenden. Schließlich ist es unabdingbar, eine Funktion vorzuhalten, mit deren Hilfe bestimmte Telekommunikationsinhalte einfach und dauerhaft gelöscht werden können.[25]

## 2. Vertraulichkeit

Bei den Informationen, die aus der Überwachung der Telekommunikation gewonnen werden, handelt es sich um hochsensible Daten, die in digitaler Form ausgeleitet werden. Der Quellen-Telekommunikation immanent ist ein Abgreifen der Daten zu einem Zeitpunkt, zu dem diese noch nicht verschlüsselt worden sind. Die ungeschützte Ausleitung über das Internet verbietet sich, da die Möglichkeit besteht, dass unbefugte Dritte diese Daten abfangen, zur Kenntnis nehmen und gegebenenfalls weiterverarbeiten. Als technische Maßnahme zur Sicherstellung der Vertraulichkeit ist also z. B. durch hinreichende (d. h. dem jeweiligen Stand der Technik entsprechende), individuelle Verschlüsselungsmaßnahmen sicherzustellen, dass eine Kenntnisnahme unbefugter Personen nicht möglich ist (vgl. auch Nr. 4 der Anlage zu § 9 BDSG – sog. Weitergabekon-

---

[23] Vgl. BVerfG, Urteil vom 27. 7. 2005-1 BvR 668/04-Rz. 663 ff.

[24] BVerfG, Urteil vom 27. 7. 2005-1 BvR 668/04-Rz. 166.

[25] Über diese Funktionalität verfügte die vom BfDI untersuchte Variante offenbar nicht, vgl. http://www.sueddeutsche.de/politik/politik-kompakt-datenschuetzer-entdeckt-maengel-beim-staatstrojaner-1.1281956.

trolle). Verschlüsselt werden können entweder die auszuleitenden Daten oder der Übertragungsweg. So technisch möglich, sollte das Ziel eine doppelte Sicherung durch doppelte Verschlüsselung sein.

Zur Sicherstellung der Vertraulichkeit ist weiterhin dafür Sorge zu tragen, dass der Kreis der Personen, die auf die ausgeleiteten Daten Zugriff haben, nicht nur durch organisatorische sondern auch durch technische Maßnahmen beschränkt ist. Zudem ist auch die auf dem Zielrechner gespeicherte Software technisch so auszugestalten, dass ein Zugriff (und damit ein Ausleiten) durch unbefugte Dritte nicht möglich ist. Das bedeutet, dass die jeweils auf dem Zielrechner gespeicherte Software über eine individuelle Zugriffssicherung (z. B. individuelle Schlüsselworte) verfügen muss. Es ist auszuschließen, dass ein Zielrechner „kompromittiert" wird, die Software also von Dritten aufgefunden und für eigene Zwecke (z. B. Irreführung der Behörden) missbraucht wird. Gleichermaßen ist sicherzustellen, dass ein unbefugter Dritter nicht die Rolle der überwachenden Stelle übernehmen kann und sich z. B. gegenüber der Software als Ermittlungsbehörde ausgeben und Datenströme umleiten kann. Es bedarf somit der Sicherstellung einer gegenseitigen Authentisierung sowohl des Senders (Zielrechner) als auch des Empfängers (Überwachungsstelle).

### 3. Transparenz und Nachvollziehbarkeit

Die Zugriffe auf das Zielsystem mit Hilfe der Software sind detailliert zu protokollieren. Durch diese sog. Eingabekontrolle, die durch Nr. 5 der Anlage zu § 9 BDSG als notwendige Datenschutzmaßnahme statuiert wird, kann gewährleistet werden, dass nachträglich überprüft und festgestellt werden kann, welche personenbezogenen Daten zu welcher Zeit von wem mit der Staatstrojanersoftware abgerufen, verändert, also auch gelöscht und entfernt worden sind.[26] Als Nachweis bieten sich durch die Software selbst automatisiert erstellte und gegen Manipulation geschützte Protokollierungen an.

### 4. Verfügbarkeit

Die Überwachungssoftware muss den Anforderungen an die Verfügbarkeit entsprechen. Nach Nr. 7 der Anlage zu § 9 BDSG ist „zu gewährleisten, dass personenbezogene Daten gegen zufällige Zerstörung oder Verlust geschützt sind (Verfügbarkeitskontrolle)". Bei einer Software zur heimlichen Überwachung der Telekommunikation, die auf einem entfernten Zielrechner aufgespielt ist, bedeutet dies, dass sichergestellt werden muss, dass eine Abfrage auch tatsächlich je-

---

[26] Vgl. allgemein *Gola/Schomerus*, BDSG 10. Aufl. 2010, § 9 Rz. 26.

derzeit möglich ist. Diese Anforderung ergibt sich, unabhängig von datenschutzrechtlichen Erwägungen, freilich bereits aus dem Ziel der Überwachungsmaßnahme selbst. Wie auch die herkömmliche Telekommunikationsüberwachung (vgl. dort z. B. § 100b Abs. 1 Satz 2 StPO), wäre eine Quellen-Telekommunikationsüberwachung nur zeitlich befristet zulässig. Ist in diesem Fall der Zugriff auf Grund von technischen Mängeln nur bedingt oder gar nicht möglich, kann das jeweils der Überwachung zu Grunde liegende Ziel (z. B. Beweisgewinnung) nicht erreicht werden.

*5. Unversehrtheit und Authentizität*

Die Ergebnisse der Überwachungssoftware können und sollen mitunter als Beweismittel für die Schuld (oder Unschuld) der überwachten Zielperson dienen. Die ausgeleiteten Datenströme liegen naturgemäß in digitaler Form vor. Eine Manipulation ist spurlos möglich. Bereits aus diesem Grund ist technisch sicherzustellen, dass die verwendeten Daten nicht verändert und somit verfälscht werden können beziehungsweise dass eine Veränderung nachweisbar ist. Auch hier sind dem Stand der Technik entsprechende Verfahren anzuwenden. Diese technischen Verfahren sind dadurch zu flankieren, dass Untersuchungen der gespeicherten Daten stets nur an Kopien vorgenommen werden. Um hier einem „menschlichen Versagen" vorzubeugen, sollte die Anfertigung dieser Kopien automatisiert erfolgen.

*6. Löschbarkeit*

Das IT-Grundrecht schützt nicht nur die Vertraulichkeit sondern auch die Integrität informationstechnischer Systeme. Das bedeutet, dass technische Eingriffe und Manipulationen, so sie denn überhaupt gerechtfertigt sind, so gering wie möglich gehalten werden müssen. Dies umfasst auch die zeitliche Komponente eines Eingriffs. Sobald die Überwachungsmaßnahme abgeschlossen ist, ist dafür Sorge zu tragen, dass die Software vom Zielrechner möglichst rückstandslos entfernt wird. Es bietet sich also an, eine automatische Deinstallationsroutine vorzuhalten. Diese ist auch für die Fälle notwendig vorzuhalten, dass irrtümlich eine Installation auf einem Rechner erfolgt ist, der nicht von der Zielperson genutzt wird (z. B. der Laptop der Lebensgefährtin).

*7. Lokalisierung und Lokalisierbarkeit*

Rechtlich problematisch und noch weitgehend ungeklärt ist die Frage, ob und inwieweit eine Quellen-Telekommunikationsüberwachung zulässig ist, wenn sich der Rechner außerhalb des örtlichen Zuständigkeitsbereichs der überwachenden Stelle befindet. Erfolgen Überwachungsmaßnahmen de facto im Ausland, ist damit regelmäßig ein Eingriff in die Hoheitsrechte des fremden Staates verbunden. Damit hier entsprechend den – soweit vorhanden und anwendbar – Rechtshilfeübereinkommen[27] agiert werden kann, ist – soweit technisch (z. B. über die Lokalisierung der IP-Adresse) möglich – sicherzustellen, dass der Ermittlungsbehörde bekannt ist, in welchem Land sich der Zielrechner befindet.

Mit Blick auf die Verschleierung des Zieles der Ausleitung der Kommunikationsdatenströme durch die Nutzung von Proxy-Servern ist zu beachten, dass die Nutzung dieser Server dann besonderen datenschutzrechtlichen Anforderungen unterliegt, wenn diese sich im nicht-europäischen Ausland befinden. Nach § 4b Abs. 2 Satz 2 BDSG hat eine Übermittlung von personenbezogenen Daten zu unterbleiben, wenn die empfangende Stelle sich in einem Staat befindet, in dem kein „angemessenes Datenschutzniveau" gewährleistet ist.[28] Das betrifft die Mehrheit der Staaten außerhalb des Europäischen Wirtschaftsraums[29]. Dementsprechend ist die Auswahl des Proxy-Server-Standortes[30] begrenzt.

## 8. Quelltext

Die vorgenannten grundlegenden technischen Rahmenbedingungen für eine rechtskonforme Staatstrojanersoftware sind für sich allein noch nicht ausreichend. § 9 BDSG bestimmt, dass neben den notwendigen technischen auch die erforderlichen organisatorischen Maßnahmen zu treffen sind, um die Gewährleistung von Datenschutz und Datensicherheit sicherzustellen.

Die wohl wesentlichste organisatorische Maßnahme bei der „Schaffung" einer Staatstrojanersoftware ist hierbei die Sicherstellung der Umsetzung der technischen Maßnahmen. Dies hat einerseits durch die praktische Erprobung im Rahmen von Testläufen zu erfolgen. Des Weiteren ist aber durch eine Kontrollinstanz zu überprüfen, ob die rechtlichen Vorgaben an die Programmgestaltung eingehalten wurden oder ob beispielsweise überschießende Funktionen oder Sicherheitslücken vorhanden sind. Dies ist nur mit Hilfe einer Einsichtnahme in

---

[27] Vgl. z. B. Art. 25 ff. des Übereinkommens über Computerkriminalität.
[28] Vgl. *Barnitzke*, ZD-Aktuell 2011, 61.
[29] Ausnahmen sind Argentinien, Australien, Kanada, Schweiz und die Kanalinseln. Bei diesen Staaten hat die Europäische Kommission entsprechend Art. 25 Abs. 6 der EU-DatSchRL im Rahmen des in Art. 31 Abs. 2 EU-DatSchRL geregelten Verfahrens verbindlich festgestellt, dass aufgrund der innerstaatlichen Rechtsvorschriften oder internationalen Verpflichtungen ein „angemessenes Datenschutzniveau" besteht.
[30] Mit dem Betreiber des Proxy-Server-Dienstes ist zudem ein Auftragsdatenverarbeitungsvertrag gem. § 11 BDSG zu schließen und die dort niedergelegten Verpflichtungen sind vor und während des Auftragsverhältnisses zu überprüfen.

den Quelltext der Software sowie aller gegebenenfalls eingebundenen Bibliotheken möglich. Bereits die Durchsicht und Überprüfung eines Quelltextes einer komplexen Softwarelösung stellt für andere als den Autor eine komplizierte Aufgabe dar. Daher ist der Quelltext selbsterklärend und erläuternd zu kommentieren und zu dokumentieren. Liegt lediglich der Binärcode der Software vor, kann diese Anforderung nicht erfüllt werden. Im Rahmen der Beschaffung ist daher die Vorlage des Quellcodes samt Dokumentation zur unabdingbaren Vertragsbedingung zu machen. Der mitunter vorgebrachte Einwand, die Einsichtnahme in den Quellcode würde „Geschäftsgeheimnisse verletzen", kann nicht überzeugen. Eine bedingungslose Überlassung des Quellcodes ist nicht erforderlich. Vielmehr ist der Personenkreis, der tatsächlich Einsicht in den Quellcode erhält, vertraglich zu beschränken und zur Verschwiegenheit zu verpflichten.

Unter diesem Aspekt stellt sich zudem die Frage, ob eine Aufgabe wie die Programmierung von Software, die grundsätzlich geeignet ist, intensiv in die Grundrechte Dritter einzugreifen, und die unmittelbares Hilfsmittel zur Durchführung einer originär staatlichen Aufgabe ist, überhaupt an private Unternehmen ausgelagert werden sollte. Die Frage des „Make or Buy" muss hierbei den Art. 33 Abs. 4 GG (sog. Funktionsvorbehalt) in den Blick nehmen, nach welchem „die Ausübung hoheitlicher Befugnisse" grundsätzlich Angehörigen des öffentlichen Dienstes zu übertragen ist, die in einem öffentlich-rechtlichen Dienst- und Treueverhältnis stehen. Zwar bezieht sich Art. 33 Abs. 4 GG nur auf die „Ausübung" selber, im Falle des Einsatzes von Staatstrojanersoftware also das Überwachen der Zielperson als solche. Die konkrete Gestaltung der Überwachungssoftware ist jedoch maßgeblich für Art und Weise und insbesondere den (rechtskonformen) Umfang der Ausübung. Insofern erscheint es nicht völlig abwegig im Funktionsvorbehalt auch eine (grundsätzliche) Verpflichtung zur Übertragung der Programmierung auf Personen, die in einem öffentlich-rechtlichen Dienst- und Treueverhältnis stehen, zu sehen. In der Praxis ist zwischenzeitlich der Aufbau eines „Kompetenzzentrum Informationstechnische Überwachung (CC ITU)" am BKA in Angriff genommen worden, welches eine neue Überwachungssoftware erstellen soll.[31]

## V. Ausblick

Es ist eine Frage der Zeit, bis das CC ITU eine erste Version dieser neuen Staatstrojanersoftware vorlegen wird. Damit diese zum Einsatz kommen kann, bedarf es indes einer Rechtsgrundlage, die den Anforderungen des Bundesverfassungsgerichts entspricht. Eine solche Rechtsgrundlage gibt es bislang nicht.[32] Solange eine rechtskonforme technische Möglichkeit der Quellen-Telekommu-

---

[31] Antworten auf Schriftliche Fragen des Abgeordneten *Behrens* v. 12. Dezember 2011 (Monat Dezember 2011, Arbeits-Nr. 12/163 und 164).

nikationsüberwachung nicht existiert, ist es dem Gesetzgeber verwehrt eine entsprechende Norm zu schaffen. Ein Gesetz, das einen technisch unmöglichen Eingriff erlaubt, ist nicht geeignet, das mit dem Gesetz verfolgte Ziel zu erreichen und ist daher unverhältnismäßig und rechtswidrig.[33]

## Literatur

*Albrecht*, Florian / *Dienst*, Sebastian: Der verdeckte hoheitliche Zugriff auf informationstechnische Systeme – Rechtsfragen von Online-Durchsuchung und Quellen-TKÜ, JurPC Web-Dok. 5/2012, Abs. 1–65

*Barnitzke*, Benno: Staatstrojaner kontra Datenschutzrecht: Die Problematik der Drittlandsübermittlung, ZD-Aktuell 2011, 61

*Braun*, Frank / *Roggenkamp*, Jan Dirk: Ozapftis – (Un)Zulässigkeit von „Staatstrojanern", Kommunikation & Recht 2011, S. 681–686

*Eren*, Evren / *Detken*, Kai-Oliver: VoIP Security: Konzepte und Lösungen für sichere VoIP-Kommunikation, 1. Auflage 2007

*Gola*, Peter / *Schomerus*, Rudolf (Hrsg.): Bundesdatenschutzgesetz – Kommentar, 10. Auflage 2010

*Gorgass*, Tim: Staatliche Abhörmaßnahmen bei Voice over IP: Eine rechtsvergleichende Untersuchung zwischen Deutschland und den USA. Unter besonderer Berücksichtigung der Ausleitung des Sprachkanals (RTP-Streams), Diss. 2011

*Meyer-Goßner*, Lutz: Strafprozessordnung: StPO, Kommentar, München (C.H. Beck), 54. Aufl. 2011

*Popp*, Andreas: Die „Staatstrojaner"-Affäre: (Auch) ein Thema für den Datenschutz – Kurzer Überblick aus strafprozessualer und datenschutzrechtlicher Sicht, ZD 2012, 51–55

---

[32] *Braun / Roggenkamp*, K&R 2010, 681; *Albrecht / Dienst*, JurPC-WebDok 5/2012; a. A. *Meyer-Goßner*, StPO, 54. Aufl. 2011, § 100a Rn. 7a; *Bär*, TK-Überwachung, 2010, § 100a Rn. 32 ff.; *Graf*, in: BeckOK-StPO, § 100a Rn. 114 ff.

[33] *Braun / Roggenkamp*, K&R 2010, 681, 686; vgl. *Baum / Schantz / Hirsch*, Beschwerdeschrift, S. 33, abrufbar unter http://tinyurl.com/6gam6ro.

# Computational Law und Datenschutz

## Informatische Ontologien als formales Werkzeug zur Präzisierung rechtlicher Vorschriften, demonstriert an Teilen des Bundesdatenschutzgesetzes[1]

Von *Siegfried Knöpfler*

### Abstract

In „Computational Law" einführend wird besonders die Technik der informatischen Ontologie und ihrer logischen Grundlage zur formalen Rekonstruktion von Gesetzesinhalten dargestellt. Beispielhaft werden Ausschnitte des BDSG ontologisch präsentiert, für operationelle Nutzung aufbereitet und in einer prototypischen Implementierung vorgestellt. Die verwendete Technologie wird diskutiert und mit alternativen Technologien in Beziehung gesetzt und es werden praktische Nutzanwendungen des vorgestellten Ansatzes skizziert.

### I. Einleitung

Weil unser Recht i. W. auf Statuten, nicht auf Präzedenzfällen, beruht, besteht die Kunst der Gesetzgebung im Kern in der Rekonstruktion bestimmter Empfindungen in Form eines Begriffsgebäudes und eines Satzes von Anwendungsregeln, nämlich Empfindungen dessen, was Fairness und Gerechtigkeit ausmacht. Die tägliche Erfahrung von juristischen Laien wie Fachleuten mit den Ergebnissen dieser Rekonstruktion ist aber, dass diese Kunst nicht immer gut beherrscht wird und die neueren „Werke" zunehmend Mängel offenbaren, insbesondere Mängel, die sich in unklaren, redundanten oder mehrdeutigen Begriffen und Begriffsbeziehungen zeigen und damit die geregelte Gesetzesanwendung extrem aufwendig machen. Dadurch wird der Einsatz elektronischer

---

[1] Die Erstellung dieser Arbeit wurde von der Collogia Unternehmensberatung AG gefördert und wird weiter unterstützt durch Bereitstellung einer Webseite mit Ergänzungsmaterialien. Insbesondere sind dies die im Kap. IV abgedruckten Graphiken, vergrößerbar und in ihrer ursprünglich farbigen Form, alle in diesem Beitrag erwähnten Internetlinks, direkt klickbar, und das im Kap. V vorgestellte Prolog-Programm, vollständig und mit Anleitung zur Ausführung. Unter der Webadresse http://www.collogia.de/it-services/computational-law.html stehen diese Materialien zur Verfügung.

Verfahren erschwert und die auch für die Rechtsprechungspraxis zu fordernde Wirtschaftlichkeit gefährdet.

Aus dieser Situation ergibt sich die Notwendigkeit der *formalen Modellierung von Begriffen und Begriffsbeziehungen*, die in Gesetzestexten vorkommen, sowie den Regeln ihrer Anwendung,

– um Missverständnissen und Verfahrenskomplikationen vorzubeugen, um die Gesetzesanwendung effizienter, mit weniger bürokratischem Aufwand durchzuführen

– um eine Basis für IT-Unterstützung[2] der Gesetzesanwendung zu erhalten, mit dem Ziel der selektiven Gesetzesautomatisierung.

Ein solches Modell, wie es im vorliegenden Beitrag skizziert wird, verlangt einerseits das Auflösen von Redundanzen und die Disambiguierung der darin einzubettenden Begriffe und Beziehungen und unterstützt andererseits dabei durch Strukturvorgaben und die sich aufbauende Bestandsvernetzung. Disambiguierung, die Auflösung von Mehrdeutigkeiten, kann auf mehreren Ebenen erforderlich werden (lexikographisch / semantisch, syntaktisch[3], pragmatisch / semiotisch) und ist ein nicht vollständig automatisierbarer Prozess. Analoges gilt für die Redundanzauflösung[4]. Allerdings sind hierfür und für die Modellkon-

---

[2] „IT" („Ai-Tieh") steht für „Information Technology" und bezeichnet i. W. das, was früher EDV (Elektronische Daten-Verarbeitung) genannt wurde, bevor es Mode wurde, nur noch die amerikanischen Begriffe zu verwenden. Das vorliegende Papier folgt dieser Mode durchaus!

[3] Ein Beispiel für syntaktische Ambiguität findet sich in § 3 (8) Satz 3 des BDSG: „Dritte sind nicht der Betroffene sowie Personen und Stellen, die im Inland, in einem anderen Mitgliedstaat der Europäischen Union oder in einem anderen Vertragsstaat des Abkommens über den Europäischen Wirtschaftsraum personenbezogene Daten im Auftrag erheben, verarbeiten oder nutzen."

Gemeint ist wahrscheinlich „Dritte sind weder der Betroffene noch Personen und Stellen, die ... personenbezogene Daten im Auftrag erheben, verarbeiten oder nutzen." Logisch auseinander klamüsert hätte diese Lesart die Struktur: „Dritte sind nicht der Betroffene und Dritte sind nicht Personen und Stellen, die ... ".

Die Original-Formulierung lässt aber auch die Lesart zu: „Dritte sind nicht der Betroffene und Dritte sind Personen und Stellen, die ... ".

Das Problem ist hier natürlich, dass der Skopus (Wirkungsbereich) von „nicht" durch die Satzkonstruktion nicht eindeutig bestimmt ist, genauer: wegen syntaktischer Ellipse überhaupt nicht logisch klar bestimmbar ist!

[4] Redundanz entsteht u. a. durch verschiedene Bezeichnung des an sich Gleichen. Z. B. finden sich in §§ 4–4a BDSG nach einander die Bezeichnungen „Geschäftszweck", „Zweckbestimmung" und „Zweck": Gibt es einen Unterschied in der Bedeutung? Aus dem Text ist ein solcher nicht erkennbar, jedenfalls nicht für den juristischen Laien. [Man könnte spekulieren, dass „Zweckbestimmung" sich auf die Beschreibung oder Benennung bezieht, während „Zweck" sich auf den Zweck als solchen (was immer das heißen mag) bezieht. Wie soll aber letzterer ohne Benennung oder Beschreibung inhaltlich erkannt werden?!]

struktion und -anwendung etablierte Techniken der Gebiete *Knowledge Engineering*, *Computational Linguistics* und *Computational Logic* verfügbar, die ihren Ausgangspunkt in der so genannten „Künstlichen Intelligenz" hatten, längst aber zum Informatik-Inventar zählen.

Die Anwendung dieser und weiterer Techniken auf das Gebiet der Gesetzgebung und Rechtsprechung hat zur Etablierung des *Computational Law (CL)* geführt, das an niederländischen[5] und britischen Universitäten und insbesondere in den USA erforscht und gelehrt wird; Lehrveranstaltungen dazu sind auch an deutschen und österreichischen Hochschulen bekannt. Stellvertretend für mehrere sei hier die Uni Stanford genannt mit ihrem Studiengang CL (Definition von CL: *The study of formal representations and automated reasoning with laws in electronically-mediated domains*[6]) und *CodeX*, dem *Stanford Center for Computers and Law*, zu dessen Zielen u. a. folgendes erklärt wird:

> The primary mission of the Center is to explore ways in which information technology can be used to enhance the quality and efficiency of our legal system while decreasing its cost. Our goal is „legal technology" that empowers all parties in our legal system, not the legal profession per se. Such technology should help affected individuals find, understand, and comply with regulations; it should help enforcement organizations monitor and/or enforce compliance; and it should help regulatory bodies analyze proposed regulations for cost, overlap, inconsistency, etc.[7]

Diese Zielbestimmung überlappt weitgehend mit der unsrigen. Die vorliegende Arbeit[8] zeigt als ersten konkreten Schritt die Aufbereitung eines Ausschnitts des Bundesdatenschutzgesetzes (BDSG) in einem logischen Modell als *Machbarkeits-Nachweis* der Unterstützung der beiden eingangs genannten Ziele.

---

[5] Vgl. www.leibnizcenter.org.

[6] http://complaw.stanford.edu/.

[7] http://codex.stanford.edu/index.html.

[8] Bei der intendierten Leserschaft werden weder besondere juristische Kenntnisse vorausgesetzt noch besondere der Informatik. Wenn also der Jurist oder auch der Informatiker sich bei der Lektüre dieses Papiers stellenweise unterfordert fühlt oder seine Terminologie vermisst oder missbraucht sieht, so sei vorab schon um verzeihende Nachsicht gebeten. Ebenso werden speziell alle Leserinnen um Nachsicht gebeten und darum, sich durchaus auch angesprochen zu fühlen durch die bitte als generisch zu verstehende, alle Geschlechter einschließende Verwendung von Funktions- oder Berufsbezeichnungen, die kulturgeschichtlich bedingt halt als Maskulina in diesem Text auftreten. (Sicher denkt *der* Gesetzgeber ähnlich, wenn im Gesetz nur *der* Betroffene, *der* Verbraucher usw. vorkommt, nicht wahr?)

## II. Formale Werkzeuge

Schon ab den 1960er Jahren hat man sich seitens der Forschungsrichtung *Künstliche Intelligenz* (KI) für juristische Setzungen, Regeln und Verfahren interessiert und sich dabei insbesondere der Herausforderung gestellt, die sich aus dem englischen (und, in der Folge, amerikanischen) Präzedenzfall-Recht ergeben (*Rissland* 1988). Abgesehen vom sog. „Richter-Recht" sind diese Probleme bei uns so nicht gegeben; jedenfalls sollen sie für dieses Papier ignoriert werden.

Anfang der 1980er Jahre haben Robert Kowalski und seine Mitstreiter begonnen zu untersuchen, wie Gesetzes- und andere Statuten mit den Mitteln des *Logic Programming* (*LP*) analysiert und dargestellt werden können (*Sergot et al.* 1986, *Kowalski* 1992). Die Ergebnisse dieser Untersuchungen liefern für unser eigenes Vorgehen wertvolle Heuristiken und die Sicherheit, dass LP tatsächlich eine brauchbare Basis bietet. Kowalskis Ansatz der möglichst direkten Übersetzung von Statuten in LP-Programme soll allerdings hier nicht gefolgt werden. Vielmehr soll hier, auch aus Gründen, die in Kap. VI diskutiert werden, zuerst eine *Ontologie* aufgebaut werden, die dann in einem LP-Programm abgebildet, interpretiert und ausgewertet wird.

Auf LP wird im Kapitel V näher eingegangen. Im Folgenden wird erläutert, was hier unter Ontologie verstanden werden soll.

### 1. Ontologie

In der Philosophie steht der Begriff „Ontologie" klassischerweise für „Lehre vom Sein, von den Ordnungs-, Begriffs- u. Wesensbestimmungen des Seienden" (Fremdwörter-Duden). Die (philosophische) Ontologie ist tatsächlich ein weites interessantes Feld, dessen technische Begriffe auch für die Ontologie in der Informatik durchaus von Bedeutung sind (wenngleich durch die informationstechnische Reduktion gelegentlich Trivialisierung entstehen kann).[9]

In der Informatik dagegen hat der Begriff erst in den 1970er Jahren Einzug gehalten, aus der KI kommend, und bezeichnet hier eine *formale Wissensstrukturierungsmethodik*, die im Wesentlichen als Verallgemeinerung einer Begriffstaxonomie verstanden werden kann. (Das prominente Beispiel für Letzteres ist das Linnésche Klassifizierungssystem in der Botanik.) Eine *Ontologie in der Informatik*[10] beschreibt „... einen *Wissensbereich* (knowledge domain) mit Hilfe einer standardisierenden Terminologie sowie Beziehungen und ggf. Ableitungsregeln zwischen den dort definierten Begriffen. Das gemeinsame Vokabular ist

---

[9] Eine gute Darstellung dieses Feldes gibt *Meixner* 2004; in diesem Buch werden auch für die Informatik wichtige Begriffe erläutert und es wird eine Fülle von Anregungen zum präziseren Denken geboten.

in der Regel in Form einer Taxonomie gegeben, die als Ausgangselemente (*modelling primitives*) Klassen, Relationen, Funktionen und Axiome enthält" (*Hesse* 2002[11, 12]).

Die Bereitstellung einer „standardisierenden Terminologie"[13] ist kein einfaches Unterfangen. Direkt verwertbare Ergebnisse sind bisher für den Bereich des Rechts und der Rechtsanwendung in den deutschen Verhältnissen nicht auffindbar; die Literatur ist allerdings voll von interessanten Ansätzen, die Entwicklung scheint jedoch über die in www.lri.jur.uva.nl/jurix2001/legont2001.htm vorgestellten Ansätze nicht wesentlich hinaus gekommen zu sein.[14] Und das damit verbundene *Top-down-* oder auch „deduktive" Vorgehen bedingt einen komplexen, umfangreichen Vorbereitungsprozess und bringt zwangsläufig eine große Datenmenge ins Spiel, bevor vom konkreten Anwendungsbereich, hier das BDSG, überhaupt nur irgendetwas abgebildet ist.[15, 16] Neuere Ontologie-Anstrengungen zielen auf internationalen Abgleich von juristischen Begriffen und auf Klassifizierung (qualifizierte Inventarisierung) des Rechts. Diese Arbeiten sind für die Zielsetzung dieses Papiers nicht wirklich nutzbar: hier ist die Aufgabe nicht die Einordnung von Gesetzen und die Darstellung ihrer Beziehungen untereinander[17], vielmehr geht es um die Modellierung des *Gegenstandsbereichs* eines ganz bestimmten Gesetzes.

---

[10] Im Februar 2002 hatte das Monatsmagazin *Communications of the ACM* das Thema auf dem Cover und in mehreren Artikeln verschiedene Aspekte von „Ontology Applications and Design" behandelt.

[11] Vgl. auch http://de.wikipedia.org/wiki/Ontologie_(Informatik).

[12] Es darf wohl vermutet werden, dass 80% der in Wirtschaft und Industrie in der angewandten Informatik Tätigen mit dem Begriff „Ontologie" nichts anfangen können; von den anderen dürften ihn die meisten deshalb kennen, weil sie sich besonders mit „Web 2.0" und da insbesondere mit dem „Semantic Web" befassen.

[13] auch als Upper Ontology oder Foundation Ontology bekannt, vgl. http://en.wikipedia.org/wiki/ Upper_ontology_(computer_science).

[14] Vgl. insbesondere www.estrellaproject.org.

[15] Für eine neuere Übersicht siehe auch: http://blog.law.cornell.edu/voxpop/category/legal-ontologies/ (besonders der Beitrag http://blog.law.cornell.edu/voxpop/2010/02/15/semantic-enhancement-of-legal-information ...-are-we-up-for-the-challenge/)

[16] Bisher war Zugriff auf die Inhalte auf www.informatik.uni-trier.de/~ley/db/conf/icail/index.html und www.ittig.cnr.it/loait/loait09.html nicht durchführbar. (Ein Zitat aus dem Tagungsband der ICAIL 09: „Ontology design is known to be a difficult task, requiring much more than expertise in an area or competence in logic; legal ontology design, due to the complexity of its domain, makes those difficulties worse." http://portal.acm.org/citation.cfm?id=1563993).

[17] Beispielsweise angesichts § 2 BDSG, der die Begriffe „Öffentliche und nicht-öffentliche Stellen" definiert, stellt sich der juristische Laie die Frage, ob das BDSG wirklich das einzige im deutschen Gesetze-Bestand ist, das diese Definition benötigt. Falls es aber doch andere Gesetze geben sollte, die öffentliche oder nicht-öffentliche Organisationstätigkeiten berühren, wäre eine Inventarisierung der u.U. verschiedenen diesbezüglichen Definitionen zumindest interessant!

Im vorliegenden Papier soll daher ein „induktiver", ein *Bottom-up*-Ansatz verfolgt werden, indem von Begriffen ausgegangen wird, die als Nomina, Verben oder Adjektive in einem bestimmten Gesetzestext vorkommen und als für das Gesetz spezifisch betrachtet (!) werden. Aus diesen Begriffen wird einerseits ein Netz aus hierarchischen und anderen Beziehungen aufgebaut und, davon ausgehend, andererseits – unter Rückgriff auf allgemeines Wissen über die Welt und mit dem „gesunden Menschenverstand" („common sense") – nach Gliederungsbegriffen gesucht, die Lücken in diesem Netz schließen und als Oberbegriffe geeignet sind, das Netz gewissermaßen zu partitionieren. Je nach Geschick und den Verhältnissen im abzubildenden Anwendungsbereich ergeben sich dabei eventuell überlappende Partitionen: in deren Schnittmengen finden sich die mehrdeutigen Begriffe. Dual dazu wird Redundanz erkennbar: Wann immer zwei oder mehr Begriffe sich als Unterbegriffe des gleichen Oberbegriffs finden, muss geprüft werden, ob sich diese Unterbegriffe semantisch wirklich unterscheiden oder ob es sich nur um verschiedene sprachliche Formulierungen des gleichen Inhalts handelt.[18]

Ein wichtiger Vorteil des Top-Down-Ansatzes ist freilich, dass im Ideal-Fall von vornherein genügend viele verschiedene „Haken" bereit gestellt sind, sodass ein neu in die Ontologie einzupassender Begriff eventuell an mehreren davon gleichzeitig „aufgehängt" werden könnte: Damit wird gegebenenfalls beinahe automatisch Mehrdeutigkeit eines Begriffs erkennbar, an die man zunächst nicht gedacht hat. Bei harten Beschränkungen bezüglich der Erweiterbarkeit der Zahl dieser „Haken" wird natürlich auch die Auflösung von Redundanzen gefördert.

(Ein einschlägiger Aufsatz zum deduktiven und induktiven Auf- und Umbauen einer Rechtsbegriffe-Ontologie ist die Arbeit von Garret Wilson (*Wilson* 2006). Etliche der dort genannten Überlegungen finden auch im vorliegenden Papier Anwendung.)

## 2. Ontologie-Strukturierung

Um einen (auch im engeren Sinne!) anschaulichen Zugang zu ermöglichen, soll hier die Struktur unserer Ontologie anhand ihrer graphischen Erscheinungsform erläutert werden.

Im graphentheoretischen Sinn handelt es sich bei der hier zu betrachtenden Ontologie um ein *Netz* aus Knoten und gerichteten Kanten:

---

[18] In *Everett* 2002 wird von einem Ansatz berichtet, unter Rückgriff auf umfangreiche Wissensbasen Gleichbedeutung verschieden lautender Begriffe zu erkennen. [Ein funktionierender, etwas verallgemeinerter Ansatz wäre angesichts redundant formulierter Gesetze (also insbesondere beim BDSG!) sehr hilfreich für das „Eindampfen" unnötiger Textpassagen!]

– *Knoten* sind mit Begriffen oder Rollen etikettiert.
  In der graphischen Darstellung erscheinen Begriffsknoten als hellgraue Kästchen mit abgerundeten Ecken, Rollenknoten als hellgraue Rechtecke.
– *Kanten* sind logisch gesehen *Paare* von Knoten: (Quelle, Ziel) mit ‚Quelle' und ‚Ziel' Platzhalter für Knoten.
  Dargestellt werden Kanten als normale oder fette Linien mit Pfeilspitze (am Ziel-Knoten), die in besonderen Fällen beschriftet sind.

*Knoten repräsentieren Begriffe*, die als Nomina oder als Verben – dann werden sie für das Knotenetikett i. A. nominalisiert – oder als Adjektive wörtlich im Gesetzestext vorkommen.

Manche Knoten repräsentieren *Gliederungsbegriffe*. Diese sind im Gesetzestext *nicht* explizit erwähnt. Sie werden in der induktiven Modellierung i. A. als Oberbegriffe für vorgefundene Begriffe rekonstruiert. (Im Idealfall würden sie bei Betrachtung eines wesentlich größeren Kontexts direkt im Gesetzestext vorkommen oder aus Vorkommen direkt ableitbar sein.)

In der graphischen Darstellung erscheinen Knoten für Gliederungsbegriffe als hellgraue Kästchen mit abgerundeten Ecken und mit einem dunkelgrauen Schatten.

Eine graphische Konvention:

Ein Begriffsknoten kommt logischerweise genau einmal in der Ontologie vor. Aus optischen Gründen ist es oft sinnvoll, Kanten in der Graphik zu vermeiden, etwa solche, die sich über weite Strecken ziehen oder viele andere graphische Elemente kreuzen. In diesen Fällen erscheint das Kästchen, das den Begriff zeigt, mehrfach! Alle solche mehrfachen Vorkommen sind aber nur Referenzen auf den selben Begriff.

*Kanten repräsentieren Beziehungen*. Diese werden im Idealfall als Verben im Gesetzestext ausgedrückt, müssen oft aber erst aus dem Text erschlossen werden. Folgende Beziehungstypen werden hier unterschieden:

– *Subsumtion*: A subsumiert B, wenn B ein Unterbegriff von A (also A Oberbegriff von B) ist, wenn – m. a. W. – jede typische Ausprägung von B sämtliche Eigenschaften jeder typischen Ausprägung von A hat. (B-Dinge haben i. A. zusätzliche Eigenschaften, die zu den Eigenschaften der A-Dinge kompatibel sind.)[19]
  Subsumtion wird als *fetter unbeschrifteter Pfeil* dargestellt, der vom Oberbegriff- zum Unterbegriff-Knoten weist.

---

[19] Insoweit Subsumtion so definiert wird, dass nicht der selbe Unterbegriff von verschiedenen Oberbegriffen subsumiert werden kann, wird eine strenge Begriffshierarchie etabliert. Falls dann diese hierarchische Subsumtion die einzige Beziehungsart ist, ist die Ontologie eine Taxonomie im üblichen Sinne.

- *Instanz*: X instantiiert A falls X eine Ausprägung, ein Exemplar, ein Beispiel für A ist. (Z. B.: Der Hund „Bello" ist eine Instanz des Begriffs „Hund".)
Die Instanz-Beziehung wird als *fetter und mit „Instanz" (oder „Inst.") beschrifteter Pfeil* dargestellt, der vom Begriffsknoten zum Instanzknoten weist. („Instanzknoten" sind keine spezielle Klasse, sie sind halt Begriffsknoten, die bezüglich eines anderen Begriffsknoten eine Instanz repräsentieren.)
- *Rolle*: Hierunter werden alle übrigen Beziehungen zwischen Begriffen aufgeführt; insofern ist „Rolle" sehr umfassend zu verstehen! Die Rollenbezeichnung ist i. A. ein Verb oder eine Präposition und ergibt sich idealerweise aus einem direkten Vorkommen im Text; oft muss die Bezeichnung aber hergeleitet werden. (Beispiele: ‚Maßnahme' >bewirkt> ‚Datenschutz', ‚Datenschutz' >regelt> ‚Datenverarbeitung', ‚Datenschutz' >schützt> ‚personenbezogene Daten')
Dargestellt werden Rollenbeziehungen als ein *Paar von normal-dicken (nichtfetten) Pfeilen*, wovon der erste beim Quellbegriff startet und auf einen *Rollenknoten* (s. o.) weist, der zweite vom Rollenknoten aus auf den Zielbegriff weist.

Zusätzliche *abkürzende Konvention*: Um den häufigen Fall der Rollenbeziehung ‚hat Eigenschaft' von einem (nominalen) Begriff zu einem (meistens adjektivischen) Begriff, der eine Eigenschaft benennt, konziser darzustellen, wird ein weiteres graphisches Element benutzt: eine mit der Eigenschaft benannte graue *Ellipse*, von der ein normaler Pfeil zu dem Begriff mit der genannten Eigenschaft weist.

Benennungskonventionen:

- Mit einem vorangestellten *Sternchen* werden Begriffe oder Rollen markiert, wenn die Benennung abgeleitet, nicht direkt aus dem Text entnommen wurde, z. B. durch Nominalisierung von Verben.
- Mit runden *Klammern* eingeklammert werden Begriffe oder Rollen, deren Benennung aus dem Kontext erschlossen wurde; dies betrifft oft Eigenschafts-Begriffe, aber auch sonstige Begriffe und Rollen.

## 3. Ontologie-Herstellung

In der realen Welt ist mehr oder weniger alles ständig (irgendwie) vorhanden und mehr oder weniger alles mit allem (irgendwie) verbunden. Das gilt auch für die in Texten angesprochene Welt. Deshalb muss beim Aufbauen einer Ontologie ständig alles aussortiert werden, was für das Thema der Ontologie nicht bedeutsam (charakteristisch, relevant, …) ist. Die Vorgehensweise bei der Auswahl der bedeutsamen Begriffe und Beziehungen, die dem vorliegenden Papier zugrunde liegt, wird im Kapitel III. 2. erläutert.

Bezüglich der Beziehungen sind allerdings einige generelle Grundsätze zu beachten, die sich aus der Logik, der philosophischen Ontologie und der guten

Praxis der objektorientierten Modellierung ergeben. Sie scheinen oft der naiven Intuition zu widersprechen und sollen deshalb hier kurz erläutert werden.[20]

### a) Subsumtion & Polysemie[21]

Subsumtion ist die Grundlage der klassischen Taxonomie-Bildung und damit eigentlich streng hierarchisch zu verstehen: Ein Begriff kann danach *nicht* von zwei oder mehr Begriffen verschiedener Bedeutung gleichzeitig subsumiert werden.[22]

Genau dies wäre aber bei Mehrdeutigkeit des Unterbegriffs (Polysemie) der Fall (zumindest zeitweise). Bekanntes Beispiel: „Bank" könnte gleichzeitig unter „Geldinstitut" (als Organisation), „gesichertes Gebäude", „Sitzmöbel" und „Unterwasserformation" subsumiert werden. Die Lösung ist natürlich, dass ambige Begriffe nur deshalb ambig sind, weil momentan nicht genügend Kontext-Information gegeben ist, um eine Disambiguierung zu erlauben. Das heißt, dass das Aufbrechen einer Hierarchie zu einer „Heterarchie"[23] ein hoffentlich *vorübergehender aber häufig notwendiger Zwischenstand* beim Ontologie-Bauen ist: Genau durch die offenbare Möglichkeit der Subsumtion eines Begriffs gleichzeitig unter mehrere Oberbegriffe wird der Bedarf nach Disambiguierung erkennbar. Im genannten Beispiel würde es dann nach der Disambiguierung vier Knoten (mit Etiketten $Bank_1$, $Bank_2$, $Bank_3$, $Bank_4$) geben, die jeweils unter genau einem der o. g. Oberbegriffe subsumiert sind. (Der Vollständigkeit halber könnte dann zwischen den vier Bank-Knoten jeweils die symmetrische *Homonymie*-Beziehung eingetragen werden).

Mit dem Ersatz des einen ambigen Begriffsknoten durch mehrere disambiguierte ergibt sich notwendigerweise ein Umbau derjenigen Bereiche des Ontologie-Netzes, die mit dem ursprünglichen ambigen Knoten verbunden sind. Diese *Differenzierung* (in *Wilson* „refactoring" genannt) kann ein sehr weitreichender Umbau sein. Letztlich ist eine Ontologie nie fertig gestellt; man kann noch nicht

---

[20] Diese Erläuterung profitiert auch von den Überlegungen in *Guarino* 2002.

[21] Der Begriff *Polysemie* (Vieldeutigkeit) wird in der Informatik besonders im Bereich der „objektorientierten Programmierung" zur Bezeichnung von Sachverhalten benutzt, die sonst eher unter den Begriff *Ambiguität* fallen, allerdings einer im Berechnungskontext zur Berechnungszeit auflösbaren.

[22] Nach dieser Maxime könnte es eigentlich objektorientierte Programmiersprachen mit Mehrfachvererbung nicht geben. Vererbung der Eigenschaften (Variablen, Methoden) von Oberklassen zu Unterklassen ist bei OO-Sprachen das Pendant zur Subsumtion von Unterbegriffen durch Oberbegriffe. (Standardbeispiel: Klasse ‚Amphibienfahrzeug' erbt gleichzeitig von Klasse ‚Kraftfahrzeug' und Klasse ‚Schiff'.)

[23] mathematisch: Verband, vgl. http://de.wikipedia.org/wiki/Verband_(Mathematik) und http://de.wikipedia.org/wiki/Formale_Begriffsanalyse.

einmal von stabilen Teilbereichen ausgehen, da eigentlich immer mit der Aufdeckung einer weiteren Polysemie zu rechnen ist, was schon durch das Hinzufügen eines einzelnen Knoten geschehen kann.

Die Identifizierung von redundanten (d. h. im Kontext semantisch äquivalenten) Begriffen hat dagegen für das Ontologie-Netz keine dramatische Auswirkung: Es wird zwischen den Knoten der redundanten Begriffe die *symmetrische Äquivalenzbeziehung* notiert; diese muss natürlich bei logischen Ableitungen immer mit ins Kalkül gezogen werden. Es könnte es sich also zur Steigerung der Nutzungseffizienz anbieten, Netzregionen, die mit verschiedenen aber äquivalenten Begriffsknoten verbunden sind, in eine *Integration* zusammen zu führen.

Hier fällt ein Unterschied auf: Integration ist optional, Differenzierung ist unbedingt notwendig! Das ist natürlich deswegen so, weil Redundanz zwar lästig, Ambiguität aber logisch katastrophal ist.

(Polysemie als Begriffsambiguität darf übrigens nicht verwechselt werden mit der oft beobachtbaren Zuordnung eines Objekts (Gegenstand, Lebewesen etc) als *gleichzeitige Instanz* verschiedener Begriffe: Die Dinge der Welt existieren (in einem gewissen Sinn) unabhängig von Begriffssystemen und können daher oft gleichzeitig in verschiedenste, u. U. inkompatible Klassifizierungen eingeordnet werden, von denen die wenigsten als logisch notwendig zu betrachten sind.)

### b) Subsumtion- & Instanz-Ketten

Wenn umgangssprachlich gesagt wird: „B *ist ein* A", so kann damit zweierlei gemeint sein:

– A subsumiert B, z. B. „Ein Cabrio *ist ein* PKW."
– B ist Instanz von A, z. B. „Das Auto mit Kennzeichen ‚X-Y 999' *ist ein* Cabrio."

Trotz der umgangssprachlichen Ähnlichkeit sind Subsumtion und Instantiierung logisch sehr verschieden. Im Vorgriff auf Kapitel V kann grob gesagt werden, dass es sich bei der Subsumtion um eine *Teilmengen*-Beziehung handelt (im Beispiel: Die Cabrios sind diejenige Teilmenge der PKW, bei denen das Dach ganz geöffnet werden kann.), während es sich bei der Instantiierung um eine *Element*-Beziehung handelt (im Beispiel: Das Auto mit Kennzeichen ‚X-Y 999' ist ein Element der Menge der Cabrios.).

Nachdem also bei der Subsumtion ‚A subsumiert B' beide, A wie B, von der *gleichen Ordnung* sind (A wie B sind Mengen), verwundert es nicht, dass man sich beliebig lange Subsumtions-Ketten vorstellen kann: A subsumiert B subsumiert C subsumiert D ... – die entsprechende Menge wird halt kleiner, bleibt aber Menge.

Hingegen verändert sich bei der Instantiierung ‚B ist Instanz von A' (oder auch: ‚B instantiiert A') die Ordnung: A ist eine Menge, B ein einzelnes Element davon: A ist von *höherer Ordnung* als B. Längere Instantiierungs-Ketten sind damit schwer vorstellbar. In http://de.wikipedia.org/wiki/Taxonomie allerdings ist zu sehen, wie es gehen kann: Auf dieser Seite wird unter der Überschrift „Taxonomie in der Biologie" eine Tabelle angegeben, deren linke Spalte die Kategorien (z. B. ..., Klasse, Ordnung, Familie, Gattung, Art, ...) und deren rechte Spalte die Hierarchie im Reich der vielzelligen Tiere (z. B. ..., Säugetiere, Raubtiere, Katzen, Altwelt-Wildkatzen, Wildkatzen, ...) angibt. Der rechte Spaltenkopf lautet korrekterweise „Beispiel" und deutet an, dass zwischen den Einträgen in der rechten und in der linken Spalte einer jeden Zeile die Instanz-Beziehung besteht; z. B. ist die Hierarchiestufe „Katzen" eine Instanz der Kategoriestufe „Familie". *Kategorien sind Begriffe höherer Ordnung*!

Betrachten wir nun den Kater namens Garfield, so sehen wir, dass Garfield ein Element der Menge der Hauskatzen ist und damit – per Definition der Teilmengen-Beziehung – ein Element jeder Obermenge der Hauskatzen-Menge. Insbesondere gilt: „Garfield" instantiiert „Katzen". Wie wir gerade gesehen haben, gilt auch: „Katzen" instantiiert „Familie". Damit ergibt sich schon mal eine Dreier-Kette: Garfield instantiiert Katzen instantiiert Familie.

Wenn gilt, dass Kategorien Begriffe höherer Ordnung sind, dann sind sie insbesondere Begriffe. Das heißt, *Begriff* subsumiert *Kategorie*![24] Die Ordnung konstituiert also nichts Neues innerhalb einer Ontologie, sie ist nur eine Eigenschaft von Begriffen, die verschieden ausgeprägt sein kann. Deshalb werden Begriffsknoten jeglicher Ordnung in der Ontologie-Graphik gleich dargestellt.

---

[24] In der „reinen Idee" der objektorientierten Programmierung kann ein OO-Programm allein durch Rückgriff auf 3 vordefinierte Klassen und deren vordefinierten Methoden formuliert werden. Üblicherweise heißen diese 3 Klassen *object*, *class* und *metaclass*. Mit den Symbolen –s–> für „is subclass of" und –i–> für „is instance of" bestehen dabei folgende Beziehungen:

*metaclass* –s–> *class* –s–> *object*

*object* –i–> *class* –i–> *metaclass* –i–> *metaclass* (*metaclass* ist Instanz von sich selbst!)

Eine neue Subklasse von *object* entsteht durch Senden von „new" an *class* oder ein Subklasse von *class*, eine neue Instanz entsteht durch Senden von „new" an die zu instantiierende Subklasse von *object*.

In der „reinen" OO sind also Klassen verschiedener Ordnung definiert, wobei der Ordnungsgrad durch die Vorsilbe „meta" bzw. „metameta" ausgedrückt wird: *class* ist die Metaklasse von *object* und *metaclass* ist die Metaklasse von *class* und somit die Metametaklasse von *object*.

## III. Betrachtungsausschnitt des Bundesdatenschutzgesetzes

### 1. Benennung des betrachteten Gesetzestext-Ausschnitts

*§ 9 BDSG nebst Anlage* (Technische und organisatorische Maßnahmen)

– aufbereitet mit partiellem Bezug zu:

*§ 3 BDSG* (Weitere Begriffsbestimmungen) und *§ 4 BDSG* (Zulässigkeit der Datenerhebung, -verarbeitung und -nutzung)

Der betrachtete Gesetzestext-Ausschnitt ist im Anhang wiedergegeben.

Die Ausgangs-Idee war gewesen, §§ 4–4g und § 9 BDSG nebst Anlage insgesamt in eine Ontologie aufzunehmen. Dies hat sich wegen der großen Zahl an Begriffen als für dieses Papier nicht brauchbar erwiesen – die jetzige Graphik ist schon viel zu groß für eine übersichtliche Darstellung. Dennoch wird statt der Ausgangsidee jetzt § 9 nebst Anlage praktisch vollständig abgebildet zusammen mit einigen Begriffen aus § 3 und § 4 (und wenigen informalen Bezügen zu § 1).

Diese Beschränkung hat allerdings für eines der Anliegen unseres Papiers, nämlich klärende Effekte der Modellierung vorzuführen, das unglückliche Ergebnis zur Folge, dass in den untersuchten Gesetzestext-Ausschnitten keine „schönen" Beispiele für Ambiguität[25] oder Redundanz[26] zutage getreten sind und damit die behaupteten interessanten Nebeneffekte der Modellierung mittels Ontologie nicht demonstriert werden können. Allerdings ist eine „ontologische Schwäche" der Formulierung des Gesetzestextes sehr deutlich geworden, nämlich das Fehlen klarer Begriffsbildungen – mehr dazu unten bei der Diskussion der Wörterliste!

---

[25] Aus der Ontologie-Graphik (siehe insbesondere Abbildung 5 in Kap. IV) ergibt sich eine (nur scheinbar?) ambige Zuordnung des Begriffs ‚Automatisierte Verarbeitung' sowohl unter ‚Datenverarbeitung' wie unter ‚Umgang' und des Begriffs ‚Nutzung' sowohl unter ‚Automatisierte Verarbeitung' wie unter ‚Verwendung' – aber beide Fälle sind wohl eher einer zu unpräzisen blumigen Sprache geschuldet. (Andererseits ist es doch wohl nicht verkehrt, das Gesetz wörtlich zu nehmen, oder?!)

[26] Der Modellierer hat einige Verdachtsstellen vorsichtshalber nicht markiert! Es könnte ja doch etwas Unterschiedliches gemeint sein, z. B. wenn im BDSG an einer Stelle vom Löschen von Daten, an anderer Stelle vom Entfernen von Daten die Rede ist: Ist Löschen von Entfernen verschieden? (Da im Kontext auch das Kopieren explizit genannt wird, kann „Entfernen" zumindest nicht als „Kopieren und Löschen" gemeint sein!)

## 2. Extraktion der darzustellenden Begriffe und Beziehungen

Für das vorliegende Papier wurde die Extraktion der Begriffe von Hand vorgenommen, ein Verfahren, das sich für den Real-Einsatz natürlich kaum empfiehlt, vgl. die Diskussion in Kapitel VI und VII.

Im manuellen Verfahren wurden anhand der unten genannten Kriterien Nomina, Adjektive und Verben im Gesetzes-Text ausgewählt und in Listen übertragen und nach Wortarten getrennt sortiert, um Mehrfacheinträge des gleichen Worts zu vermeiden. (In einer Ontologie darf ein und derselbe Begriff logischerweise nicht mehrfach auftreten!) Auf der Basis dieser Wörterlisten wurde dann eine erste Version der Ontologie-Graphik aufgebaut. Für den schrittweise weiteren Ausbau der Graphik wurden allerdings keine Wörterlisten mehr erstellt, da aus der sich aufbauenden Ontologie-Struktur schnell erkennbar wurde, ob ein Begriff schon vorher aufgetreten ist.

Zwischen den Begriffsknoten der Graphik wurden dann Beziehungen eingetragen, wobei der Gesetzestext wieder konsultiert, aber auch auf Alltagswissen (common sense) zurückgegriffen wird. Die solcherart erkannten Beziehungen wurden dann in die Beziehungen-Liste aufgenommen, die eine doppelte Funktion erfüllt:

– Die in der Liste notierten Beziehungen sollen im Gesetzestext vorhandene Aussagen über den Gegenstandsbereich des Gesetzes formalisiert abbilden und damit die Übersicht über die Inhalte des Gesetzes erleichtern. Damit ergibt sich andererseits die Überprüfbarkeit der Korrektheit der Abbildung des Gesetzes in die Ontologie durch juristische Experten.

– Die Liste der Beziehungen bildet die wesentliche Grundlage für die programmtechnische Umsetzung und Nutzung der Ontologie, vgl. Kapitel V.

### a) Relevanz-Kriterien zur Begriffs-Abgrenzung

Bei der Auswahl von Begriffen aus dem Gesetzestext, die in die Ontologie eingebracht werden sollen, steht man vor dem Dilemma, zu viel als relevant zu werten oder aber zu wenig zu berücksichtigen. Spezielle Probleme beim BDSG sind,

– dass die Definitionen in den §§ 1–3 einerseits nicht alle relevanten Begriffe definieren und andererseits den Text mit Definitionen aufblähen, für die eher ein Verweis auf „zuständige" Gesetze angebracht wäre, z. B. für „Beschäftigte" in die Sozialgesetzgebung, und

– dass das Gesetz zusammen mit dem eigentlichen *Datenschutz* (= Schutz *personenbezogener* Daten, *privacy*) gleichzeitig auch die *Datensicherheit* (= Schutz vor Verlust von Daten jeglicher Art, *integrity*) und den *Geheimschutz* (= Schutz vor unberechtigtem Zugriff auf Daten jeglicher Art, *confidentiality*) ins Visier nimmt (und damit fast die gesamte IT abdeckt).

Dadurch wird die Relevanz-Frage nicht erleichtert. Um einen pragmatischen Einstieg zu bekommen, wurden die Begriffe aus den genannten Definitionen berücksichtigt sowie alle Begriffe, die den Gebieten Datenschutz, Datensicherheit und Geheimschutz zurechenbar sind, soweit sie im Gesetzestext (in einer der Wortarten) auftreten, und natürlich Begriffe mit offensichtlich juristischer Relevanz, soweit sie sich dem Gegenstandsbereich des Gesetzes zuordnen lassen.

b) Wörter-Liste

Anhand der vorgenannten Kriterien wurde zuerst eine tabellarische Wörter-Liste aufgebaut, die aus dem gesamten Text der §§ 4–4g sowie § 9 nebst Anlage exzerpiert wurde. Auch nach Bereinigung von Wortarten-Redundanzen (z. B. gleicher Begriff als Nomen und als Verb) war diese Liste mit etwa 200 Einträgen viel zu groß, um Handhabung im Rahmen dieses Papiers zu erlauben.

Deshalb erfolgte dann Einschränkung auf den Text des § 9 nebst Anlage. Das ergab die *Teilliste der Nomina* (unsortiert, um den Bezug zum Text zu ermöglichen):

Maßnahme; Daten; Vorschrift; Anforderung; Aufwand; Verhältnis; Schutzzweck; Organisation; Datenschutz; Datenkategorie; Zutritt; Datenverarbeitungsanlage; Zutrittskontrolle; Datenverarbeitungssystem; Zugangskontrolle; Zugriffsberechtigung; Speicherung; Zugriffskontrolle; Übertragung; Transport; Stelle; Übermittlung; Einrichtung; Datenübertragung; Weitergabekontrolle; Eingabekontrolle; Weisung; Auftraggeber; Auftragskontrolle; Zerstörung; Verlust; Verfügbarkeitskontrolle; Zweck; Verwendung; Stand der Technik; Verschlüsselungsverfahren

... und die (unsortierte) *Teilliste der Adjektive*:

technisch; organisatorisch; selbst; im Auftrag; personenbezogen; erforderlich; angemessen; angestrebt; automatisiert; innerbehördlich; innerbetrieblich; geeignet; unbefugt; berechtigt; ausschließlich; nachträglich; zufällig; unterschiedlich; getrennt

... und die (unsortierte) *Teilliste der Verben*:

erheben; verarbeiten; nutzen; treffen; ausführen; gewährleisten; schützen; verwehren; verhindern; unterliegen; lesen; kopieren; verändern; entfernen; überprüfen; feststellen; vorsehen; eingeben

Nicht alle dieser Wörter finden sich in der Ontologie-Graphik wieder, insbesondere Verben oft nur in nominalisierter Form, Adjektive manchmal als Eigenschaften. Begriffe, für die sich keine Beziehungen – weder Subsumtion, Instanz noch eine Rolle – finden ließen, wurden aus Ökonomie-Erwägungen nicht übernommen: sie hätten zur Ontologie nichts beigetragen.

In der Darstellung dieser drei Teillisten sind die Aussagen des Gesetzestextes natürlich kaum noch erkennbar oder auch nur erahnbar. Und es gibt ein zusätzliches Problem: Da ja ein in einer Ontologie vorkommender Begriff natürlich genau ein einziges Mal vorkommen soll, wurde jedes Wort, das im Gesetzestext vielleicht auch mehrfach auftritt, nur einmal in die Wörterlisten aufgenommen. Dies hat sich hier jedoch als besonders wenig zielführend herausgestellt, weil im Gesetz sehr oft anstelle eines wohldefinierten Begriffs Aufzählungen von Begriffen auftreten, die – mal als Nominalisierung, mal als Verb – das gleiche Repertoire wiederholen oder auch mal subtil variieren (wobei, zumindest für den juristischen Laien, nicht offensichtlich ist, ob diese Variation inhaltliche oder nur stilistische Funktion hat!).

Auch deshalb muss festgestellt werden, dass das (an sich übliche) Vorgehen mit Wörterlisten und Sortierung sich hier nicht bewährt. Beim weiteren Ausbau der Graphik wurde dann auch auf den Zwischenschritt der Wörter-Liste verzichtet. Der weitere Ausbau wurde vorgenommen, weil beim Übertragen der Wörterliste in die Graphik sich Cluster ohne aus § 9 nebst Anhang direkt ableitbaren Verbindungen ergeben hatten. Erst durch Hinzunahme von Teilen des § 3 und § 4 wurde es möglich, die Inseln zu verbinden. Das Problem der von den Gesetzesformulierern vermiedenen Begriffsbildung[27] wurde versuchsweise dadurch angegangen, dass beim Ontologiebau ganze Nominalphrasen oder eine kurze Liste direkt als Begriffsbenennung übernommen bzw. Hilfsbegriffe „erfunden" wurden, an eingeklammerter Benennung erkennbar, an wenigen Stellen mit Angabe der jeweiligen Aufzählung kommentiert.

---

[27] Es ist klar, dass Begriffsbildung eine hohe Kunst ist und eine schwierige, die insbesondere auch die Zeitläufte überbrücken muss. Auf diesem Hintergrund ist es billig, juristische und verwaltungstechnische Fachbegriffe wie die Grunddienstbarkeitsbewilligungserklärung (Erlaubnis, ein Grundstück zu überqueren) zu glossieren. Eine ganz andere Baustelle ist die notwendige Unterscheidung der Verwendung von Fachbegriffen im juristischen und Verwaltungs-Diskurs von ihrer Verwendung in der Kommunikation mit dem Bürger: hier ist Übersetzung angebracht zusammen mit dem Hinweis auf den beim Übersetzen unvermeidlichen Verlust an Bedeutungsschärfe. (Übrigens wäre ohne die Schöpferkraft und den Nominalisierungseifer von Generationen von Juristen und Verwaltungsleuten unsere Umgangssprache um sehr viele präzise Begriffe ärmer!)

## c) Beziehungen-Liste

Für das Ergebnis viel wichtiger als die Wörter-Liste ist die Liste der Beziehungen. Diese wird aus der Ontologie-Graphik aufgesammelt. Das Vorgehen erfolgt in Schritten:

- systematische Betrachtung der Begriffsknoten bezüglich möglicher Beziehungen,
- Rückgriff auf den Gesetzestext, um gefundene Beziehungen gegebenenfalls zu verifizieren,
- Aufsammlung der in der Graphik etablierten Beziehungen
- Herstellung ein-eindeutiger Bezeichnung (ist notwendig, wenn aus dem Kontext unterscheidbare Knoten gleich benannt sind).

Das Aufbauen der Beziehungen-Liste ist der wichtigste Schritt innerhalb der Aufgaben des hier dargestellten Ansatzes, weil für den operativen Hauptnutzen einer aufgebauten Ontologie entscheidend, nämlich der formalen Ableitbarkeit von Anwendungsbedingungen des Gesetzes. Gleichzeitig ist dieser Schritt auch die zentrale Schwachstelle unseres Ansatzes, weil hierfür die wenigsten formal fundierten Regeln verfügbar sind: Hier ist Intuition und Kreativität gefordert! Mit anderen Worten, es fehlt hier die operatonale Basis.

Um Doppelarbeit zu vermeiden, wird die Beziehungen-Liste ohne Aufsammeln in separate Tabellen gleich als Teil der Prolog-Datenbasis aufgebaut (vgl. unten, Kap. V.2; dort werden wesentliche Teile der Beziehungen-Liste gezeigt). Das ist auch eine Folge der unterschiedlichen Funktion: Die Wörter-Listen sind Input für die Graphik, die Beziehungen-Liste ist Output aus der Graphik.

## IV. Ontologie-Graphik des BDSG-Betrachtungsausschnitts

Um die Erinnerung an die Erläuterungen aus Kapitel II. 2. in konziser Form zu unterstützen, wird in Abbildung 1 ein (hoffentlich) selbsterklärendes kleines Netz gezeigt, in dem alle für die Ontologie benutzten graphischen Elemente vorkommen und mit „sich selbst" beschriftet sind.

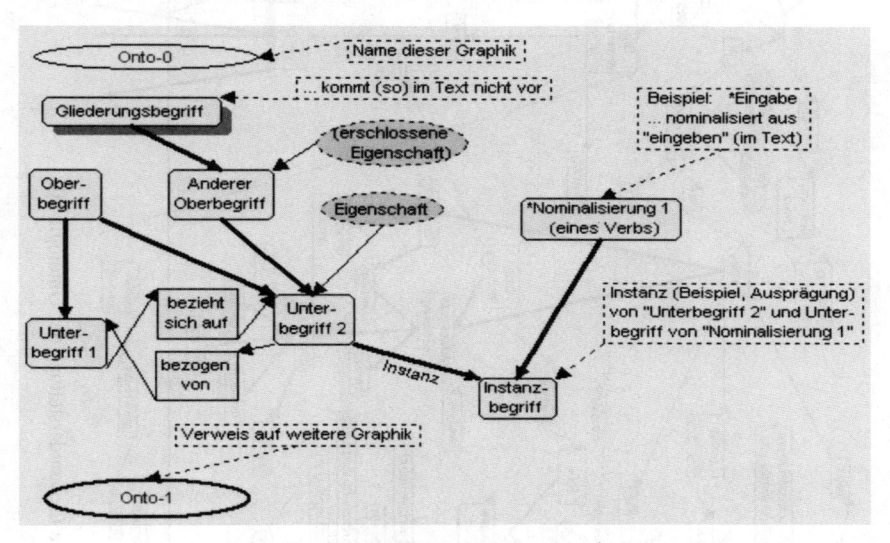

Abbildung 1: Erläuterung der Graphikelemente

Die ontologische Analyse eines Gesetzestextausschnitts ist, wie bereits oben gesagt, grundsätzlich immer unfertig. Im vorliegenden Fall kommt hinzu, dass für den Prototyp nur ein sehr begrenzter Aufwand erbracht werden konnte und man sich mit dem vorliegenden Kompromiss aus Ambition und Möglichkeit vorerst bescheiden musste (was aber durchaus nicht heißt, dass die ganze Sache „vorerst gescheitert" wäre!).

In der folgenden Abbildung wird die Gesamtgraphik unserer derart zustande gekommenen Ontologie gezeigt – nicht um all die vielen Einzelheiten darin zu präsentieren, sondern um einen Eindruck über die Gesamt-Vernetzung zu vermitteln.

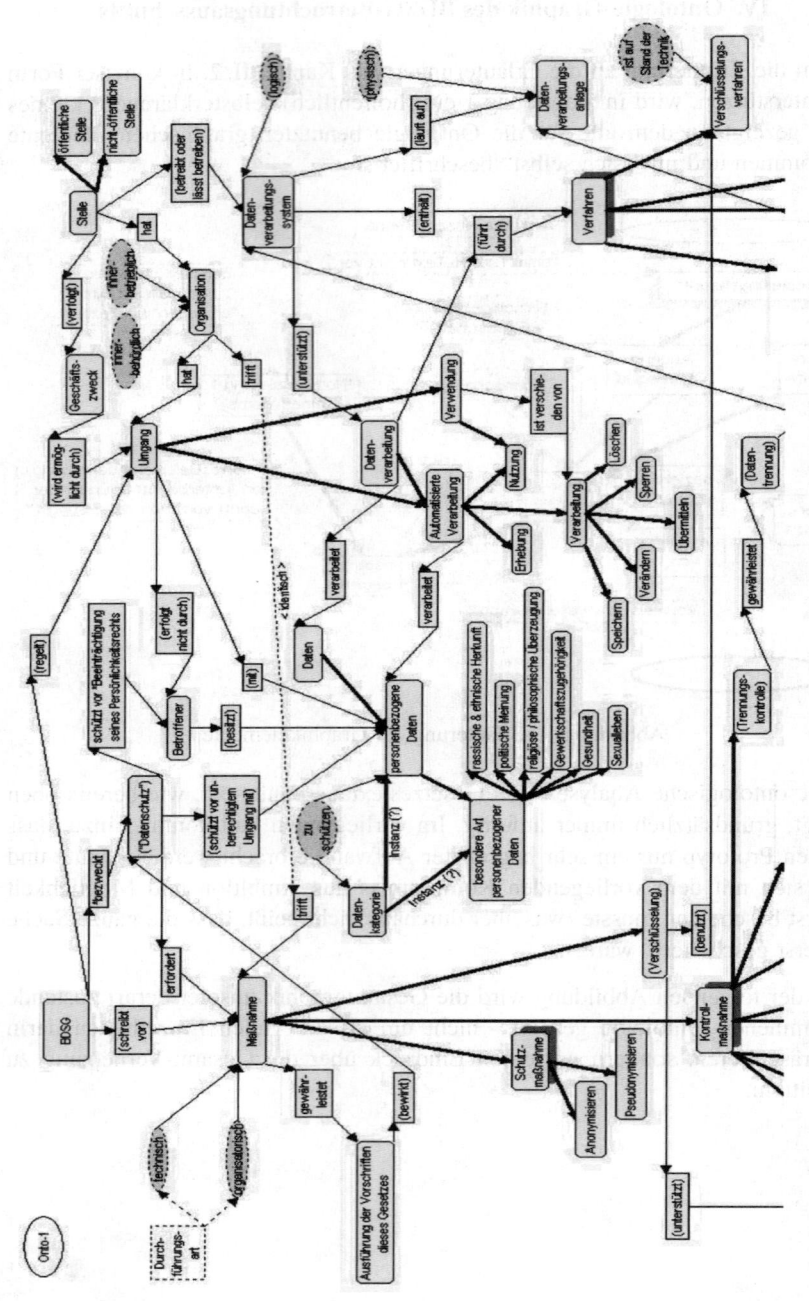

Abbildung 2: Graphische Gesamtdarstellung der Ontologie (I)

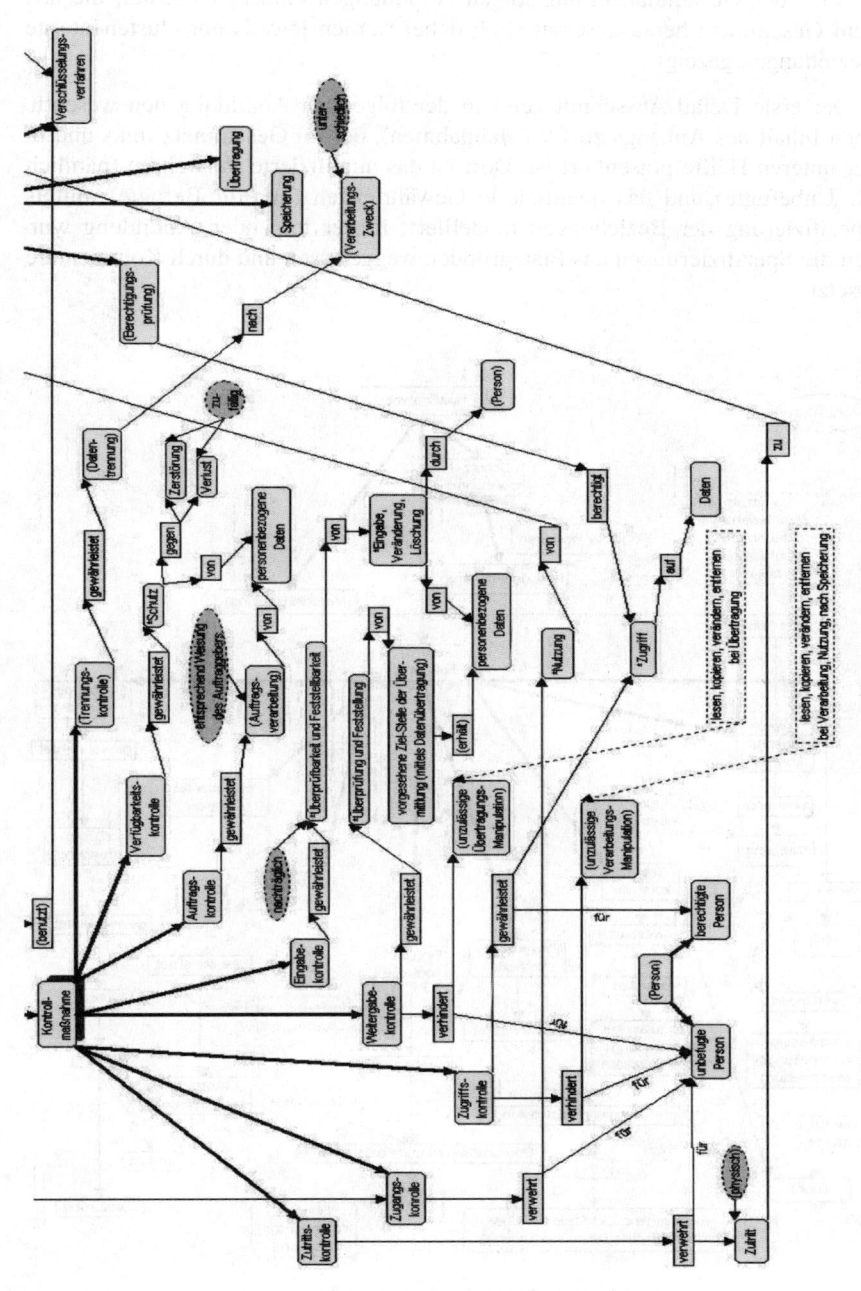

Abbildung 2: Graphische Gesamtdarstellung der Ontologie (II)

Nach der Gesamtdarstellung folgen Abbildungen einzelner Cluster, die aus dem Gesamtnetz herausgeschält sind; dabei werden jeweils nur cluster-interne Beziehungen gezeigt.

Der erste Detail-Ausschnitt zeigt in der folgenden Abbildung den wesentlichen Inhalt des Anhangs zu § 9 (Maßnahmen), der im Gesamtnetz links und in der unteren Hälfte präsentiert ist. Dort ist das qualifizierte Verwehren (nämlich für Unbefugte) und das qualifizierte Gewährleisten (nur für Befugte) mittels Spezifizierung der Beziehungen modelliert; in der folgenden Abbildung wurden die Spezifizierungen aus Platzgründen weggelassen und durch Kommentare ersetzt.

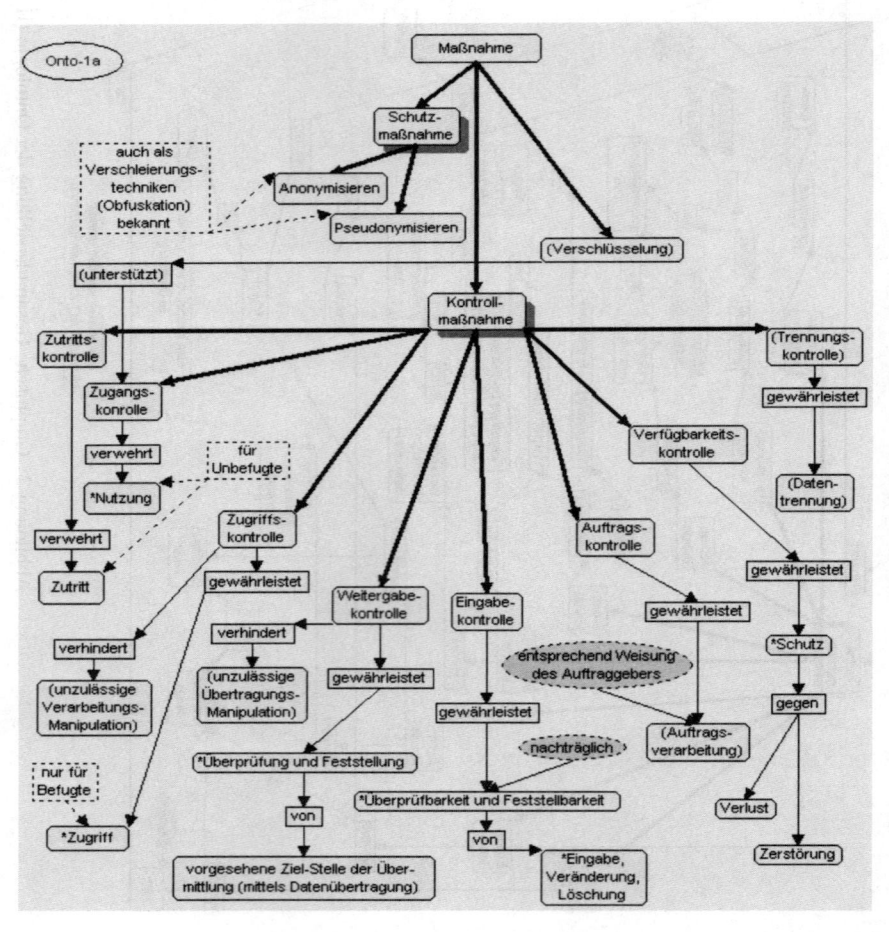

Abbildung 3: Maßnahmen gemäß § 9 Anhang

Der Detail-Ausschnitt der nächsten Abbildung bringt das „große Ganze" des BDSG in den Fokus und stellt sich die Frage, ob die im Gesetz mindestens zweimal vorkommenden „Datenkategorien" im Sinne von Kategorien in der Ontologie zu verstehen sind, vgl. die Erläuterung im Abschnitt II. 3. b)! Die im Anhang zu § 9 genannten „zu schützenden personenbezogenen Daten oder Datenkategorien" wurden jedenfalls in diesem Sinne ins Modell übertragen.

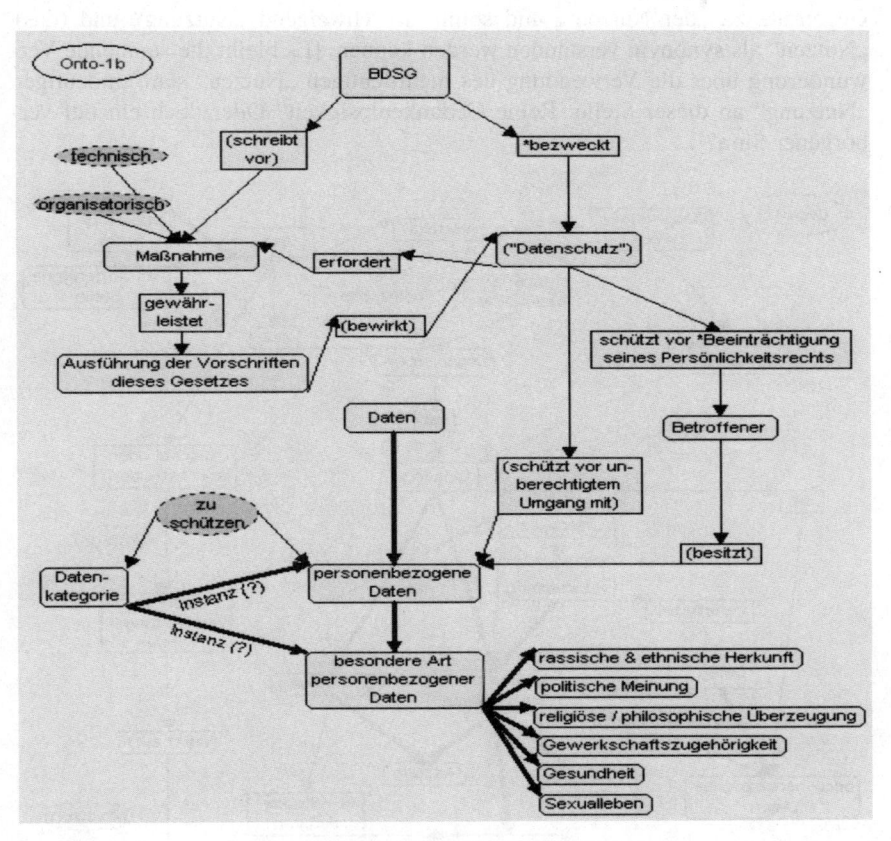

Abbildung 4: BDSG und personenbezogene Daten

Der Detailausschnitt der nächsten Abbildung bezieht sich auf den rechten oberen Teil des Gesamtnetzes und stellt den *Umgang* mit den vom BDSG betrachteten Daten in den Mittelpunkt. Hier wie auch schon in der obigen Abbildung wird insbesondere Definitionen des § 3 Rechnung getragen, wo u. a. erklärt wird: „(5) Nutzen ist jede Verwendung personenbezogener Daten, soweit es sich nicht um Verarbeitung handelt." Dieser Definition wurde dadurch Rechnung getragen, dass „Nutzung" – so in § 3 zuerst eingeführt, nämlich: „(2) Automatisierte

Verarbeitung ist die Erhebung, Verarbeitung oder Nutzung personenbezogener Daten unter Einsatz von Datenverarbeitungsanlagen" – sowohl als Unterbegriff von „Automatisierte Verarbeitung" als auch von „Verwendung" zugeordnet wird und „Verwendung" als Unterbegriff des bereits in § 1 eingeführten Begriffs „Umgang" („mit ... personenbezogenen Daten"), der insbesondere „Automatisierte Verarbeitung" subsumiert. (Hier wurde als selbstverständlich vorausgesetzt, dass das erste Wort in § 3 (5) ein nominalisierter Infinitiv ist, also „das Nutzen" im Gegensatz zu „der Nutzen", und somit stillschweigend „Nutzung" und (das) „Nutzen" als synonym verstanden werden können. [Es bleibt die staunende Verwunderung über die Verwendung des mehrdeutigen „Nutzen" statt eindeutiger „Nutzung" an dieser Stelle: Reine Gedankenlosigkeit? Oder doch ein tief verborgener Sinn?])

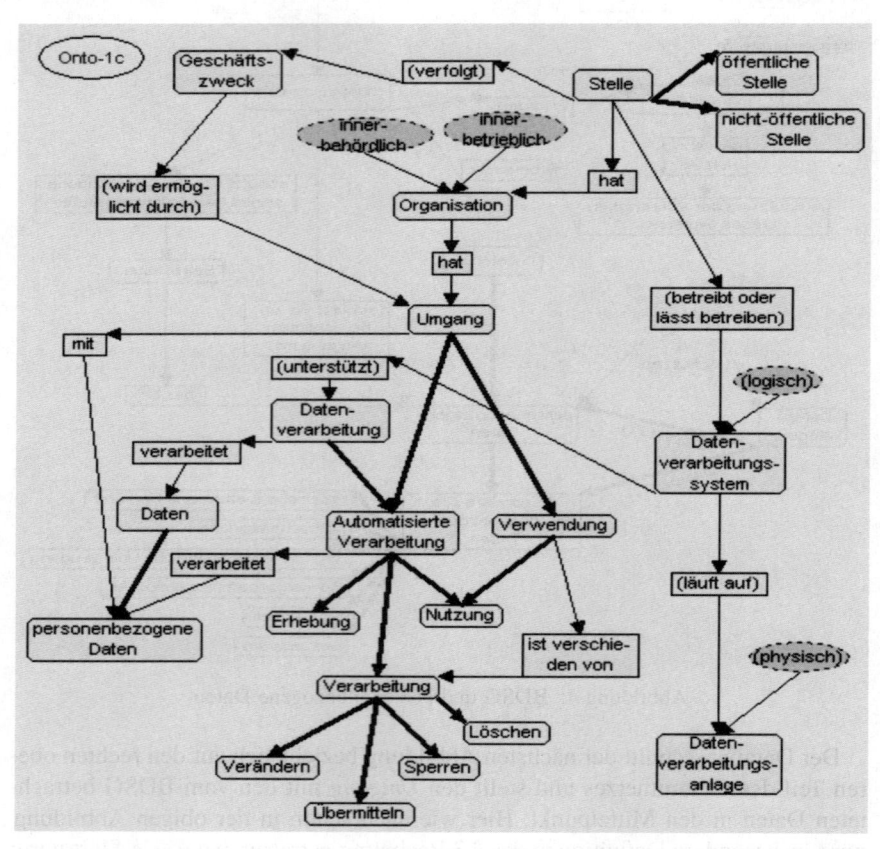

Abbildung 5: Formen des Umgangs mit personenbezogenen Daten

## V. Formale Präzisierung der BDSG-Teil-Ontologie

### 1. Formale Semantik des Ontologie-Netzes

Wie schon oben im Kapitel II. 2. angedeutet, ist die bildliche Darstellung der Ontologie nur eine der möglichen Präsentationen dessen, was unsere Ontologie „wirklich" ist, nämlich eine *mathematische Struktur*, deren graphentheoretische Beschreibung Mittel der Mengenlehre benutzt:

– Die *Knoten* sind die atomaren Elemente.

Aus ihnen werden weitere Gebilde mittels Mengenbildung aufgebaut, z. B. die Verbindungslinien zwischen Knoten,

– die *Kanten*, als *Paare* von Knoten.

Wenn wir bei den Kanten auch noch die mögliche Beschriftung (Etikettierung) berücksichtigen, gelangen wir zu *Tripeln*; wollen wir dazu die Beziehungsart (Subsumtion, Instanz, Rolle) festhalten, sind wir bei *Quadrupeln*, also Vierergruppen, angelangt; in der Informatikersprache haben wir also 2-Tupel, 3-Tupel, 4-Tupel usw. usf.

Wer einigermaßen mit Relationalen Datenbanksystemen (RDBMS) vertraut ist, sieht, dass es sich hier um Relationen handelt, die in RDBMS als 1-spaltige, 2-spaltige, 3-spaltige,... Tabellen bestimmten Namens verwaltet werden. Die Theorie hinter RDBMS legt nahe, dass eine solche Tabellenzeile eine *Aussage* macht, z. B.: das 3-Tupel (‚Datenkategorie', Instanz, ‚personenbezogene Daten')[28] sagt aus, dass ‚personenbezogene Daten' eine Instanz von ‚Datenkategorie' ist.

Mit der Rede von Aussagen sind wir am Ziel dieses Abschnitts angekommen: bei der formalen Logik, und zwar hier bei der Prädikatenlogik erster Stufe (*FOL*: First Order Logic)[29]. In der Sprache der FOL könnte das genannte 3-Tupel nun in üblicher Präfix-Notation so aussehen:

    hat_Instanz('Datenkategorie', 'personenbezogene Daten')

und in eher seltener Infix-Notation so:

    'Datenkategorie' hat_Instanz 'personenbezogene Daten'.

---

[28] Dieses 3-Tupel würde in einem RDBMS wahrscheinlich als Zeile in einer 2-spaltigen Tabelle namens „Instanzen" gespeichert; die beiden Spalten könnten mit „Klasse" und „Instanz" benannt sein (oder mit „Quelle" und „Ziel", um der Strukturähnlichkeit mit der Tabelle „Subklassen" Rechnung zu tragen).

[29] Dieses Papier kann natürlich keine Einführung in die formale Logik geben. Das machen Dutzende Bücher, oder heutzutage das Internet, z. B. http://de.wikipedia.org/wiki/Prädikatenlogik_erster_Stufe. (Im Deutschen wird die Prädikatenlogik 1. Stufe oft mit PL1 abgekürzt. Da dies aber auch der Name einer Programmiersprache ist, sollte im Informatikumfeld diese zweideutige Bezeichnung vermieden werden.)

Dieses *Prädikat* macht genau die genannte Aussage und benutzt dabei die 2-stellige *Relation* „hat_Instanz" und als *Argumente* die beiden Objekt-Konstanten.

In diesem Sinne kann das ganze Ontologie-Netz als eine logische Konjunktion solcher Prädikate gesehen werden. Tatsächlich kommen noch weitere dazu, etwa Sortenprädikate wie z. B.
```
Begriff('Datenkategorie').
```
Die intendierte Bedeutung von Beziehungen kann (zumindest teilweise) ebenfalls angegeben werden, z. B. die Transitivität der Subsumtion (unter Weglassung von Quantoren):
```
subsumiert(x, y) & subsumiert(y, z) => subsumiert (x, z)
```
In der hier nur angedeuteten Weise kann das gesamte Ontologie-Netz als eine mit Und verknüpfte Ansammlung von FOL-Formeln sehr präzise repräsentiert werden. Darüber hinaus können in diesem Formalismus weitere Festlegungen getroffen werden, die in der Graphik kaum oder nicht möglich sind.

Aus dieser erweiterten formallogischen Repräsentation kann nicht nur die Ontologie in ihrer bildlichen Darstellung zurück gewonnen werden, sondern es können mit Hilfe von Verfahren des mechanischen Schlussfolgerns Ableitungen errechnet werden – dies besonders, wenn die Repräsentation der (idealerweise) allgemeingültigen Zusammenhänge des Gesetzes mit der Repräsentation konkreter Fakten angereichert wird: Dann kann gewissermaßen automatisch bewiesen werden, dass ein vorliegender Sachverhalt den im Gesetz genannten Bedingungen genügt oder eben nicht (jedenfalls soweit diese Bedingungen in der formallogischen Repräsentation vollständig und korrekt codiert sind: das übliche, formal unlösbare Verifikationsproblem – zwar ist die Exaktheit der Umsetzung einer Spezifikation mit Logiktechniken nachweisbar, wie aber soll die Richtigkeit einer Spezifikation bzgl. der nicht-formalen Außenwelt verifiziert werden? –, vgl. dazu Kap. VI. 1).

Die hier angedeutete Unterscheidung zwischen allgemeinen Zusammenhängen und konkreten Fakten wird in der sogenannten *Description Logic (DL)* – manchmal auch *Beschreibungslogik* genannt – explizit durch Aufteilung der Formeln in zwei Teilmengen vorgenommen: Die sogenannte *TBox* (terminological box) enthält die Aussagen, die unabhängig von konkreten Individuen gelten, während die *ABox* (assertional box) Aussagen zu einzelnen Individuen enthält[30]. Es gibt verschiedene DL-Formen, normalerweise sprachliche Untermengen der FOL, die so gewählt sind, dass die DL-Aussagen *entscheidbar* (bzgl. Wahrheit bzw. Falschheit) sind, was für FOL-Aussagen nicht generell der Fall ist. Eines der Mittel, die Entscheidbarkeit garantieren, ist die Beschränkung auf maximal

---

[30] Vgl. http://en.wikipedia.org/wiki/Description_logic.

zweistellige Relationen. Eine bestimmte DL-Form ist Grundlage der Ontologie-Sprache *OWL*[31], vgl. Kap. VI. 3.

Die Ausführungen dieses Abschnitts zur formallogischen Repräsentation sind bewusst vage gehalten; denn sie sollen im nächsten Abschnitt präzisiert werden. Danach werden dann Beispiele für logische Ableitungen gezeigt.

## 2. Programmtechnische Abbildung

Die im Folgenden dargestellte programmtechnische Umsetzung unserer Ontologie mit Prolog ist eine prototypische mit verschiedenen Zielen:

- Der Prototyp sollte schnell erstellbar sein, auf vertrauter Technologie, ohne Zeitverzögerung durch besonderen Lernaufwand.
- Er soll leicht handhabbar sein, um flexibel Alternativen austesten zu können, was durch ein in sich vollständiges System (ohne Komponenten aus verschiedenen Quellen) gegeben ist.
- Er soll insbesondere die logisch / mathematisch optimale Modellbildung erlauben, was durch die erwiesenermaßen adäquate LP-Ausrichtung für Prolog der Fall ist.

Natürlich sind damit auch Nachteile verbunden:

- Der prototypische Ansatz ist nur für kleinere Ontologien machbar; die für größere notwendigen Unterstützungswerkzeuge (vgl. Kap. VI) fehlen hier.
- Es fehlt insbesondere die Integration mit einem adäquaten Graphikeditor.
- Der vorliegende Prototyp kann nicht ohne Weiteres in ein System auf Basis der Mainstream-Technologie erweitert werden.[32]

Die seit drei Jahrzehnten etablierte Programmiersprache *PROLOG* („PROgramming in LOGic", meistens Prolog genannt) ist die bekannteste Vertreterin des bereits oben zu Beginn von Kap. II erwähnten *Logic Programming* (LP)[33].

---

[31] OWL baut auf RDF (http://de.wikipedia.org/wiki/Resource_Description_Framework) auf; das wesentliche Konstrukt ist hier das Tripel der Form (<Subjekt>, <Prädikat>, <Objekt>): Man sieht unmittelbar, dass diese Form eine Notationsvariante einer 2-stelligen Relation ist: <Prädikat>(<Subjekt>, <Objekt>).

[32] Diese Aussage gilt nur für den aktuellen Entwicklungsstand des Prototyps. Denn das eingesetzte Prolog-System ist zur Mainstream-Technologie kompatibel, vgl. www.swi-prolog.org/web/ index.html: „The (semantic) web is one of the most promising application areas for SWI-Prolog. Prolog handles the semantic web RDF model naturally, where RDF provides a stable model for knowledge representation with shared semantics."

[33] Der Linguist Alain Colmerauer hat Anfang der 1970er Jahre die Prolog-Sprache konzipiert, der Logiker Robert Kowalski, vgl. *Sergot* et al. 1986 und *Kowalski* 1992, hat die Prolog-Semantik definiert. Gegen Ende der 1970er Jahre wurde die Sprache

Die Sprache Prolog und das Arbeiten damit soll an konkreten Beispielen aus unserer Ontologie gezeigt werden. Zuvor aber einige kurze Hinweise:

➤ Grundkonstrukte der Sprache sind die *Prädikate* mit bestimmter Stelligkeit.

| Beispiel | Erläuterung |
|---|---|
| `true` | nullstelliges Prädikat |
| `odd(3)` | 1-stelliges Prädikat mit *numerischer Konstante* als Argument |
| `father_of('Friedrich Wilhelm I', 'Friedrich II der Große')` | 2-stelliges Prädikat mit *Textkonstanten* als Argumente |
| `inTheMiddleOf(deutschland, daenemark, schweiz)` | 3-stelliges Prädikat mit *atomaren Konstanten* als Argumente |
| `X is 5 * (Y + 3)` | 2-stelliges (eingebautes) Infix-Prädikat mit *Variable* als erstes Argument und *Termstruktur* als zweites Argument, wobei die *Operatoren* des geschachtelten Terms hier Infix-Operatoren sind. |

Namen von Prädikaten sind entweder *atomare Konstanten* (die immer mit einem *Kleinbuchstaben* beginnen und außer '_' keine Sonderzeichen enthalten) oder *Textkonstanten* (in Apostrophe [single quotes] eingeschlossen). Prädikate gleichen Namens aber verschiedener Stelligkeit sind verschieden.[34]

Variablen beginnen mit einem *Großbuchstaben* oder '_' und enthalten außer '_' keine Sonderzeichen.

Zwar lässt Prolog Prädikate nahezu beliebiger Stelligkeit zu, zwecks Kompatibilität zu DL (siehe vorigen Abschnitt) soll aber bei der Modellierung unserer Ontologie die Stelligkeit auf zwei begrenzt bleiben.

➤ Das wesentliche höhere Sprachkonstrukt sind die *Regeln*.

Beispiel:
`grossvater_von(Opa,Enkelkind) :- maennlich(Opa),`
`    hat_kind(Opa,Elternteil), hat_kind(Elternteil,Enkelkind).`

---

weitgehend normiert und hat sich dann weltweit ausgebreitet (mit Schwerpunkten in Europa und Japan), insbesondere bei Computerlinguisten und KI-Anwendern.

[34] Atomare und Textkonstanten werden nur einmal im System gespeichert, können aber beliebig oft referenziert werden: Man muss sich also keine Gedanken machen bei der Verwendung ganz langer Benennungen wie z. B. ‚vorgesehene Zielstelle der Übermittlung (mittels Datenübertragung)'.

Das Prädikat vor ':-' heißt Kopf der Regel, die Prädikate zwischen ':-' und dem abschließenden Punkt bilden den Regelrumpf. Das Kopf-Prädikat gilt als wahr, wenn alle Rumpf-Prädikate als wahr nachgewiesen sind.

Eine degenerierte Form der Regel sind die *Fakten*; sie bestehen nur aus dem Kopf-Prädikat.

Beispiele:
```
maennlich('Friedrich I').
hat_kind('Friedrich I','Friedrich Wilhelm I').
hat_kind('Friedrich Wilhelm I','Friedrich II der Große').
```

Mit diesen Fakten und der Regel kann nun die *Query* als wahr gezeigt werden:
```
?- grossvater_von('Friedrich I','Friedrich II der Große').
```

Aus dem vorigen Abschnitt und diesen Hinweisen ist klar, dass die Elemente (Knoten und Kanten) unserer Ontologie als eine Sammlung von Fakten in Prolog wiedergegeben werden. Besondere Eigenschaften, wie etwa die oben genannte Transitivität der Subsumtion, werden als Regeln in Prolog notiert. Die Gesamtheit dieser Fakten und Regeln bildet (zusammen mit einigen technischen Teilen) das Prolog-Programm zur Repräsentation unserer Ontologie. (Zwecks Kompatibilität zu existierender Software benutzen wir englischsprachige Prädikatnamen für die technischen Teile.)

Zuerst einige Sortenprädikate aus dem Prolog-Programm:
```
concept('BDSG').
concept('("Datenschutz")').
concept('Betroffener').
concept('Stelle').
concept('öffentliche Stelle').
concept('nicht-öffentliche Stelle').
...
% properties
prop('technisch').
prop('organisatorisch').
prop('innerbehördlich').
prop('innerbetrieblich').
...
% roles (relations other than ("sub" and "inst" and "prAtt"))
role('auf').
role('(benutzt)').
role('berechtigt').
role('(besitzt)').
role('(betreibt oder lässt betreiben)').
```

... und Eigenschaftszuordnungen:

```
% property attribution: prAtt(Concept, Property)
prAtt('Maßnahme', 'technisch').
prAtt('Maßnahme', 'organisatorisch').
prAtt('Organisation', 'innerbehördlich').
prAtt('Organisation', 'innerbetrieblich').
prAtt('Datenverarbeitungssystem', '(logisch)').
prAtt('Datenverarbeitungsanlage', '(physisch)').
...
```

... und einige Subsumtionen:

```
% subsumptions: sub(Upper, Lower)
sub('Maßnahme', 'Kontrollmaßnahme').
sub('Maßnahme', 'Schutzmaßnahme').
sub('Maßnahme', '(Verschlüsselung)').
sub('Schutzmaßnahme', 'Anonymisieren').
sub('Schutzmaßnahme', 'Pseudonymisieren').
...
```

... und alle Instanzen:

```
% instances: inst(Instance, Concept)
inst('personenbezogene Daten', 'Datenkategorie').
inst('besondere Art personenbezogener Daten', 'Datenkategorie').
```

... und die Beziehungsspezifizierungen:

```
% additional role specification, numbered
% rolespec_N/1 (Name_n) - Number-Name assignment
% rolespec_N/2 (Role, SpecConcept) - Role is additionally
    specified, relating SpecConcept via numbered Name_N
rolespec_1('für').
rolespec_1('gewährleistet Zugriff', 'berechtigte Person').
rolespec_1('verhindert Übertragungsmanipulation', 'unbefugte
    Person').
rolespec_1('verhindert Verarbeitungsmanipulation', 'unbefugte
    Person').
rolespec_1('verwehrt Zutritt', 'unbefugte Person').
rolespec_1('verwehrt Nutzung', 'unbefugte Person').
```

Und hier die vollständige Liste der Beziehungen:

```
% relation via role: fromRoleTo(StartConcept, Role, EndConcept)
fromRoleTo('BDSG', '*bezweckt', '("Datenschutz")').
fromRoleTo('BDSG', '(regelt)', 'Umgang').
fromRoleTo('BDSG', '(schreibt vor)', 'Maßnahme').
fromRoleTo('("Datenschutz")', 'erfordert', 'Maßnahme').
```

fromRoleTo('Maßnahme', 'gewährleistet Ausführung', 'Ausführung
    der Vorschriften dieses Gesetzes').
fromRoleTo('Ausführung der Vorschriften dieses Gesetzes',
    '(bewirkt)', '("Datenschutz")').
fromRoleTo('Umgang', '(erfolgt nicht durch)', 'Betroffener').
fromRoleTo('("Datenschutz")', 'schützt vor *Beeinträchtigung
    seines Persönlichkeitsrechts', 'Betroffener').
fromRoleTo('Betroffener', '(besitzt)', 'personenbezogene Daten').
fromRoleTo('Umgang', 'mit', 'personenbezogene Daten').
fromRoleTo('Stelle', '(verfolgt)', 'Geschäftszweck').
fromRoleTo('Geschäftszweck', '(wird ermöglicht durch)',
    'Umgang').
fromRoleTo('Stelle', 'hat Organisation', 'Organisation').
fromRoleTo('Organisation', 'hat Umgang', 'Umgang').
fromRoleTo('Organisation', 'trifft', 'Maßnahme').
fromRoleTo('Stelle', '(betreibt oder lässt betreiben)',
    'Datenverarbeitungssystem').
fromRoleTo('Datenverarbeitungssystem', '(unterstützt
    Verarbeitung)', 'Datenverarbeitung').
fromRoleTo('Datenverarbeitungssystem', '(enthält)', 'Verfahren').
fromRoleTo('Datenverarbeitungssystem', '(läuft auf)',
    'Datenverarbeitungsanlage').
fromRoleTo('Datenverarbeitung', '(führt durch)', 'Verfahren').
fromRoleTo('Datenverarbeitung', 'verarbeitet Daten', 'Daten').
fromRoleTo('Automatisierte Verarbeitung', 'verarbeitet
    personenbezogen', 'personenbezogene Daten').
fromRoleTo('Verwendung', 'ist verschieden von', 'Verarbeitung').
fromRoleTo('(Verschlüsselung)', '(benutzt)',
    'Verschlüsselungsverfahren').
fromRoleTo('(Verschlüsselung)', '(unterstützt Kontrolle)',
    'Zugangskontrolle').
fromRoleTo('Zutrittskontrolle', 'verwehrt Zutritt', 'Zutritt').
fromRoleTo('Zugangskontrolle', 'verwehrt Nutzung', '*Nutzung').
fromRoleTo('Zugriffskontrolle', 'verhindert
    Verarbeitungsmanipulation', '(unzulässige Verarbeitungs-
    Manipulation)').
fromRoleTo('Zugriffskontrolle', 'gewährleistet Zugriff',
    '*Zugriff').
fromRoleTo('Weitergabekontrolle', 'verhindert
    Übertragungsmanipulation', '(unzulässige Übertragungs-
    Manipulation)').
fromRoleTo('Weitergabekontrolle', 'gewährleistet Prüfung',
    '*Überprüfung und Feststellung').

```
fromRoleTo('Eingabekontrolle', 'gewährleistet Prüfbarkeit',
    '*Überprüfbarkeit und Feststellbarkeit').
fromRoleTo('Auftragskontrolle', 'gewährleistet Auftrag',
    '(Auftragsverarbeitung)').
fromRoleTo('Verfügbarkeitskontrolle', 'gewährleistet Schutz',
    '*Schutz').
fromRoleTo('(Trennungskontrolle)', 'gewährleistet Trennung',
    '(Datentrennung)').
fromRoleTo('(Datentrennung)', 'nach', '(Verarbeitungszweck)').
fromRoleTo('*Schutz', 'gegen', 'Zerstörung').
fromRoleTo('*Schutz', 'gegen', 'Verlust').
fromRoleTo('*Schutz', 'von 1', 'personenbezogene Daten').
fromRoleTo('(Auftragsverarbeitung)', 'von 2', 'personenbezogene
    Daten').
fromRoleTo('*Überprüfbarkeit und Feststellbarkeit', 'von 3',
    '*Eingabe, Veränderung, Löschung').
fromRoleTo('*Überprüfung und Feststellung', 'von 4', 'vorgesehene
    Ziel-Stelle der Übermittlung (mittels Datenübertragung)').
fromRoleTo('*Eingabe, Veränderung, Löschung', 'von 5',
    'personenbezogene Daten').
fromRoleTo('*Nutzung', 'von 6', 'Datenverarbeitungssystem').
fromRoleTo('*Eingabe, Veränderung, Löschung', 'durch',
    '(Person)').
fromRoleTo('vorgesehene Ziel-Stelle der Übermittlung (mittels
    Datenübertragung)', '(erhält)', 'personenbezogene Daten').
fromRoleTo('*Zugriff', 'auf', 'Daten').
fromRoleTo('Zutritt', 'zu', 'Datenverarbeitungsanlage').
fromRoleTo('(Berechtigungsprüfung)', 'berechtigt', '*Zugriff').
```

Hier fällt sofort auf, dass `fromRoleTo` die maximale Stelligkeit um 1 überschreitet. Dieses 3-stellige Prädikat dient nur der effizienteren Übertragung. Der DL-konforme Zugriff auf diese Daten kann über diese Prädikate erfolgen:

```
startRole(Concept, Role) :- fromRoleTo(Concept, Role, _).
roleEnd(Role, Concept) :- fromRoleTo(_, Role, Concept).
```

Mit dem allein auftretenden Unterstrich wird die sogenannte „anonyme Variable" bezeichnet; keines der Vorkommen dieser speziellen Variablen hat mit den anderen eine Verbindung. Sonst gilt allerdings, dass gleiche Namen innerhalb einer Regel oder einer Query die gleichen Variablen bezeichnen.

Beispiele für Queries:

```
?- startRole('*Schutz', Beziehung), !, roleEnd(Beziehung,
    Begriff).
Beziehung = gegen,
```

```
Begriff = 'Zerstörung' ;
Beziehung = gegen,
Begriff = 'Verlust' ;
false.
```

Das Eintippen des Semikolons ist die Aufforderung an Prolog, nach weiteren Lösungsmöglichkeiten zu suchen; die Rückgabe von `false` bedeutet, dass Prolog hier keine dritte Lösung gefunden hat. Das Rufzeichen, hier nach dem ersten Query-Prädikat, wird „Cut" genannt und bedeutet, dass für Prädikate links davon nicht nach weiteren Lösungsmöglichkeiten gesucht wird. Hier die gleiche Query ohne Cut:

```
?- startRole('*Schutz', Beziehung), roleEnd(Beziehung, Begriff).
Beziehung = gegen,
Begriff = 'Zerstörung' ;
Beziehung = gegen,
Begriff = 'Verlust' ;
Beziehung = gegen,
Begriff = 'Zerstörung' ;
Beziehung = gegen,
Begriff = 'Verlust' ;
Beziehung = 'von 1',
Begriff = 'personenbezogene Daten' ;
false.
```

Man sieht, dass es jetzt 5 Lösungen gibt, von denen allerdings zwei zweimal vorkommen, weil jetzt auch für das erste Query-Prädikat alle seiner 3 Möglichkeiten eingesetzt werden.

Was in der oben gezeigten Beziehungen-Liste auch auffallen mag, ist, dass sich etliche der Namen von Beziehungen in der Liste von denen in den Abbildungen unterscheiden, nämlich immer dann, wenn in der Graphik der gleiche Name mehrfach vorkommt. Wenn 3-stellige Prädikate erlaubt wären, wäre Namensgleichheit von Rollen kein Problem, da die Rolle durch die eindeutigen Start- und Zielknoten eindeutig bestimmbar wäre. Die Eindeutigkeit aus dem Kontext ist aber mit nur 2-stelligen Prädikaten nicht mehr formulierbar; deshalb müssen die Rollennamen durch Zusätze oder Nummerierung eindeutig gemacht werden, vgl. Schritt 4 in Abschnitt III. 2. c)!

Hier die Prolog-gerechte Formulierung der Transitivität der Subsumtion:
```
subsumption(Upper, Lower):- sub(Upper, Lower).
subsumption(Upper, Lower):- sub(Upper, Middle),
     subsumption(Middle, Lower).
```

Damit können z. B. die Unterbegriffe von 'Maßnahme' aufgezählt werden:
```
?- subsumption('Maßnahme', X).
```

```
X = 'Kontrollmaßnahme' ;
X = 'Schutzmaßnahme' ;
X = '(Verschlüsselung)' ;
X = 'Zutrittskontrolle' ;
X = 'Zugangskontrolle' ;
X = 'Zugriffskontrolle' ;
X = 'Weitergabekontrolle' ;
X = 'Eingabekontrolle' ;
X = 'Auftragskontrolle' ;
X = 'Verfügbarkeitskontrolle' ;
X = '(Trennungskontrolle)' ;
X = 'Anonymisieren' ;
X = 'Pseudonymisieren' ;
false.
```

Mit einer weiteren kleinen Prozedur können die Beziehungen entlang des Wegs von einem Start-Begriff zu einem Ziel-Begriff in einer Liste, in eckigen Klammern notiert, aufgesammelt werden:

```
relationPath(Start, End, [Role]):- fromRoleTo(Start, Role, End).
relationPath(Start, End, [Role|Rlist]):- fromRoleTo(Start, Role,
    Middle), relationPath(Middle, End, Rlist).
```

Und hier eine Query damit: Über welche Beziehungen sind die Begriffe 'Stelle' und '("Datenschutz")' mit einander verknüpft?

```
?- relationPath('Stelle', '("Datenschutz")', X).
X = ['hat Organisation', trifft, 'gewährleistet Ausführung',
    '(bewirkt)'] ;
X = ['hat Organisation', trifft, 'gewährleistet Ausführung',
    '(bewirkt)', erfordert, 'gewährleistet Ausführung',
    '(bewirkt)'] ;
X = ['hat Organisation', trifft, 'gewährleistet Ausführung',
    '(bewirkt)', erfordert, 'gewährleistet Ausführung',
    '(bewirkt)', erfordert, 'gewährleistet Ausführung'|...].
```

Diese Query hätte beliebig viele Lösungen, weil es in der Ontologie einen Beziehungszirkel gibt, der die Begriffe '("Datenschutz")', 'Maßnahme' und 'Ausführung der Vorschriften dieses Gesetzes' umfasst.

Mit dieser kleinen Prozedur lassen sich weitere Fragen stellen, z. B. diese: Mit welcher Maßnahme kommen nur berechtigte Personen an Daten? Gibt es mehrere?

```
?- subsumption('Maßnahme', M), relationPath(M, 'Daten', BezL),
    member(Bez, BezL), rolespec_1(Bez, 'berechtigte Person').
M = 'Zugriffskontrolle',
BezL = ['gewährleistet Zugriff', auf],
```

```
Bez = 'gewährleistet Zugriff' ;
false.
```

=> Antwort: Es ist nur die Maßnahme der Zugriffskontrolle.

Mit welchen Maßnahmen lässt sich Aktivität einer Person unabhängig von Befugnis kontrollieren?
```
?- subsumption('Maßnahme', M), relationPath(M, '(Person)', _).
M = 'Eingabekontrolle' ;
false.
```

=> Antwort: Es ist nur die Maßnahme der Eingabekontrolle.

Wenn wir die kleine Prozedur dahin verallgemeinern, dass sie auf dem Weg vom Start- zum Zielbegriff außer Rollenbeziehungen auch Subsumtion und Instanz berücksichtigt und mit den besuchten Beziehungen auch die besuchten Begriffe aufsammelt, können weitere Fragen gestellt werden:

Wie sind die Begriffe Stelle und Gesundheit im BDSG verknüpft?
```
?- allPath('Stelle', 'Gesundheit', Pfad).
Pfad = ['(verfolgt)'>'Geschäftszweck', '(wird ermöglicht
    durch)'>'Umgang', '(erfolgt nicht durch)'>'Betroffener',
    '(besitzt)'>'personenbezogene Daten', sub>'besondere Art
    personenbezogener Daten', sub>'Gesundheit'] ;
Pfad = ['(verfolgt)'>'Geschäftszweck', '(wird ermöglicht
    durch)'>'Umgang', mit>'personenbezogene Daten',
    sub>'besondere Art personenbezogener Daten',
    sub>'Gesundheit'] ;
Pfad = ['(verfolgt)'>'Geschäftszweck', '(wird ermöglicht
    durch)'>'Umgang', sub>'Automatisierte Verarbeitung',
    'verarbeitet personenbezogen'>'personenbezogene
    Daten', sub>'besondere Art personenbezogener Daten',
    sub>'Gesundheit'] ;
Pfad = ['hat Organisation'>'Organisation', 'hat
    Umgang'>'Umgang', '(erfolgt nicht durch)'>'Betroffener',
    '(besitzt)'>'personenbezogene Daten', sub>'besondere Art
    personenbezogener Daten', sub>'Gesundheit'] ;
Pfad = ['hat Organisation'>'Organisation', 'hat Umgang'>'Umgang',
    mit>'personenbezogene Daten', sub>'besondere Art
    personenbezogener Daten', sub>'Gesundheit'] ;
Pfad = ['hat Organisation'>'Organisation', 'hat Umgang'>'Umgang',
    sub>'Automatisierte Verarbeitung', 'verarbeitet
    personenbezogen'>'personenbezogene Daten', sub>'besondere
    Art personenbezogener Daten', sub>'Gesundheit'] ;
```

Pfad = ['hat Organisation'>'Organisation', trifft>'Maßnahme',
    'gewährleistet Ausführung'>'Ausführung der Vorschriften
    dieses Gesetzes', '(bewirkt)'>'("Datenschutz")', 'schützt vor
    *Beeinträchtigung seines Persönlichkeitsrechts'>'Betroffener',
    '(besitzt)'>'personenbezogene Daten', sub>'besondere Art
    personenbezogener Daten', sub>'Gesundheit'] ;
Pfad = ['hat Organisation'>'Organisation', trifft>'Maßnahme',
    sub>'Kontrollmaßnahme', sub>'Zugangskontrolle', 'verwehrt
    Nutzung'>'*Nutzung', 'von 6'>'Datenverarbeitungssystem',
    '(unterstützt Verarbeitung)'>'Datenverarbeitung', '(führt
    durch)'>'Verfahren', ... > ...|...] ;
Pfad = ['hat Organisation'>'Organisation', trifft>'Maßnahme',
    sub>'Kontrollmaßnahme', sub>'Zugangskontrolle', 'verwehrt
    Nutzung'>'*Nutzung', 'von 6'>'Datenverarbeitungssystem',
    '(unterstützt Verarbeitung)'>'Datenverarbeitung',
    'verarbeitet Daten'>'Daten', ... > ...|...] ;
Pfad = ['hat Organisation'>'Organisation', trifft>'Maßnahme',
    sub>'Kontrollmaßnahme', sub>'Zugangskontrolle', 'verwehrt
    Nutzung'>'*Nutzung', 'von 6'>'Datenverarbeitungssystem',
    '(unterstützt Verarbeitung)'>'Datenverarbeitung',
    sub>'Automatisierte Verarbeitung', ... > ...|...] ;
Pfad = ['hat Organisation'>'Organisation', trifft>'Maßnahme',
    sub>'Kontrollmaßnahme', sub>'Zugangskontrolle', 'verwehrt
    Nutzung'>'*Nutzung', 'von 6'>'Datenverarbeitungssystem',
    '(enthält)'>'Verfahren', sub>'(Berechtigungsprüfung)', ...
    > ...|...] ;
Pfad = ['hat Organisation'>'Organisation', trifft>'Maßnahme',
    sub>'Kontrollmaßnahme', sub>'Zugriffskontrolle',
    'gewährleistet Zugriff'>'*Zugriff', auf>'Daten',
    sub>'personenbezogene Daten', sub>'besondere Art
    personenbezogener Daten', ... > ...] ;
Pfad = ['hat Organisation'>'Organisation', trifft>'Maßnahme',
    sub>'Kontrollmaßnahme', sub>'Weitergabekontrolle',
    'gewährleistet Prüfung'>'*Überprüfung und Feststellung',
    'von 4'>'vorgesehene Ziel-Stelle der Übermittlung (mittels
    Datenübertragung)', '(erhält)'>'personenbezogene Daten',
    sub>'besondere Art personenbezogener Daten', ... > ...] ;
Pfad = ['hat Organisation'>'Organisation', trifft>'Maßnahme',
    sub>'Kontrollmaßnahme', sub>'Eingabekontrolle',
    'gewährleistet Prüfbarkeit'>'*Überprüfbarkeit und
    Feststellbarkeit', 'von 3'>'*Eingabe, Veränderung, Löschung',
    'von 5'>'personenbezogene Daten', sub>'besondere Art
    personenbezogener Daten', ... > ...] ;

Pfad = ['hat Organisation'>'Organisation', trifft>'Maßnahme',
    sub>'Kontrollmaßnahme', sub>'Auftragskontrolle',
    'gewährleistet Auftrag'>'(Auftragsverarbeitung)',
    'von 2'>'personenbezogene Daten', sub>'besondere Art
    personenbezogener Daten', sub>'Gesundheit'] ;
Pfad = ['hat Organisation'>'Organisation', trifft>'Maßnahme',
    sub>'Kontrollmaßnahme', sub>'Verfügbarkeitskontrolle',
    'gewährleistet Schutz'>'*Schutz', 'von 1'>'personenbezogene
    Daten', sub>'besondere Art personenbezogener Daten',
    sub>'Gesundheit'] ;
Pfad = ['hat Organisation'>'Organisation', trifft>'Maßnahme',
    sub>'(Verschlüsselung)', '(unterstützt Kontrolle)'>
    'Zugangskontrolle', 'verwehrt Nutzung'>'*Nutzung',
    'von 6'>'Datenverarbeitungssystem', '(unterstützt
    Verarbeitung)'>'Datenverarbeitung', '(führt
    durch)'>'Verfahren', ... > ...|...] ;
Pfad = ['hat Organisation'>'Organisation', trifft>'Maßnahme',
    sub>'(Verschlüsselung)', '(unterstützt Kontrolle)'>
    'Zugangskontrolle', 'verwehrt Nutzung'>'*Nutzung',
    'von 6'>'Datenverarbeitungssystem', '(unterstützt
    Verarbeitung)'>'Datenverarbeitung', 'verarbeitet
    Daten'>'Daten', ... > ...|...] ;
Pfad = ['hat Organisation'>'Organisation', trifft>'Maßnahme',
    sub>'(Verschlüsselung)', '(unterstützt Kontrolle)'>
    'Zugangskontrolle', 'verwehrt Nutzung'>'*Nutzung',
    'von 6'>'Datenverarbeitungssystem', '(unterstützt
    Verarbeitung)'>'Datenverarbeitung', sub>'Automatisierte
    Verarbeitung', ... > ...|...] ;
Pfad = ['hat Organisation'>'Organisation', trifft>'Maßnahme',
    sub>'(Verschlüsselung)', '(unterstützt Kontrolle)'>
    'Zugangskontrolle', 'verwehrt Nutzung'>'*Nutzung', 'von
    6'>'Datenverarbeitungssystem', '(enthält)'>'Verfahren',
    sub>'(Berechtigungsprüfung)', ... > ...|...] ;
Pfad = ['(betreibt oder lässt betreiben)'>
    'Datenverarbeitungssystem', '(unterstützt
    Verarbeitung)'>'Datenverarbeitung', '(führt
    durch)'>'Verfahren', sub>'(Berechtigungsprüfung)',
    berechtigt>'*Zugriff', auf>'Daten', sub>'personenbezogene
    Daten', sub>'besondere Art personenbezogener Daten', ... >
    ...] ;
Pfad = ['(betreibt oder lässt betreiben)'>
    'Datenverarbeitungssystem', '(unterstützt
    Verarbeitung)'>'Datenverarbeitung', 'verarbeitet

```
            Daten'>'Daten', sub>'personenbezogene Daten', sub>'besondere
            Art personenbezogener Daten', sub>'Gesundheit'] ;
        Pfad = ['(betreibt oder lässt betreiben)'>
            'Datenverarbeitungssystem', '(unterstützt
            Verarbeitung)'>'Datenverarbeitung', sub>'Automatisierte
            Verarbeitung', 'verarbeitet personenbezogen'>
            'personenbezogene Daten', sub>'besondere Art
            personenbezogener Daten', sub>'Gesundheit'] ;
        Pfad = ['(betreibt oder lässt betreiben)'>
            'Datenverarbeitungssystem', '(enthält)'>'Verfahren',
            sub>'(Berechtigungsprüfung)', berechtigt>'*Zugriff',
            auf>'Daten', sub>'personenbezogene Daten', sub>'besondere
            Art personenbezogener Daten', sub>'Gesundheit'] ;
        false.
```

=> Antwort: Auf mindestens 24 verschiedenen Wegen gelangt man von Stelle zu Gesundheit; insbesondere führt der Weg auch über alle Kontrollmaßnahmen zum Ziel. Ein besonders langer und vielfältiger Weg führt über die Zugangskontrolle. Wie auch einige andere kann dieser Weg hier allerdings nicht ganz verfolgt werden, da Prolog von überlangen Listen bei der Ausgabe nur einen Anfangsabschnitt zeigt.

Die vorstehende Antwort konnte so umfassend berechnet werden erst nach Einbau einer einfachen Klausel, die das Begehen des oben erwähnten Zirkels von Beziehungen verhindert. Da sich zirkuläre Beziehungsstrukturen in großen Ontologien generell kaum vermeiden lassen, müssen Navigationsprozeduren generell dagegen tolerant gebaut werden.

In diesem Abschnitt wurde gezeigt, wie die interne Repräsentation der im Kap. IV graphisch präsentierten Ontologie aussieht und – an Beispielen demonstriert – wie dieser Datenbestand ausgewertet werden kann. Gemäß der Unterscheidung von TBox und Abox, die im vorigen Abschnitt für die DL kurz erläutert wurde, ist festzustellen, dass alles bisher gezeigte sich innerhalb der TBox (terminological box) abspielt. Der folgende Abschnitt wird sich der ABox (assertional box) widmen.

### 3. *Inferenzen aus formalisierter Ontologie*

Betrachten wir die folgende Vorschrift!

§ 43 BDSG – Bußgeldvorschriften

(1) Ordnungswidrig handelt, wer vorsätzlich oder fahrlässig

[...]

2a. entgegen § 10 Absatz 4 Satz 3 nicht gewährleistet, dass die Datenübermittlung festgestellt und überprüft werden kann,

[...]

*wobei § 10 (4) Satz 3 besagt*:
Die speichernde Stelle hat zu gewährleisten, dass die Übermittlung personenbezogener Daten zumindest durch geeignete Stichprobenverfahren festgestellt und überprüft werden kann.

Um eine solche Vorschrift überprüfen zu können, reicht der Blick in unsere Ontologie nicht aus; denn dort werden ja bisher nur allgemein gültige Festlegungen modelliert, gewissermaßen Sachverhalte, denen Tatsachen entsprechen können oder auch nicht, Strukturmuster, die nichts über einen konkreten Fall aussagen, aber zu seiner Beurteilung dienen können.

Konkrete Fälle manifestieren sich in einer Ontologie durch das Geltendmachen (engl. assertion) der Existenz gewisser Objekte als Individuen mit bestimmten Eigenschaften: als „finale" Instanzen, d. h. Begriffe, die selbst keine Unterbegriffe und keine Instanzen haben und selbst auch nicht Unterbegriff sind.

Im vorigen Abschnitt wurde gezeigt, was die Subsumtion für die Logik unserer Ontologie genau bedeutet. Hier ist jetzt der Platz für Angabe der Semantik der Instanz-Beziehung:

```
instance_of(Instance, Concept):- inst(Instance, Concept).
instance_of(Instance, Concept):- inst(Instance, Middle),
    instance_of(Middle, Concept).
instance_of(Instance, Concept):- inst(Instance, Lower),
    subsumption(Concept, Lower).
```

Das heißt, eine Instanz kann direkte oder indirekte (transitive) Instanz eines Begriffs sein, und wenn sie Instanz eines Unterbegriffs ist, ist sie auch Instanz jedes seiner Oberbegriffe. (Das Umgekehrte gilt natürlich nicht: Die Instanz eines Oberbegriffs ist nicht immer auch Instanz seiner Unterbegriffe!) Außerdem „erben"[35] Instanzen die Rollenbeziehungen und die Eigenschaftszuordnungen der Begriffe, die sie instantiieren:

```
fromRoleTo(Start, Role, End):- instance_of(Start, SC),
    instance_of(End, EC), fromRoleTo(SC, Role, EC).
prAtt(Inst, Prop):- instance_of(Inst, C), prAtt(C, Prop).
```

Wie kann nun die in § 43 (1) Nr. 2a genannte Bußgelddrohung vermieden werden? Ganz einfach: Wir ergreifen die einschlägige Maßnahme, indem wir in die Datenbasis unserer Ontologie das Nötige eintragen:

---

[35] Hier zeigt sich erneut die ganz enge Parallelität zwischen der Wissensmodellierung in Ontologien und der Modellierung technischer und sonstiger Prozesse mittels objektorientierter Programmierung.

```
inst(weitergabekontrolle_1, 'Weitergabekontrolle').
inst(pruefung_1, '*Überprüfung und Feststellung').
inst(zielstelle_1,'vorgesehene Ziel-Stelle der Übermittlung
    (mittels Datenübertragung)').
inst(persDaten_1, 'personenbezogene Daten').
```

Jetzt braucht nur noch bewiesen zu werden, dass alles funktioniert:

```
?- allPath(weitergabekontrolle_1, persDaten_1, Path).
Path = ['gewährleistet Prüfung'>pruefung_1, 'von 4'>zielstelle_1,
    '(erhält)'>persDaten_1].
```

Man sieht, dass die Maßnahme weitergabekontrolle_1 die Prüfung pruefung_1 gewährleistet, mit der die Übermittlungs-Zielstelle zielstelle_1, die die personenbezogenen Daten persDaten_1 erhält, festgestellt und überprüft werden kann. QED

Natürlich ist dies nur die halbe Wahrheit, genauer: 1/100 der Wahrheit oder noch weniger, denn die ergriffene Maßnahme, die benannten Personendaten, die genannte Prüfung und Zielstelle hängen hier völlig in der Luft, so zu sagen!

Um einen konkreten Fall bezüglich des korrekten Umgangs mit personenbezogenen Daten (mehr oder weniger) automatisch beurteilen zu können, müssen natürlich zu wesentlichen Begriffen die (in der realen Welt) eindeutig identifizierbaren Instanzen eingetragen werden, z. B.

— die Stelle entweder als öffentliche oder als nicht-öffentliche, die personenbezogene Daten „erhebt, verarbeitet oder nutzt" (weil für öffentliche Stellen andere Regelungen gelten als für nicht-öffentliche)

— das dabei eingesetzte Datenverarbeitungssystem und die Anlage, auf der es läuft (um etwa Zugangs- und Zutrittskontrollen beurteilen zu können)

— alle eingesetzten Arten der Verarbeitung (wenn dabei das Übermitteln gar nicht instantiiert wird, ist gar keine Weitergabekontrolle vonnöten!)

— alle Betroffenen (denn sie müssen Mitteilungen erhalten können)

— jedes einzelne Exemplar der personenbezogenen Daten (damit etwa festgestellt werden kann, ob es sich um eine „besondere Art personenbezogener Daten" handelt, für die ja besondere Vorschriften gelten)

— usw. usf.

Damit bekommt dann der ABox-Teil unserer Ontologie-Datenbasis mit gewaltiger Ausdehnung seine richtige Bedeutung. Aber natürlich muss auch der TBox-Anteil noch gewaltig ausgebaut werden, denn die oben in Abbildung 2 gezeigte Ontologie modelliert ja nur den Gegenstandsbereich weniger recht kleiner Ausschnitte des BDSG-Textes.

Das nächste Kapitel diskutiert auch Technologie, die den Anforderungen für Ontologie-Aufbau und Einsatz in der Rechtspraxis Genüge tun kann. Das Ziel der Kapitel IV und V war, die prinzipielle Machbarkeit an einem gut überschaubaren Beispiel zu zeigen und auch für Nicht-Informatiker plausibel zu machen. (Dass dabei auch – zumindest in Teilen – ein besseres Verständnis des BDSG – zumindest beim Autor! – erreicht wurde, unterstreicht die Nützlichkeit des Unterfangens!)

## VI. Diskussion der Technologie

### 1. Graphische Präsentation der formalen Repräsentation

Damit die graphische Präsentation die Funktion der Schnittstelle zwischen juristischer Fachseite auf der einen und der Informatik-Technologie auf der anderen Seite optimal erfüllen kann, müssen verschiedene Faktoren beachtet werden. In diesem Abschnitt soll es um das Abbildungsverhältnis zwischen den beiden Seiten gehen, im nächsten um operative Aspekte.

Die für das vorliegende Papier gewählte graphische Darstellung ist ziemlich willkürlich gewählt (weil die bequem zu handhabende unterstützende Software gerade verfügbar war); es sind durchaus andere Formate denkbar.

Oben, in Kapitel V. 1., wurde angedeutet, dass die formallogische Repräsentation eines Ontologie-Netzes präziser und aussagestärker ist als die graphische. Dadurch wird aber letztere nicht überflüssig, ganz im Gegenteil! Denn ohne die *Anschaulichkeit* der Graphik sind Informatiker genau so überfordert wie Nicht-Informatiker. Die Betrachtung der Graphik hilft, die darin dargestellten Sachverhalte zu verstehen, Verbindungen zu erkennen oder herzustellen, Lücken auszumachen und aufzufüllen, aber auch vorschnell vermutete Zusammenhänge zu revidieren. Neben dem Ziel einer möglichst vollständigen und korrekten Abbildung des Gegenstandsbereichs und seiner Beziehungen beruhen die auch im Fokus dieses Papiers stehenden Schritte der Erkennung und Beseitigung von Ambiguitäten und Redundanzen besonders auf der heuristischen Funktion der bildlichen Darstellung. (Ambiguität ist natürlich rein formal erkennbar, wenn die ambigen Beziehungen in der Graphik etabliert sind: Dann sind sie aber auch schon rein optisch erkennbar.)

Jedoch gerade für die juristische Fachseite liefert die graphische Darstellung auch den wichtigsten Zugang zur internen Repräsentation, der zumindest eine erste, grobe *Beurteilung* der Adäquatheit der formalen Rekonstruktion des Gegenstandsbereichs des Gesetzes erlaubt. Dies funktioniert sicherer, wenn Erstellung und Beurteilung personell getrennt sind; andererseits erfordert eine solche Trennung eine vielleicht nicht unmittelbare, aber doch leicht vermittelbare Verständlichkeit, die eine Graphik eben gut leisten kann.

Es sind also die heuristische Funktion und die der inhaltlichen Überprüfung, welche die Graphik als Benutzer-Schnittstelle so wichtig machen. Diese Funktionen können freilich nur dann optimal erfüllt werden, wenn die Vermittlung zwischen graphischer Präsentation und technischer Repräsentation in beiden Richtungen und nach einem zuverlässigen Verfahren erfolgt.

Für dieses Papier wurde der Weg über die Graphik in die formale Repräsentation beschritten, um schon für den prototypischen Ansatz beide Funktionen zur Verfügung zu haben, allerdings hier als Einbahnstraße und in einem manuellen (also per se unzuverlässigen) Verfahren. Es ist tatsächlich der *Rückweg*, also der von der internen formallogischen Repräsentation in die graphische Präsentation, der technisch eher unproblematisch ist, da die interne Repräsentation im Prinzip informationsreicher ist als die graphische.

Für den *Hinweg* ist zu bedenken, dass vor dem Arbeiten mit der Graphik bereits eine gewisse Analyse des Objektbereichs stattgefunden haben muss – vergleiche die oben genannten Wortlisten! –, die dann mit Hilfe der Graphik fortgeführt, ergänzt und verfeinert wird. Der Hinweg beginnt also früher, deutlich vor dem Ziel des Rückwegs. Dieser erste Teil des Hinwegs, der Graphik vorgelagert, ist Beispiel einer typischen Aufgabe innerhalb des *Knowlegde Engineering*, deren Thematisierung hier zu weit führen würde.

Der zweite Teil, der Weg von der Graphik in die interne Repräsentation, ist technisch dann kein Problem, wenn das Werkzeug zur Erstellung und Bearbeitung der Graphik, der *Graphikeditor*, mit der Verwaltung der internen Repräsentation integriert ist (was im vorliegenden Prototyp wie gesagt nicht der Fall ist). Integration bedeutet hier, dass jede Manipulation im Graphikeditor in der internen technischen Repräsentation ihren bedeutungsentsprechenden Widerhall findet. Normalerweise erfolgt dies unter Verwendung einer Zwischenebene, auf der die graphischen Objekte bezüglich ihrer Position und Gestalt intern repräsentiert werden. Diese Zwischenebene erlaubt in beide Richtungen zu abstrahieren: die formallogische Repräsentation muss nicht mit logikfremden Informationen belastet werden, die Repräsentation der Graphik braucht sich nicht um reine Logikaspekte zu kümmern.

## 2. Ontologie-Erfassung und -Verifikation

Neben den oben bereits angesprochenen inhaltlichen Problemen bei der Erfassung und Verifikation einer Ontologie sind solche der Handhabung nicht vernachlässigbar. Schon die Graphik in Kap. IV mit nicht gerade besonders umfangreichem Inhalt erweist sich als ziemlich unhandlich.

Für die visuelle Ontologie-Erfassung wird ein Graphik-Editor benötigt, der die Benutzung in mehrfacher Hinsicht „intelligent" unterstützt:

– *Navigation:*
– Zoom in/out, fensterweise, unabhängig
– parallele Sichten, dynamisch generierte Sichten
– dynamische „Landmarken" mit Verkettung
– Navigation entlang Beziehungen
– *Referenz:*
– Identifizieren von Elementen nach Namen (aus dynamischem Menü)
– Identifizierung nach Kontext (menü-unterstützt)
– Identifizierung von Standardstrukturmustern in Musterbibliothek
– *Manipulation:*
– Copy/Paste von Teilnetzen als Strukturkopie (mit Anlage neuer Elemente)
– Copy/Paste von Telnetzen als Kopie von Referenzen (auf existierende Elemente)
– Anordnungs-/Ausrichtungs-Hilfe
– logisches Umordnen (Restrukturierung) auch großer Bereiche („Beautifying")
– vielstufiges Undo
– *Plausibilität* (Syntax):
– Prüfung auf Mehrfachverwendung von Namen
– lokale Konsistenzprüfung
– transitive (globale) Prüfung (manuell gesteuert).

Wenn solche Hilfsmittel vorhanden sind, können vorbereitende Aktivitäten, wie aus einem Gesetzestext zuerst Wortlisten zu extrahieren, entfallen; vielmehr können Begriffe in ihrem Kontext direkt in die Graphik übertragen werden. Bei guter Umordnungsunterstützung braucht man sich auch keine Sorgen zu machen, dass die Graphik sich ungleichmäßig entwickelt („auswuchert") oder sich andere unerwünschte Geometrie-Eigenschaften ausbilden.

Ontologie-Erfassung im großen Stile ist allerdings im Graphik-Editor auch bei guter Unterstützung oft nicht effizient durchführbar, weil die manuelle Anordnung neuer Graphik-Elemente die Erfassung großer Informationsbestände stark ausbremst. Deshalb verzichten *Ontologie-Editoren*[36] gewöhnlich ganz auf die graphische Eingabe und haben stattdessen Formulare (Masken) mit vordefinierten (und anpassbaren bzw. erweiterbaren) Strukturen für die textliche Eingabe der Informationsbestandteile. Diese wird direkt in die interne Repräsentation der Ontologie übernommen, ebenso wie Korrekturen und Erweiterungen. Das heißt,

---

[36] Der am meisten verbreitete Ontologie-Editor ist Protégé von der Universität Stanford (vgl. http://protege.stanford.edu/). Dieser Editor ist frei verfügbar und hat einen Standard etabliert.

dass das, was im vorigen Abschnitt als Hinweg geschildert wurde, radikal – unter Umgehung der Graphik – abgekürzt wird. Graphik kann weiterhin erzeugt werden zwecks Übersicht bzw. inhaltlicher Überprüfung des Datenbestands; diese Erzeugung entspricht dem, was im vorigen Abschnitt als Rückweg bezeichnet wurde.

Bei der maskengesteuerten Ontologie-Erfassung und Eingabe von Änderungen in einem üblichen Ontologie-Editor können einige der oben „intelligent" genannten Unterstützungen, wie Konsistenz- und Plausibilitätsprüfung und Hilfe bei der Referenz auf bereits erfasste Elemente, durchaus ebenso genutzt werden.

Wenn keine Graphik-Informationen eingegeben werden, brauchen solche auch nicht abgespeichert zu werden. Das bedeutet andererseits, dass die graphische Präsentation immer aufs Neue vom Programm generiert werden muss. Für die Erzeugung graphischer Baum- und Netz-Strukturen gibt es bewährte Algorithmen, die allerdings individuelle Gestaltungsvorlieben selten berücksichtigen. Das übliche Verfahren verlangt vom Benutzer die Angabe

– eines Startknotens,
– der zu verfolgenden Beziehungstypen,
– Verfolgungsrichtung (vorwärts, rückwärts, beides) und
– Tiefe der Verfolgung dieser Beziehungen.

Meistens kann in der erzeugten Graphik eine weitere Expandierung direkt angefordert werden (im gleichen oder einem neuen Fenster), die Graphik kann also dynamisch wachsen. In welcher Weise Ontologie-Elemente (Begriffe, Beziehungen) repräsentiert werden, wird gewöhnlich von der Graphik-Software vorgegeben; manche Systeme bieten Alternativen, aus denen gewählt werden kann.

Wenn also Graphiken immer nur ad hoc und ausschnittsweise erzeugt werden, spart man sich auch das Problem der „Plotter-Tapeten", nämlich dass der Umgang mit einer Gesamt-Graphik ziemliche Schwierigkeiten bereiten kann, man u. U. eine ganze Bürowand braucht, um eine große Graphik in lesbarer Auflösung darzustellen.

Für die inhaltliche Verifikation einer Ontologie anhand ihrer graphischen Präsentation kann realistischerweise ohnehin nur jeweils ein Ausschnitt betrachtet werden, der nach seinem logischen Zusammenhang zu bestimmen ist. Insofern bedeutet die Nichtverfügbarkeit der Gesamt-Graphik keine echte Einschränkung.

## 3. Skalierbarkeit, technologisches Umfeld

Jedes ontologie-basierte System kann ganz grob nach den Hauptfunktionen in folgende Architektur-Blöcke strukturiert werden:

1. Benutzungsoberfläche
   1.1. Ontologie-Erfassung / Aktualisierung
   1.2. Ontologie-Präsentation
2. Schlussfolgerungskomponente (mit anwenderorientierter Nutzungsoberfläche)
3. Ontologie-Speicher.

Bei unserem Ontologie-Prototyp ist Block 1 i. W. mit der verwendeten Graphik-Software realisiert, Blöcke 2 und 3 durch ein Prolog-Programm (wobei die Benutzung der Schlussfolgerungskomponente des Prototyps allerdings nicht richtig anwenderfreundlich ist, es wird hier halt der Standard-Dialogzugang zu Prolog genutzt, der natürlich nichts anderes als Prolog-Ausdrücke versteht!).

Die für den Prototyp verwendete Software-Technologie ist in der vorliegenden Kombination ungeeignet, mit einer Ontologie umzugehen, die etwa den Gegenstandsbereich des gesamten BDSG abbildet. Die beiden wesentlichen Schwachpunkte sind zum einen der relativ „unintelligente" Graphik-Editor und zum andern die fehlende Integration zwischen graphischer Präsentation und interner Repräsentation.

Hingegen gehört das verwendete Prolog-System[37] zu einer Klasse von Systemen, die für effizienten Umgang mit sehr großen Fakten- und Regelmengen ausgelegt sind. Für das Prolog-System ist auch ein Graphik-Werkzeugkasten verfügbar, mit dem sowohl Netz-Strukturen wie die in Kap. IV gezeigten als auch GUI-Masken[38] realisierbar sind und durch vorgefertigte Komponenten unterstützt werden. Diese Prolog-Graphik wurde hier nicht benutzt, weil der hier eingeschlagene Weg wegen des ersparten „Rüstaufwands" (Installation, Einarbeitung, Anpassung) sofortiges inhaltliches Arbeiten erlaubte.

Es ist auch der immense „Rüstaufwand", der den Einsatz der Semantic-Web-Technologie[39] für den Prototyp ausgeschlossen hat (ganz abgesehen von der für den Prototyp gewollten Modellierungs-Flexibilität, vgl. oben, Kap. V.2). Kernstück dieser Technologie ist die formale Sprache *OWL 2*, die *Web Ontology Language*[40] zur abstrakten Definition von Ontologie-Strukturen und -Inhalten. Diese Sprache gibt es in verschiedenen Varianten, die sich durch unterschiedli-

---

[37] SWI-Prolog der Universität von Amsterdam, vgl. http://www.swi-prolog.org.
[38] GUI = Graphical User Interface.
[39] Vgl. http://www.w3.org/2001/sw/wiki/Main_Page.
[40] www.w3.org/TR/2009/REC-owl2-primer-20091027/.

ches Ausbalancieren zwischen Ausdrucksstärke und Verarbeitungseffizienz differenzieren.

Außer für die Erforschung der möglichst optimalen Abbildung unserer Ontologie-Struktur mittels der Strukturierungsoptionen der OWL – frühe Fehlentscheidungen lassen sich hier später sehr schwer korrigieren – besteht auch erheblicher Aufwand für die Auswahl der Realisierungs-Software: Für die Transformation von OWL-Ausdrücken in Speicherstrukturen (etwa eines RDBMS), für den Export (etwa in XML), für das Schlussfolgern, für die graphische Präsentation und natürlich für die Erzeugung und Manipulation von OWL-Texten gibt es Standardisierungsvorschläge und eine Unzahl an Software-Bausteinen zur Umsetzung der genannten Aufgaben, unter denen jedoch längst nicht alle zueinander kompatibel sind.

Inzwischen sind aber auch schon sehr große Ontologien, insbesondere im Medizin- und Bio-Informatik-Umfeld, entstanden, die allerdings auf ganz verschiedenen Entwicklungsstufen und sehr unterschiedlichen Kombinationen dieser Bausteine beruhen. Damit ist die Skalierbarkeit dieser Technologie auf sehr große Bereiche zwar nachgewiesen; das Gelingen eines neuen Großprojekts hängt allerdings sehr stark davon ab, dass im Vorfeld erfolgreich abgeklärt worden ist, welcher der bisher geglückten Ansätze dem eigenen Projekt am nächsten kommt und dass dazu auch die passenden Software-Bausteine in hinreichender Stabilität verfügbar sind.

## VII. Ausblick

Der in diesem Papier vorgestellte Prototyp einer Ontologie des Gegenstandsbereichs eines Ausschnitts des Bundesdatenschutzgesetzes mit Abbildung der im Gesetzesausschnitt genannten Begriffe und ihrer gegenseitigen Beziehungen und zusätzlicher Regeln ihrer Bedeutung und Verwendung hat die grundsätzliche Machbarkeit der informatischen Unterstützung der in der Einleitung genannten Ziele gezeigt und dies mit bescheidenen Mitteln und sehr überschaubarem Aufwand.

Die in diesem Papier zusammen getragenen Hinweise und Beobachtungen zur Erstellung einer solchen Ontologie und die Erläuterung ihrer logischen Grundlagen bezüglich sowohl ihrer Struktur wie ihrer Nutzung eröffnen über den Prototyp und seine Technologie hinaus Wege zum Ausbau zu einer real einsetzbaren Anwendung mit klar erkennbarem Nutzen und wirtschaftlichem Potential.

Und es bleiben natürlich viele Fragen:

– Welcher fachliche und technische Aufwand ist erforderlich, das gesamte BDSG (und relevante Teile verbundener Gesetze) in einer Ontologie zu erschließen? *Den fachlichen Aufwand zu beurteilen, übersteigt des Autors Kompetenz. Der technische Aufwand bei einem Umstieg auf die Mainstream-Technologie (Semantic Web) ist auf derzeitiger Erfahrungsbasis nicht verlässlich abschätzbar. Für die Entwicklung eines integrierten „intelligenten" Graphikeditors zum Prolog-basierten System könnte 1 Personenjahr reichen; bei maskengestützter Erfassung und Manipulation verbunden mit ausschließlich generierter Graphik kann der Aufwand auf etwa die Hälfte reduziert werden.*

- Kann der fachliche Aufwand durch eine Art von „Mechanisierung" der Extraktion von Begriffen aus Texten und ihres Einbaus in die Ontologie reduziert werden?
*Ja, weitgehend. Hier kommen NLP-Verfahren ins Spiel (NLP: Natural Language Processing, automatisierte Verarbeitung natürlicher Sprache in Schriftform – wohl zu unterscheiden von Speech Processing, automatisierte Verarbeitung gesprochener Sprache). Diese darzustellen würde hier zu weit führen; es kann aber konstatiert werden, dass es nach 5–6 Jahrzehnten der Forschung und Entwicklung in Linguistik und Informatik industriell eingesetzte Lösungen gibt.*
- Können gesetzliche Regelungen „mechanisch" in logische Regeln der Ontologie überführt werden?
*Dieses Problem ist schwieriger als die i. W. syntaktisch orientierte Begriffs-Extraktion, weil hier der Text in gewissem Rahmen vom Computer „verstanden" (interpretiert) werden muss. Hier haben Forschung und Entwicklung noch kaum den erforderlichen Reifegrad erreicht.*
- Kann auf der Basis einer vollständigen Ontologie des BDSG ein „automatisierter Datenschutz" errichtet werden?
*Wenn die Vision des Semantic Web Realität geworden ist, können dessen Techniken auch für Gesetzes-Automatisierung nutzbar gemacht werden. Momentan ist die Entwicklung noch sehr im Fluss.*
- Kann das hier skizzierte Vorgehen über das BDSG hinaus genutzt werden, um als „verständiger Partner" jedermann einen Zugang zu den Gesetzen zu eröffnen (etwa übers Internet)?
*Auch hierfür wird Technologie des Semantic Web benötigt; einschlägige Verfahren werden derzeit erprobt (etwa in der Bio-Informatik). Es sollte hier auch unterschieden werden zwischen der Nennung relevanter Gesetze (automatisierter Bibliothekar) auf der einen Seite und Interpretation eins Sachverhalts auf der anderen (automatisierter Rechtsberater): Ersteres dürfte in naher Zukunft gegeben sein, letzteres kaum.*
- Können hier diskutierte Verfahren verallgemeinert werden, etwa bezüglich der Ableitung von Regeln für die Gesetzgebung und der IT-Unterstützung bei der Prüfung von Gesetz-Entwürfen auf Eindeutigkeit und logische Konsistenz?
*Ja. Definitiv, ja!*
*Allein schon der Versuch, für den Gegenstandsbereich eines neuen Gesetzes eine Ontologie im Sinne dieses Papiers zu bauen, bedeutet Prüfung auf Konsis-*

*tenz und Eindeutigkeit. Aus der Forderung nach formal (automatisiert) analysierbaren Texten ergeben sich stringente Formulierungs-Regeln (etwa Verzicht auf anaphorische Referenz, Verzicht auf wechselnde Benennung des gleichen Konzepts, klare Definitionen (einzelgesetz-übergreifend!) ohne die Ausflucht der Auflistung von Einzelaspekten des nicht benannten Begriffs, einfache Grammatik) – allerdings zu einem gewissen Grad im Widerspruch zum Ziel einer umgangssprachlichen, angenehm lesbaren Gesetzesformulierung, die in der (wohl vergeblichen!) Hoffnung erfolgt, von Laien unmittelbar verstanden zu werden.*

Vielleicht sollte sogar der Entwurfsprozess eines Gesetzes umgedreht werden:

*(1) Zuerst Aufbau und Optimierung einer Ontologie des Gegenstandsbereichs eines neuen Gesetzes,*

*(2) dann gegebenenfalls Herstellung von Bezügen zu den Ontologiebereichen existierender Gesetze,*

*(3) für die neu in die Ontologie eingebrachten Begriffe ihre Definition klären, eventuell mit Herausarbeiten der Unterschiede zu bereits definierten Begriffen anderer Gesetze,*

*(4) erst dann Formulierung der Texte zur Beschreibung der legalen bzw. illegalen Sachverhalte, wobei strikt nur die in Schritt (1) gefundenen Begriffe benutzt werden.*

*Möglicherweise zeigt sich in Schritt (4), dass man zu Schritt (1) zurückgehen muss, um Begriffsbildungen zu optimieren oder übersehene Begriffe nachzutragen.*

*Das Ergebnis wären jedenfalls viel klarere Gesetze, mindestens besser formulierte.*[41] *Ob bessere Formulierung auch bessere Gesetze ergibt, ist eine ganz andere Frage, deren Lösung man sich wohl kaum mit formalen Techniken nähern kann.*

---

[41] Da praktische Erfahrung mit diesem Ansatz fehlt, bleibt es derzeit unklar, ob damit durch Partikularinteressen bedingte Gesetzesverwässerungen einfacher oder deutlicher erkennbar werden. In der vorliegend dargestellten Modellierung ergab sich jedenfalls kein Platz für die im BDSG wiederholt formulierten Abschwächungen der Art „Erforderlich sind Maßnahmen nur, wenn ihr Aufwand in einem angemessenen Verhältnis zu dem angestrebten Schutzzweck steht." (§ 9 Satz 2, als Beispiel). Wo und wie wird übrigens das „angemessene Verhältnis" definiert?

## Anhang: Wiedergabe der ausgewählten Gesetzestextstellen[42]
### § 3 BDSG – Weitere Begriffsbestimmungen

(1) Personenbezogene Daten sind Einzelangaben über persönliche oder sachliche Verhältnisse einer bestimmten oder bestimmbaren natürlichen Person (Betroffener).

(2) $_1$Automatisierte Verarbeitung ist die Erhebung, Verarbeitung oder Nutzung personenbezogener Daten unter Einsatz von Datenverarbeitungsanlagen. $_2$Eine nicht automatisierte Datei ist jede nicht automatisierte Sammlung personenbezogener Daten, die gleichartig aufgebaut ist und nach bestimmten Merkmalen zugänglich ist und ausgewertet werden kann.

(3) Erheben ist das Beschaffen von Daten über den Betroffenen.

(4) $_1$Verarbeiten ist das Speichern, Verändern, Übermitteln, Sperren und Löschen personenbezogener Daten. $_2$Im Einzelnen ist, ungeachtet der dabei angewendeten Verfahren:

1. Speichern das Erfassen, Aufnehmen oder Aufbewahren personenbezogener Daten auf einem Datenträger zum Zwecke ihrer weiteren Verarbeitung oder Nutzung,
2. Verändern das inhaltliche Umgestalten gespeicherter personenbezogener Daten,
3. Übermitteln das Bekanntgeben gespeicherter oder durch Datenverarbeitung gewonnener personenbezogener Daten an einen Dritten in der Weise, dass
   a) die Daten an den Dritten weitergegeben werden oder
   b) der Dritte zur Einsicht oder zum Abruf bereitgehaltene Daten einsieht oder abruft,
4. Sperren das Kennzeichnen gespeicherter personenbezogener Daten, um ihre weitere Verarbeitung oder Nutzung einzuschränken,
5. Löschen das Unkenntlichmachen gespeicherter personenbezogener Daten.

(5) Nutzen ist jede Verwendung personenbezogener Daten, soweit es sich nicht um Verarbeitung handelt.

(6) Anonymisieren ist das Verändern personenbezogener Daten derart, dass die Einzelangaben über persönliche oder sachliche Verhältnisse nicht mehr oder nur mit einem unverhältnismäßig großen Aufwand an Zeit, Kosten und Arbeitskraft einer bestimmten oder bestimmbaren natürlichen Person zugeordnet werden können.

(6a) Pseudonymisieren ist das Ersetzen des Namens und anderer Identifikationsmerkmale durch ein Kennzeichen zu dem Zweck, die Bestimmung des Betroffenen auszuschließen oder wesentlich zu erschweren.

(7) Verantwortliche Stelle ist jede Person oder Stelle, die personenbezogene Daten für sich selbst erhebt, verarbeitet oder nutzt oder dies durch andere im Auftrag vornehmen lässt.

(8) $_1$Empfänger ist jede Person oder Stelle, die Daten erhält. $_2$Dritter ist jede Person oder Stelle außerhalb der verantwortlichen Stelle. $_3$Dritte sind nicht der Betroffene sowie Personen und Stellen, die im Inland, in einem anderen Mitgliedstaat der

---

[42] Konsolidierter Text der Demal GmbH (www.demal-gmbh.de/datenschutz/info/gesetze/bdsg.htm).

Europäischen Union oder in einem anderen Vertragsstaat des Abkommens über den Europäischen Wirtschaftsraum personenbezogene Daten im Auftrag erheben, verarbeiten oder nutzen.

(9) Besondere Arten personenbezogener Daten sind Angaben über die rassische und ethnische Herkunft, politische Meinungen, religiöse oder philosophische Überzeugungen, Gewerkschaftszugehörigkeit, Gesundheit oder Sexualleben.

(10) Mobile personenbezogene Speicher- und Verarbeitungsmedien sind Datenträger,

1. die an den Betroffenen ausgegeben werden,
2. auf denen personenbezogene Daten über die Speicherung hinaus durch die ausgebende oder eine andere Stelle automatisiert verarbeitet werden können und
3. bei denen der Betroffene diese Verarbeitung nur durch den Gebrauch des Mediums beeinflussen kann.

(11) Beschäftigte sind:

1. Arbeitnehmerinnen und Arbeitnehmer,
2. zu ihrer Berufsbildung Beschäftigte,
3. Teilnehmerinnen und Teilnehmer an Leistungen zur Teilhabe am Arbeitsleben sowie an Abklärungen der beruflichen Eignung oder Arbeitserprobung (Rehabilitandinnen und Rehabilitanden),
4. in anerkannten Werkstätten für behinderte Menschen Beschäftigte,
5. nach dem Jugendfreiwilligendienstegesetz Beschäftigte,
6. Personen, die wegen ihrer wirtschaftlichen Unselbständigkeit als arbeitnehmerähnliche Personen anzusehen sind; zu diesen gehören auch die in Heimarbeit Beschäftigten und die ihnen Gleichgestellten,
7. Bewerberinnen und Bewerber für ein Beschäftigungsverhältnis sowie Personen, deren Beschäftigungsverhältnis beendet ist,
8. Beamtinnen, Beamte, Richterinnen und Richter des Bundes, Soldatinnen und Soldaten sowie Zivildienstleistende.

### § 4 BDSG – Zulässigkeit der Datenerhebung, -verarbeitung und -nutzung

(1) Die Erhebung, Verarbeitung und Nutzung personenbezogener Daten sind nur zulässig, soweit dieses Gesetz oder eine andere Rechtsvorschrift dies erlaubt oder anordnet oder der Betroffene eingewilligt hat.

(2) $_1$Personenbezogene Daten sind beim Betroffenen zu erheben. $_2$Ohne seine Mitwirkung dürfen sie nur erhoben werden, wenn

1. eine Rechtsvorschrift dies vorsieht oder zwingend voraussetzt oder
2. a) die zu erfüllende Verwaltungsaufgabe ihrer Art nach oder der Geschäftszweck eine Erhebung bei anderen Personen oder Stellen erforderlich macht oder
   b) die Erhebung beim Betroffenen einen unverhältnismäßigen Aufwand erfordern würde

   und keine Anhaltspunkte dafür bestehen, dass überwiegende schutzwürdige Interessen des Betroffenen beeinträchtigt werden.

(3) ₁Werden personenbezogene Daten beim Betroffenen erhoben, so ist er, sofern er nicht bereits auf andere Weise Kenntnis erlangt hat, von der verantwortlichen Stelle über

1. die Identität der verantwortlichen Stelle,
2. die Zweckbestimmungen der Erhebung, Verarbeitung oder Nutzung und
3. die Kategorien von Empfängern nur, soweit der Betroffene nach den Umständen des Einzelfalles nicht mit der Übermittlung an diese rechnen muss,

zu unterrichten.

₂Werden personenbezogene Daten beim Betroffenen auf Grund einer Rechtsvorschrift erhoben, die zur Auskunft verpflichtet, oder ist die Erteilung der Auskunft Voraussetzung für die Gewährung von Rechtsvorteilen, so ist der Betroffene hierauf, sonst auf die Freiwilligkeit seiner Angaben hinzuweisen. ₃Soweit nach den Umständen des Einzelfalles erforderlich oder auf Verlangen, ist er über die Rechtsvorschrift und über die Folgen der Verweigerung von Angaben aufzuklären.

### § 4a BDSG – Einwilligung

(1) ₁Die Einwilligung ist nur wirksam, wenn sie auf der freien Entscheidung des Betroffenen beruht. ₂Er ist auf den vorgesehenen Zweck der Erhebung, Verarbeitung oder Nutzung sowie, soweit nach den Umständen des Einzelfalles erforderlich oder auf Verlangen, auf die Folgen der Verweigerung der Einwilligung hinzuweisen. ₃Die Einwilligung bedarf der Schriftform, soweit nicht wegen besonderer Umstände eine andere Form angemessen ist. ₄Soll die Einwilligung zusammen mit anderen Erklärungen schriftlich erteilt werden, ist sie besonders hervorzuheben.

(2) ₁Im Bereich der wissenschaftlichen Forschung liegt ein besonderer Umstand im Sinne von Absatz 1 Satz 3 auch dann vor, wenn durch die Schriftform der bestimmte Forschungszweck erheblich beeinträchtigt würde. ₂In diesem Fall sind der Hinweis nach Absatz 1 Satz 2 und die Gründe, aus denen sich die erhebliche Beeinträchtigung des bestimmten Forschungszwecks ergibt, schriftlich festzuhalten.

(3) Soweit besondere Arten personenbezogener Daten (§ 3 Abs. 9) erhoben, verarbeitet oder genutzt werden, muss sich die Einwilligung darüber hinaus ausdrücklich auf diese Daten beziehen.

### § 9 BDSG – Technische und organisatorische Maßnahmen

₁Öffentliche und nicht-öffentliche Stellen, die selbst oder im Auftrag personenbezogene Daten erheben, verarbeiten oder nutzen, haben die technischen und organisatorischen Maßnahmen zu treffen, die erforderlich sind, um die Ausführung der Vorschriften dieses Gesetzes, insbesondere die in der Anlage zu diesem Gesetz genannten Anforderungen, zu gewährleisten. ₂Erforderlich sind Maßnahmen nur, wenn ihr Aufwand in einem angemessenen Verhältnis zu dem angestrebten Schutzzweck steht.

### Anlage (zu § 9 Satz 1 BDSG)

₁Werden personenbezogene Daten automatisiert verarbeitet oder genutzt, ist die innerbehördliche oder innerbetriebliche Organisation so zu gestalten, dass sie den besonderen Anforderungen des Datenschutzes gerecht wird. ₂Dabei sind insbesondere Maßnahmen zu treffen, die je nach der Art der zu schützenden personenbezogenen Daten oder Datenkategorien geeignet sind,

1. Unbefugten den Zutritt zu Datenverarbeitungsanlagen, mit denen personenbezogene Daten verarbeitet oder genutzt werden, zu verwehren (Zutrittskontrolle),
2. zu verhindern, dass Datenverarbeitungssysteme von Unbefugten genutzt werden können (Zugangskontrolle),
3. zu gewährleisten, dass die zur Benutzung eines Datenverarbeitungssystems Berechtigten ausschließlich auf die ihrer Zugriffsberechtigung unterliegenden Daten zugreifen können, und dass personenbezogene Daten bei der Verarbeitung, Nutzung und nach der Speicherung nicht unbefugt gelesen, kopiert, verändert oder entfernt werden können (Zugriffskontrolle),
4. zu gewährleisten, dass personenbezogene Daten bei der elektronischen Übertragung oder während ihres Transports oder ihrer Speicherung auf Datenträger nicht unbefugt gelesen, kopiert, verändert oder entfernt werden können, und dass überprüft und festgestellt werden kann, an welche Stellen eine Übermittlung personenbezogener Daten durch Einrichtungen zur Datenübertragung vorgesehen ist (Weitergabekontrolle),
5. zu gewährleisten, dass nachträglich überprüft und festgestellt werden kann, ob und von wem personenbezogenen Daten in Datenverarbeitungssysteme eingegeben, verändert oder entfernt worden sind (Eingabekontrolle),
6. zu gewährleisten, dass personenbezogene Daten, die im Auftrag verarbeitet werden, nur entsprechend den Weisungen des Auftraggebers verarbeitet werden können (Auftragskontrolle),
7. zu gewährleisten, dass personenbezogene Daten gegen zufällige Zerstörung oder Verlust geschützt sind (Verfügbarkeitskontrolle),
8. zu gewährleisten, dass zu unterschiedlichen Zwecken erhobene Daten getrennt verarbeitet werden können.

₃Eine Maßnahme nach Satz 2 Nummer 2 bis 4 ist insbesondere die Verwendung von dem Stand der Technik entsprechenden Verschlüsselungsverfahren.

## Literatur

*Everett*, John O., et al.: Making Ontologies Work for Resolving Redundancies Across Documents, in: Communications of the ACM, vol. 45, no. 2 (Februar 2002), S. 39–65

*Guarino*, N. / *Welty*, C.: Evaluating Ontological Decision with OntoClean, in: Communications of the ACM, vol. 45, no. 2 (Februar 2002), S. 39–65. (Vgl. auch http://semanticweb.org/wiki/OntoClean_Community_Portal)

*Hesse*, W.: Ontologie(n), www.gi.de/no_cache/service/informatiklexikon/ informatiklexikon-detailansicht/meldung/ontologien-57.html

*Kowalski*, R.: Legislation as Logic Programs, in: Logic Programming in Action (eds. Comyn, G. / Fuchs, N. E. / Ratcliffe, M. J.), S. 203–230, 1992 (gelesen in www.doc.ic.ac.uk/~rak/papers/law.html)

*Meixner*, Uwe: Einführung in die Ontologie, Darmstadt, 2004

*Rissland*, Edwina L.: Artificial Intelligence and Legal Reasoning, In: AI Magazine, vol. 9, no. 3, S. 45–55, 1988

*Sergot*, M. J. / *Sadri*, F. / *Kowalski*, R. A. / *Kriwaczek*, F. / *Hammond*, P. / *Cory*, H. T.: The British Nationality Act as a logic program, in: Communications of the ACM, vol. 29, no. 5, S. 370–386, Mai 1986.

*Wilson*, Garret: Refactoring the Law: Reformulating Legal Ontologies, Juris Doctor Writing Requirement, Submitted 2006–03–16, http://www.garretwilson.com/essays/law/refactoringlaw.html

# Autoren- und Herausgeberverzeichnis

*Wolfgang Bosbach* MdB ist Vorsitzender des Innenausschusses des Deutschen Bundestages.

*Dr. Frank Braun*, Oberregierungsrat, lehrt im Hauptamt Staats- und Verfassungsrecht an der Hochschule für öffentliche Verwaltung des Landes NRW, Abt. Münster; im Nebenamt IT-Recht an der Hochschule für angewandte Wissenschaften in Landshut. Forschungsschwerpunkte sind die arbeits- und verfassungsrechtlichen Bezüge des IT-Rechts; hierzu zahlreiche Veröffentlichungen, u. a. Kommentierung des Kapitels „Telekommunikation am Arbeitsplatz", in: Heckmann (Hrsg.), Praxiskommentar IT-Recht, 3. Aufl. 2011.

*Dr. Alexander Duisberg* ist Partner der internationalen Anwaltssozietät Bird & Bird LLP und in München ansässig. Als Co-Head der Internationalen IT Sector Group ist er maßgeblich mit Innovationsfragen in den Bereichen IT, Outsourcing und Datenschutz befasst. Sein Fachwissen und seine Praxiserfahrung decken die volle Bandbreite des IT- und Datenschutzrechts, mit einem besonderen Schwerpunkt in den Automobil-, Energie- und Softwarebranchen, ab. Dr. Duisberg ist Mitglied des Münchener Kreises, einer übernationalen Vereinigung für Kommunikationsforschung, und über diese Funktion in verschiedenen überregionalen und nationalen Arbeitsgruppen zur Rechtsfortentwicklung im Technologiebereich engagiert. Er ist Schiedsrichter der WIPO (Work Intellectual Property Organisation) sowie regelmäßiger Gastredner auf nationalen und internationalen Fachtagungen zum Technologierecht.

*Manuel Höferlin* MdB ist Vorsitzender der Projektgruppe Datenschutz der Enquete-Kommission „Internet und digitale Gesellschaft" des Deutschen Bundestages.

*Dr. Heinrich Kersten* ist Diplom-Mathematiker, IT-Sicherheitsexperte mit langjährigen Erfahrungen und Tätigkeiten beim BSI, beim debis Systemhaus und bei der T-Systems sowie als Privatdozent für Mathematik an der RWTH Aachen.

*Siegfried Knöpfler*, Collogia AG, Köln, ist Diplom-Mathematiker, arbeitet in der Software-Industrie, speziell in den Bereichen Knowledge Engineering und KE-Technologie, Software-Reengineering & -Qualitätssicherung und Geschäftsprozess-Analyse & -Modellierung.

*Jan Möller* ist Referent für Grundsatzangelegenheiten der IT und des E-Governments; Netzpolitik, Geschäftsstelle IT-Planungsrat, Bundesministerium des Innern. Er hat Rechtswissenschaften in Münster und Berkeley studiert. Er hat in Forschungsprojekten und in der Datenschutz-Aufsichtsbehörde für den nichtöffentlichen Bereich des Unabhängigen Landeszentrums für Datenschutz Schleswig-Holstein gearbeitet. Von 2006 bis 2011 war er als Gesetzgebungsreferent im Bundesministerium des Innern an der Einführung des neuen Personalausweises beteiligt. Zuvor war er als Rechtsanwalt mit Schwerpunkt im IT-Recht, als Berater in Twinning-Projekten der Europäischen Union und als Lehrbeauftragter für IT- und Medienrecht und Datenschutz tätig.

*Wolfgang Naujokat*, Dipl.-Kfm., begann nach dem Studium von Mathematik und Wirtschaftswissenschaften an der Universität zu Köln seinen industriellen Werdegang 1979 bei der Siemens AG im Bereich der Informationstechnik. Nach verschiedenen Führungsfunktionen bei Siemens, Siemens Nixdorf Informationssysteme und Siemens Business Services ist er seit 2002 als selbstständiger Unternehmensberater vorwiegend im Bereich eGovernment tätig. Er ist u. a. stellvertretender Vorsitzender der European Society for eGovernment (ESG) und wirkt in diversen Gremien aktiv mit, so zum Beispiel bei der Initiative D21 (Leiter der bundesweiten Projektgruppe Geoinformationswirtschaft), in der GIW-Kommission, im Kooperationsausschuss NRW und in verschiedenen Regionalinitiativen. Außerdem ist er Mitglied in verschiedenen Aufsichtsräten von IT-Unternehmen.

*Dr. Fabian Niemann* ist Partner bei Bird & Bird LLP und berät Anbieter und Kunden in Projekten, Verträgen und regulatorischen Fragestellungen im IT-, E-/M-Commerce-, Medien- und Datenschutzrecht. Er hat eine besondere Reputation in rechtlichen Fragen neuer Dienste, Plattformen und Technologien wie Cloud Computing, Geodatendienste und Social Media. Er ist Co-Leiter der internationalen Cloud Computing und Social Media Gruppen von Bird&Bird. Regelmäßig veröffentlicht und referiert Fabian Niemann zu IT-, Outsourcing-, Cloud Computing, Datenschutz- und Urheberrechtsthemen. Er hat in Bonn und London studiert und über „Urheberrecht und elektronisches Publizieren" promoviert und seine Referendarzeit in Köln und den USA absolviert.

*Dr. Falk Peters* ist Rechtsanwalt in Berlin und Lehrbeauftragter für Rechtsinformatik der Brandenburgischen Technischen Universität Cottbus. Er hat mit einem datenschutzrechtlichen Thema promoviert, berät seit Jahrzehnten Firmen der IT-Industrie u. a. im Datenschutz und unterstützt als Sachverständiger den Gesetzgeber in Fragen des Informationsrechts.

*Dr. Jan Dirk Roggenkamp*, Jahrgang 1976, ist Professor für Öffentliches Recht und Datenschutzrecht an der Polizeiakademie Niedersachsen. Er hat als wissenschaftlicher Mitarbeiter am Lehrstuhl für Öffentliches Recht, Sicherheitsrecht und Internetrecht (Prof. Dr. Dirk Heckmann) gearbeitet und zum Thema „Web 2.0 Plattformen im kommunalen E-Government" promoviert. Vor Aufnahme der Tätigkeit als Professor war Roggenkamp Rechtsanwalt für IT-Recht bei der internationalen Wirtschaftskanzlei Bird & Bird LLP in Frankfurt am Main und Referent im Bundesministerium der Justiz.

*Martin Rost* ist stellvertretender Leiter des Technikreferats im ULD Schleswig-Holstein. Studium der Soziologie, Publikation mehrerer Bücher und Artikel zur Technik und Soziologie des Internet zu Beginn der 90er Jahre. Viele Prüfungen und Audits, Begleitung von Datenschutzstudien zu modernen IT gestützten Verfahren – zuletzt Service-Oriented-Architectures, Ambient Assisted Living, SmartMetering – sowie Projekten zu deren Standardisierung. Mitglied im Beirat der Koordinierungstelle IT (KOSIT) des IT-Planungsrates. Zusammen mit Andreas Pfitzmann und Marit Hansen Erarbeitung einer Systematisierung von Schutzzielen und deren methodische Umsetzung im Datenschutz. Erreichbar unter martin-rost@web.de, www.maroki.de.

*Dr. Michael Schiffers* ist wissenschaftlicher Mitarbeiter am Institut für Informatik der Ludwig-Maximilians-Universität (LMU) München. Er studierte Informatik und Mathematik an der Universität Bonn und promovierte an der LMU über das Management virtueller Organisationen in Grids. Er arbeitete zudem 25 Jahre in der IT-Industrie in verschiedenen Leitungsfunktionen. Sein Forschungsinteresse gilt der Beherrschbarkeit und Überlebensfähigkeit multi-zellularer Systeme. Er ist Mitglied der Gesellschaft für Informatik (GI) und des German Chapter of the ACM. Seine Homepage ist unter http://www.nm.ifi.lmu.de/~schiffer/ zu finden.

Dr. *Philip Scholz*, Regierungsdirektor, ist seit 2004 juristischer Referent beim Berliner Beauftragten für Datenschutz und Informationsfreiheit, z.Zt. abgeordnet an das Bundesministerium der Justiz. Zuvor wiss. Mitarbeiter in der Projektgruppe verfassungsverträgliche Technikgestaltung an der Universität Kassel (Prof. Dr. Alexander Roßnagel). 2003 Promotion über Datenschutz beim Online-Einkauf. Studium der Rechtswissenschaften und Referendariat in Heidelberg, Freiburg, Berlin und Toulouse. Veröffentlichungen zum Datenschutzrecht u. a. Bearbeiter in: Roßnagel (Hrsg.), Handbuch Datenschutzrecht, 2003 und Simitis (Hrsg.), Bundesdatenschutzgesetz, 7. Aufl. 2011. Dozenten- und Vortragstätigkeit, Kurzzeitexperte in EU-Twinning-Projekten zum Datenschutz.

*Frank Wagner* ist Senior Experte Datenschutz im Konzerndatenschutz der Deutschen Telekom AG. In dieser Rolle ist er verantwortlich für die datenschutzkonforme Gestaltung neuer Produkte, Geschäftsmodelle und Infrastrukturen im nationalen sowie im internationalen Kontext. Er verfügt über langjährige Erfahrungen im datenschutzrechtlichen Business-Support für Projekte und der Umsetzung der gesetzlichen Anforderungen des Datenschutzes in Unternehmen. Seine profunden Kenntnisse moderner IT-Technologien machen ihn zu einem versierten Berater an der Schnittstelle zwischen rechtlichen Anforderungen und technischer Realisierung. Frank Wagner ist seit 1996 hauptberuflich im Datenschutz tätig; u. a. als Datenschutzbeauftragter der T-Systems Nova und der T-Online International AG. Zuvor absolvierte er eine technische Ausbildung in der Telekommunikation und sammelte berufliche Erfahrungen in den Bereichen der Vermittlungs-, Sender-, Satelliten- und Netzwerktechnik sowie in der Konfiguration und Administration von IV-Systemen.

*Klaus-Dieter Wolfenstetter* ist Diplom-Mathematiker, IT-Sicherheitsexperte mit langjährigen Tätigkeiten in der Forschung und Leiter des Projektfelds „Inherent Security" bei den Deutschen Telekom AG Laboratories in Berlin und Darmstadt.

# Datenschutz und Suchmaschinen

## Neue Impulse für einen Datenschutz im Internet

Von

Robert Elixmann

Beiträge zum Informationsrecht, Band 29
259 S. 2012
Print: ⟨978-3-428-13757-2⟩ € 76,–
E-Book: ⟨978-3-428-53757-0⟩ € 68,–
Print & E-Book: ⟨978-3-428-83757-1⟩ € 92,–

Suchmaschinen sind heute unverzichtbar für das Auffinden von Informationen im World Wide Web. In ihrer Vermittlerrolle zwischen Nutzer und Informationsanbieter sind sie in großem Umfang in den Informationsfluss im World Wide Web involviert.

Es werden datenschutzrechtliche Fragestellungen aufgeworfen, wenn Suchmaschinen personenbezogene Daten in ihren Trefferlisten bündeln und an das Licht der Web-Öffentlichkeit bringen.

Noch konflikträchtiger ist die Protokollierung der Anfragen von Suchmaschinennutzern, weil gesammelte Suchanfragen unter Umständen tiefe Einblicke in die Interessen, Neigungen und Wünsche des jeweiligen Nutzers gewähren und so die Zusammenstellung sensibler Persönlichkeitsprofile ermöglichen. Diese Profile haben einen hohen wirtschaftlichen Wert für die Internetwerbebranche, weil sie für die Schaltung individuell angepasster Werbeanzeigen verwendet werden können.

Robert Elixmann untersucht diese beiden Konfliktfelder anhand des deutschen und amerikanischen Datenschutzrechts.

## Duncker & Humblot · Berlin